Informatik-Fachberichte

Herausgegeben von W. Brauer
im Auftrag der Gesellschaft für Informatik (GI)

99

Klaus Küspert

Fehlererkennung und Fehler-
behandlung in Speicherungs-
strukturen von Datenbanksystemen

Springer-Verlag
Berlin Heidelberg New York Tokyo

Autor
Dr. Klaus Küspert
Universität Kaiserslautern, Fachbereich Informatik
Erwin-Schrödinger-Straße, 6750 Kaiserslautern
z. Zt. Gastwissenschaftler am
Wissenschaftlichen Zentrum Heidelberg der IBM
Tiergartenstraße 15, 6900 Heidelberg

CR Subject Classifications (1985): D.4.5, E.1, E.2, H.2.2, H.2.7, H.3.2, I.6.3, I.6.4

ISBN-13:978-3-540-15238-5   e-ISBN-13:978-3-642-70288-4
DOI: 10.1007/978-3-642-70288-4

CIP-Kurztitelaufnahme der Deutschen Bibliothek. Küspert, Klaus: Fehlererkennung und Fehler-
behandlung in Speicherungsstrukturen von Datenbanksystemen / Klaus Küspert. –
Berlin; Heidelberg; New York; Tokyo: Springer, 1985.
(Informatik-Fachberichte; 99)
ISBN-13:978-3-540-15238-5

NE: GT

2145/3140 – 5 4 3 2 1 0

<u>Vorwort</u>

Diese Arbeit entstand während meiner Tätigkeit als wissenschaftlicher Mitarbeiter am Fachbereich Informatik der Universität Kaiserslautern. Dort beschäftigte ich mich im Rahmen des vom BMFT und der Siemens AG geförderten Projekts "Zuverlässigkeit und Kosten von Sicherungs- und Recovery-Techniken bei integrierten DB/DC-Systemen einschließlich Konsistenzprüfung und Revisionsunterstützung" mit den Themen Leistungsanalyse von Speicherungsstrukturen in Datenbanksystemen, Leistungsmessung und -bewertung in DB/DC-Systemen sowie Fehlertoleranz in Datenbanksystemen.

Dem Leiter des Projekts, Herrn Prof. Dr. Theo Härder, möchte ich an dieser Stelle besonders für die Anregung danken, mich mit dem Thema "Fehlererkennung und Fehlerbehandlung in Speicherungsstrukturen von Datenbanksystemen" zu beschäftigen, sowie für viele Hinweise und Anmerkungen, die wesentlich zum Gelingen der vorliegenden Arbeit beigetragen haben. Herrn Prof. Dr. Jürgen Nehmer danke ich für sein stets gezeigtes Interesse an dieser Arbeit sowie für die Bereitschaft zur Übernahme der zweiten Berichterstattung.

Bei Herrn Dr. Andreas Reuter möchte ich mich für zahlreiche Vorschläge und Anregungen bedanken, mit denen er mich an seinem umfangreichen Wissen aus dem Bereich der Datenbank-Recovery teilhaben ließ. Meinen Kollegen Peter Christmann, Horst Kinzinger, Klaus Meyer-Wegener, Bernhard Mitschang und Peter Peinl sowie meiner Kollegin Andrea Sikeler gilt mein Dank für viele hilfreiche Gespräche und Diskussionen während der Abfassung der Arbeit.

Frl. Agnes Wycisk und Herr Gerald Petry haben in ihren Diplom- bzw. Projektarbeiten bedeutende Ergebnisse zu dieser Arbeit beigetragen. Frl. Petra Bohn und Herr Dietmar Wetzel haben mit großer Sorgfalt die Reinzeichnung der Abbildungen erledigt, und Frl. Agathe Rasbach hat einen Großteil der Reinschrift des Manuskripts besorgt. Ihnen allen danke ich für den gezeigten Einsatz und die gute Zusammenarbeit. Nicht zuletzt gilt mein Dank auch meiner Verlobten Elke, die nicht nur das mühselige Korrekturlesen der Arbeit mehrmals auf sich genommen hat, sondern darüber hinaus für die notwendige moralische Unterstützung während der letzten Jahre gesorgt hat.

<u>Zusammenfassung</u>

In dieser Arbeit werden Fehlererkennungs- und Fehlerbehandlungsmaßnahmen vorgestellt, die auf Verletzungen der physischen Integrität (Speicherkonsistenz) einer Datenbank (DB) ausgerichtet sind. Derartige Inkonsistenzen sollten während der laufenden DB-Verarbeitung vom Datenbank-Verwaltungssystem (DBVS) erkannt und mittels geeigneter Verfahren selbständig behandelt werden, wobei es auch darauf ankommt, daß die DB-Verarbeitung dadurch nur möglichst wenig behindert wird. Diese Aufgaben werden als "online"-Fehlererkennung und -behandlung bezeichnet.

Mit Hilfe eines Fehlermodells werden die in einer Datenbank möglichen Verletzungen der Speicherkonsistenz erfaßt und klassifiziert, um damit eine Grundlage für die Fehlererkennung und -behandlung zu schaffen. Daran anschließend werden Verfahren zur "online"-Fehlererkennung für die Hardware, das Betriebssystem und das DBVS vorgestellt. Im DBVS wird zwischen der Fehlererkennung durch den Systempufferverwalter einerseits und durch den Record-Manager und die Zugriffspfadverwaltung andererseits unterschieden. Vor allem wird auf die zeiteffiziente Prüfungsdurchführung Wert gelegt. Es folgt eine Diskussion verschiedener Vorgehensweisen zur "online"-Fehlerbehandlung, wobei u.a. auf die Nutzung der Log-Dateien und der in Datenbanken vorhandenen Redundanzen eingegangen wird. Die mit der Fehlerbehandlung verbundenen Kosten werden unter Zugrundelegung bestimmter Modellannahmen abgeschätzt.

Zur Bestimmung des Einflusses der Fehlererkennungsmaßnahmen auf den DB-Betrieb wurden mehrere Hashtabellen- und B*-Baum-Varianten, die in unterschiedlichem Umfang Redundanzen enthielten, in Simulationsprogrammen implementiert und hinsichtlich ihrer Verarbeitungskosten untersucht. Dabei hat es sich, wie im letzten Teil der Arbeit ausgeführt wird, gezeigt, daß der durch die Mitführung der Redundanzen verursachte Anstieg an Ein-/Ausgabe-Operationen etwa zwischen einem und fünf Prozent liegt.

Inhaltsverzeichnis

Seite

1. Einleitung 1

2. Stand der Wissenschaft 6

2.1 Einführung 6

2.2 Begriffsklärungen 7

2.3 Fehlervermeidung und Fehlertoleranz im Hardware-Bereich 11

2.4 Fehlervermeidung und Fehlertoleranz im Software-Bereich 14

2.5 Fehlererkennung und Fehlerbehandlung in Datenbanksystemen 23

    2.5.1 Ein Schichtenmodell des DBS-Entwurfs 24

    2.5.2 "Traditionelle" Fehlerbehandlung in Datenbanksystemen 29

    2.5.3 Fehlererkennung für Inkonsistenzen in Datenbanken 36

    2.5.4 Fehlerbehandlung für Inkonsistenzen in Datenbanken 43

    2.5.5 Vorschläge für fehlertolerante Speicherungsstrukturen 47

2.6 Folgerungen aus dem Stand der Wissenschaft 66

3. Fehleranalyse und Fehlerklassifikation für physische Inkonsistenzen in
Datenbanken 68

3.1 Fehler bzgl. der externen Speichermedien (Platten) 68

3.2 Fehler bzgl. der peripheren Geräte und Verbindungen 69

3.3 Fehler im Zusammenhang mit der Zentraleinheit 70

3.4 Fehler infolge eines Betriebssystemfehlverhaltens 70

3.5 Fehler infolge eines DBVS-Fehlverhaltens 71

3.6 Typenbildung und Klassifikation 74

4. Verfahren zur Fehlererkennung 76

4.1 Fehlererkennung durch die Hardware und das Betriebssystem 76

4.2 Fehlererkennung im Pufferverwalter des DBVS 77

    4.2.1 Verwendung von Schutzzonen zwischen Seiten im Puffer 78

    4.2.2 Schutz von Seiten gegen unbeabsichtigtes Modifizieren 81

    4.2.3 Benutzung von Seitenidentifikatoren und -typindikatoren 83

    4.2.4 Weitere Prüfmöglichkeiten 87

4.3 Lokale Konsistenzprüfungen im Record-Manager und in der Zugriffspfadverwaltung 88

    4.3.1 Zur Lösung des Sortierordnungsproblems 89

    4.3.2 Zur Lösung des Freiplatzverwaltungsproblems 98

    4.3.3 Zur Lösung des Satzadressierungsproblems 107

    4.3.4 Sonstige Möglichkeiten zu lokalen Konsistenzprüfungen 113

Seite

4.4 Seitenübergreifende Konsistenzprüfungen für Hashtabellen mit "separate
    chaining" 113
    4.4.1 Seitenformate und Verweisstrukturen 114
    4.4.2 Operationen und ihre Zerlegung in Primitive 116
    4.4.3 Fehlerklassifikation 118
    4.4.4 Praktische Untersuchungen am Datenbanksystem UDS 120
    4.4.5 Redundanzen und Verfahren zur Fehlererkennung 123
4.5 Seitenübergreifende Konsistenzprüfungen für B*-Bäume 132
    4.5.1 Seitenformate und Verweisstrukturen 132
    4.5.2 Operationen und ihre Zerlegung in Primitive 134
    4.5.3 Fehlerklassifikation 137
    4.5.4 Praktische Untersuchungen am Datenbanksystem UDS 142
    4.5.5 Redundanzen und Verfahren zur Fehlererkennung 144
        4.5.5.1 Erkennung von Verweisinkonsistenzen 144
        4.5.5.2 Erkennung von Schlüsselwertinkonsistenzen 150
        4.5.5.3 Zusammenfassung und Bewertung 152

5. Verfahren zur Fehlerbehandlung 159
5.1 Klassifikation zur "online"-Fehlerbehandlung 159
5.2 Grundlagen der Kostenbestimmung 163
    5.2.1 Annahmen zur Datenbankgröße 163
    5.2.2 Annahmen zu den Kosten für DB-Zugriffe 165
5.3 Spezielle Probleme der Fehlerbehandlung bei Slotdefekten 167
    5.3.1 Umlagerung einer betroffenen Struktur 167
    5.3.2 Verwendung von Extent-Tabellen und Invalid-Listen 171
5.4 Fehlerbehandlung bei vollständig zerstörten FPA- und DBTT-Seiten 176
    5.4.1 Fehlerbehandlung für FPA-Zerstörungen 176
    5.4.2 Fehlerbehandlung für DBTT-Zerstörungen 179
5.5 Probleme bei der Fortsetzung der DB-Verarbeitung mit komplett zerstör-
    ten Seiten in Hashtabellen und B*-Bäumen 186
5.6 Verfahren zur Fehlerkorrektur in Hashtabellen mit "separate chaining" 192
    5.6.1 Die GREEDY-Methode 192
    5.6.2 Wiederherstellung fehlerfreier Überlaufketten bei einzelnen In-
          konsistenzen 198
5.7 Ein Verfahren zur Fehlerkorrektur in B*-Bäumen 206

6. Simulation von Hashtabellen und B*-Bäumen 216
6.1 Kostenmaße zur Bewertung des Verarbeitungsaufwands für Hashtabellen
    und B*-Bäume 217
6.2 Untersuchungen zu Hashtabellen mit "separate chaining" 219
    6.2.1 Die betrachteten Implementierungen 219
    6.2.2 Einige Kostenüberlegungen 223

Seite

6.2.3 Simulationsreihen und -ergebnisse 227

6.3 Untersuchungen zu B*-Bäumen 237

6.3.1 Die betrachteten Implementierungen 237

6.3.2 Simulationsreihen und -ergebnisse 240

6.4 Zusammenfassende Bewertung der Simulationsergebnisse 252

7. Zusammenfassung und Ausblick 255

Literaturverzeichnis 259

Abbildungsverzeichnis 266

Tabellenverzeichnis 268

Abkürzungsverzeichnis 270

Anhang 273

1. Einleitung

Datenbanksysteme (DBS) haben in den letzten Jahren eine ständig wachsende
Verbreitung gefunden. Zu den vorherrschenden Einsatzgebieten zählen die Bereiche
Forschung und Entwicklung, Beschaffung und Lagerhaltung, Personalwesen, Rechnungs-
wesen, Finanz- und Investitionsplanung, Vertriebswesen sowie Produktionsplanung
und -steuerung /Hä81a/. Mittlerweile wird die Notwendigkeit zur DBS-Verwendung
aber in zunehmendem Maße auch in den sog. nichtkommerziellen Anwendungsgebieten
gesehen, zu denen u.a. die Verwaltung geographischer Daten, CAD/CAM, Bild- und
Textverarbeitung sowie wissensbasierte Systeme gehören /Mi84/. Dort waren bislang
vorwiegend Ad-hoc-Lösungen anzutreffen, bei denen die Datenhaltung in auf den
Einzelfall zugeschnittener Form in Dateisystemen oder sogar nur im Hauptspeicher
erfolgte. Selbst im Bereich der Prozeßdatenverarbeitung, wo die Forderung nach
Echtzeitverhalten ein wesentlicher Punkt ist, wird die Datenhaltung mehr und mehr
von Datenbanksystemen übernommen. Die für diesen Einsatzfall gültigen besonders
harten Zeitbedingungen erfordern dabei spezielle DBS-Architekturen, oftmals unter
Verzicht auf eine komfortable, höhere Benutzerschnittstelle /LH81/.

Die Gründe für den zunehmenden Einsatz von Datenbanksystemen lassen sich im
wesentlichen in die folgenden vier Bereiche einordnen, wodurch gleichzeitig die
<u>Anforderungen an ein Datenbanksystem</u> beschrieben werden /Hä81a/:
- Zentralisierte Kontrolle über die operationalen Daten:
    Durch die zentrale Speicherung der Daten in einer Datenbank (DB) werden
    Redundanzen vermieden, wie sie bei einer verstreuten Speicherung in privaten
    Dateien stets auftreten. Damit lassen sich vor allem unterschiedliche Änderungs-
    stände in den verwalteten Daten vermeiden. Querauswertungen über größere
    Datenbestände werden durch die Zentralisierung und Integration erleichtert bzw.
    überhaupt erst ermöglicht. Durch die einheitliche Datendarstellung und -speiche-
    rung werden Standards für die Gestaltung der DB-Anwendungssysteme festgelegt.
- Leichte Handhabung der Daten:
    In konventionellen Dateisystemen ist der Zugriff zu den gespeicherten Daten nur
    mit Hilfe von eigens erstellten Anwendungsprogrammen möglich, die vom Program-
    mierer auf die jeweils vorliegende Aufgabenstellung zugeschnitten werden.
    Datenbanksysteme ermöglichen es hingegen einer erweiterten Klasse von Benutzern,
    so auch dem "anspruchsvollen Laien" und dem "gelegentlichen Benutzer" /Co74/,
    unter Verwendung einer leicht erlernbaren Sprache mit hoher Auswahlmächtigkeit
    auf die Daten zuzugreifen und eine Problemlösung im Dialog zu erarbeiten.
- Hoher Grad an Datenunabhängigkeit:
    Bei der üblichen Dateiverarbeitung finden Kenntnisse über die Art der Datenorga-
    nisation (beispielsweise sequentielle Speicherung, indexsequentielle Speiche-
    rung, gestreute Speicherung), über Sortierordnungen etc. in den Anwendungspro-
    grammen ihren unmittelbaren Niederschlag. Diese Datenabhängigkeit führt dazu,

daß Modifikationen der Dateiorganisationsformen, wie sie etwa zu Optimierungszwecken oder bei der Berücksichtigung neuer Anwendungen erforderlich werden können, nur schwer möglich sind. Solche Änderungen setzen Anpassungen eines Großteils der Anwendungs-Software voraus und verursachen somit hohe Kosten. Datenbanksysteme sorgen hingegen für eine weitgehende Isolation der Anwendungsprogramme von den Daten und schirmen die Anwendungsebene dadurch von Änderungen interner Strukturen ab.

- Zentrale Kontrolle der Datenintegrität:
Datenbanksysteme sind für die Gewährleistung der

- Zugriffskontrolle: welcher Benutzer wie auf welche Daten zugreifen darf,
- Ablaufintegrität: Realisierung eines logischen Einbenutzerbetriebs auch bei mehreren, gleichzeitig mit der Datenbank arbeitenden Benutzern,
- semantischen Integrität: Übereinstimmung der Daten mit aus der dargestellten "Miniwelt" stammenden, vom Benutzer oder Datenbank-Administrator (DBA) dem Datenbanksystem bekanntgemachten Integritätsbedingungen,
- physischen Integrität: Korrektheit aller internen Strukturen (Verweisbeziehungen, Sortierordnungen etc.) der Datenbank

verantwortlich. Man spricht deshalb insgesamt auch von "system enforced integrity" /Hä78/.

Für die Sicherung der physischen und semantischen Integrität in bestimmten Fehlerfällen (s.u.) ist in einem Datenbanksystem meist ein eigenes Logging- und Recovery-Subsystem enthalten. Es ist für die Konsistenz der gespeicherten Daten im Sinne des Transaktionskonzepts zuständig. Eine Transaktion wird als Sequenz zusammengehöriger Operationen auf der Datenbank verstanden /Gr81b, Hä81b/. Das Programmsystem zur Verwaltung der Datenbank, das im folgenden auch als Datenbank-Verwaltungssystem (DBVS) bezeichnet wird, muß die Unteilbarkeit ("atomicity"), Konsistenzerhaltung ("consistency"), Abkapselung ("isolation") und Dauerhaftigkeit ("durability") einer solchen Folge von Operationen - speziell von Änderungen - in der Datenbank garantieren /HR83/. Für die nachfolgenden Betrachtungen sind vor allem die Unteilbarkeit und die Dauerhaftigkeit von Bedeutung. Im Fall der erfolgreichen Beendigung einer Transaktion müssen die in der Datenbank vorgenommenen Modifikationen auch ein späteres Auftreten von Fehlern unbedingt "überleben". Andererseits darf eine vorzeitig abgebrochene Transaktion keine Spuren in der Datenbank hinterlassen.

Wenn im Zusammenhang mit dem Transaktionskonzept von Fehlern die Rede ist, so wird stets ein bestimmtes Fehlermodell zugrunde gelegt. Es beschreibt jene Fehlersituationen, bei deren Auftreten das DBVS zu einer dem Transaktionsbegriff entsprechenden Form der Fehlerbehandlung in der Lage sein soll. Üblicherweise wird hier unterschieden zwischen:
- Transaktionsabbrüchen: eine einzelne Transaktion scheitert, beispielsweise auf-

grund eines Fehlers im Anwendungsprogramm,
- Systemausfällen: die gesamte DB-Verarbeitung wird abrupt beendet, etwa infolge eines Stromausfalls,
- Platten- und Übertragungsfehlern: "head crash" auf der Platte, Datenverfälschungen bei E/A-Operationen etc. /Gr81a, Reu81/.

Bei diesem Fehlermodell finden einige Fehlermöglichkeiten offenbar keine explizite Berücksichtigung. Hierzu zählen z.B. Implementierungsfehler im DBVS, die unbemerkt Inkonsistenzen in der Datenbank hervorrufen können, was dann später zur Übergabe falscher Informationen an den Benutzer sowie zu inkorrekten Folgeänderungen in der Datenbank führen kann. Betriebssystemfehler können in entsprechender Weise beliebig fehlerhafte Modifikationen im Hauptspeicher ("wild stores") und schließlich in der Datenbank verursachen oder auch ein Fehlverhalten bei E/A-Operationen bewirken (Lesen/Schreiben falscher Blöcke). Weitere Fehlerursachen sind denkbar. In bezug auf System R /As81/ heißt es in /Gr81a, S. 226f./ zu diesem Problem: "We assume that System R, the operating system, the microcode, and the hardware all have bugs in them. However, each of these systems does quite a bit of checking of its data structures (defensive programming). We postulate that these errors are detected and that the system crashes before the data are seriously corrupted. If this assumption is incorrect, then the situation is treated as a media failure." Die Fehlerbehandlung bei "media failures", also bei den oben erwähnten Plattenfehlern, sieht aber so aus, daß eine Wiederherstellung des zerstörten Platteninhalts mit Hilfe einer alten Archivkopie der Datenbank und der Archiv-Protokolldatei, welche die seit Erstellen der Archivkopie angefallenen DB-Änderungen enthält, durchgeführt wird /Reu83/. Falls eine einmal entstandene Inkonsistenz sich längere Zeit unbemerkt in der Datenbank befindet, bis sie schließlich entdeckt wird, können auch die Archivkopien und Archiv-Protokolldateien in einen inkonsistenten Zustand geraten und somit für die Rekonstruktion unbrauchbar werden.

Für jene Fälle einer zunächst <u>unbemerkten Fehlerentstehung</u> in der Datenbank sind Fehlererkennungsmaßnahmen im DBVS erforderlich, wie sie in existierenden Systemen nicht oder allenfalls rudimentär anzutreffen sind und auch in der Literatur bislang nur bruchstückhaft und unsystematisch untersucht wurden. Bei einer erkannten Inkonsistenz sollte das DBVS nach Möglichkeit eine selbständige Reparatur durchführen oder aber den inkonsistenten Zustand zumindest soweit eingrenzen, daß zunächst eine Fortsetzung der DB-Verarbeitung unter Verzicht auf die defekten Daten möglich ist. Dies resultiert aus der Forderung nach hoher Verfügbarkeit des Datenbanksystems.

Diese Arbeit beschäftigt sich mit Verfahren zur <u>Fehlererkennung</u> und <u>Fehlerbehandlung</u> für Inkonsistenzen in Datenbanken, wobei ausschließlich <u>Verletzungen der physischen Integrität</u>, die bisweilen auch als Speicherkonsistenz bezeichnet wird, betrachtet werden.

Im nachfolgenden Kapitel 2 wird der Stand der Wissenschaft in bezug auf Fragen der Fehlertoleranz und Zuverlässigkeit in Datenverarbeitungssystemen erörtert. In diesem Rahmen wird zunächst auf die Bereiche der Hardware- und Software-Fehlertoleranz allgemein eingegangen, um dabei einige Begriffe einzuführen und auch den zeitlichen Entwicklungsprozeß in jenen Gebieten aufzuzeigen. Es werden sowohl die Techniken der Fehlervermeidung als auch der Fehlerbehandlung angesprochen. Danach wird ein Schichtenmodell des DBS-Entwurfs vorgestellt, anhand dessen eine Einführung der im folgenden benötigten Terminologie erfolgt. Anschließend wird speziell die Fehlererkennung und Fehlerbehandlung in Datenbanksystemen diskutiert. Schließlich werden aus der Literatur bekannte Vorschläge zum Entwurf fehlertoleranter Speicherungsstrukturen für Datenbanksysteme vorgestellt. Einige Schlußfolgerungen runden diese Betrachtungen ab und weisen auf jene Probleme hin, die mit der Fehlererkennung und Fehlerbehandlung durch das DBVS in Zusammenhang stehen.

Kapitel 3 präsentiert eine Fehlerklassifikation für Verletzungen der physischen Integrität einer Datenbank, die auf die für diese Arbeit relevanten Inkonsistenzen zugeschnitten ist. Anhand des in Kap. 2 vorgestellten Schichtenmodells werden die Fehlerursachen und Fehlertypen erläutert.

Kapitel 4 beschäftigt sich mit der Fehlererkennung bei Inkonsistenzen in Datenbanken. Sie kann innerhalb und außerhalb des DBVS auf verschiedenen Ebenen erfolgen und ist z.T. schon durch die Hardware und das Betriebssystem möglich. In vielen Fällen müssen Fehlererkennungsmaßnahmen jedoch in den Subsystemen des DBVS angesiedelt werden. Es wird ausführlich diskutiert, welche Prüfungsmöglichkeiten sich unter Verwendung welcher Redundanzen auf den jeweiligen DBVS-Ebenen ergeben. Speziell werden dabei zwei in Datenbanksystemen häufig anzutreffende Zugriffspfadstrukturen betrachtet, nämlich Hashtabellen und B*-Bäume.

Kapitel 5 beinhaltet die Thematik der Fehlerbehandlung bei erkannten Inkonsistenzen in der Datenbank. Die Möglichkeiten und Konsequenzen unterschiedlicher Vorgehensweisen bei der Fehlerbehandlung werden anhand einer Klassifikation erörtert. Die mit den Rekonstruktionstechniken verbundenen Ausführungszeiten werden unter Zugrundelegung einiger Modellannahmen bzgl. der Datenbankgröße, des Plattentyps etc. näherungsweise bestimmt. Besonderes Augenmerk wird auf Verfahren zur Fehlerbehandlung bei den schon zuvor erwähnten Hashtabellen und Baumstrukturen gelegt.

In Kapitel 6 wird über den Aufbau und die Ergebnisse von Simulationsreihen berichtet, die zur Bestimmung des mit den Fehlererkennungsalgorithmen verbundenen Aufwands durchgeführt wurden. Dabei ging es um die mit der Nutzung und Wartung von Redundanzen einhergehenden E/A-Kosten bei Hashtabellen mit "separate chaining" und

B*-Bäumen. Vier verschiedene Kostenmaße wurden eingeführt, die eine unterschiedlich detaillierte und realitätsnahe Kostenbestimmung gestatteten. Die Simulationen wurden für fünf Implementierungen von Hashtabellen sowie vier Baumtypen vorgenommen, wobei sich die jeweils betrachteten Varianten in der Art und im Umfang der mitgeführten redundanten Information unterschieden. Parallel dazu wurde versucht, die ermittelten Simulationsergebnisse unter Verwendung analytischer Modelle zu validieren. Die zusammenfassende Wertung der Ergebnisse erlaubt eine Quantifizierung des mit der Verwendung von Redundanzen verbundenen E/A-Aufwands.

Kapitel 7 enthält eine Zusammenfassung der wesentlichen Ergebnisse dieser Arbeit und verweist auf Themen für mögliche weiterführende Untersuchungen, in denen einzelne Aspekte der Fehlererkennung und Fehlerbehandlung noch ausführlicher analysiert werden könnten.

2. Stand der Wissenschaft

In diesem Kapitel werden die Gründe für die Einführung zuverlässiger und hoch
verfügbarer Datenverarbeitungssysteme kurz erläutert. Trends hinsichtlich der
Einsatzgebiete solcher Systeme werden aufgezeigt. Die Begriffsbildung in diesem
Bereich wird eingeführt. Sie ist besonders im Englischen schon relativ weit
fortgeschritten. Da sich im Deutschen noch keine allgemein akzeptierte Terminologie durchsetzen konnte, werden wir oftmals auf englische Begriffe zurückgreifen.
Anschließend wird auf einige aus der Literatur bekannte Verfahren zur Fehlervermeidung, Fehlererkennung und Fehlerbehandlung eingegangen, wobei sowohl der
Hardware- als auch der Software-Bereich berührt wird. Schließlich werden die
geläufigen Fehlererkennungs- und -behandlungsmechanismen für Datenbanksysteme
vorgestellt und geeignet klassifiziert. Insbesondere werden dabei Vorschläge für
fehlertolerante Speicherungsstrukturen behandelt. Die Vor- und Nachteile dieser
Ansätze werden gegenübergestellt. Eine zusammenfassende Bewertung der bekannten
Techniken zur Fehlererkennung und Fehlerbehandlung bei Inkonsistenzen in Datenbanken zeigt die in bisherigen Untersuchungen nicht erörterten Themen auf und
definiert damit den Rahmen der vorliegenden Arbeit.

2.1 Einführung

Seit etwa zwei Jahrzehnten werden an DV-Systeme in wachsendem Maße hohe <u>Sicher-
heits- und Zuverlässigkeitsanforderungen</u> gestellt /Eh83/, wobei gleichzeitig auch
eine hohe <u>Verfügbarkeit</u> der Systeme gefordert wird /Tr84/. Dies hat seinen Grund
in den Bedürfnissen der Anwendungsgebiete, deren Abhängigkeit vom ordnungsgemäßen
Funktionieren der eingesetzten DV-Systeme mehr und mehr zunimmt. Nur einige dieser
Bereiche sollen hier beispielhaft genannt werden:
- In der bemannten Raumfahrt liegt eine besonders hohe Abhängigkeit des Menschen
  von DV-Systemen vor. "The Space Shuttle is the first manned spacecraft to be
  totally dependent on computer control for the safe operation of a mission. There
  is no provision for manual takeover of flight critical operations should the
  computer fail" /AL81, S. 345/. Hier müssen sowohl in der Hardware als auch in
  der Software umfangreiche Vorkehrungen für die verschiedensten Fehlerfälle
  getroffen werden. In der unbemannten Raumfahrt ist ein Versagen der Rechnersysteme zwar weniger kritisch, aber auch dort können Ausfälle zu enormen
  finanziellen und technisch-wissenschaftlichen Verlusten führen.
- Im Bereich der Kerntechnik kommt es im Rahmen von Reaktorschutzsystemen /Vo84/
  vor allem darauf an, den Reaktor bei Eintreten bestimmter Ereignisse (hohe
  Temperaturen, hohe Druckwerte etc.) möglichst schnell abzuschalten. Andererseits
  darf es aber nicht passieren, daß aufgrund inkorrekter Abläufe im DV-System
  allzuoft "Fehlalarm" gegeben und die Anlage unnötigerweise abgeschaltet wird, da
  ein solches Fehlverhalten mit langen Ausfallzeiten und hohen Kosten für

das Gesamtsystem verbunden ist.
- In den Gebieten Verkehrstechnik und Verfahrenstechnik, wie z.B. bei Ampelsteuerungen oder bei der Überwachung chemischer Prozesse, wird ebenfalls eine hohe Zuverlässigkeit und Verfügbarkeit der DV-Systeme erwartet. Ein Übergang zur manuellen Steuerung ist bei Ausfall des DV-Systems zwar meist noch möglich, verlangsamt und behindert die Abläufe aber doch in starkem Maße.
- Selbst im Bereich der herkömmlichen kommerziellen Datenverarbeitung nimmt die Abhängigkeit vom Funktionieren der Rechnersysteme immer mehr zu. Eine Geschäftsdurchführung in Großbanken etwa ist ohne DV-Unterstützung undenkbar, und oftmals wird dort der Schalterbetrieb bereits über Tausende von Datenstationen abgewickelt, die einen unmittelbaren Zugriff zu den Kontenständen ermöglichen. Auch hier ist ein längerer Ausfall des DV-Systems kaum noch tolerierbar.

Insgesamt gibt diese (bei weitem nicht vollständige) Aufstellung zu erkennen, daß heutzutage eine starke Abhängigkeit kommerzieller und technischer Abläufe von DV-Systemen eingetreten ist. Dies impliziert besonders hohe Anforderungen an die <u>Zuverlässigkeit</u> dieser Systeme. Während sich bis vor einigen Jahren besondere Zuverlässigkeitsanforderungen noch auf einige wenige Bereiche beschränkten, so etwa auf die erwähnten Anwendungen in der Luft- und Raumfahrt, erstrecken sie sich zunehmend auch auf allgemein einsetzbare, kommerzielle Systeme.

Auch bei <u>Datenbanksystemen</u> beschäftigt man sich, wenn auch vorerst noch primär in der Forschung, mit dem Entwurf hoch verfügbarer Systeme /Ag83, Kim82, Kim84/. Bei den bislang üblichen Fehlerbehandlungsmaßnahmen in Datenbanksystemen wird eine vorübergehende Unterbrechung der DB-Verarbeitung hingenommen, so etwa zum Wiederanlauf des Betriebssystems und des DBVS nach einem Systemausfall. Bei den in Entwicklung befindlichen "highly available systems" wird hingegen, ausgehend von einem zugrundeliegenden verteilten Datenbanksystem, dafür gesorgt, daß die DB-Verarbeitung insgesamt bei Ein-Komponenten-Fehlern ohne Unterbrechung fortgesetzt werden kann. Wenn für einen der beteiligten Rechner etwa ein Stromausfall oder Hardware-Versagen vorkommt, ein Betriebssystemfehler oder DBVS-Fehler auftritt oder aber die Verbindung zu den anderen Rechnern unterbrochen wird, dann kann dies vom Datenbanksystem toleriert und ggf. durch Umverteilung der Kontrollfunktionen intern berücksichtigt werden. Ähnliche Ziele werden auch mit Mehrrechner-Datenbanksystemen verfolgt, wo mehrere lose gekoppelte Rechner auf eine zentrale Datenbank zugreifen /Ra84/.

2.2 Begriffsklärungen

Zuvor war häufig von Fehlern, Fehlverhalten und Ausfällen einerseits sowie von Fehlervermeidung, Fehlererkennung, Fehlerbehandlung, Fehlertoleranz, Zuverlässigkeit und hoher Verfügbarkeit andererseits die Rede. Diese Begriffe wurden dabei mehr oder weniger im umgangssprachlichen Sinne benutzt, da es zunächst lediglich auf die Darstellung der Einsatzgebiete und der Bedeutung zuverlässiger und hoch verfügbarer DV-Systeme ankam. Im folgenden ist hingegen genauer auf die Terminologie dieses Themengebiets einzugehen. Dies soll weitgehend anhand des Aufsatzes "Reliability Issues in Computing System Design" von B. Randell, P.A. Lee und P.C. Treleaven /RLT78/ sowie der Monographie "Fault Tolerance - Principles and Practice" von T. Anderson und P.A. Lee /AL81/ geschehen. Hinsichtlich der Begriffsbildung im Deutschen orientieren sich die nachstehenden Erläuterungen an dem Aufsatz "Zuverlässigkeit von DV-Systemen - Eine systemtechnische Aufgabe" von H. Trauboth /Tr84/ und der Arbeit "Zur Begriffsbildung bei der Beschreibung von Fehlertoleranz-Verfahren" von K. Echtle, W. Görke und M. Marhöfer /EGM83/.

Zunächst ist der Begriff _Zuverlässigkeit_ ("reliability") zu betrachten. In /RLT78, S. 125/ findet sich hierfür die Definition: "The reliability of a system is taken to be a measure of the success with which the system conforms to some authoritative specification of its behaviour." Die Zuverlässigkeit oder der Grad an Zuverlässigkeit eines Systems kann also immer nur relativ zu den Systemspezifikationen beurteilt werden. Dies kommt auch in der entsprechenden Definition in /EGM83, S. 21/ zum Ausdruck: "[Zuverlässigkeit bedeutet] die Fähigkeit eines Systems, während einer vorgegebenen Zeitdauer bei zulässigen Betriebsbedingungen die für das System spezifizierten Eigenschaften aufzuweisen." Diese Art der Definition wird auch von Trauboth /Tr84, S. 273/ im wesentlichen übernommen.

Verfügbarkeit ("availability") wird als Maß zur Bewertung der Zuverlässigkeit eines Systems verstanden: "[...] availability [...] is the fraction of time that a system meets its specification" /RLT78, S. 126/.

In /RLT78, S. 125/ heißt es weiterhin: "When the behaviour of a system deviates from that which is specified, this is called a _failure_." Im Deutschen könnte man "failure" am ehesten mit "externes Fehlverhalten" übersetzen: Die Spezifikationen beziehen sich auf das nach außen hin sichtbare Verhalten eines Systems, und Abweichungen hiervon sind deshalb extern zu beobachten. Im Englischen wird der Ausdruck "failure" sehr sorgfältig von den Begriffen "error" und "fault" abgegrenzt, während eine entsprechende Unterscheidung im Deutschen nicht existiert. Zur genauen Definition von "error" und "fault" wird in /RLT78/ und /AL81/ der Begriff des fehlerhaften Zustands ("erroneous state") benötigt: "An erroneous state of a system is an internal state which could lead to a failure by a sequence of valid transitions" /AL81, S. 49/. Ausgehend von dieser Begriffsbildung können nun die Begriffe "error" und "fault" unmittelbar definiert werden /RLT78, S. 126/: "The term _error_ is used to describe that part of the state which is incorrect. [...] A _fault_ is the mechanical or algorithmic cause of an error [...]."

<u>Fehlertoleranz</u> beinhaltet nach /EGM83, S. 22/ die "Fähigkeit eines Systems, auch bei einer begrenzten Zahl fehlerhafter Subsysteme eine spezifizierte Funktion zu erfüllen". Fehlertoleranz ist nur bei geeigneter Bereitstellung von Redundanz möglich. Dieser Begriff wird in /EGM83, S. 23/ folgendermaßen definiert: <u>Redundanz</u> bedeutet "funktionsbereites Vorhandensein von mehr als für die vorgesehene Funktion notwendigen technischen Mitteln. Im Sinne der Fehlertoleranz wird verlangt, daß die eingesetzte Redundanz für die Fehlerdiagnose und/oder Fehlerbehandlung nützlich ist." Was im Hardware- und im Software-Bereich im einzelnen unter Redundanz zu verstehen ist, wird in den folgenden Kapiteln noch genauer erläutert.

Bei der Entwicklung eines zuverlässigen DV-Systems kommt es vor allem auf die <u>Fehlervermeidung</u> ("fault avoidance") an. Auch während des Systembetriebs spielt dieser Aspekt noch eine wesentliche Rolle, da etwa Bedienungsfehler (durch Schulung des Systempersonals, durch menügesteuerte Dialogführung der Benutzer etc.) und störende äußere Einflüsse (u.a. durch Abschirmung und Klimatisierung der Hardware) vom DV-System weitgehend ferngehalten werden sollten. Auch extensive Anstrengungen zur Fehlervermeidung können jedoch nicht verhindern, daß während des Systembetriebs Fehler auftreten, die behandelt werden müssen ("fault tolerance"). Fehlervermeidung und Fehlertoleranz stellen somit einander ergänzende Maßnahmen dar.

In /Tr84/ werden insgesamt die folgenden Maßnahmen zur <u>Realisierung zuverlässiger DV-Systeme</u> genannt:
- Fehlervermeidung:
  Hierauf wurde schon zuvor kurz eingegangen.
- Fehlerentdeckung:
  Es kann zwischen Testen, Prüfen und der Verwendung von Redundanz unterschieden werden (wobei allerdings die Durchführung von Tests und Prüfungen ebenfalls eine redundante Maßnahme darstellt). Tests und Prüfungen während des laufenden Betriebs kommen vor allem für die Hardware in Frage, wohingegen sie für die Software weniger geeignet sind. Der Test einer Komponente wird entweder von ihr selbst durchgeführt (interner Test, Selbsttest), oder aber von außen, d.h. von anderen Subsystemen, durch Übergabe von Testdaten veranlaßt (externer Test). Auf die Nutzung von Redundanz im Hardware- und im Software-Bereich wird noch in den folgenden beiden Kapiteln genauer eingegangen.
- Fehlerlokalisierung:
  Bei einem erkannten Fehler handelt es sich oftmals um einen Sekundärfehler, der infolge einer Fehlerfortpflanzung im System entstanden ist. Speziell in hierarchisch strukturierten Systemen kann zwischen dem Ort des eigentlichen Fehlers und der Stelle der Fehlerentdeckung eine große Distanz liegen, die u.U. mehrere Ebenen umfaßt /Wü77/. Die Fehlerlokalisierung dient somit der Ermittlung des

primären Fehlers.

- Fehlerbegrenzung (Isolation):

Fehlerbegrenzung bedeutet die Verhinderung der Ausbreitung eines Fehlers und damit der Einflußnahme auf andere Systemkomponenten. Sekundärfehler lassen sich dadurch vermeiden, und der verursachte Schaden kann in Grenzen gehalten werden.

- Abschätzung und Abweisung von Schäden:

Aufgrund unzureichender oder im Einzelfall nicht realisierbarer Fehlerbegrenzungsmaßnahmen kann sich ein Fehler doch auf einen größeren Teil des Gesamtsystems auswirken. Zur Fehlerbehandlung ist zunächst der Schadensumfang zu ermitteln. Die Abweisung von Schäden beinhaltet die sich daran anschließende Deaktivierung und Sperrung des fehlerhaften Bereichs bzw. der fehlerhaften Komponente. Sie ist nur dann erforderlich, wenn sich keine Möglichkeiten zur selbständigen Reparatur des Fehlers durch das DV-System ergeben.

- Rekonfigurierung:

Wie schon die Abweisung von Schäden, so wird auch die Rekonfigurierung nur dann benötigt, wenn eine sofortige Reparatur des fehlerhaften Bereichs bzw. der fehlerhaften Komponente, bei Hardware-Fehlern etwa durch Austausch einer Platine, nicht möglich ist. Rekonfigurierung heißt, daß nach erfolgter Deaktivierung und Sperrung einer defekten Einheit eine Reserveeinheit deren Aufgaben übernimmt.

- Wiederanlauf:

Wiederanlauf bedeutet die Überführung des DV-Systems in einen Zustand, der die Fortsetzung der aufgrund eines Fehlers unterbrochenen Verarbeitung gestattet. Hierbei wird zwischen Rückwärtsbehebung ("backward error recovery") und Vorwärtsbehebung ("forward error recovery") unterschieden. Unter Rückwärtsbehebung versteht man die Fortführung der Verarbeitung ausgehend von einem alten, vor dem Zeitpunkt der Fehlererkennung einmal gültigen Zustand, der als fehlerfrei anzusehen ist. Mechanismen zur Vorwärtsbehebung versuchen hingegen eine unmittelbare Überführung des fehlerhaften Systemzustands in einen fehlerfreien Zustand, so daß die Verarbeitung anschließend ohne einen Verlust an bereits durchgeführten Aktionen wieder aufgenommen werden kann. Die Vorwärtsbehebung ist in Form einer Kompensation vor allem dann unumgänglich, wenn eine Rücknahme schon beendeter Aktionen nicht mehr möglich ist.

In den vorangegangenen Betrachtungen wurden zahlreiche Begriffe eingeführt, die für die Vorstellung und Bewertung zuverlässiger DV-Systeme von Bedeutung sind. Dabei lag im wesentlichen noch kein Zuschnitt auf den Hardware- oder Software-Bereich vor. Nur zu Erläuterungszwecken wurde bereits auf Beispiele aus diesen Gebieten zurückgegriffen. Im Anschluß daran sollen nun in den folgenden Kapiteln einzelne Hardware- und Software-Lösungen für den Entwurf zuverlässiger Systeme genauer erörtert werden.

2.3 Fehlervermeidung und Fehlertoleranz im Hardware-Bereich

Bei der Hardware ist zunächst zu unterscheiden zwischen Entwurfsfehlern ("design faults") einerseits und Alterungsfehlern sowie Fehlern aufgrund äußerer Einflüsse andererseits.

In bezug auf _Entwurfsfehler_ vertraut man vor allem auf eine erfolgreiche _Fehlervermeidung_. Wenn etwa der Entwurf von Bauelementen und dabei speziell die Entwicklung integrierter Schaltkreise (Chips) betrachtet wird, dann liegt das Problem in der fehlerfreien Zusammenstellung und Verbindung Hunderttausender einzelner Elemente zu einem funktionsfähigen Ganzen. Standardisierte Entwurfstechniken, wie beispielsweise die bekannte Mead-Conway-Methode /MC80, vP83/, können den Entwurf komplexer integrierter Schaltungen vereinfachen und damit auch die Wahrscheinlichkeit der Fehlerentstehung senken. Darüber hinaus werden solche Schaltungen äußerst umfangreichen Tests unterworfen, um Entwurfsfehler möglichst vor der Serienfertigung zu entdecken. Insgesamt kann mit einiger Berechtigung von der Annahme ausgegangen werden, daß Hardware-Bauelemente nach Durchlauf der Entwurfs- und Testphasen weitestgehend frei von Entwurfsfehlern sind.

Das Hauptproblem bei der Hardware liegt deshalb darin, daß
- Fehler infolge von _Alterungserscheinungen_ auftreten können,
- _äußere Einwirkungen_, wie beispielsweise extreme Temperaturen, hoher Druck, Erschütterungen und magnetische Einflüsse, die Eigenschaften der Systemkomponenten und damit auch der gespeicherten, zu verarbeitenden oder zu übertragenden Daten verändern können.

Aufgrund dieser Möglichkeiten zur Fehlerentstehung werden im Hardware-Bereich schon seit langem _Fehlererkennungs- und Fehlerbehandlungsmaßnahmen_ eingesetzt.

So sind _Kodierungstechniken_ bei der Datenspeicherung und Datenübertragung weit verbreitet. Hier wird zu jedem Datenobjekt einer bestimmten Größe redundante Information gespeichert, deren Inhalt sich aus dem zugehörigen Datenobjekt ableitet. Häufig anzutreffen sind _Paritätsprüfungen_ /Ca82/, die insbesondere zur Erkennung von Datenverfälschungen im Hauptspeicher eingesetzt werden. Zu jedem Byte oder zu jedem Wort wird zusätzlich ein Paritäts-Bit gespeichert, dessen Wert so berechnet wird, daß die Summe aller Bit-Werte (modulo 2 gerechnet) 0 oder 1 ergibt. Der Wert des Paritäts-Bits wird bei der Speicherung des zugehörigen Objekts berechnet. Bei jedem nachfolgenden Lesen aus dem Speicher wird die Modulo-Rechnung unter Verwendung des Werts im Paritäts-Bit wiederholt, um auf diese Weise zwischenzeitlich aufgetretene Datenverfälschungen ("umgekippte" Bits) zu erkennen.

Falls in einem Byte oder Wort eine gerade Anzahl "umgekippter" Bits auftritt, ist die Fehlererkennung mittels Paritätsprüfung nicht mehr möglich. Deshalb wurden aufwendigere Kodierungsschemata entwickelt, so z.B. "Hamming codes" und "cyclic redundancy codes" /AL81/. Die letztgenannte Kodierungsform wird im Deutschen auch als zyklische Blocksicherung bezeichnet /Hof78/. Da sie recht umfangreiche Redundanzen und Berechnungen erfordert, findet sie vor allem bei der Datenübertragung sowie zur Datensicherung auf Externspeichern Verwendung, nicht jedoch im Hauptspeicher. Unter Benutzung eines mathematischen Polynoms wird aus dem Inhalt eines ganzen Datenblocks die sog. Blockprüfinformation berechnet und zusammen mit dem Block übertragen bzw. auf dem Externspeicher abgelegt. Diese Berechnung wird beim Lesen des Blocks vom Externspeicher bzw. durch den Empfänger des übertragenen Blocks wiederholt, und das Rechenergebnis wird mit der beim Block befindlichen Blockprüfinformation verglichen. Bei Ungleichheit liegt eine Datenverfälschung vor. "Hamming codes" und "cyclic redundancy codes" ermöglichen nicht nur die Fehlererkennung, sondern darüber hinaus die Fehlerkorrektur bei Ein-Bit-Fehlern und z.T. auch bei bestimmten Mehr-Bit-Fehlern.

Im vorangegangenen Kapitel wurde bei den Erläuterungen zur Fehlerentdeckung auch das Prinzip der Selbsttests oder internen Tests erwähnt. Es wird im Hardware-Bereich insbesondere in Systemen mit hohen Zuverlässigkeitsanforderungen eingesetzt, so beispielsweise bei elektronischen Telefonvermittlungssystemen und in der Raumfahrt.

Eine weitere "klassische" Methode zur Erzielung von Fehlertoleranz in der Hardware ist die Replikation, also die Vervielfachung von Komponenten mit dem Ziel der Fehlererkennung und -behandlung. Das bekannteste Verfahren hierfür ist die sog. "triple modular redundancy" (TMR), bei der drei identische Subsysteme S1, S2, S3 in der in Bild 1 gezeigten Form parallelgeschaltet werden. Jedes dieser Subsysteme erhält dieselben Eingabedaten. Die gelieferten Ausgaben werden wieder zusammengeführt und von einem "voter" V verarbeitet. Der "voter" führt eine Mehrheitsentscheidung zur Bestimmung der Ausgabe des Gesamtsystems S durch. Mindestens zwei der drei Subsysteme müssen dieselbe Ausgabe liefern, damit diese nach außen als Systemausgabe weitergegeben werden darf. Falls nur eines der Subsysteme fehlerhaft ist, kann dies somit nach außen hin maskiert werden, d.h., die Umgebung von S wird davon nicht in Kenntnis gesetzt. TMR versagt dann, wenn zwei Subsysteme dieselbe, falsche Ausgabe liefern, da dann das dritte, korrekte Subsystem überstimmt wird. Falls hingegen zwei Subsysteme eine falsche, jedoch sich inhaltlich unterscheidende Ausgabe bereitstellen, so liegen dem "voter" drei verschiedene Ergebnisse vor. Er ist nun zwar zu keiner Fehlermaskierung mehr in der Lage, liefert aber auch keine falsche Systemausgabe, sondern kann das Versagen von S nach außen melden. In der Systemumgebung muß dann über das weitere Vorgehen entschieden werden.

Das TMR-Verfahren läßt sich verallgemeinern zur Technik der "n-modular redundancy" (NMR), wenn n (n>3) Subsysteme in der gezeigten Art parallelgeschaltet und über

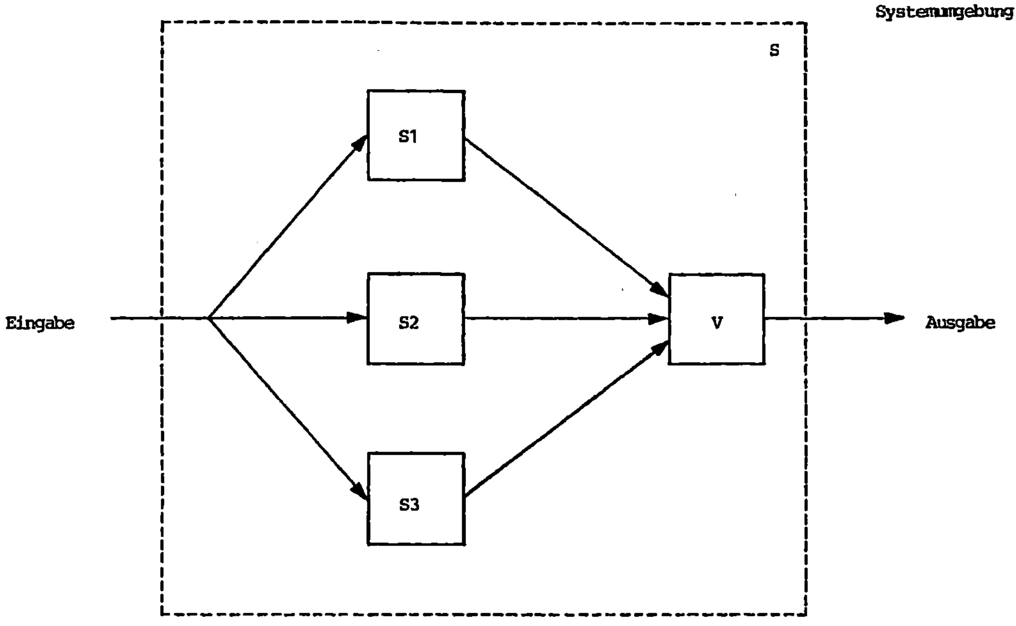

System S   Subsysteme S1-S3   "voter" V

Bild 1: Das Prinzip der "triple modular redundancy"

einen "voter" verbunden werden. Beispielsweise kann für n=5 das gleichzeitige Auftreten von Fehlern in zwei Subsystemen maskiert werden. Dies ändert jedoch nichts an den prinzipiellen Schwächen der TMR- und NMR-Verwendung:

- Entwurfsfehler in den Subsystemen Si, die zwar selten vorkommen, jedoch nie ganz auszuschließen sind, führen zu jeweils identischen, inkorrekten Ausgaben und sind infolgedessen vom "voter" nicht zu erkennen. Die fehlerhaften Resultate werden deshalb unbemerkt an die Systemumgebung weitergegeben.
- Ein Fehler im "voter" kann ebenfalls zur Übergabe inkorrekter Werte an die Systemumgebung führen. Dies ist z.B. dadurch möglich, daß ein Fehler in einem Subsystem nicht richtig maskiert wird und sich deshalb auf die Systemausgabe auswirkt. Außerdem kann es vorkommen, daß der "voter" die Ausgabe auf andere Weise verfälscht. Oftmals findet man allerdings in der Literatur das Argument, daß ein solches Fehlverhalten aufgrund des einfachen Aufbaus des "voters" praktisch auszuschließen ist.

Die TMR- und NMR-Nutzung ist ein Anwendungsfall statischer Redundanz. "For <u>static redundancy</u>, redundant components are used within a system to provide fault tolerance so that the effects of a component failure are masked fröm, and not apparent to, the environment of that system. In contrast, <u>dynamic redundancy</u> is employed just to provide an error detection capability within a system, and has to

be supplemented by redundancy elsewhere in order to achieve fault tolerance"
/AL81, S. 68/. "Hamming codes" und "cyclic redundancy codes" zählen ebenfalls zur
statischen Redundanz, da ein Fehler u.U. selbständig korrigiert und damit nach
außen hin maskiert werden kann. Bei einfachen Paritätsprüfungen handelt es sich
hingegen um einen Anwendungsfall dynamischer Redundanz. Hier ist lediglich die
Fehlererkennung, nicht aber die Fehlerkorrektur möglich. Diese muß unter Einsatz
zusätzlicher Redundanz auf einer höheren Systemebene erfolgen.

Während Paritätsprüfungen, "Hamming codes" und "cyclic redundancy codes" in sehr
vielen existierenden DV-Systemen anzutreffen sind, wurden die TMR- und NMR-Verfah-
ren bislang nur in wenigen Fällen eingesetzt. Man findet sie vor allem in Systemen
mit extrem hohen Zuverlässigkeitsanforderungen. Einige dieser Anwendungsgebiete
wurden schon zuvor erwähnt. Im "Self Testing and Repairing Computer System" STAR
/Av71/, das als experimentelles System für unbemannte interplanetare Weltraumflüge
konzipiert wurde, wird u.a. die TMR-Technik angewandt. Dies gilt ebenso für
das SIFT-System /Wen78/, das zur Steuerung zukünftiger, in dynamisch instabiler
Fluglage fliegender . Passagierflugzeuge dienen soll. Das Akronym SIFT steht dabei
für "software implemented fault tolerance". Die Aufgaben der Fehlererkennung,
Fehlerlokalisierung etc. werden in diesem Fall durch Software-Komponenten wahrge-
nommen, die vorhandene Hardware-Redundanz für Zwecke der Fehlertoleranz ausnutzen
/DC84/. Eine einfache Duplizierung von Hardware-Komponenten wird auch schon in
kommerziell verfügbaren DV-Systemen angewandt, so etwa in Systemen von Tandem
/Sch84/, Nixdorf /Her84/ und Olivetti /Bo84/. Dort kommt es darauf an, bei Ausfall
einer Komponente (beispielsweise einer Magnetplatte, einer Plattensteuerung oder
eines Busses) die Verarbeitung ohne Unterbrechung fortsetzen zu können, während
die defekte Einheit ausgetauscht oder repariert wird.

2.4 Fehlervermeidung und Fehlertoleranz im Software-Bereich

Die Probleme bei der Software unterscheiden sich von jenen bei der Hardware vor
allem dadurch, daß Fehler in der Software ausschließlich im Zuge der Spezifikation, des Entwurfs und der Implementierung entstehen können, nicht aber infolge
einer Alterung oder äußerer Einflüsse. Insgesamt werden die für Software relevanten Fehlerursachen deshalb auch allgemein unter der Bezeichnung _Entwurfsfehler_
("design faults" /An84/) zusammengefaßt. Hier ist wiederum zwischen den Techniken
der Fehlervermeidung einerseits und der Fehlertoleranz andererseits zu unterscheiden. Die meisten Bemühungen zur Erhöhung der Zuverlässigkeit von Software-Systemen bezogen sich in der Vergangenheit auf die Fehlervermeidung. Erst seit
einigen Jahren beschäftigt man sich auch mit der Software-Fehlertoleranz, da
deutlich wird, daß rein über Anstrengungen zur Fehlervermeidung für ein komplexes
Software-System keine hundertprozentige Zuverlässigkeit erreicht werden kann.

Die Fehlervermeidung bei der Software-Entwicklung steht in engem Zusammenhang mit den Verfahren des Software-Engineering. Diese wurden eingeführt, als in zunehmendem Maße festzustellen war, daß große Software-Entwicklungsprojekte den vorgegebenen Zeitplan deutlich überschritten, zu weit höheren Kosten als geplant führten und schließlich unzuverlässige und kaum wartbare Systeme hervorbrachten /Ze78/. Man ist deshalb in den letzten Jahren mehr und mehr dazu übergegangen, den Software-Entwicklungsprozeß klar zu strukturieren, zu formalisieren, mit geeigneten Werkzeugen zu unterstützen und durch qualitätssichernde Maßnahmen zu begleiten. Projektmodelle wurden entwickelt, in denen jede einzelne Phase bei der Software-Entwicklung genau festgelegt ist /Hes80/, so daß eine Projektüberwachung anhand bestimmter Zwischenergebnisse (Spezifikationsphase abgeschlossen, Entwurfsphase abgeschlossen etc.) ermöglicht wird. Zu den bereitzustellenden Werkzeugen zählen u.a. Methoden, Sprachen und Werkzeuge zur Software-Spezifikation /RR83/, Entwurfssprachen, Projektbibliotheken sowie Testdatengeneratoren. Hinzu kommt noch die Bereitstellung von höheren Programmiersprachen, Programmgeneratoren und normierten Programmiertechniken, um insgesamt gut strukturierte und wartbare Software zu erzeugen.

Im Rahmen einer überblicksweisen Darstellung der Fehlervermeidung im Software-Bereich kann nicht auf alle damit zusammenhängenden Aspekte der Software-Entwicklung eingegangen werden. Statt dessen werden im folgenden nur einige Themen kurz angeschnitten, nämlich das formale Beweisen der Korrektheit von Programmen, die Ausführung verschiedener Arten von Inspektionen während des Entwicklungsprozesses sowie die Durchführung von Tests.

Beweistechniken lassen sich trotz starker und schon seit Jahren andauernder Forschungsaktivitäten auf diesem Gebiet nach wie vor nur für relativ kleine Programme sinnvoll einsetzen. Bei größeren Programmsystemen ist ein formaler Beweis hingegen meist mit einem prohibitiven Aufwand verbunden, so daß eine Unterstützung durch geeignete Werkzeuge, die derzeit noch nicht verfügbar sind, als unumgänglich erscheint. Nur in einigen wenigen Fällen wurden bzw. werden Korrektheitsbeweise bereits in großen Software-Projekten benutzt. Hier ist etwa das schon erwähnte SIFT-Projekt /Wen78/ zu nennen. Bei SIFT versucht man, durch einen sehr sauberen, hierarchischen Systementwurf einerseits und durch formale Spezifikation der Schnittstellen zwischen den Moduln andererseits das Problem des Beweisens des Gesamtsystems durch Beweise für einzelne Moduln zu lösen. Insgesamt ist heute jedoch noch nicht abzusehen, ob bzw. wann Beweistechniken allgemein Eingang in den Software-Entwicklungsprozeß finden werden.

Inspektionen können während verschiedener Entstehungsphasen eines Software-Systems stattfinden. Fagan /Fa76/ unterscheidet die folgenden Zeitpunkte der Inspektionsdurchführung:

- Entwurfsinspektion I0 ("function level inspection"):

  Nach Festlegung der Modulspezifikationen im Rahmen der Entwurfsphase, also noch vor Bestimmung der internen Logik der Moduln, wird der bislang vorliegende Entwurf einer Inspektion unterzogen. Hierbei sollen Fehler in der Systemarchitektur und der Funktionszuordnung zu den Moduln entdeckt werden.

- Entwurfsinspektion I1 ("design complete inspection"):

  Diese Inspektion erfolgt nach Abschluß der Entwurfsphase. Wie der Name schon sagt, wird dabei vor allem die Vollständigkeit des Entwurfs überprüft. Gleichzeitig wird auf einen hinreichenden Dataillierungsgrad des Entwurfs geachtet, um die sich anschließende Implementierungsphase von Entwurfsaufgaben möglichst freizuhalten.

- Code-Inspektion I2:

  Das Ergebnis der Implementierung wird nach Abschluß der ersten syntaktisch fehlerfreien Übersetzung der Programmmoduln inspiziert. Hier gilt es, Fehler bei der Umsetzung der Entwurfsbeschreibung in den Programm-Code zu entdecken.

- Testplaninspektion IT1:

  Bei der Testplaninspektion wird nach Lücken im Testplan gesucht. Da die Aufstellung des Testplans für die verschiedenen Systemebenen (Moduln, Subsysteme, Gesamtsystem) schon parallel zum Systementwurf erfolgt, wird diese Inspektion unmittelbar vor Beginn der Implementierung veranstaltet.

- Testfallinspektion IT2:

  Der Testplan fixiert nur die grobe Vorgehensweise bei der Testdurchführung, macht aber noch keine Aussage über die zu verwendenden Testdaten. Diese Festlegung der Testfälle geschieht erst während der Implementierungsphase. Die Testfallinspektion zielt auf Fehler bei der Auswahl der Testfälle ab, wobei speziell deren Vollständigkeit (Uberdeckung) überprüft wird.

Darüber hinaus werden von Fagan noch mehrere Dokumentationsinspektionen ("publications inspections") vorgeschlagen, um die Qualität der schließlich dem Benutzer zu übergebenden Systembeschreibungen (Manuale) zu überwachen.

Primärziel von Inspektionen ist die frühzeitige Erkennung von Fehlern während des Software-Entwicklungsprozesses, da sich nicht rechtzeitig erkannte Fehler, beispielsweise aus der Entwurfsphase, später nur noch mit hohen Kosten beheben lassen. Die beabsichtigte Steigerung der Produktqualität geht also einher mit dem Ziel einer Erhöhung der Produktivität, da aufwendige - weil zu spät erfolgende - Fehlerbehebungsmaßnahmen sich insgesamt negativ auf den Projektfortschritt auswirken. Inspektionen führen zu einer Fülle von Auswertungen in Form von Fehlerlisten, Fehlerklassifikationen, Häufigkeitsverteilungen etc. /Fa76, S. 196ff./. Somit dienen sie auch der Informationsbereitstellung zur Unterstützung des Projektmanagements, dem eine projektbegleitende Qualitätsüberwachung und -vorhersage ermöglicht wird. Weil sie stets im Team durchgeführt werden, erhöhen Inspektionen zudem die <u>Produktkenntnisse</u> der am Projekt Beteiligten.

Inspektionen zeichnen sich organisatorisch durch eine recht starke Formalisierung aus: "Inspections are a formal, efficient, and economical method of finding errors in design and code" /Fa76, S. 189/. Sowohl für Systemprogrammentwicklungen als auch für Anwendungsprogrammentwicklungen konnte bereits anhand empirischer Untersuchungen der Nutzen von Inspektionen nachgewiesen werden.

Neben der Inspektionstechnik existieren noch einige weitere Methoden zur Prüfung von Software, die in der Praxis weit verbreitet sind. Hier lassen sich u.a. die Schlagworte "code reading" und "walk-through" nennen. Nach /Ze78/ versteht man unter "<u>code reading</u>" das Lesen eines Programms durch einen anderen Programmierer, also nicht durch den Implementierer selbst. Beim Leser entstehende Unklarheiten werden in der Diskussion mit dem Implementierer geklärt und führen zur Fixierung von Fehlern im Programm. Dieses Verfahren stellt ein informelles und wenig zeitaufwendiges Mittel zur Fehlererkennung dar. Aufgrund des nicht formalisierten Ablaufs ist die Qualität des "code reading" allerdings starken Schwankungen unterworfen, und die Fehlerentdeckungsrate ist meist nicht allzu hoch. "<u>Walk-throughs</u>" werden, ähnlich wie Inspektionen, im Team durchgeführt. Fagan /Fa76, S. 201ff./ sieht den Unterschied zu Inspektionen darin, daß "walk-throughs" eine reine Fehlersuche ohne die mit Inspektionen verbundenen Auswertungen beinhalten. Lerneffekte für die Implementierer ergeben sich somit kaum, und auch die Ausnutzung von Ergebnissen für die nachfolgenden Entwicklungsschritte des Projekts entfällt.

Zwischen den drei erwähnten Vorgehensweisen läßt sich die folgende Hierarchie aufstellen:

Inspektion

"walk-through"

"code reading"

Von unten nach oben nehmen dabei der Aufwand, der Formalisierungsgrad und – was ausschlaggebend ist – die Qualität zu.

<u>Tests</u> werden bereits seit jeher zur Fehlersuche in Programmen benutzt, wobei allerdings die anzutreffenden Teststrategien und Testinhalte stark variieren. Endres /En76/ unterscheidet zwischen vier <u>Stufen</u> der Testdurchführung:
- Modultest:
    Die Modultests finden am Ende der Implementierungsphase statt und schließen sich an eine etwaige Code-Inspektion (inkl. Fehlerkorrektur) an. Dabei werden die Moduln einzeln Tests unterzogen, um vor allem Trivialfehler frühzeitig zu erkennen.
- Komponententest:
    Die Komponententests werden nach erfolgter Vorintegration von Moduln zu Funk-

tionseinheiten (bisweilen auch als "Großmoduln" bezeichnet) durchgeführt. Jeweils für eine ganze Systemkomponente wird das Verhalten bei Einsatz verschiedener Testfälle untersucht.

- Systemtest:

Der Systemtest folgt der Systemintegration, d.h. der Zusammenführung aller Komponenten zu einem Gesamtsystem. Danach können erstmals sämtliche Systemfunktionen getestet werden.

- Anwendungstest:

Der Anwendungstest bildet den letzten Schritt eines jeden Software-Entwicklungsprozesses vor Übergabe des Produkts an den Kunden. Er beendet die Installationsphase des Software-Systems und wird deshalb direkt beim Kunden durchgeführt. Ziel ist es, das Funktionieren des Systems in dessen endgültiger Ablaufumgebung nachzuweisen.

Das "fundamentale Problem" des Testens kann nach Goodenough und Gerhart /GG75/ folgendermaßen definiert werden:

> Wie läßt sich von der erfolgreichen Durchführung von Tests auf die Korrektheit eines Programms für beliebige Eingaben schließen?

In der kommerziellen Software-Entwicklung erfolgt die Testdatenwahl oft noch über einen subjektiven Auswahlprozeß, wobei fast nach "Gutdünken" für die Anwendung repräsentativ erscheinende Daten herausgegriffen werden. Die Ergebnisse solchen Vorgehens sind meist sehr unbefriedigend, was Dijkstra /Di69/ zu seiner bekannten Aussage veranlaßt hat: "Program testing can be used to show the presence of bugs, but never to show their absence."

In den letzten Jahren wird jedoch erfolgreich versucht, dem Testen einen theoretischen Unterbau zu geben, wie er z.B. bei Beweistechniken schon seit langem existiert. So wurden Testdatenselektionskriterien formuliert, die festlegen, welche Anforderungen ein Test erfüllen soll. Hierbei wird zwischen strukturellen Kriterien und "black-box"-Kriterien unterschieden.

Strukturelle Kriterien stellen Anforderungen an einen Test, die auf der Programmstruktur des Testobjekts selbst beruhen. Sie haben deshalb den Nachteil, daß sie sich daran orientieren, was das (u.U. fehlerhafte) Programm tut und nicht daran, was es tun soll. Die Testdatenwahl erfolgt nämlich ohne Berücksichtigung der Anforderungen an das Programm, der Spezifikationen und des Entwurfs. Strukturelle Kriterien eignen sich gut zum Modultest und auch noch zum Komponententest, weniger gut jedoch für die nachfolgenden Stufen der Testdurchführung. Zu den bekanntesten strukturellen Testdatenselektionskriterien zählen die Kriterien C1 (jede Programmanweisung muß mindestens einmal ausgeführt werden) und C2 (jeder Programmzweig muß mindestens einmal durchlaufen werden) /Ge78/. Vor allem für das Kriterium C2 existieren Testdatengeneratoren, die eine automatische Testdatenerzeugung aufgrund einer Analyse des Programm-Codes durchführen /Bi79/.

"Black-box"-Kriterien sind völlig unabhängig von einer konkreten Programmimplementierung und unterscheiden sich dadurch deutlich von den strukturellen Kriterien. Oftmals orientieren sie sich an den Spezifikationen, d.h., es wird analysiert, welche Fuktionen, die das Programm später anbieten soll, wie durch Testfälle abgedeckt werden können. Dabei werden möglichst alle Bedingungen ermittelt, die für die korrekte Ausführung des Programms relevant sind. Alle sinnvollen Kombinationen dieser Bedingungen, die es durch Testfälle abzudecken gilt, werden dann in dem schon zuvor erwähnten Testplan zusammengefaßt. Ein kleines Beispiel soll das Vorgehen verdeutlichen: Für die Testplanentwicklung zu einem Programm, das eine Eingabefolge von Buchstaben auf Gleichheit überprüfen soll /Ge78/, kann man schon in der Spezifikationsphase festlegen, daß Buchstabenkombinationen bis zur Länge 3 als Testfälle gewählt werden. Dies basiert auf der Vermutung, daß sich auch bei längeren Eingabefolgen keine zusätzlichen Erkenntnisse über die Programmkorrektheit mehr ergeben würden.

Ein Problem in Zusammenhang mit den "black-box"-Kriterien liegt darin, daß Implementierungseigenschaften des Programms, so etwa Sonderbehandlungen für bestimmte Eingabedaten, nicht berücksichtigt werden können. Man muß deshalb zusätzlich eine Programmstrukturanalyse vorsehen, die zur Erweiterung des Testplans führt. Dies bedeutet insgesamt eine Mischung von strukturellen Kriterien und "black-box"-Kriterien, wodurch sich Tests mit hoher Fehlerentdeckungswahrscheinlichkeit ergeben.

Bislang wurden ausschließlich Methoden zur Fehlervermeidung bei der Software-Entwicklung betrachtet. Da die Entwicklung großer Software-Systeme beim derzeitigen Stand der Technik nie zu einem völlig fehlerfreien Produkt führt, ergibt sich, besonders bei hohen Zuverlässigkeitsanforderungen, zusätzlich die Notwendigkeit zur Ausnutzung von Verfahren der Software-Fehlertoleranz. Eine einfache Replikation von Komponenten, wie man sie von der Hardware her kennt (TMR/NMR), ist für Software ohne Nutzen, da sich Entwurfsfehler ("Geburtsfehler" nach /Vo84/) auf sämtliche Komponenten in gleicher Weise auswirken. Trauboth /Tr84/ unterscheidet zwischen dem Mitführen von redundanter Information durch die Software und dem Ansatz der Software-Diversität. Auf den erstgenannten Punkt wird noch bei der Diskussion über Datenbanksysteme im nächsten Kapitel näher eingegangen. Die letztgenannte Thematik soll hingegen im folgenden erörtert werden.

"Diversität bedeutet, daß eine Funktion über zwei oder mehr unterschiedliche Wege realisiert wird" /Tr84, S. 288/. Die Unterschiede können sich dabei in verschiedener Weise manifestieren:
- Wahl unterschiedlicher Programmiersprachen, Entwurfsmethoden und Spezifikationstechniken,

- Verwendung unterschiedlicher Algorithmen zur Realisierung der Systemfunktionen,
- Einsatz unterschiedlicher Projektteams.

Das Ziel der Diversität liegt darin, mehrere <u>Versionen</u> (man könnte statt dessen auch von Alternativen sprechen) eines Software-Produkts zu erstellen, die in der Art ihres Fehlverhaltens möglichst voneinander unabhängig sind. Wenn also bei einer bestimmten Eingabe in einer Version ein Fehler auftritt, so sollten andere Versionen zur fehlerfreien Verarbeitung dieser Eingabe in der Lage sein. In vielen Fällen wird es aus Aufwandsgründen so sein, daß die Versionen V1 bis Vn einfach die verschiedenen zeitlichen Entwicklungsstufen einer Komponente widerspiegeln. Dann ist allerdings die Forderung nach Software-Diversität nur noch zum Teil erfüllt, da sämtliche Versionen u.U. von demselben Projektteam mit identischen Werkzeugen (Entwurfstechniken, Sprachen) erstellt wurden. Die Versionen unterscheiden sich dann lediglich noch in den benutzten, mehr oder weniger effizienten Algorithmen. Wie viele fehlerfreie Versionen mindestens zur Bildung einer korrekten Systemausgabe benötigt werden, hängt von der Art des Einsatzes der Software-Diversität ab. Man unterscheidet hierbei zwischen dem Konzept der "recovery blocks" /Hor74/ und dem Verfahren des "n-version programming" /CA78/.

<u>Bild 2</u> (aus /Neh80b/) soll das Prinzip der "<u>recovery blocks</u>" verdeutlichen. Eine Software-Komponente liegt in n ($n \geq 2$) Versionen vor, die mit V1 bis Vn bezeichnet werden. Für jede Eingabe wird zunächst die Version V1 durchlaufen. Deren Ergebnisse werden einem Abnahmetest ("acceptance test") unterzogen. Falls dieser Test negativ ausfällt, also einen Fehler in den geprüften Ergebnissen anzeigt, wird anschließend dieselbe Eingabe von der Version V2 verarbeitet. Dieses Verfahren wird fortgesetzt, bis entweder ein Erfolg beim Abnahmetest zu verzeichnen ist oder aber bei sämtlichen n Versionen der Abnahmetest negativ verlaufen ist. Im letztgenannten Fall wird eine Fehlernachricht ausgegeben, die von der Systemumgebung weiterverarbeitet werden muß.

Ein Problem bei der Verwendung von "recovery blocks" liegt in der Ausgestaltung des <u>Abnahmetests</u>. So bietet sich ein solcher Test nicht bei allen Aufgabenstellungen unmittelbar an. Außerdem darf der Test nicht derart viel Zeit beanspruchen, daß er den gesamten Programmablauf allzusehr verlangsamt. Der Abnahmetest wird bei der Verarbeitung in Vi aufgetretene Fehler immer nur mit einer gewissen Wahrscheinlichkeit erkennen. Gerade bei einem sehr komplexen Test besteht zudem die Gefahr, daß er selbst Programmfehler enthält und deshalb zu fehlerhaften Aussagen über den Erfolg bzw. Mißerfolg der Testdurchführung kommt.

"<u>N-version programming</u>" (NVP) besitzt auf den ersten Blick eine gewisse Ähnlichkeit mit der Technik der "n-modular redundancy" (NMR) aus dem Hardware-Bereich, die im vorigen Kapitel erörtert wurde. <u>Bild 3</u> zeigt das Prinzip des Verfahrens. Eine Software-Komponente existiert wiederum in n diversitären Versionen V1 bis Vn,

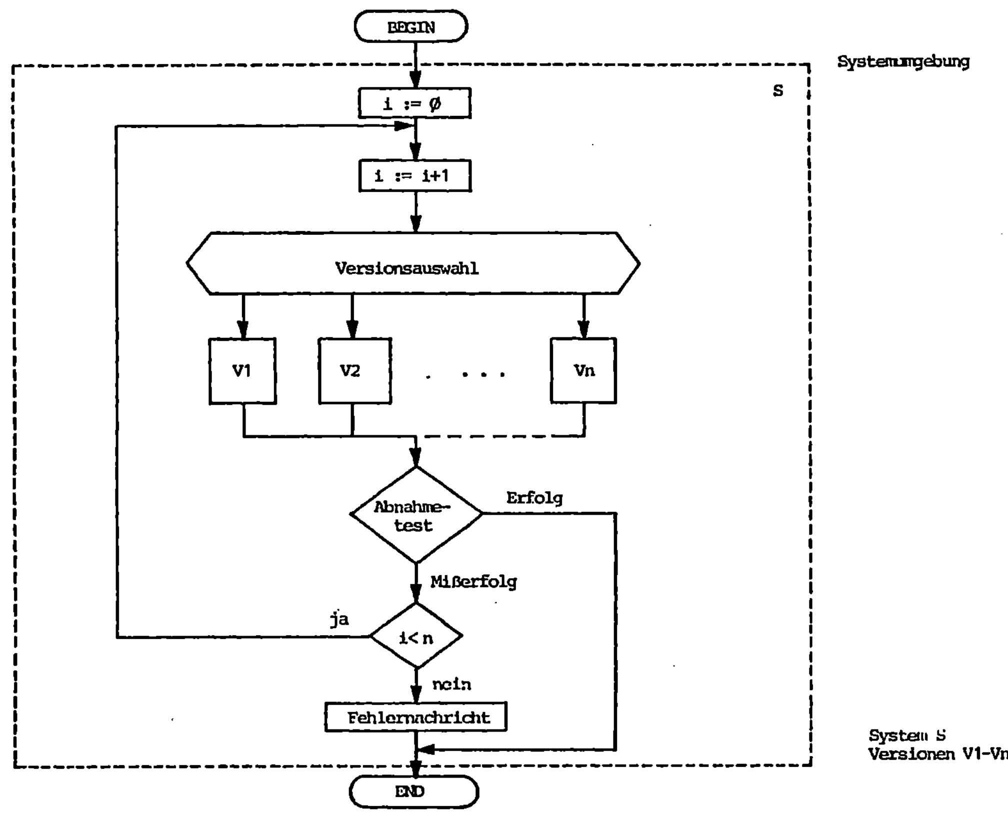

<u>Bild 2</u>: Das Prinzip der "recovery blocks"

wobei diesmal allerdings n≥3 gelten soll. Jede Eingabe wird von sämtlichen Versionen V1 bis Vn verarbeitet, die ihre Ergebnisse an den "<u>voter</u>" V übergeben. Der "voter" vergleicht die von den Versionen V1 bis Vn gelieferten Ergebnisse und übergibt das von der (absoluten) Mehrheit ermittelte Resultat an die Systemumgebung. Falls keine solche Mehrheit zustande kommt, wird das "voting" als gescheitert angesehen und eine Fehlernachricht übergeben.

Im Vergleich zum "recovery-block"-Konzept besitzt NVP den Vorteil, daß kein Abnahmetest benötigt wird. Dafür reicht beim "recovery-block"-Konzept meist die Ausführung einer Version, deren Ergebnisse bereits den Abnahmetest bestehen, während bei NVP stets sämtliche n Versionen durchlaufen werden müssen. Die Ausführung der n Versionen bei NVP muß nicht unbedingt parallel erfolgen. Das "voting" kann aber erst dann stattfinden, wenn sämtliche n Einzelergebnisse vorliegen. Dies führt zu einem Synchronisationsproblem bei der Ausführung der n Versionen, das durch zusätzliche Software gelöst werden muß. So wie beim "recovery-block"-Konzept stets die programmtechnische Korrektheit des Abnahmetests vorausgesetzt wird, wird bei "n-version programming" von der Fehlerfreiheit des

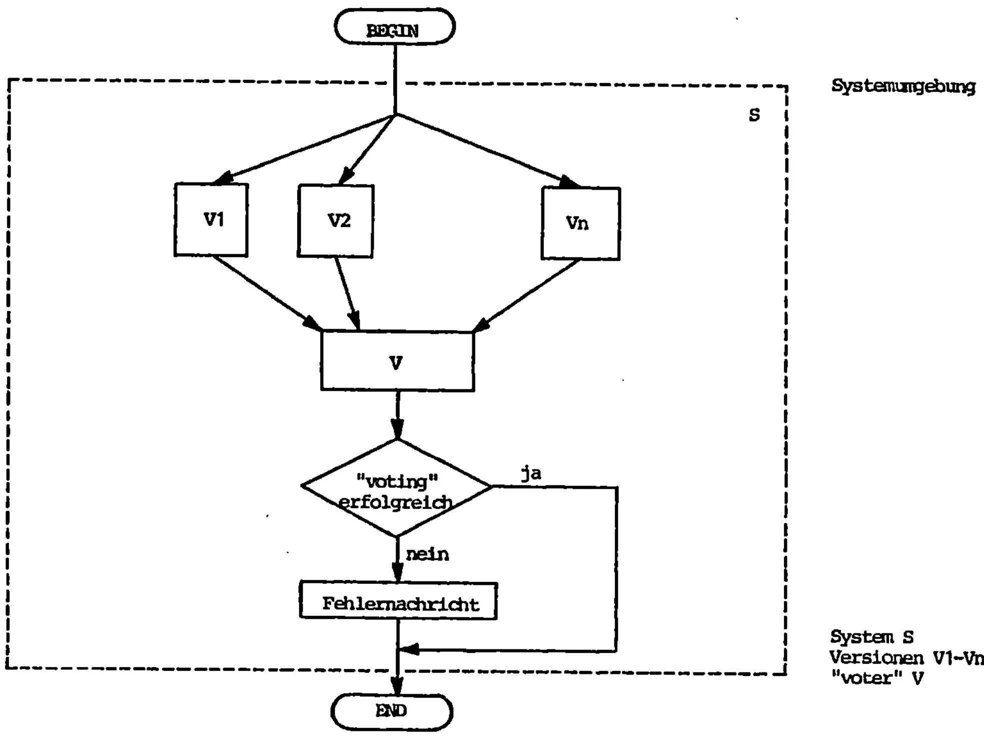

Bild 3: Das Prinzip des "n-version programming"

"voters" ausgegangen.

"N-version programming" wurde schon verschiedentlich in Software-Systemen eingesetzt, wobei es sich allerdings weniger um praktisch verwendbare Produkte, als
vielmehr um experimentelle Systeme im Forschungsbereich handelte /KA83, MMW84/.
Nur vereinzelt kam NVP auch schon in großen Systemen zum Einsatz /Vo84/. Bei
diesen Experimenten wurde stets von einer einzigen Spezifikation ausgegangen und
erst anschließend beim Entwurf und bei der Implementierung für Diversität gesorgt.
Fehler in der Spezifikation konnten sich somit auf sämtliche Versionen auswirken. Um diese Fehlerquelle möglichst auszuschalten, erfolgte beim Reaktor-
schutzsystem MIRA /Vo84/ die Spezifikation weitgehend mit Hilfe einer formalen
Sprache /Lu83/. Insgesamt zeigen die bislang vorliegenden Ergebnisse einen Anstieg
der Zuverlässigkeit von Software-Systemen bei NVP-Verwendung. Dabei muß allerdings
berücksichtigt werden, daß diese Technik auch ein deutliches Anwachsen der
Entwicklungskosten verursacht. Deshalb wird sich der Einsatz von Software-Diversität wohl auch künftig nur auf Anwendungsgebiete mit besonders hohen Zuverlässigkeitsanforderungen beschränken.

In den letzten Jahren wurden bereits einige Varianten zum "recovery-block"-Konzept und zu "n-version programming" entwickelt. Als Beispiele sind etwa der "deadline"-Mechanismus von Campbell et al. /CHB79/ sowie das Verfahren der "zyklischen Abwechslung" von Lauber und Zhou /LZ84/ zu nennen. Darauf soll jedoch hier nicht weiter eingegangen werden.

2.5 Fehlererkennung und Fehlerbehandlung in Datenbanksystemen

Die im vorigen Kapitel genannten Techniken zur Fehlervermeidung und Fehlertoleranz im Software-Bereich lassen sich grundsätzlich auch auf Datenbanksysteme anwenden. Insbesondere Methoden zur Fehlervermeidung (Inspektionen, Testverfahren) sind bei der Entwicklung von Datenbanksystemen, wie auch in anderen großen Software-Projekten, weit verbreitet. Was den Einsatz von Software-Fehlertoleranz anbelangt, so zielen die im DB-Bereich unternommenen Anstrengungen bislang nur am Rande auf die Tolerierung von Fehlern im DBVS selbst ab. Für die Prinzipien der "recovery blocks" und des "n-version programming" etwa gibt es noch keinen Anwendungsfall in Datenbank-Verwaltungssystemen. Dies hat seinen Grund vor allem in den aus dem Einsatz dieser Verfahren resultierenden Leistungseinbußen sowie im erhöhten Implementierungsaufwand, der mit der Bereitstellung mehrerer Versionen einer Software-Komponente verbunden ist.

Wie schon zuvor erwähnt, kann bei den Verfahren zur Erzielung von Software-Fehlertoleranz zwischen Software-Diversität und der Mitführung redundanter Information durch die Software unterschieden werden /Tr84/. Der letztgenannte Ansatz wird zur Fehlerbehandlung in Datenbanksystemen schon seit langem benutzt, wobei es nicht nur um Software-Fehler (in Betriebssystemen, in den Anwendungsprogrammen und - in beschränktem Maße - im DBVS), sondern zusätzlich auch um Maschinen- und Plattenfehler geht. Darauf wurde bereits in der Einleitung kurz hingewiesen.

In den nachstehenden Unterkapiteln wird zunächst ein Schichtenmodell des DBS-Entwurfs vorgestellt, anhand dessen viele der im folgenden benötigten Begriffe aus dem DB-Bereich eingeführt werden können. Danach werden die allgemein üblichen, schon als "traditionell" zu bezeichnenden Verfahren zur Datenbank-Recovery erörtert. Es schließt sich ein Überblick an über existierende Methoden und Hilfsmittel zur Fehlererkennung und Fehlerbehandlung bei Inkonsistenzen (Verletzungen der physischen Integrität) in Datenbanken. Schließlich folgt eine Wiedergabe einiger aus der Literatur bekannter Vorschläge für fehlertolerante Speicherungsstrukturen, die sich insbesondere auf Listen und Bäume beziehen, wobei zwei verschiedene Fehlermodelle anzutreffen sind.

2.5.1 Ein Schichtenmodell des DBS-Entwurfs

Im DB-Bereich koexistieren mehrere Modellvorstellungen zur Beschreibung der Architektur eines Datenbanksystems. Sie sind unter den Kurzbezeichnungen ANSI/SPARC /ANSI75/, DBTG /DBTG71/ und DIAM /Se73/ bekannt geworden. Im folgenden wird der DIAM-Vorschlag genauer betrachtet, der in /Reu81/ noch geringfügig erweitert wurde. Bild 4 (aus /Hä81a/ entnommen) enthält in Teil a das statische Modell eines hierarchisch aufgebauten Datenbanksystems, wobei es insbesondere auf die an den Schnittstellen zwischen den verschiedenen Ebenen benutzten Objekte und die jeweils intern vorhandenen Hilfsstrukturen ankommt. Teil b verdeutlicht die Zuordnung von DBS-Komponenten zu den Ebenen und gibt einen Überblick über die an den Schnittstellen zur Verfügung stehenden Operationen. Die Erläuterung dieser Modellvorstellungen erfolgt nachstehend in "bottom-up"-Vorgehensweise unter Verwendung der Terminologie aus /Hä78/, /Hä81a/ und /Reu81/.

Als externe Speichermedien für die Datenbank kommen vor allem Magnetplatten in Betracht, da sie den benötigten wahlfreien Zugriff zu den gespeicherten Daten gestatten. Als weiteres Speichermedium mit Bedeutung für den DB-Bereich sind Magnetbänder zu nennen, die jedoch, aufgrund des Fehlens einer wahlfreien Zugriffsmöglichkeit zu den Daten, nur zu Datensicherungszwecken benutzt werden können. Eine Magnetplatte unterteilt sich in Zylinder, Spuren und Slots. (Es ist zu unterscheiden zwischen Blöcken als Strukturierungseinheit einer Datei und Slots als vorformatierte Rahmen zur Aufnahme von Blöcken auf der Platte.)

Die Externspeicherverwaltung inkl. der Berücksichtigung spezifischer Eigenschaften verschiedener Plattentypen wird bei den meisten DBVS-Implementierungen dem Datenverwaltungssystem (DVS) im Betriebssystem überlassen. Dadurch wird für das DBVS eine vollständige Geräteunabhängigkeit erreicht, da die Zuordnung von Blöcken einer Datei zu Slots auf der Platte unter Verwendung von Platteninhaltsverzeichnissen (VTOCs), Extent-Tabellen sowie Angaben zur Zylinderanzahl, Spuranzahl je Zylinder, Spurlänge etc. ohne Beteiligung des DBVS erfolgt. Aufgrund der durchzuführenden Aufgaben spricht man hier auch von der Ebene der Speicherzuordnungsstrukturen. Das DVS erledigt die Externspeicherverwaltung mit Hilfe von Kanalkommandos an der Geräteschnittstelle und stellt dem DBVS eine blockorientierte Dateischnittstelle zur Verfügung. (Im Betriebssystembereich würde man hier von einer "abstrakten Maschine" sprechen /Neh80a/.)

Die Systempufferverwaltung bildet die Basisschicht des DBVS. Sie kommuniziert über an der Dateischnittstelle vom DVS bereitgestellte Operationen mit dem Betriebssystem:

- ÖFFNE Datei, Modus

    Eine größere Datenbank wird meist über mehrere Dateien hinweg verteilt gespeichert. Vor dem Zugriff zu einer Datei muß sie durch das Betriebssystem geöffnet

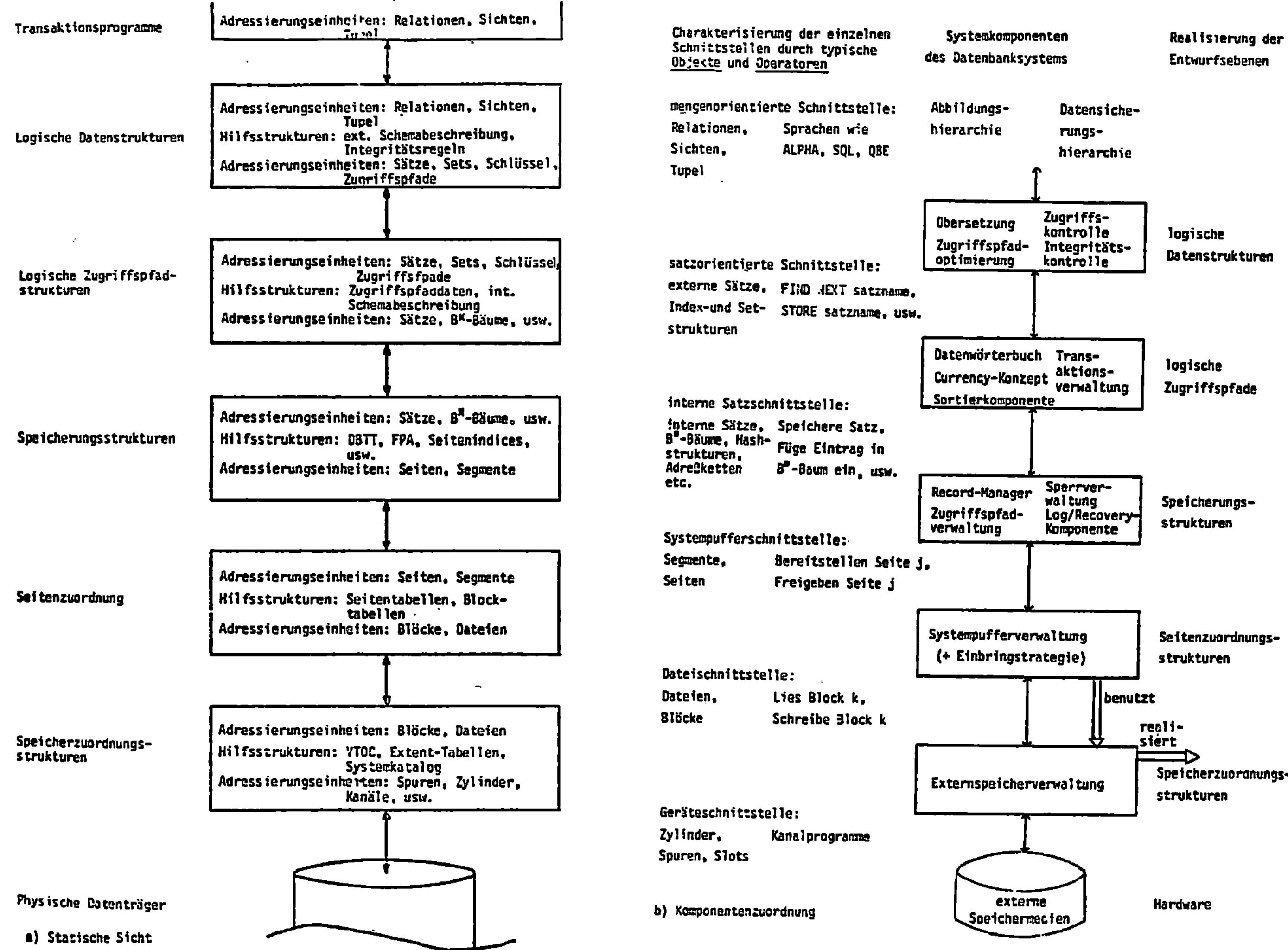

Bild 4: Schichtenmodell des DBS-Entwurfs

werden. Dies wird vom DBVS über den ÖFFNE-Aufruf an das DVS veranlaßt. Dabei sind verschiedene Öffnungsmodi möglich, die den Verarbeitungswunsch näher spezifizieren (z.B. nur lesen oder sowohl lesen als auch ändern). Hierüber wird das DVS im Parameter "Modus" unterrichtet.

- SCHLIESSE Datei

  Nach Beendigung der Verarbeitung in einer Datei wird sie durch eine SCHLIESSE-Anforderung an das DVS wieder geschlossen. Das Schließen kann auch vom Datenbank-Administrator veranlaßt werden, so etwa zur Durchführung von Sicherungs- oder Recovery-Maßnahmen auf der abgeschalteten Datei.

- LIES Block k

  Der Block mit der Nummer k wird aus einer zuvor geöffneten Datei in den Systempuffer des DBVS gelesen. Dabei muß $1 \leq k \leq$ Anzahl Blöcke in der Datei gelten. Übliche Blocklängen liegen im Bereich zwischen 512 Bytes und 4 KB.

- SCHREIBE Block k

  Schreiben eines geänderten Blockinhalts in eine geöffnete Datei.

Die genannten Operationen werden in Form von "supervisor calls" (SVCs) an das Betriebssystem ausgeführt. Oftmals existieren noch weitere Operationen oder auch zusätzliche Optionen für die DVS-Aufrufe (asynchrones Schreiben, Warten auf die Beendigung einer E/A-Operation, Statusprüfung eines angestoßenen E/A-Vorgangs etc.). Soweit sie im Rahmen dieser Arbeit von Bedeutung sind, werden Details hierzu an entsprechender Stelle nachgetragen.

Die wesentliche Aufgabe der Systempufferverwaltung liegt in der Bereitstellung einer internen Pufferschnittstelle im (virtuellen) Speicher des Verarbeitungsrechners, auf der die weiter oben angesiedelten DBVS-Komponenten ihre Verarbeitung durchführen können. Während an der Dateischnittstelle Blöcke und Dateien adressiert werden, stehen an der Systempufferschnittstelle Seiten und Segmente zur Verfügung. Die Systempufferverwaltung ist für die Zuordnung von Seiten zu Blöcken verantwortlich. Man spricht deshalb auch von der Ebene der <u>Seitenzuordnungsstrukturen</u>. Segmente (auch als Areas bezeichnet) enthalten eine Menge von Seiten und haben verschiedene Vorteile hinsichtlich der Sperrvergabe, der Gewährleistung von Datensicherheit, der dynamischen Speicherplatzvergabe etc.

Eine mögliche Systematik der Operationen an der <u>Systempufferschnittstelle</u> wird in /Ef81, S.36/ dargestellt. Sie ist jedoch für die Belange der vorliegenden Arbeit zu detailliert. Hier soll lediglich von folgenden Aufrufen an der Systempufferschnittstelle ausgegangen werden:

- ÖFFNE Segment

  Auch Segmente müssen vor Beginn der Verarbeitung geöffnet werden. Das Öffnen eines Segments kann u.U. mehrere ÖFFNE-Aufrufe an der Dateischnittstelle nach sich ziehen.

- SCHLIESSE Segment

Hiermit wird die Verarbeitung für ein Segment beendet.

- BEREITSTELLEN Seite j, Modus

  Die Seite j ($1 \leq j \leq$ Anzahl Seiten im zugehörigen Segment) wird zur Verarbeitung des Seiteninhalts angefordert. Hierzu muß die Systempufferverwaltung nötigenfalls einen Aufruf an der Dateischnittstelle (LIES Block k) zum Einlesen eines Blocks von der Platte absetzen. Dies ist grundsätzlich dann erforderlich, wenn sich die benötigte Seite nicht im Systempuffer befindet. (Allerdings gibt es hier gewisse Ausnahmen (Bereitstellen einer leeren Seite), auf die erst in nachfolgenden Kapiteln näher eingegangen wird.) Falls sich die angeforderte Seite nicht im Puffer befindet und dieser zudem vollständig belegt ist, muß zunächst für die einzulagernde Seite Platz geschaffen werden. Hierzu wird eine Seite aus dem Puffer verdrängt. Verdrängen bedeutet im Fall einer veränderten Seite stets das Rückschreiben eines Blocks auf die Platte. Im Parameter "Modus" wird angegeben, ob eine angeforderte Seite nur gelesen oder auch geändert werden soll. Ein BEREITSTELLEN-Aufruf wird auch als logische Seitenreferenz bezeichnet. Unter einer physischen Seitenreferenz wird hingegen das Lesen eines Blocks von der Platte verstanden.

- FREIGEBEN Seite j

  Falls eine Seite (zumindest vorerst) nicht länger zur Verarbeitung durch das DBVS benötigt wird, kann sie wieder aus dem Puffer verdrängt werden. Dies wird dem Pufferverwalter durch den FREIGEBEN-Aufruf mitgeteilt.

Zwischen dem BEREITSTELLEN- und dem FREIGEBEN-Aufruf für eine Seite wird in ihr gelesen und/oder geändert. Sie darf deshalb in diesem Zeitraum weder aus dem Puffer verdrängt noch im Puffer verschoben werden. Man spricht hier auch von der Fix-Phase einer Seite, die mit dem FREIGEBEN-Aufruf in die Unfix-Phase übergeht.

Der vom Pufferverwalter zur Verfügung gestellte lineare Adreßraum wird von jenen DBVS-Subsystemen benutzt, die für die Realisierung der Ebene der <u>Speicherungsstrukturen</u> zuständig sind. Hier sind insbesondere der Record-Manager und die Zugriffspfadverwaltung zu nennen.

Der <u>Record-Manager</u> erledigt sämtliche mit der Speicherung von Datensätzen direkt zusammenhängenden Aufgaben. So wird zur Einfügung eines neuen Satzes in die Datenbank zunächst eine Seite mit genügend freiem Platz gesucht. Dies geschieht unter Verwendung des Freispeicherverzeichnisses ("Free Place Administration Table", <u>FPA</u>), in dem für jede Seite der Umfang des in ihr noch vorhandenen Freiplatzes vermerkt ist. Anschließend muß in der derart ausgewählten Seite nach dem Beginn des Freiplatzes gesucht und der neue Satz dort abgespeichert werden. Dies geht u.U. einher mit erforderlichen Komprimierungen oder Kodierungen der zu speichernden Daten. In vielen Datenbanksystemen wird in jeder Datenseite eine <u>seiteninterne Umsetztabelle</u> geführt, die für jeden Datensatz eine Satznummer (logischer Datenbankschlüssel) sowie einen Verweis zum Satzanfang enthält. In diese Tabelle muß der Record-Manager bei jeder Einspeicherung eines Satzes einen neuen Eintrag einfügen. Schließlich ergibt sich oftmals noch die Notwendigkeit zur Hinzufügung eines Eintrags zu einer Umsetztabelle von logischen Datenbankschlüsseln zu physischen Datenbankschlüsseln (Seitennummern). Diese Tabelle wird beispielsweise in UDS /Sie84a/ als "Database Key Translation Table" (DBTT) und in ADABAS /ADAB/ als Adreßkonverter bezeichnet. Im folgenden wird hierfür der Begriff DBTT bevorzugt. Ähnliche Änderungsoperationen, wie die soeben genannten, sind bei der Löschung eines Satzes ebenfalls durch den Record-Manager auszuführen.

Die Zugriffspfadverwaltung ist demgegenüber für die Aktualisierung von Zugriffspfaddaten sowie für die Durchführung der Suche in diesen Strukturen zuständig. In den meisten Datenbanksystemen handelt es sich dabei um Mehrwegbäume (B- und B*-Bäume) und/oder Hashtabellen. Dort müssen Einträge eingefügt, gelöscht oder aufgesucht werden. In Kap. 4 wird noch ausführlich auf die Verarbeitungsalgorithmen für Bäume und Hashtabellen eingegangen.

Die auf der Ebene der Speicherungsstrukturen angesiedelten Komponenten Record-Manager und Zugriffspfadverwaltung stellen nach oben eine interne Satzschnittstelle zur Verfügung. Einige der dort ansprechbaren Operationen werden in Bild 4b genannt. So kann ein neuer Datensatz eingespeichert oder gelöscht werden, und entsprechende Operationen stehen für Einträge in Zugriffspfadstrukturen bereit. Operationen für die Suche nach Sätzen und Einträgen sind ebenfalls Bestandteil der internen Satzschnittstelle. Auf diese Weise wird den Subsystemen auf der nächsthöheren Entwurfsebene (Ebene der logischen Zugriffspfade) die Abstraktion von Datails der Speicherungsstrukturen (Seitenformate etc.) ermöglicht.

Die bislang diskutierten unteren Entwurfsebenen (Speicherzuordnungsstrukturen, Seitenzuordnungsstrukturen und Speicherungsstrukturen) sind für die weiteren Betrachtungen dieser Arbeit besonders von Bedeutung, da es hier um Fragen der physischen Integrität (Speicherkonsistenz) einer Datenbank geht. Für andere Untersuchungen, die sich mit der logischen Konsistenz von Datenbanken beschäftigen, beispielsweise in Zusammenhang mit Aufgabenstellungen aus dem Bereich der Revision /Kin83/, sind hingegen die oberen Entwurfsebenen von größerem Interesse. Diese sollen im folgenden jedoch nur noch der Vollständigkeit halber kurz erörtert werden.

Die Realisierung der Ebene der logischen Zugriffspfade erfolgt in Gestalt einer satzorientierten Schnittstelle, deren Operationen etwa jenen der "data manipulation language" (DML) von CODASYL-Datenbanksystemen entsprechen. Für hierarchische und netzwerkorientierte Datenbanksysteme, so z.B. für IMS /IBM78a/ und UDS /Sie84a/, ist dies auch bereits die externe, dem Anwendungsprogrammierer angebotene Schnittstelle des Datenbanksystems. Sie zeichnet sich insbesondere durch die Möglichkeit eines "navigierenden" Zugriffs /Ba73/ zu den gespeicherten

Datensätzen aus, der entlang logischer Zugriffspfade (Owner-Member-Beziehungen) erfolgen kann. Bei Einfügungen, Löschungen und Suchoperationen muß nicht mehr auf physische Zugriffspfade (Hashtabellen, Bäume etc.) Bezug genommen werden. Hierin unterscheidet sich die satzorientierte Schnittstelle von der zuvor genannten internen Satzschnittstelle.

Relationale Datenbanksysteme stellen nach außen hin eine <u>mengenorientierte Schnittstelle</u> bereit, deren Operationen in Form von DML-Befehlen in einer deskriptiven Sprache, wie z.B. SQL /Ch76/ oder QUEL /SWKH76/, ausgedrückt werden. Das DBVS ist für die Umsetzung dieser sehr mächtigen DML-Anweisungen in "navigierende" Operationen verantwortlich. Der zu diesem Zweck im DBVS vorhandene Übersetzer realisiert somit die Ebene der <u>logischen Datenstrukturen,</u> an der keine Kenntnisse über logische oder physische Zugriffspfade mehr benötigt werden.

Nach der vorangegangenen Diskussion des Schichtenmodells für Datenbanksysteme soll nun speziell auf die Fehlerproblematik im DB-Bereich näher eingegangen werden.

2.5.2 "Traditionelle" Fehlerbehandlung in Datenbanksystemen

Die Fehlerbehandlung in Datenbanksystemen, wie sie etwa in /Ve78/, /Gr81a/ und /Reu81/ erörtert wird, geht von dem schon zuvor erwähnten <u>Fehlermodell</u> aus, das Transaktionsabbrüche, Systemausfälle sowie Platten- und Übertragungsfehler umfaßt.

Ein <u>Transaktionsabbruch</u> ("transaction failure") bezieht sich immer auf eine einzelne Transaktion. Er kann verschiedene Ursachen haben:
- Die Transaktion scheitert aufgrund eines Fehlers im Anwendungsprogramm (Überlauf bei arithmetischen Operationen, Adreßfehler etc.). Das DBVS, das meist in einem eigenen Prozeß der Betriebssystemumgebung abläuft /Hä78, Hä79/, erfährt davon entweder über ein "contingency"-Ereignis (z.B. bei UDS /Sie84a/) oder einen "timeout"-Mechanismus (z.B. bei VDN /Nix84/).
- Die Transaktion wird durch das Anwendungsprogramm abgebrochen, da ein Fehler bei der Verarbeitung oder in den benutzten Eingabedaten erkannt wird. Das Anwendungsprogramm teilt dem DBVS den gewünschten Transaktionsabbruch über einen Aufruf der Art "FINISH WITH CANCEL" (bei UDS) oder "RESTORE TRANSACTION" (bei System R /As81/) mit.
- Der Transaktionsabbruch wird vom DBVS selbst veranlaßt. Dies ist etwa im Zuge der Deadlock-Auflösung erforderlich.
- Der Datenbank-Administrator kann eine Transaktion abbrechen, wenn beispielsweise zu erkennen ist, daß sie falsche Ergebnisse liefert.

Ein <u>Systemausfall</u> ("system failure") führt zur abrupten Beendigung der gesamten DB-Verarbeitung, d.h., sämtliche offenen Transaktionen werden abgebrochen. Stromausfälle, Maschinenausfälle (Hardware-Versagen), Betriebssystemfehler und DBVS-

Fehler können dafür verantwortlich sein. Da die DB-Verarbeitung insgesamt abbricht, stellt sich hier die Frage der Fehlererkennung durch das DBVS gar nicht erst.

<u>Plattenfehler</u> ("media failures") werden in /Reu81, S. 7/ folgendermaßen charakterisiert: "Der wohl häufigste Fall dieser Art ist der 'head crash' auf Magnetplatten, verursacht durch Schmutzablagerungen, Justierungsfehler der Plattenoberfläche nach einem Sturz oder Abreißen des Luftkissens. Der Inhalt des gesamten Datenträgers muß als verloren gelten und kann auch nicht teilweise zu Rekonstruktionszwecken zugänglich gemacht werden." Plattenfehler werden beim Zugriffsversuch auf die defekte Platte vom Betriebssystem erkannt und dem DBVS gemeldet. <u>Übertragungsfehler</u> stehen in Zusammenhang mit E/A-Operationen auf einer Magnetplatte. So können beim Schreiben auf einer Spur Bits auf benachbarten Spuren "umkippen". Dies stellt nach der Klassifikation von Lampson und Sturgis /LS79/ ein zwar unerwünschtes, aber erwartetes Ereignis dar: Mit Hilfe der bei Datenblöcken auf der Platte mitgeführten redundanten Information und der zugehörigen Prüftechniken (z.B. "cyclic redundancy checking", vgl. Kap. 2.3) lassen sich solche Datenverfälschungen auf der Platte mit sehr hoher Wahrscheinlichkeit erkennen. Auch hier meldet das Betriebssystem dem DBVS den Fehler beim Zugriffsversuch auf einen inhaltlich verfälschten Datenblock, falls eine automatische Fehlerkorrektur nicht möglich ist.

Insgesamt ist festzustellen, daß die <u>Fehlererkennung</u> bei Transaktionsabbrüchen, Systemausfällen sowie Platten- und Übertragungsfehlern aus Sicht des DBVS kein großes Problem darstellt.

Zur Ermöglichung der <u>Fehlerbehandlung</u> schreibt das DBVS im laufenden Betrieb Log-Daten (auch Protokolldaten genannt) auf einen sicheren Platz, d.h. in Dateien, die auf Magnetplatte oder -band geführt werden. In /Reu81/ und /Reu83/ wird zwischen zwei Arten von <u>Log-Dateien</u> unterschieden:
- In die <u>temporäre Protokolldatei</u> werden jene Log-Daten geschrieben, die zur Fehlerbehandlung bei Transaktionsabbrüchen und Systemausfällen erforderlich sind.
- In die <u>Archiv-Protokolldatei</u> kommen hingegen jene Log-Daten, die für die Fehlerbehandlung bei Platten- und Übertragungsfehlern benötigt werden.

Nach /Hä81b/ und /Reu81/ sind die folgenden <u>Fehlerbehandlungsmaßnahmen</u> für die verschiedenen Fälle des o.g. Fehlermodells zu nennen:
- R1-Recovery ("selective UNDO", "in-transaction backout"):
  Die R1-Recovery besorgt das Rücksetzen einer Transaktion im Fall eines Transaktionsabbruchs. Falls sich Änderungen, die von der gescheiterten Transaktion herrühren, bereits in der Datenbank befinden, müssen sie mit Hilfe der in der temporären Protokolldatei enthaltenen "before images" (BFIMs) geänderter Daten

rückgängig gemacht werden (UNDO-Vorgang).

- R2-Recovery ("partial REDO"):

  Sämtliche Änderungen vollständiger Transaktionen müssen auch einen nach EOT auftretenden Systemausfall "überleben". Beim Wiederanlauf ("system restart") nach einem Systemausfall muß das DBVS deshalb dafür sorgen, daß die zu abgeschlossenen Transaktionen gehörenden Änderungen in die Datenbank eingebracht werden, falls dies zum Zeitpunkt des Systemausfalls noch nicht (vollständig) der Fall war. Dieses "Nachfahren" von Änderungen wird auch als REDO bezeichnet. Es erfolgt unter Verwendung der in der temporären Protokolldatei mitgeführten "after images" (AFIMs) geänderter Daten.

- R3-Recovery ("complete UNDO"):

  Falls von einer Transaktion vorgenommene Änderungen schon vor EOT in die Datenbank eingebracht werden, so enthält diese zunächst einmal "schmutzige" Daten, die erst bei EOT "sauber" werden. (Im Englischen findet der Ausdruck "dirty data" Verwendung.) Transaktionen, die zum Zeitpunkt eines Systemausfalls noch nicht abgeschlossen waren, müssen beim Wiederanlauf zurückgesetzt werden. Dazu sind die zugehörigen "schmutzigen" Daten aus der Datenbank zu entfernen, um alle Spuren, die von diesen Transaktionen hinterlassen wurden, zu tilgen. Hierfür verwendet das DBVS wiederum die in der temporären Protokolldatei enthaltenen BFIMs geänderter Daten.

- R4-Recovery ("complete REDO", "media recovery"):

  Die Forderung nach "durability" für die von Transaktionen durchgeführten und bei EOT freigegebenen Änderungen impliziert, daß diese Änderungen auch einen anschließend auftretenden Platten- oder Übertragungsfehler, der den Verlust (eines Teils) der Datenbank nach sich zieht, "überleben" müssen. Es reicht deshalb nicht, wenn die Änderungen nur in die Datenbank eingebracht werden; sie müssen vielmehr zusätzlich auf einen weiteren sicheren Platz geschrieben werden. Hierzu dient die Archiv-Protokolldatei, in der die durchgeführten Änderungen (in Form von AFIMs) protokolliert und auch über das Transaktionsende hinaus aufgehoben werden. Der Sinn von Archiv-Protokolldateien wird erst bei gleichzeitiger Betrachtung von <u>Archivkopien</u> deutlich. Von Datenbanken werden in regelmäßigen Abständen solche Archivkopien angelegt, die den Zustand der Datenbank zum Zeitpunkt des Erstellens der Kopie widerspiegeln. Falls ein Teil der Datenbank infolge eines Platten- oder Übertragungsfehlers verloren geht, wird die jüngste (aktuelle) Archivkopie als Ausgangspunkt für die Wiederherstellung der zerstörten Daten benutzt. Ausgehend von der Archivkopie, die einen alten Zustand der Datenbank wiedergibt, werden die bis zum Fehlerzeitpunkt erfolgten und zu abgeschlossenen Transaktionen gehörenden Änderungen in Form von AFIMs "nachgefahren". Nach Abschluß dieser sog. R4-Recovery befindet sich die Datenbank wieder in einem konsistenten Zustand, der sämtliche Änderungen jener Transaktionen enthält, die vor Auftreten des Datenverlusts beendet wurden.

Anhand der obigen Erörterungen zu den Recovery-Maßnahmen und Nutzungsarten der Protokolldateien ist zu erkennen, daß die verschiedenen Log-Daten unterschiedlich lange aufbewahrt werden müssen.

So werden die zu einer Transaktion gehörenden BFIMs in der temporären Protokolldatei nur bis zum EOT-Zeitpunkt benötigt, da die Transaktion danach weder über R1- noch über R3-Recovery zurücksetzbar ist. Die ebenfalls in der temporären Protokolldatei enthaltenen AFIMs einer Transaktion sind hingegen so lange aufzuheben, bis das Einbringen der zugehörigen Änderungen in die Datenbank abgeschlossen ist. Insgesamt wird hier deutlich, daß die Log-Daten in der temporären Protokolldatei immer nur für einen relativ kurzen Zeitraum, also temporär, gespeichert werden müssen.

Die AFIMs in der Archiv-Protokolldatei werden hingegen zumindest so lange benötigt, bis eine neue Archivkopie erstellt wird. Erst danach ist die alte Archivkopie prinzipiell entbehrlich. Das Logging wird anschließend in einer neuen Archiv-Protokolldatei fortgesetzt, wohingegen die alte Archiv-Protokolldatei freigegeben werden kann. Da das Erstellen von Archivkopien, vor allem bei großen Datenbanken, sehr zeitaufwendig ist, erfolgt es meist nur in größeren Abständen, so etwa einmal pro Woche oder einmal pro Monat. Log-Daten in Archiv-Protokolldateien müssen also über einen recht langen Zeitraum gespeichert (_archiviert_) werden. Archiv-Protokolldateien können im Laufe der Zeit einen beträchtlichen Umfang erreichen. Da sie zudem bei der R4-Recovery nur sequentiell, nicht aber wahlfrei gelesen werden müssen, erlauben viele Datenbanksysteme ihre Speicherung auf Magnetband. Dies senkt die mit der Datenspeicherung verbundenen Kosten insbesondere dann, wenn auch alte Archiv-Protokolldateien noch für einige Zeit aufbewahrt werden. Man kann sie zusammen mit den zugehörigen Archivkopien dazu verwenden, um auch bei Zerstörung der aktuellen Archivkopie noch eine R4-Recovery durchführen zu können.

Bild 5 soll die Nutzungsmöglichkeiten von Archivkopien und Archiv-Protokolldateien anhand eines Beispiels verdeutlichen. Zu den Zeitpunkten ti ($1 \leq i \leq 4$) werden Archivkopien AKi der Datenbank angelegt. Gleichzeitig wird jeweils auf eine neue Archiv-Protokolldatei APi übergegangen. Zum Zeitpunkt t5 tritt ein Plattenfehler auf. Es können nun u.a. die folgenden beiden Fehlerszenarien betrachtet werden:
- Die aktuelle Archivkopie AK4 ist zu Recovery-Zwecken verwendbar:
  In diesem Fall werden die AFIMs aus AP4 in die zugehörige Archivkopie AK4 eingebracht, was den zuletzt gültigen konsistenten Zustand wiederherstellt.
- AK4 ist defekt (aus welchen Gründen auch immer) und deshalb nicht zu Recovery-Zwecken zu gebrauchen:
  Falls eine der Dateien AK3 oder AP3 bereits gelöscht wurde, ist keine R4-Recovery mehr möglich, und die Datenbank muß auf irgendeinen alten, in Form

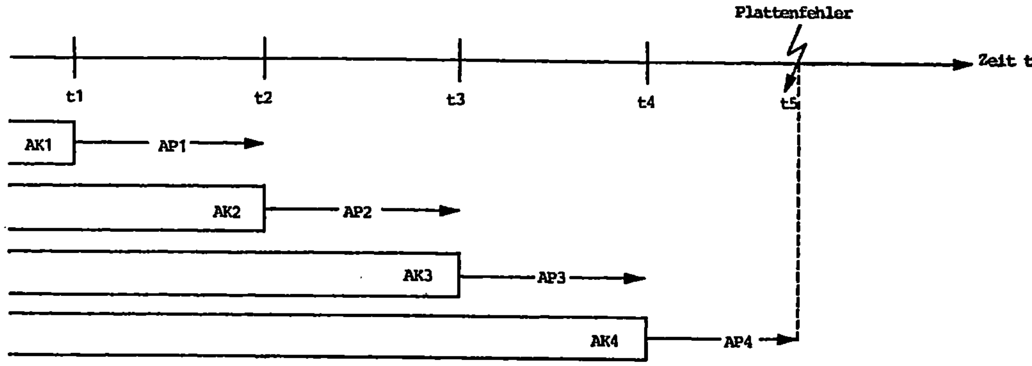

Bild 5: Zur Verwendung von Archivkopien und Archiv-Protokolldateien

einer Kopie noch vorhandenen Zustand zurückgesetzt werden. Falls die beiden Dateien AK3 und AP3 jedoch noch existieren, können ausgehend von AK3 zunächst die AFIMs aus AP3 und anschließend jene aus AP4 eingebracht werden, um somit auf diesem Weg den zuletzt gültigen konsistenten Zustand zu rekonstruieren.

In /Reu83/ wird vorgeschlagen, sowohl temporäre Protokolldateien als auch Archiv-Protokolldateien stets doppelt zu führen, um auch im Fall der Zerstörung von Log-Dateien eine hohe Verfügbarkeit des Datenbanksystems zu gewährleisten. Bei Doppeltführung von Log-Dateien auf Platte ist stets darauf zu achten, daß die beiden Exemplare verschiedenen Platten und damit auch verschiedenen Laufwerken zugeordnet werden.

Nachdem in den vorangegangenen Erörterungen recht ausführlich auf die Recovery-Maßnahmen R1 bis R4 und die jeweils zu benutzenden Protokolldaten eingegangen wurde, könnte der Eindruck entstehen, daß in allen existierenden oder denkbaren DBS-Implementierungen sämtliche der genannten Recovery-Techniken und Log-Daten erforderlich sind. Dies ist jedoch nicht der Fall; vielmehr stellen die erwähnten Verfahren eine Obermenge dessen dar, was im Einzelfall tatsächlich benötigt wird. Die insgesamt möglichen Recovery-Konzepte können /HR83/ zufolge nach vier Kriterien klassifiziert werden:

- Einbringstrategie:

    Bei der Einbringstrategie ¬ATOMIC werden veränderte Seiten direkt in die Datenbank eingebracht. Dabei wird der alte Blockinhalt durch "update in place" überschrieben. Die Einbringstrategie ATOMIC beinhaltet hingegen ein atomares, d.h. ununterbrechbares Einbringen einer Menge von Seiten, wie es etwa im Schattenspeicherkonzept /Lo77/ implementiert ist.

- Seitenersetzungsstrategie:

    Hier wird zwischen den Strategien STEAL und ¬STEAL unterschieden. Bei ¬STEAL werden von einer Transaktion veränderte Seiten vor dem Transaktionsende nicht aus dem Systempuffer verdrängt. Bei STEAL kann das Verdrängen "schmutziger" Seiten hingegen zu beliebigen Zeitpunkten erfolgen.

- EOT-Behandlung:

Bei der Strategie FORCE erfolgt das Einbringen der von einer Transaktion vorgenommenen Änderungen in die Datenbank spätestens bei EOT. Bei ¬FORCE gibt es diesen Zwang hingegen nicht, d.h., die Einbringung von Änderungen kann auch noch zu späteren Zeitpunkten stattfinden.

- Sicherungspunkte:

Das Schreiben von Sicherungspunkten dient zur Kostensenkung bei der R2-Recovery. Wenn sich häufig benutzte Seiten (sog. "hot spot pages") sehr lange im Puffer aufhalten, ohne verdrängt zu werden, so hat dies in zweierlei Hinsicht Konsequenzen:

- Die REDO-Information (AFIMs) in der temporären Protokolldatei kann für jene Transaktionen nicht freigegeben werden, die in diesen Seiten geändert haben. Die temporäre Protokolldatei wächst deshalb stark an.

- Gleichzeitig verlängert sich die zur R2-Recovery benötigte Zeit: Beim Wiederanlauf nach einem Systemausfall müssen die Änderungen zahlreicher Transaktionen "nachgefahren" werden, da sie noch nicht vollständig in der Datenbank enthalten sind.

Sicherungspunkte dienen dazu, in bestimmten Zeitabständen die aktuell im Systempuffer befindlichen geänderten Seiten in die Datenbank einzubringen (direkte Sicherungspunkte) oder zumindest Informationen über die Menge der geänderten und noch nicht in die Datenbank eingebrachten Seiten im Log zu fixieren (indirekte Sicherungspunkte, "fuzzy checkpoints"). Bei den direkten Sicherungspunkten wird noch zwischen drei Arten unterschieden:

- Speicherkonsistente Sicherungspunkte: Ein solcher Sicherungspunkt liegt dann vor, wenn zum Zeitpunkt des Schreibens des Sicherungspunkts keine Änderungsoperation in Bearbeitung ist.

- Logisch konsistente Sicherungspunkte: Hier wird darüber hinaus gefordert, daß beim Schreiben des Sicherungspunkts keine offene Änderungstransaktion im System existiert.

- Transaktionsorientierte Sicherungspunkte: Bei diesem Verfahren wird nicht der gesamte Pufferinhalt beim Schreiben des Sicherungspunkts in die Datenbank eingebracht, sondern die Einbringung geschieht bei jeder EOT-Behandlung nur für die von der jeweiligen Transaktion geänderten Seiten.

Die genannten Klassifikationskriterien erlauben die Einordnung und Unterscheidung sämtlicher Recovery-Konzepte /HR83, S. 308/. Gleichzeitig ermöglichen sie einige Aussagen über die bei einer konkreten DBS-Implementierung erforderlichen Log-Daten und -Strategien. So wird beispielsweise bei der Ersetzungsstrategie ¬STEAL im Zuge des Wiederanlaufs nach einem Systemausfall keine R3-Recovery benötigt, da in der

Datenbank keine "schmutzigen" Daten offener Transaktionen enthalten sein können. Die ¬STEAL-Strategie ist etwa beim DB-Cache-Verfahren /El82/ anzutreffen. Falls bei der EOT-Behandlung die FORCE-Strategie angewandt wird, erübrigt sich beim Wiederanlauf die R2-Recovery, da stets sämtliche Änderungen abgeschlossener Transaktionen in der Datenbank enthalten sind. UDS führt die EOT-Behandlung nach dieser Strategie durch.

In /Reu81/ werden neben den Recovery-Maßnahmen R1 bis R4 noch drei weitere Fehlerbehandlungsmaßnahmen genannt, auf die hier ebenfalls kurz eingegangen werden soll.

RO-Recovery bedeutet das Rücksetzen einer Transaktion auf einen sog. Binnensicherungspunkt, von dem aus ihre Verarbeitung fortgesetzt werden kann /Gr78/. Während es sich bei den Recovery-Aktionen RO bis R4 vom Typ her um die in Kap. 2.2 erwähnte Rückwärtsbehebung handelt, sind nun noch zwei zur Vorwärtsbehebung zu zählende Fehlerbehandlungsmaßnahmen zu nennen, die in /Reu81/ als R5- und R6-Recovery bezeichnet werden.

Die R5-Recovery ist für den Fall vorgesehen, daß eine Datenbank aus irgendeinem Grund nicht mehr automatisch (d.h. mit R1- bis R4-Recovery) von einem logisch und physisch inkonsistenten Zustand in einen konsistenten Zustand überführt werden kann. Dazu kann es etwa aufgrund einer gleichzeitigen Zerstörung der Log-Dateien und der Datenbank selbst kommen. Eine andere Ursache hierfür sind Inkonsistenzen in der Datenbank und in den Log-Dateien (Verletzungen der physischen Integrität), die etwa infolge eines DBVS-Fehlverhaltens entstanden sind. (Diese letztgenannte Fehlermöglichkeit bezieht sich also genau auf jene Fehler, um deren Erkennung und Behandlung es in den folgenden Kapiteln dieser Arbeit geht.) Bei der R5-Recovery wird nicht von einer Fehlerbehandlung durch das DBVS selbst ausgegangen, sondern vielmehr vom Einsatz geeigneter Reparaturprogramme, die von Verhofstad /Ve78/ als "salvation programs" bezeichnet werden.

Unter R6-Recovery wird die (ebenfalls schon in Kap. 2.2 kurz angesprochene) Kompensation semantisch inkorrekter Änderungen in der Datenbank verstanden, die erst nach EOT der sie verursachenden Transaktion erkannt werden. Auch für diesen Fall bietet das DBVS keine Möglichkeit zur automatischen Fehlerbehandlung. Der Benutzer bzw. Datenbank-Administrator muß hier auf den Einzelfall zugeschnittene Transaktionen durchführen, um die inkorrekten (aber aus Sicht des DBVS logisch konsistenten) Änderungen zu kompensieren.

Man könnte an dieser Stelle die Erörterungen zur "traditionellen" Fehlerbehandlung in Datenbanksystemen (fast) beliebig fortsetzen und so etwa die verschiedenen Protokollierungsverfahren (logisch/physisch) sowie die möglichen Log-Granulate erläutern. Dies ist hier jedoch aus Platzgründen nicht möglich und für die weiteren Betrachtungen auch nicht nötig. Es sei deshalb auf /Ve78/, /Gr81a/,

/HR83/ und /Reu81/ verwiesen, wo viele weitere Details zum Thema Datenbank-Recovery präsentiert werden.

2.5.3 Fehlererkennung für Inkonsistenzen in Datenbanken

Im folgenden sollen einige Verfahren zur Erkennung von Inkonsistenzen in Datenbanken vorgestellt werden, die in existierenden Datenbanksystemen bzw. in den zugehörigen DB-Dienstprogrammen anzutreffen sind. Dabei geht es, wie auch sonst in dieser Arbeit, ausschließlich um Verletzungen der physischen Integrität, nicht aber der semantischen Integrität von Datenbanken. Wir sprechen in diesem Fall auch von physischen Inkonsistenzen.

Die in Bild 6 dargestellte Klassifikation bildet den Rahmen für die nachfolgenden

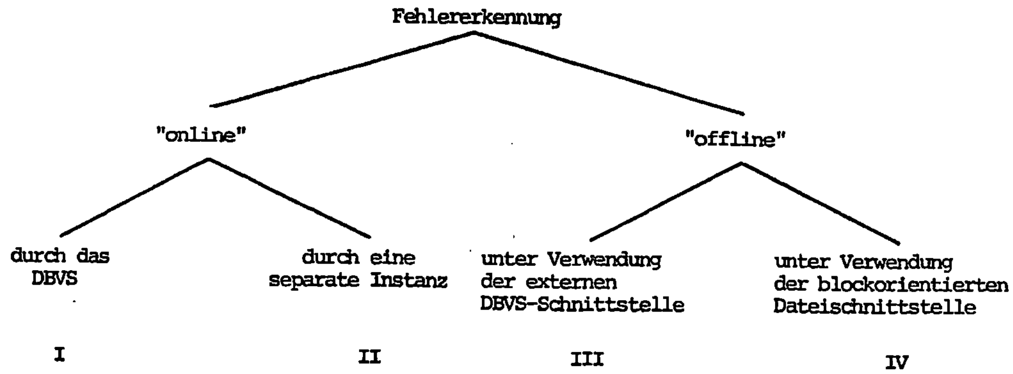

Bild 6: Klassifikation zur Erkennung von Inkonsistenzen in Datenbanken

Betrachtungen. Zunächst wird unterschieden zwischen "online"- und "offline"-Fehlererkennungsmaßnahmen. Zur "online"-Fehlererkennung zählen wir Konsistenzprüfungen, die während der normalen DB-Verarbeitung auf einer Datenbank durchgeführt werden. Die "offline"-Fehlererkennung umfaßt hingegen Prüfungen, die entweder bei ruhender DB-Verarbeitung oder aber auf einer Archivkopie der Datenbank ablaufen.

Im Fall I ("online"-Prüfungen durch das DBVS) werden die zu Prüfzwecken erforderlichen Abfragen direkt in den DBVS-Code eingebaut. Wenn also beispielsweise die Zugriffspfadverwaltung einen B*-Baum nach einem bestimmten Schlüsselwert durchsucht, führt sie gleichzeitig auf den beim Abstieg im Baum berührten Knoten Konsistenzprüfungen durch (Stimmen die benutzten Verweise? Sind die jeweils verzeichneten Schlüsselwerte korrekt?). Allgemein können bei jedem Seitenzugriff Prüfungen bzgl. der Korrektheit des Seiteninhalts stattfinden. Der wesentliche Gedanke bei den "online"-Prüfungen durch das DBVS liegt darin, daß jene Seiten einer Prüfung unterzogen werden, deren Inhalt ohnehin gerade vom DBVS verarbeitet wird. Deshalb kann man hier auch von einem lokalen Prüfbereich sprechen. Ziel der

Prüfungen ist die rechtzeitige Fehlererkennung, d.h., Inkonsistenzen sollen erkannt werden, bevor sie ein Fehlverhalten bei der DB-Verarbeitung und schließlich die Übergabe inkorrekter Informationen an der Benutzerschnittstelle auslösen können.

Derartige "online"-Prüfungen sind in fast allen existierenden Datenbanksystemen in irgendeiner Form vorhanden. Meist findet man hierzu jedoch keine Beschreibungen in der dem Benutzer zur Verfügung stehenden Systemliteratur. Die Konsistenzprüfungen (auch als Plausibilitätsprüfungen bezeichnet /Sie82a/) werden oftmals erst nachträglich als Reaktion auf bestimmte Formen des Fehlverhaltens in das DBVS eingebaut. Ein systematisches Vorgehen bei der Integration von Prüfmaßnahmen mit dem Ziel, eine möglichst vollständige Abdeckung der denkbaren und wahrscheinlichen Fehlerfälle zu erreichen, ist bislang nirgends zu beobachten. Da zur Fehlererkennung geeignete Redundanzen in den Speicherungsstrukturen benötigt werden, ist die spätere Hinzufügung von Prüfmaßnahmen zu einem existierenden und bereits kommerziell eingesetzten Datenbanksystem äußerst problematisch. Sie zieht nämlich umfangreiche Neugenerierungen für die bei den Anwendern vorhandenen Datenbanken nach sich, und diese sind bei Datenbeständen im Bereich von 10^{12} Bytes und mehr aus Kostengründen kaum durchführbar. Es ist deshalb wichtig, daß schon bei der Entwicklung eines Datenbanksystems Redundanzen und Prüfmaßnahmen zur Erkennung von physischen Inkonsistenzen vorgesehen werden.

Der <u>Fall II</u> ("online"-Prüfungen durch eine separate Instanz) ist noch für kein existierendes Datenbanksystem implementiert worden. Die Idee für diese Vorgehensweise entstammt ursprünglich dem Bereich der DB-Reorganisation: In /Sö81/ wird die Verwendung eines sog. "reorganization maintenance process" vorgeschlagen, der parallel zur normalen DB-Verarbeitung Reorganisationsaufgaben in der Datenbank durchführt. Hierzu zählt z.B. die Wiederherstellung der durch Einfügungen und Löschungen zerstörten Cluster-Eigenschaften. Für den Reorganisationsprozeß wird eine niedrigere Priorität vorgesehen, als jene, die den DBVS-Prozessen zugeordnet ist. Damit soll sichergestellt werden, daß der normale DB-Betrieb durch die Reorganisation kaum behindert wird.

Diesem Ansatz entsprechend könnten auch Konsistenzprüfungen einem separaten Prozeß zugeordnet werden, der immer dann aktiviert wird, wenn für das Datenbanksystem gerade keine Aufträge vorliegen. Es ergeben sich jedoch einige Probleme, die die Anwendbarkeit des Verfahrens in Frage stellen:
- Während sich bei den "online"-Prüfungen durch das DBVS die Fehlererkennungsmaßnahmen auf jene Seiten beziehen, die aktuell bearbeitet werden (lokaler Prüfbereich), ist dies bei Prüfungen durch einen separaten Prozeß nicht möglich (<u>globaler Prüfbereich</u>). Es kann deshalb passieren, daß das DBVS unbemerkt auf eine Inkonsistenz stößt, die erst kürzlich entstanden ist und deshalb vom Prüfprozeß noch nicht erfaßt werden konnte.

- Falls der Prüfprozeß nur zu den externen Speichermedien der Datenbank Zugriff
hat, sieht er u.U. einen physisch inkonsistenten Zustand, der darauf zurückzuführen ist, daß sich ein Teil der aktuell gültigen Daten noch im Systempuffer
befindet, während ein anderer Teil schon in die Datenbank eingebracht wurde. Dem
Reorganisationsprozeß muß deshalb auch der (lesende) Zugriff zum Systempuffer
ermöglicht werden.

- Der Prüfprozeß muß dann wieder deaktiviert werden, wenn neue Aufträge für das
Datenbanksystem vorliegen. Dies kann zu einem beliebigen, nicht vorhersehbaren
Zeitpunkt während der Durchführung von Prüfmaßnahmen der Fall sein. Wenn der
Prüfprozeß einige Zeit später wieder aktiviert wird, kann sich der Zustand der
Daten auf der Platte und im Puffer zwischenzeitlich deutlich verändert haben. Es
ist deshalb sehr schwierig, den Prüfprozeß an der Stelle wiederaufzusetzen, an
der er bei der vorherigen Aktivierung unterbrochen wurde.

Insgesamt zeigt diese Diskussion, daß die Implementierung einer separaten Prüfin-
stanz mit einigen Problemen verbunden ist, die den Einsatz des Verfahrens
verkomplizieren, wenn nicht sogar unmöglich machen.

Nach dieser Erörterung zur "online"-Fehlererkennung (Fälle I und II) sollen nun
die Varianten der "offline"-Fehlererkennung näher betrachtet werden. Hier liegt
ebenfalls ein globaler Prüfbereich vor. Die "offline"-Konsistenzprüfung hat
generell den Nachteil, daß sie nur in bestimmten Zeitabständen erfolgen kann und
deshalb stets dem aktuellen DB-Zustand, auf dessen Konsistenz es eigentlich
ankommt, "hinterherhinkt". Der Abstand zwischen den "offline"-Prüfungen wird
wesentlich von den durch sie verursachten Kosten bestimmt. Darauf ist bei den
nachfolgenden Einzelbetrachtungen noch genauer einzugehen.

Bei DBS-Implementierungen, bei denen die Verknüpfung zwischen logisch zusammenge-
hörigen Datensätzen durch Verweisketten realisiert wird, wurde schon frühzeitig
erkannt, daß Inkonsistenzen in den Kettenstrukturen auftreten können. Aus diesem
Grund wurden für Datenbanksysteme nach dem CODASYL-Vorschlag sog. "chain hopper"
/Th76/ entwickelt. Diese werden im _Fall III_ der Klassifikation angesprochen.
Hierbei handelt es sich um spezielle DB-Anwendungsprogramme, die unter Verwendung
der "navigierenden" DML-Befehle (etwa: FIND NEXT Satz WITHIN Set) auf die
Datenbank zugreifen. Die Korrektheit der Verkettung in den Set-Beziehungen wird
überprüft, indem für sämtliche Set-Ausprägungen jeweils die Kette der Member-Sätze
komplett durchlaufen wird. Zumindest der Fall, daß Zeiger in der Kette fehlerhaft
sind und deshalb kein gültiges Kettenelement mehr adressieren, kann dabei mit
hoher Wahrscheinlichkeit erkannt werden. Durch Protokollierung der in einer
Set-Ausprägung bereits erreichten Sätze läßt sich im Fehlerfall feststellen, an
welcher Position in der Kette eine Inkonsistenz vorliegt.

Thomas /Th76/ nennt einige Unzulänglichkeiten im Zusammenhang mit dem Konzept der "chain hopper":

- Um den Einsatz als allgemeingültiges Konsistenzprüfprogramm zu erlauben, müssen "chain hopper" unabhängig von einem bestimmten Datenbankschema sein. Soll z.B. die Prüfung sämtlicher Set-Beziehungen in einer Datenbank möglich sein, so benötigt das Prüfprogramm den Zugriff auf deren Beschreibungsdaten (Schema-Information). Nur so können die existierenden Set-Beziehungen sowie die Namen der zugehörigen Owner-/Member-Satztypen ermittelt werden. Selbst wenn diese Informationen auf der Ebene der Transaktionsprogramme zugreifbar sind, verkompliziert die geforderte Allgemeingültigkeit die Programmstruktur doch in starkem Maße.

- Meist ist davon auszugehen, daß für die Member-Sätze in einer Set-Ausprägung keine Cluster-Bildung vorliegt. Deshalb ist bei der "Navigation" entlang einer Set-Ausprägung mit dem wahlfreien Zugriff auf DB-Seiten zu rechnen. Dies bedingt wiederum sehr hohe E/A-Aufwendungen für den ebenfalls wahlfreien Zugriff zu DB-Blöcken und führt damit zu langen Programmlaufzeiten. Oftmals werden einzelne Seiten bereits bei der Prüfung einer Set-Ausprägung mehrfach berührt, was u.U. ein wiederholtes Einlesen eines Blocks von der Platte zur Folge hat. "For that reason, the program can only be run once a month or once a year for larger data bases" /Th76, S. 44/. Damit sinkt gleichzeitig die Wahrscheinlichkeit drastisch, daß eine Inkonsistenz durch Prüfungen gefunden wird, bevor das DBVS im normalen Betrieb unvorbereitet auf sie stößt.

- Bei der Implementierung der "chain hopper" muß darauf geachtet werden, daß sie Kurzzyklen innerhalb einer Set-Ausprägung erkennen und die Inkonsistenz melden, anstatt in einer Endlosschleife nach dem Kettenende zu suchen. Bild 7 zeigt

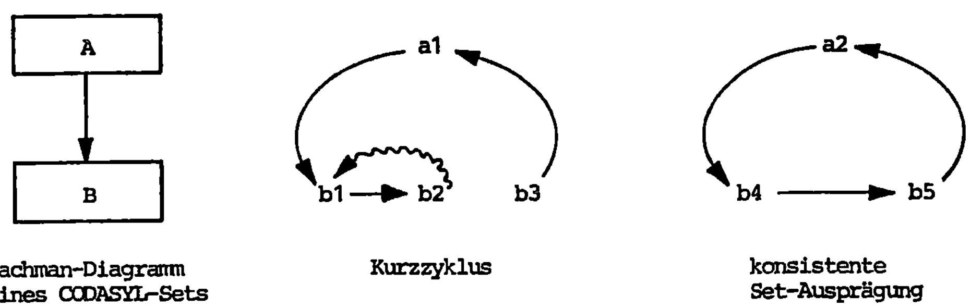

Bild 7: Beispiel für einen Kurzzyklus innerhalb einer Set-Ausprägung

anhand eines Sets mit zwei Ausprägungen, was unter einem Kurzzyklus zu verstehen ist. Beim Durchlaufen der Set-Ausprägung des Owner-Satzes a1 besteht die Gefahr einer Endlosschleife auf den Member-Sätzen b1 und b2. Das Problem ließe sich durch Markierung der vorgefundenen Member-Sätze lösen. Thomas erwähnt jedoch, daß zumindest keiner der ihm bekannten "chain hopper" diese Möglichkeit nutzt.

Mögen "chain hopper", die sich der externen Schnittstelle von CODASYL-Datenbanksystemen bedienen, noch eine gewisse Berechtigung haben, so ist die Benutzerschnittstelle relationaler Datenbanksysteme als Ansatzpunkt für Konsistenzprüfungen vollends ungeeignet. Zum einen ist es mit den dort zur Verfügung stehenden,
deskriptiven Sprachelementen nicht möglich, gezielt auf einzelne Zugriffspfade
oder gar Seiten der Datenbank Bezug zu nehmen. Der Übersetzer im DBVS generiert
vielmehr in Zusammenarbeit mit dem "optimizer" /Hä78/ eine Aufrufsequenz an der
satzorientierten Schnittstelle, auf die der Benutzer keinen Einfluß hat. Zum
anderen stellt die Fehlerlokalisierung ein nur schwer lösbares Problem dar: Selbst
wenn die Ausführung einer deskriptiven Sprachanweisung auf eine physische Inkonsistenz stößt, so ist an der Benutzerschnittstelle nicht zu erkennen, wo sich der
Fehler in der Datenbank tatsächlich befindet. Eine Protokollierung der erfolgreich
aufgesuchten Sätze an der Benutzerschnittstelle, wie sie oben für den Einsatz der
"chain hopper" vorgeschlagen wurde, ist aufgrund der internen Satzmengenverarbei-
tung bei relationalen Systemen nicht möglich.

Man könnte infolge dieser Probleme dazu übergehen, die Konsistenzprüfungen in
relationalen Datenbanksystemen an einer internen Schnittstelle aufzusetzen, also
beispielsweise an der satzorientierten Schnittstelle. In diesem Fall bietet es
sich aber an, gleich auf die blockorientierte Dateischnittstelle überzugehen, die
auch das DBVS selbst benutzt. Damit sind wir beim <u>Fall IV</u> des Klassifikations-
schemas aus Bild 6. Ein Nachteil dieses Ansatzes liegt im erhöhten Implementierungsaufwand für das Prüfprogramm, das keine bereits existierenden DBVS-Subsysteme benutzen kann, so z.B. den Record-Manager oder die Zugriffspfadverwaltung.
Dafür bietet sich ihm aber die Gelegenheit, den Inhalt von DB-Blöcken gezielt zu
analysieren, ohne daß durch die Zwischenschaltung von DBVS-Ebenen von irgendwelchen Details abstrahiert wird.

In /Th76/, /TPB77/ und /Web81/ wird sehr ausführlich auf Verfahren zur "offline"-
Konsistenzprüfung von Datenbanken eingegangen. Im folgenden sollen einige Konzepte
der von Weber /Web81/ gewählten Prüftechniken wiedergegeben werden, da er in einem
größeren System (<u>UDS-CHECK</u> der Fa. Siemens /Sie84c/ als Konsistenzprüfprogramm für
UDS-Datenbanken) implementierte Algorithmen beschreibt. Hinsichtlich einer ausführlichen Darstellung der Thematik muß jedoch auf die Originalliteratur /Sie84c,
Web81/ verwiesen werden.

UDS-CHECK ist in die Kategorie IV unserer Klassifikation einzuordnen, da es direkt
auf der Dateischnittstelle des Siemens-Betriebssystems BS2000 /Sie80/ aufsetzt.
Beim Entwurf des Prüfprogramms wurde eine effiziente Prüfungsdurchführung ange-
strebt. Die zu Prüfzwecken benötigte Information wird in einem einzigen, sequentiellen Durchlauf aus der Datenbank gelesen. Es findet also kein wahlfreier

Zugriff zu den Daten statt, wie er beim Einsatz der "chain hopper" auftritt. Diese Zugriffsart wird auch als "single sweep" bezeichnet. Bei UDS-CHECK ist sehr genau zwischen der Fehlererkennung einerseits und der Fehlerlokalisierung andererseits zu unterscheiden. Für diese Fälle kommen im allg. völlig verschiedene Algorithmen zum Einsatz.

Den Verfahren zur Fehlererkennung liegt die nachstehende Beobachtung zugrunde /Web81, S. 498/: "Das Problem der Überprüfung der wichtigsten Konsistenzbedingungen läßt sich auf das folgende Problem (P) reduzieren:

(P) Gegeben seien zwei Mengen A und B, deren Elemente Datensätze seien, die im folgenden als Prüfsätze bezeichnet werden; es sei dabei zulässig, daß mehrere Prüfsätze den gleichen Inhalt besitzen. Es ist festzustellen, ob A und B gleich sind."

Weber gibt mehrere Beispiele für Konsistenzbedingungen, die sich in das Problem der Gleichheit zweier Mengen transformieren lassen. Wenn beispielsweise die doppelte Verkettung zwischen den Datensätzen in einer Set-Ausprägung überprüft werden soll, so wird in A für jedes Kettenelement i ein Prüfsatz mit der Satznummer von i und der des Kettennachfolgers von i eingefügt, und B erhält jeweils einen Prüfsatz mit der Satznummer des Kettenvorgängers von i und der von i.

Eine Entscheidung über die Gleichheit oder Ungleichheit zweier Mengen ist normalerweise nur dann einfach und eindeutig zu treffen, wenn die Mengeninhalte in sortierter Reihenfolge vorliegen. Um aufwendige Sortierläufe zu vermeiden, kann zur Fehlererkennung jedoch die sog. summarische Prüfung benutzt werden. Dabei werden die Mengen A und B nicht direkt miteinander verglichen, sondern es werden jeweils Prüfziffern aus den Prüfsätzen dieser Mengen errechnet und einander gegenübergestellt. In /Web81, S. 499ff./ wird genauer auf den Algorithmus zur Errechnung der Prüfziffern eingegangen. Dort wird auch unter Verwendung von Ergebnissen aus der Theorie fehlererkennender Codes nachgewiesen, daß nach Abarbeitung sämtlicher Prüfsätze der Mengen A und B rein aus dem Vergleich der sich ergebenden Prüfziffern mit sehr hoher Wahrscheinlichkeit eine korrekte Aussage über die Mengengleichheit oder -ungleichheit getroffen werden kann. Eine völlig sichere Entscheidung hierüber ist jedoch nicht möglich. Dies ist auch nicht weiter verwunderlich, da nur 2, 4, 6, ... Werte verglichen werden (je nach Zahl der benutzten Prüfziffern), nicht aber die kompletten Mengen A und B. Weber zeigt, daß bereits bei Verwendung von nur 6 Prüfziffern die Wahrscheinlichkeit dafür, daß eine Mengenungleichheit nicht erkannt wird, im Bereich von 2^{-63} liegt.

Die summarische Prüfung hat zwei Nachteile: Erstens lassen sich nicht alle Konsistenzbedingungen in eine Frage nach der Gleichheit zweier Mengen umsetzen. So ist z.B. die Überprüfung der Sortierordnung von Sätzen nach bestimmten Schlüsselwerten auf diesem Wege nicht möglich. Zweitens kann die summarische Prüfung nur

Inkonsistenzen melden, nicht aber genauer lokalisieren.

Zur Fehlererkennung für die summarisch nicht erfaßbaren Konsistenzbedingungen und speziell zur Fehlerlokalisierung gibt es deshalb noch zusätzlich sog. Sortierungsprüfungen. Dabei werden die im "single-sweep"-Verfahren extrahierten Prüfsätze sortiert. Obwohl die Prüfsätze weit weniger Speicherplatz benötigen als die Datenbank selbst, muß die Sortierung doch meist unter Verwendung externer Speichermedien erfolgen, was zu einem erhöhten Zeitbedarf führt. Sortierungsprüfungen können aus diesem Grund immer nur in größeren Zeitabständen durchgeführt werden.

UDS-CHECK bietet jedoch noch einige Möglichkeiten zur Reduktion der für Prüfungen benötigten Zeit. So können die Konsistenzprüfungen auf ausgewählte DB-Segmente (in der CODASYL-Terminologie als Realms oder Areas bezeichnet), Record-Typen, Set-Beziehungen und Zugriffspfadstrukturen beschränkt werden. Außerdem sind sog. Inkrementalprüfungen möglich. Hierbei wird ein alter, konsistenter DB-Zustand in Form einer Archivkopie vorausgesetzt. Anhand des aktuell vorliegenden DB-Inhalts werden die sich vom alten Zustand unterscheidenden Blöcke ermittelt. Statt dessen kann aber auch die aktuelle Archiv-Protokolldatei benutzt werden, der die seit dem Erstellen der Archivkopie modifizierten Blöcke direkt entnommen werden können. Zur Konsistenzprüfung werden dann nur die neuen und alten Zustände der veränderten Blöcke herangezogen. Falls das Änderungsvolumen seit dem Erstellen der Archivkopie nicht allzu groß war, kann dies die Prüfungsdurchführung sehr beschleunigen.

Aufgrund des schon zuvor genannten Nachteils von "offline"-Konsistenzprüfungen (mangelnde Aktualität der geprüften Daten), sind sie nicht als Ersatz für "online"-Prüfungen durch das DBVS anzusehen. Es kann jedoch sinnvoll sein, zum Zweck einer vorausschauenden Wartung die physische Integrität einer Datenbank in regelmäßigen Zeitabständen im "offline"-Modus zu überprüfen. Zusätzlich müssen "online"-Prüfungen im laufenden DB-Betrieb durchgeführt werden, um das DBVS vor der unbemerkten Verarbeitung inkonsistenter Daten zu schützen.

Insgesamt lassen sich die folgenden Ratschläge zum Einsatz von Konsistenzprüfungen erteilen: Für "online"-Prüfungen ist die Integration in den DBVS-Code zu empfehlen (Fall I), da dann aufgrund des lokalen Prüfbereichs die Konsistenz genau jener Daten untersucht wird, die aktuell verarbeitet werden. Wir gehen in Kap. 4 noch ausführlich auf diese Prüfungsart ein. Für "offline"-Prüfungen ist die Verwendung der Dateischnittstelle (Fall IV) anzuraten, weil nur so eine genaue Fehlerlokalisierung erfolgen kann. Da "offline"-Prüfungen in der Literatur schon ausführlich erörtert wurden, soll auf eine weitere Diskussion hierzu in dieser Arbeit verzichtet werden.

2.5.4 Fehlerbehandlung für Inkonsistenzen in Datenbanken

Während für viele existierende Datenbanksysteme Fehlererkennungsmaßnahmen nach dem "online"- oder dem "offline"-Ansatz vorhanden sind, wird die Fehlerbehandlung eher vernachlässigt. So führt beispielsweise beim Datenbanksystem UDS eine erkannte Inkonsistenz in vielen Fällen zu einem vom DBVS gezielt herbeigeführten Systemausfall. Es liegt dann im Aufgabenbereich des Datenbank-Administrators oder der Systemwartung, den Zustand der Datenbank zu analysieren, die Inkonsistenz zu beseitigen und nötigenfalls einen Programmfehler im DBVS zu beheben.

Die Beseitigung einer Inkonsistenz kann oftmals nur durch direkten Zugriff auf die Datenbank unter Verwendung eines Dienstprogramms des Betriebssystems erfolgen. (Physische Zerstörungen auf der Platte, die sich auf diese Weise natürlich nicht beheben lassen, sollen im folgenden zunächst außer acht gelassen werden.) Das hierfür zur Verfügung stehende Dienstprogramm wird im allg. als "page editor" bezeichnet. Charakteristisch für dieses Verfahren ist, daß der Zugriff zur Datenbank rein auf der Basis von unstrukturierten Byte-Folgen geschieht, da im "page editor" keine Kenntnisse über den Aufbau von Datenbankblöcken oder gar über blockübergreifende Konsistenzbedingungen vorhanden sind. Dies bringt in doppelter Hinsicht Probleme mit sich:
- Zum einen werden die zu Korrekturzwecken erforderlichen DB-Modifikationen sehr erschwert, da die zu einem Block gehörende Semantik (Aufteilung des Inhalts in Datensätze, Schlüsselwerte, Verweise, Tabellenköpfe etc.) erst mühsam der vorgefundenen Byte-Folge entnommen werden muß. Jegliche Folgeänderungen, wie z.B. das Einfügen eines neuen Eintrags in die DBTT bei Einspeicherung eines Satzes, müssen manuell durchgeführt werden. Insbesondere bei Korrekturen in Zugriffspfadstrukturen (Bäumen, Hashtabellen) können diese Folgeänderungen einen sehr großen Umfang erreichen und sich u.U. über zahlreiche DB-Blöcke erstrecken.
- Zum anderen ist die Gefahr recht groß, daß im Zuge von Fehlerkorrekturen in der Datenbank neue Inkonsistenzen entstehen bzw. vorhandene Inkonsistenzen nicht völlig behoben werden. So kann es vorkommen, daß in den falschen Blöcken geändert wird, Daten an die falsche Stelle in einem Block geschrieben werden oder Folgeänderungen der o.g. Art aus Unkenntnis über den Aufbau der Speicherungsstrukturen unterbleiben.

Aufgrund dieser Probleme im Zusammenhang mit Blockmodifikationen durch einen allgemeinen "page editor" wurden vereinzelt spezielle DB-Dienstprogramme zur Durchführung von Korrekturen in Datenbanken entwickelt. Im folgenden soll überblicksweise auf die Fähigkeiten des sog. Korrekturoperators /CGK82/ eingegangen werden, der zur Reparatur inkonsistenter UDS-Datenbanken dient.

Der Korrekturoperator kennt zwei Arten der Reparaturdurchführung: Zur Korrektur von Inkonsistenzen können entweder die in der Datenbank vorhandenen Redundanzen ausgenutzt werden, oder es kann eine gezielte Wertzuweisung erfolgen. Ein Beispiel möge diese Fallunterscheidung verdeutlichen: Ein fehlerhafter Wert in einem Eintrag des zentralen Freispeicherverzeichnisses (FPA) kann dadurch korrigiert werden, daß der Wert der lokalen Freiplatzangabe aus dem zugehörigen Datenbankblock in die FPA übernommen wird. Hier wird also eine vorhandene Redundanz (Doppeltführung der Freiplatzbeschreibung) zur Korrektur einer Inkonsistenz ausgenutzt. Dies geht natürlich nur dann, wenn zumindest ein Exemplar der redundant gespeicherten Angaben korrekt ist. Falls dies nicht der Fall ist, muß der korrekte Wert zunächst "extern" (z.B. vom Datenbank-Administrator) berechnet und dann in Form einer Wertzuweisung in die Datenbank eingetragen werden. Weitere Beispiele zu diesen beiden Varianten der Reparaturdurchführung folgen weiter unten.

Die wesentlichen Funktionen des Korrekturoperators betreffen Modifikationen von Blöcken (allgemein), Datensätzen, FPA- und DBTT-Einträgen sowie von Tabelleneinträgen. Datensätze und Tabelleneinträge können zudem auch eingefügt oder gelöscht werden.

Auf die Möglichkeit von FPA-Änderungen wurde schon im obigen Beispiel hingewiesen. DBTT-Änderungen können über gezielte Wertzuweisungen erfolgen. Die Korrektur kann aber auch so ablaufen, daß die Datenbank (oder ein Teil von ihr) im "single-sweep"-Verfahren nach Ausprägungen eines bestimmten Satztyps durchsucht wird und die Adressen der aufgefundenen Datensätze in die DBTT übertragen werden. Die Korrektur läßt sich ebenso für jene DBTT-Einträge durchführen, die Verweise zu set-bezogenen Tabellen enthalten.

In Blöcken ist die Korrektur der Beschreibungsdaten im Kopf (Freiplatzbeginn, Freiplatzlänge etc.) entweder über gezielte Wertzuweisungen möglich, oder sie kann automatisch durch Ableitung der Werte aus dem (als fehlerfrei vorauszusetzenden) sonstigen Blockinhalt erfolgen. Die Einträge in der blockinternen Umsetztabelle, in der die Zuordnung der logischen Satznummern (logischen DB-Keys) zu den Anfangsadressen der Sätze vorgenommen wird, können korrigiert oder gelöscht werden. Dabei kann der Korrekturoperator die Nummer des Blocks (physischer DB-Key) bei Angabe des logischen DB-Keys eines Satzes selbst ermitteln.

Bei der Manipulation von Sätzen und Tabelleneinträgen ist der Korrekturoperator auch für die Durchführung verschiedener Arten von Folgeänderungen zuständig. Wenn ein Datensatz gelöscht wird, umfassen diese das Schließen der entstandenen Lücke im Satzbereich, die Löschung des zum Satz gehörigen Eintrags in der blockinternen Umsetztabelle sowie weitere Modifikationen in den Beschreibungsdaten im Kopf des Blocks. Während an der Benutzerschnittstelle des Datenbanksystems nur Sätze gelöscht werden können, deren Einbindung in die Datenbank über die DBTT und die blockinterne Umsetztabelle korrekt ist, kann der Korrekturoperator auch "Satzleichen", für die diese Einbindung nicht mehr stimmt, aus der Datenbank entfernen.

Die "set connection data" (SCD), welche die Verweisbeziehungen zwischen den Sätzen in einer Set-Ausprägung herstellt, kann durch Nennung des Set-Namens und zusätzlicher Angaben gezielt geändert werden.

Die vorangegangenen Erörterungen zeigten die Möglichkeiten zur Unterstützung von Korrekturmaßnahmen in Datenbanken durch ein geeignetes Programm auf. Sowohl beim Einsatz eines "page editors" als auch bei der Verwendung des Korrekturoperators handelt es sich um die manuelle Korrektur von Inkonsistenzen in Datenbanken, die nur außerhalb der normalen DB-Verarbeitung erfolgen kann. Wünschenswert ist aber eine automatische Fehlerbehandlung durch das DBVS ohne Unterbrechung der laufenden DB-Verarbeitung. Für die Datenbanksysteme UDS /Sie84a/, PRISMA /Gl80, Kö82/, IMS/VS Fast Path /IBM78b, Tak83/ und DB2 /Cr84/ soll diese Thematik im folgenden näher betrachtet werden.

Zunächst ist anzumerken, daß noch kein existierendes Datenbanksystem eine automatische Fehlerkorrektur für den Fall vorsieht, daß eine physische Inkonsistenz in der Datenbank erkannt wird, die nicht in Form eines E/A-Fehlers an der Betriebssystemschnittstelle auftritt. In der Literatur gibt es jedoch bereits Vorschläge zur automatischen Fehlerkorrektur bei Inkonsistenzen in Speicherungsstrukturen (speziell in Listen und Bäumen). Wir werden jene Ansätze im folgenden Kapitel noch genauer erörtern.

E/A-Fehler treten beim Öffnen und Schließen von Dateien sowie beim Lesen und Schreiben von Blöcken auf. Die Fehlerbehandlung bei E/A-Fehlern kann stets durch R4-Recovery erfolgen, also unter Verwendung einer Archivkopie der Datenbank und der zugehörigen Archiv-Protokolldatei(en). Dieses Vorgehen erfordert jedoch üblicherweise eine längere Unterbrechung der DB-Verarbeitung, und zwar entweder auf der gesamten Datenbank oder aber zumindest auf einem Segment. In Anwendungsumgebungen mit hohen Verfügbarkeitsanforderungen erscheint eine solche Beeinträchtigung des DB-Betriebs als nicht tolerierbar.

E/A-Fehler sind immer dann (fast) kein Problem, wenn eine Duplizierung der Daten in Form von Spiegelplatten vorliegt, die u.a. bei Tandem-Systemen /Sch84/ eingesetzt werden. In diesem Fall ist mit hoher Wahrscheinlichkeit noch ein Exemplar der gespiegelten Platten verfügbar, wenn auf dem anderen ein E/A-Fehler auftritt. Da das Führen von Spiegelplatten zum Aufgabenbereich des Betriebssystems und der Hardware zählt (ein SCHREIBE-Aufruf führt zu zwei Ausgabeoperationen), nicht aber durch das DBVS erledigt wird, muß hier nicht weiter darauf eingegangen werden.

Ein der Verwendung von Spiegelplatten vom Ergebnis her ähnlicher Ansatz liegt darin, Datenbanken doppelt (oder allgemein: mehrfach) zu führen. In /Reu81, S. 254ff./ werden die Möglichkeiten zur Verwendung doppelter Datenbanken erörtert, wobei es vor allem um das automatische "Nachfahren" einer DB-Kopie auf einem

Reserverechner geht, während die normale DB-Verarbeitung auf dem Primärrechner abgewickelt wird. Die Datenbanksysteme PRISMA und IMS Fast Path erlauben das Führen von Datenbank- oder Segmentkopien auch auf einem einzigen Rechner. Falls diese Kopien auf jeweils verschiedenen Platten abgelegt werden, ist selbst bei Fehlern größeren Ausmaßes ("head crash") damit zu rechnen, daß zumindest eine Kopie noch zur Verfügung steht.

Oftmals erscheint die Verwendung von Spiegelplatten oder doppelten Datenbanken als eine zu aufwendige Maßnahme zur Erhöhung der Verfügbarkeit. Wenn sich beispielsweise die eingesetzten Datenbanken ohnehin schon über 50 Plattenlaufwerke erstrecken, so ist ein Anwender nur in seltenen Fällen dazu bereit, weitere 50 Laufwerke zur Duplizierung von Datenbanken bereitzustellen. Es ist daher wichtig, daß auch bei Einfachführung der Daten ein E/A-Fehler zumindest nicht gleich den Abbruch der gesamten DB-Verarbeitung zur Folge hat.

UDS geht so vor, daß bei einem nicht erfolgreichen LIES- oder SCHREIBE-Aufruf zunächst ein Rücksetzversuch für die auf den Fehler gelaufene Transaktion unternommen wird (R1-Recovery).

Falls dieser Versuch erfolgreich verläuft, wird das Auftreten des Fehlers protokolliert und die DB-Verarbeitung fortgesetzt. Sollten solche Fehler auf einer DB-Area sehr häufig auftreten, kann der Datenbank-Administrator sie aus der Verarbeitung auskoppeln und mittels R4-Recovery reparieren. Während der Reparaturdurchführung stehen die in der Area enthaltenen Daten für den DB-Betrieb nicht zur Verfügung. Sofern aber z.B. nur ein Block in einer Area nicht lesbar ist, kann die DB-Verarbeitung im allg. zunächst ohne größere Beeinträchtigungen fortgesetzt und der Zeitpunkt der R4-Recovery hinausgezögert werden.

Falls hingegen das Rücksetzen der auf den Fehler gelaufenen Transaktion scheitert, weil der E/A-Fehler dabei wiederum auftritt, wird die betroffene DB-Area sofort ausgekoppelt und steht damit für die R4-Recovery zur Verfügung. Wie stark eine solche temporäre Auskopplung einer Area den DB-Betrieb insgesamt behindert, hängt u.a. davon ab, auf wie viele Areas eine Datenbank verteilt ist.

DB2 wendet ein ähnliches Verfahren an, wie es für UDS beschrieben wurde. Im Gegensatz zu UDS werden als defekt erkannte Blöcke jedoch mit einer expliziten Sperre belegt, die verhindern soll, daß künftig (also bis zu ihrer Wiederherstellung) auf sie zugegriffen wird. Aus der Literatur ist zu entnehmen, daß DB2 diesen Weg nicht nur bei E/A-Fehlern, sondern allgemein bei Inkonsistenzen in Datenbanken beschreitet: "If the data stored in a page becomes logically inconsistent, DB2 must restore the data to a consistent state. One way in which a page can become inconsistent is because of software failures that result in errors being introduced into the page. If this situation is detected by DB2, it marks the page as logically inconsistent and denies further access to the page" /Cr84, S. 186f./.

Die Wiederherstellung defekter und deshalb gesperrter DB-Blöcke erfolgt auch bei DB2 über R4-Recovery.

Die obigen Erläuterungen haben vor allem gezeigt, daß für physische Inkonsistenzen in Datenbanken in existierenden Systemen kaum Wiederherstellungsverfahren im laufenden DB-Betrieb vorgesehen sind. Allerdings wird z.T. ein (impliziter oder expliziter) Sperransatz verfolgt, wodurch trotz defekter Blöcke zunächst eine Fortsetzung der DB-Verarbeitung ermöglicht wird.

2.5.5 Vorschläge für fehlertolerante Speicherungsstrukturen

Fehlertoleranz in Speicherungsstrukturen von Datenbanksystemen bedeutet, daß das DBVS dazu in der Lage ist, Verletzungen der physischen Integrität einer Datenbank zu erkennen und entweder den konsistenten Zustand wiederherzustellen oder aber die DB-Verarbeitung unter Hinnahme der Inkonsistenz fortzusetzen. Fehlertoleranz ist niemals bei beliebigen Formen der Inkonsistenz möglich. Vielmehr muß ein Fehlermodell zugrunde gelegt werden, das die Art der zu berücksichtigenden Fehler beschreibt. Für dieses Fehlermodell kann dann konkret eine Aussage darüber gemacht werden, welche Inkonsistenzen erkennbar bzw. behandelbar sind und welche nicht.

Fehlertolerante Speicherungsstrukturen spielen nicht nur in Datenbanksystemen eine Rolle sondern allgemein in Software-Systemen, die mit Datenhaltungsproblemen zu tun haben. Einige aus der Literatur bekannte Verfahren zur Fehlererkennung und Fehlerbehandlung sind deshalb auch mehr auf Anwendungsumgebungen ausgerichtet, die bei der Datenverwaltung in Betriebssystemen, Übersetzern etc. auftreten. Darauf wird noch weiter unten genauer eingegangen. Die bekannten Techniken zur Erzielung von Fehlertoleranz beziehen sich ausschließlich auf verschiedene Listen- und Baumimplementierungen.

Hinsichtlich des Fehlermodells gehen diese Ansätze von zwei deutlich voneinander abzugrenzenden Annahmen aus:
- Im einen Fall wird als Fehlerursache der Abbruch einer Änderungsoperation auf der betrachteten Speicherungsstruktur zugrunde gelegt. Inkonsistenzen sollen nur aufgrund eines solchen Abbruchs entstanden sein. Fehler in der Software, die zu beliebigen Inkonsistenzen in einer Liste oder in einem Baum führen können, sind somit von vornherein ausgeschlossen.
- Im anderen Fall werden beliebige Verfälschungen einer Speicherungsstruktur angenommen. Die Fehlerursache spielt dabei keine Rolle.

Der Abbruch einer Änderungsoperation wird in Datenbanksystemen durch das Transaktionskonzept und die in Kap. 2.5.2 beschriebenen Logging- und Recovery-Maßnahmen berücksichtigt. Hingegen ist es etwa in Betriebssystemen, wo bislang nur vereinzelt vom Transaktionskonzept die Rede ist /BV84/, durchaus von Bedeutung, daß sich nach einem Systemausfall und anschließendem Wiederanlauf inkonsistente Strukturen auf der Platte wieder in einen konsistenten Zustand überführen lassen. Wir werden im folgenden zunächst diesen Fall betrachten und dann zur Erkennung beliebiger Verfälschungen in Listen und Bäumen übergehen.

1. Erkennung und Behandlung von Operationsabbrüchen

Verfahren zur Tolerierung inkonsistenter Bäume, die aufgrund des Abbruchs einer Änderungsoperation entstanden sind, werden von Menascé und Landes /ML81/, Mullin /Mu81/ sowie Vandendorpe /Va81/ beschrieben.

Mullin schlägt eine Implementierungsvariante der bekannten B-Bäume /BMC72/ vor, die er als "Change Area B-Trees" bezeichnet. Der ursprünglich (d.h. vor Beginn einer Folge von Änderungen) vorhandene B-Baum wird nicht modifiziert. Sämtliche Änderungen werden nach vorheriger Erstellung einer Kopie der betroffenen Baumknoten in einem anderen Speicherbereich, der als "change area" bezeichnet wird, durchgeführt. Verweisbeziehungen zwischen den Knoten in der "change area" und in der "original area" erlauben das Wiederauffinden von Daten unabhängig davon, in welchem der beiden Speicherbereiche sie sich befinden. Zur Fehlerbehandlung nach einem Operationsabbruch ist bei dieser Vorgehensweise, die eine Anwendung von "differential files" /SL76/ darstellt, stets der Übergang auf den alten Zustand des Baums in der "original area" möglich. Ein Rücksetzen des Baums auf den Zustand nach der zuletzt erfolgreich beendeten Änderungsoperation kann ausgehend von der "original area" nur dann erfolgen, wenn für die Operationen eine Protokollierung von "after images" durchgeführt wurde. Probleme ergeben sich dadurch, daß der Inhalt der "change area", um ein übermäßiges Anwachsen zu vermeiden, in gewissen Abständen in die "original area" eingebracht werden muß. Insgesamt scheint das Verfahren für einen praktischen Anwendungsfall von keinem großen Nutzen zu sein.

Menascé und Landes sowie Vandendorpe legen bestimmte Schreibstrategien für veränderte Baumknoten fest ("careful replacement") und setzen außerdem redundante Daten zur Erkennung und Behandlung von Operationsabbrüchen ein. Da das Verfahren von Vandendorpe einige Details enthält, die auch für spätere Betrachtungen dieser Arbeit (Kap. 4 und 6) von Interesse sind, soll darauf näher eingegangen werden. Aus Platzgründen erörtern wir ausschließlich Einfügungen in einen Baum und verweisen hinsichtlich der Probleme bei Löschungen auf den Originaltext /Va81/.

Vandendorpe geht von einem Standard-Einfügealgorithmus für B-Bäume aus, der an den Vorschlag in /BMC72/ angelehnt ist. Er soll die im Zusammenhang mit einem Operationsabbruch auftretenden Probleme verdeutlichen und auch als Grundlage für die Einführung eines verbesserten Verfahrens dienen. Der Algorithmus besteht aus sechs Schritten, die im folgenden zunächst verbal beschrieben und anschließend anhand eines Beispiels erläutert werden. Da beim Vandendorpe'schen Verfahren kein

Zuschnitt auf Datenbanksysteme vorliegt, verzichten wir hier auf die in Kap. 2.5.1 eingeführte Unterscheidung zwischen Seiten und Blöcken und beziehen uns terminologisch stets auf Blöcke:

1. Bei der Wurzel beginnend wird eine Baumsuche zur Bestimmung der Einfügeposition für einen neuen Eintrag M durchgeführt. Bei M kann es sich um einen Schlüssel oder auch um einen Datensatz handeln. Zu lesende Blöcke werden vom Externspeicher in den internen Speicher übertragen. Die Suche endet auf der Blattebene im Block i.

2. Der Eintrag M wird seinem Schlüsselwert gemäß in die sortierte Eintragsfolge des Blocks i eingeordnet.

3. Falls die Eintragsfolge noch im Block i Platz findet, wird der Block auf die Platte <u>geschrieben</u> und die Einfügeoperation beendet. Andernfalls folgt Schritt 4.

4. Der Block j wird als neuer rechter Nachbar des Blocks i im internen Speicher allokiert. Mit Ausnahme des mittleren Eintrags, der fortan als M bezeichnet wird, wird die sortierte Eintragsfolge des Blocks i in einer Splitoperation gleichmäßig auf die Blöcke i und j verteilt. (M wird in /Va81/ auch "median key" genannt.) Der Block j wird <u>geschrieben</u>.

5. Der Block i wird <u>geschrieben</u>.

6. Falls es sich beim Block i um die Wurzel des Baums handelt, wird ein neuer Block als Wurzel im internen Speicher allokiert. In die neue Wurzel werden ein Verweis auf den Block i, der "median key" M sowie ein Verweis auf den Block j als Eintragsfolge eingefügt. Die neue Wurzel wird von nun an als Block i bezeichnet und die Verarbeitung in Schritt 3 fortgesetzt (und dort auch beendet).

   Falls es sich jedoch beim Block i nicht um die Baumwurzel handelt, wird fortan der Vater dieses Blocks als Block i bezeichnet und die Verarbeitung in Schritt 2 fortgesetzt (Wiederaufstieg im Baum).

Vandendorpe geht bei diesem Algorithmus davon aus, daß das Schreiben von Blöcken auf die Platte wirklich in der angegebenen Reihenfolge stattfindet und nicht etwa von den Strategien eines Pufferverwalters bestimmt wird. Ein synchrones Schreiben (Schreiboperation mit Warten auf deren Abschluß) ist hingegen nicht unbedingt erforderlich. Um die nachfolgenden Erläuterungen zu vereinfachen, nehmen wir jedoch an, daß bei Beendigung der Schritte 3, 4 und 5 des Algorithmus auch die jeweiligen Schreiboperationen abgeschlossen sind.

<u>Bild 8</u> zeigt den Ablauf einer Einfügung nach dem Standard-Einfügealgorithmus, wobei nur die im Baum vorhandenen Schlüssel und Verweise dargestellt sind, nicht jedoch die Datensätze selbst. Zu Anfang (Teilbild a) besteht der Baum aus sechs Blöcken, die hier von 1 bis 6 durchnumeriert sind. Die Buchstaben A bis L und N bis Q sind bereits als Schlüssel vorhanden, während der Schlüssel M neu

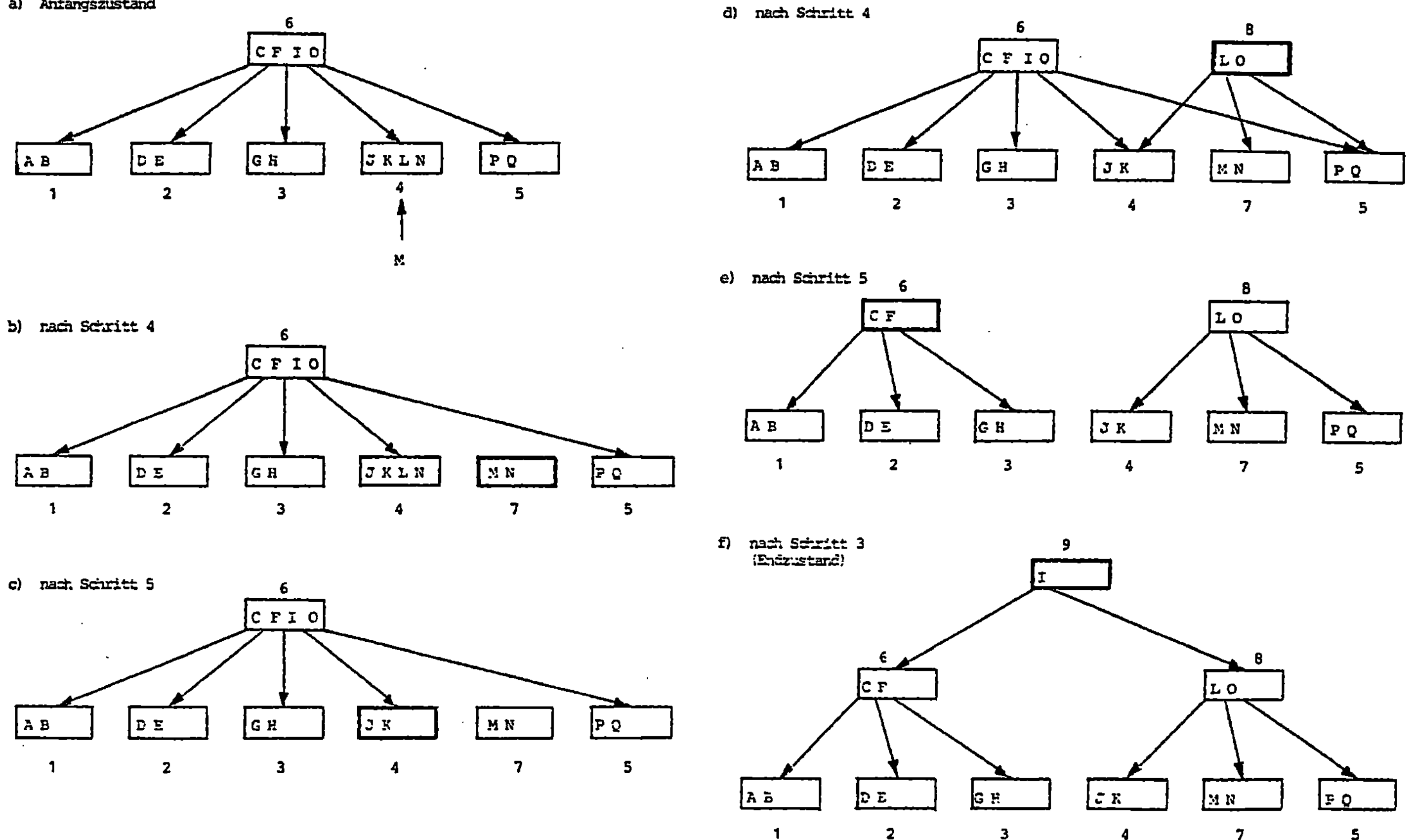

Bild 8: Einspeicherung in einen B-Baum mit dem Standard-Einfügealgorithmus

hinzukommt. Die Teilbilder b bis f dokumentieren den Zustand des Baums auf der Platte jeweils nach Abschluß einer Schreiboperation. Der zuletzt geschriebene Block wird in den Teilbildern b bis f durch eine stärkere Umrandung hervorgehoben.

Für die physische Konsistenz des Baums sind ausschließlich die Schritte 3, 4 und 5 des Algorithmus von Bedeutung, da in ihnen das Schreiben neuer Blöcke bzw. das Rückschreiben bereits vorhandener Blöcke stattfindet. Schritt 3 ist dabei nur von Interesse, wenn dort geschrieben wird, und dies ist stets am Ende der Einfügung eines neuen Schlüssels der Fall. Im Beispiel aus Bild 8 laufen die Schritte 3, 4 und 5 in der Reihenfolge S4, S5, S4, S5, S3 ab. Falls nach der ersten Ausführung von Schritt 4 die Einfügeoperation abbricht (etwa aufgrund eines Betriebssystemausfalls), bleibt der Block 7 als nicht mehr zugreifbar auf der Platte zurück. Die Konsistenz des Baums wird davon jedoch nicht berührt. Mit der sich an Schritt 4 anschließenden ersten Ausführung von Schritt 5 beginnt jedoch ein <u>kritischer Abschnitt</u>, da ein nachfolgender Operationsabbruch einen inkonsistenten Baum auf der Platte zur Folge hat. Der kritische Abschnitt wird erst durch das abschließende Schreiben in Schritt 3 beendet.

Es bietet sich an, die Reihenfolge der Schreiboperationen im Algorithmus zu ändern, um evtl. auf diese Weise die gezeigte Konsistenzgefährdung zu vermeiden. Da in drei Schritten des Algorithmus Blöcke geschrieben werden, ergeben sich sechs mögliche Anordnungen der Schreiboperationen. Diese werden in /Va81/ auf ihre Auswirkungen hinsichtlich kritischer Abschnitte untersucht. Das Ergebnis hiervon ist, daß bei allen möglichen Schreibsequenzen Operationsabbrüche entweder
- Verweise, die "ins Leere" (d.h. auf noch nicht allokierte Blöcke) zeigen, hinterlassen oder
- zu einem Datenverlust führen, da einzelne Blöcke nicht mehr über die Baumwurzel erreichbar sind oder
- mehrere Pfade von der Wurzel zu einem Block bzw. Unterbaum erzeugen, so daß gegen eine grundlegende Eigenschaft von Bäumen verstoßen wird.
Vandendorpe spricht hier von den Fehlertypen "undefined structure", "loss damage" und "gain damage".

Er schlägt den sogenannten <u>B'-Baum</u> als Variante des B-Baums vor, der es erlauben soll, den infolge eines Operationsabbruchs entstandenen inkonsistenten Zustand zu erkennen und die Konsistenz wiederherzustellen. Die Fehlererkennung und Fehlerbehandlung erfordert nur eine geringfügige Erweiterung der normalen Algorithmen. Der B'-Baum (siehe <u>Bild 9</u>) unterscheidet sich in folgender Hinsicht vom B-Baum, wie er z.B. in Bild 8 dargestellt ist:
- Jeder Block enthält einen Verweis zum rechten Nachbarn auf derselben Baumebene. Falls kein rechter Nachbar existiert, besitzt der Verweis den Wert "Null". Wir bezeichnen diese Zeiger als <u>NEXT-Verweise</u>. Der Wert "Null" in Verweisen wird in Bild 9 — wie auch in allen folgenden Abbildungen — durch das Symbol "♦"

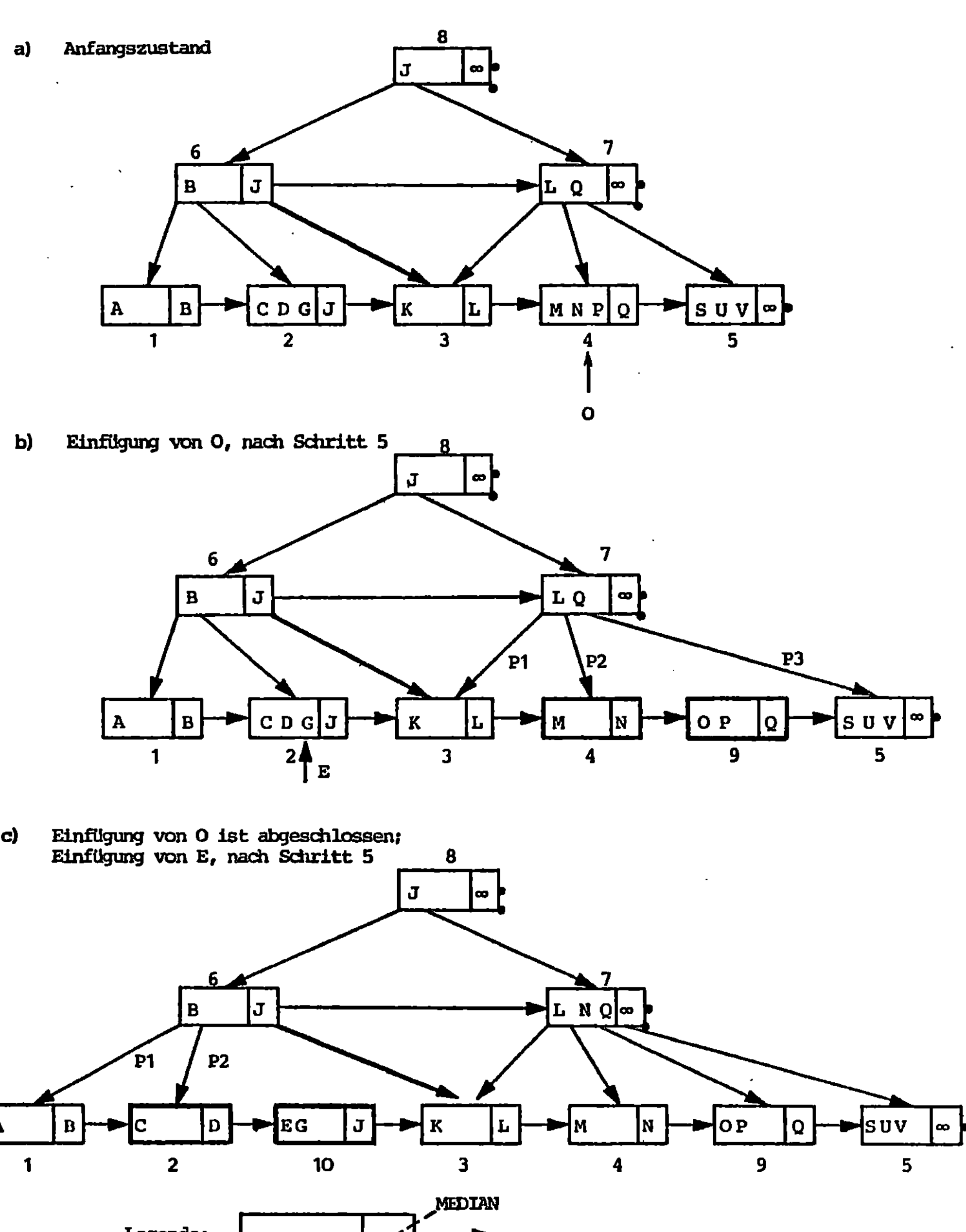

Bild 9: Ablauf der Einfügung in einen B'-Baum

wiedergegeben.

- In jedem Block oberhalb der Blattebene ist ein Verweis zum linken Sohn des rechten Nachbarn des Blocks gespeichert. Vandendorpe spricht hier von NEPHEW-Verweisen. Sie können auch wieder den Wert "Null" besitzen.

- In jedem Block wird ein zusätzlicher Eintrag mitgeführt, der als MEDIAN bezeichnet wird. Der Begriff "median key" wurde bereits zuvor bei der Vorstellung des Standard-Einfügealgorithmus eingeführt. Er bezog sich dort auf den Eintrag, der beim Split einer B-Baum-Seite nach oben in den Vater übertragen wird. Diese Semantik gilt auch für den hier benutzten MEDIAN eines Blocks. Beim B'-Baum wird der "median key" beim Split eines Blocks i nicht nur in den Vater übertragen, sondern zusätzlich noch als MEDIAN(i) im Block i selbst gespeichert. Die MEDIAN-Verwendung führt dazu, daß jeder Schlüssel bzw. Datensatz der Baumebenen 1ff. (die Blätter befinden sich auf der Ebene 0) nochmals auf der nächsttieferen Ebene gespeichert wird. Der Fall, daß ein Block keinen definierten MEDIAN-Wert enthält, wird in Bild 9 durch den Eintrag "∞" ausgedrückt.

Der Einfügealgorithmus für B'-Bäume entspricht in der Schrittfolge (S4, S5, S3) und in den jeweiligen Schreiboperationen dem obigen Standard-Einfügealgorithmus für B-Bäume. Er umfaßt jedoch zusätzlich die Wartung der genannten Redundanzen sowie Fehlererkennungs- und Fehlerbehandlungsmaßnahmen. Die Aktualisierungsvorschriften für die Redundanzen sind sehr einfach. Sie sollen deshalb hier nicht weiter erörtert werden. Im folgenden wird zunächst die Fehlererkennung näher betrachtet. Wir analysieren hierzu den Ablauf von Einfügungen in den in Bild 9a gezeigten Baum.

Als erstes soll der Schlüssel O eingefügt werden. Da ein Block maximal drei Einträge faßt, kommt es zum Split des Blocks 4 und zur Allokation des Blocks 9. Bild 9b zeigt den Zustand des Baums auf der Platte nach Ausführung von Schritt 5 der Einfügung, also in der kritischen Phase des Standard-Einfügealgorithmus. Bei einem zu diesem Zeitpunkt auftretenden Operationsabbruch wäre im B-Baum der Block 9 nicht über die Wurzel erreichbar, und die Einträge N, O und P wären verloren. Im B'-Baum ist der Block 9 hingegen über NEXT(4) an den Rest des Baums angebunden, was den Zugriff auf die Einträge O und P ermöglicht. Der Eintrag N ist als MEDIAN(4) ebenfalls noch verfügbar.

Nach einem Operationsabbruch ist zunächst nicht bekannt, ob sich der Baum in einem konsistenten oder in einem inkonsistenten Zustand befindet. Ein expliziter Prüflauf zur Konsistenzkontrolle ist jedoch nicht erforderlich. Die Einfüge- und Suchalgorithmen für B'-Bäume enthalten nämlich die folgenden (zunächst noch unvollständigen) Fehlererkennungsmaßnahmen: Beim Abstieg im Baum vom Block i über den Verweis Pj zum Block k wird geprüft, ob NEXT(k)=Pj+1 gilt. Wenn dies nicht zutrifft, wird auf eine Inkonsistenz im Baum infolge einer irregulär beendeten Einfügeoperation geschlossen. Wenn in Bild 9b bei der Suche nach einem der

Schlüssel N, O oder P vom Block 7 über P2 zum Block 4 zugegriffen wird, zeigt die Diskrepanz zwischen P3 im Block 7 (→ Block 5) und NEXT(4) (→ Block 9) eine Inkonsistenz im Baum an.

Die Abfrage NEXT(k)=Pj+1 berücksichtigt nur jene Fälle, wo ein Verweis Pj+1 als rechter Nachbar von Pj existiert. Falls dies nicht der Fall ist, wird NEPHEW(i) in die Konsistenzprüfung einbezogen. Dies soll zunächst wiederum anhand von Bild 9 erläutert werden: Wir nehmen an, daß die Einfügung von O im Zuge der Fehlerbehandlung (s.u.) zu Ende geführt werden kann. Anschließend kommt der Schlüssel E zum Baum hinzu. Bild 9c zeigt den Zustand des Baums nach Abschluß von Schritt 5 der Einfügung von E. Falls jetzt ein Operationsabbruch auftritt und anschließend nach den Schlüsseln D, E oder G gesucht wird, erfolgt der Zugriff vom Block 6 über den Verweis P2 zum Block 2. P3 in Block 6 existiert nicht, so daß sich die o.g. Konsistenzabfrage nicht durchführen läßt. Statt dessen können jedoch NEXT(2) und NEPHEW(6) auf Gleichheit geprüft werden. Da diese Verweiswerte ungleich sind, liegt eine Inkonsistenz im Baum vor.

Insgesamt lassen sich die Abfragen zur <u>Konsistenzprüfung</u> folgendermaßen darstellen: Beim Abstieg im Baum vom Block i über den Verweis Pj zum Block k wird geprüft, ob
- NEXT(k) = Pj+1 gilt, falls Pj+1 existiert,
- NEXT(k) = NEPHEW(i) gilt, sonst.

Zum Zweck der Fehlererkennung wird nur von den Redundanzen NEXT und NEPHEW der B'-Bäume Gebrauch gemacht. Der Nutzen der ebenfalls redundant gespeicherten MEDIAN-Einträge wird erst im Zusammenhang mit der <u>Fehlerbehandlung</u> deutlich. Beim Abbruch einer Einfügeoperation müssen zur Wiederherstellung eines konsistenten Zustands nur die noch fehlenden Änderungen auf den Indexebenen des Baums (1ff.) in "bottom-up"-Vorgehensweise nachgeholt werden. Wenn die obigen Prüfungen beim Abstieg vom Block i auf Baumebene e zum Block k auf Ebene e-1 eine Inkonsistenz entdecken, wird die Ausführung der gerade laufenden Operation zunächst gestoppt. Danach wird der Einfügealgorithmus derart reinitialisiert und neu gestartet, daß er die zuvor unterbliebenen Modifikationen auf der Ebene e (und nötigenfalls auch auf höheren Ebenen) nachholt. Dies geschieht folgendermaßen: MEDIAN(k) wird als der in Block i einzufügende Eintrag M aufgefaßt, der Einfügealgorithmus wird anschließend in Schritt 2 neu aufgesetzt und nimmt dann den normalen Verlauf. Ein spezielles Reparaturverfahren für den inkonsistenten Baum erübrigt sich somit. Dies hat insbesondere auch den Vorteil, daß ein nochmaliger Operationsabbruch während der wiederaufgenommenen Einfügeoperation keine zusätzlichen Konsistenzprobleme mit sich bringt. Nach Abschluß des Einfügens kann die zunächst gestoppte Operation, die zur Entdeckung der Inkonsistenz geführt hat, fortgesetzt werden.

Der Einbau der Konsistenzprüfungen und Wiederaufsetzverfahren in einen Einfügealgorithmus für B'-Bäume ist sehr leicht möglich. Details hierzu finden sich in /Va81/. Dort werden auch die Mehraufwendungen zur Wartung der redundanten Information (NEXT, NEPHEW, MEDIAN) in B'-Bäumen erläutert, die als gering einzustufen sind. Vandendorpe geht jedoch nicht auf die Frage des Mehrbenutzerbetriebs für B'-Bäume ein. So bleibt beispielsweise offen, durch welche Sperrverfahren die parallele Ausführung mehrerer Einfügeoperationen auf einem B'-Baum ermöglicht werden kann. Ein kleiner Nachteil der B'-Baum-Benutzung ist noch darin zu sehen, daß bei einem Operationsabbruch nach Schritt 4 des Einfügealgorithmus ein Block als über die Baumwurzel unerreichbar auf der Platte zurückbleibt. Man wird deshalb nicht an einer gelegentlichen Externspeicherreorganisation ("garbage collection") vorbeikommen.

Insgesamt erscheint der B'-Baum als eine z.B. in Betriebssystemen gut einsetzbare B-Baum-Variante. Aufgrund der in Datenbanksystemen vorhandenen transaktionsorientierten Protokollierungstechniken, ist der B'-Baum dort weniger von Bedeutung. Wir werden jedoch einige seiner Konzepte (Konsistenzprüfungen, NEPHEW-Verweise) in den Kapiteln 4 und 6 nochmals aufgreifen.

2. Erkennung und Behandlung beliebiger Verfälschungen

Nachdem zuvor die Erkennung und Behandlung physischer Inkonsistenzen, die auf Operationsabbrüche in Bäumen zurückzuführen sind, erörtert wurde, sollen nun entsprechende Maßnahmen für beliebige Verfälschungen in Listen und Bäumen vorgestellt werden. Fast alle Veröffentlichungen zu diesem Thema sind am Dept. of Computer Science der Univ. of Waterloo, Ontario entstanden /BTM80, BTM81a-c, Tay80, TB82, TMB80a+b/. Sie sind auf die Ph.D. Thesis "Robust Data Structure Implementations for Software Reliability" von D.J. Taylor /Tay77/ zurückzuführen bzw. bauen darauf auf. Als weitere Publikation hierzu ist noch die Arbeit von Yoshihava et al. /YKI83/ zu nennen. Im folgenden werden zunächst die verschiedenen Vorschläge von Taylor et al. zur Implementierung verketteter Listen ausführlich vorgestellt, während auf Baumimplementierungen und eine Technik zur fortlaufenden, lückenlosen Speicherung von Listeneinträgen anschließend nur kurz eingegangen wird.

Zur quantitativen Bewertung der Fehlererkennungs- und Fehlerkorrekturmöglichkeiten einer Speicherungsstruktur führt Taylor die Begriffe "detectability" und "correctability" ein. Sie lassen sich am einfachsten unter Verwendung des Begriffs elementare Änderung ("elementary modification") erläutern. Eine elementare Änderung heißt, daß ein einzelnes, atomares Element einer Speicherungsstruktur (ein Schlüssel, ein Verweis, ein Zähler etc.) geändert wird. Taylor nimmt zusätzlich an, daß alle atomaren Elemente gleich lang sind, also beispielsweise jeweils ein Speicherwort belegen. Dies ist jedoch für unsere Betrachtungen nicht von Bedeutung. Eine Speicherungsstruktur heißt "n-detectable", wenn es stets möglich ist, bei bis zu n inkorrekten atomaren Elementen die Inkonsistenz zu erkennen. Dementsprechend bedeutet "n-correctable", daß bei bis zu n inkorrekten atomaren Elementen die Wiederherstellung der Konsistenz möglich ist. Den n inkorrekten atomaren Elementen können somit aufgrund von n elementaren Änderungen falsche Werte zugewiesen worden sein.

Bild 10 zeigt jene Listenimplementierungen, die Gegenstand der Taylor'schen

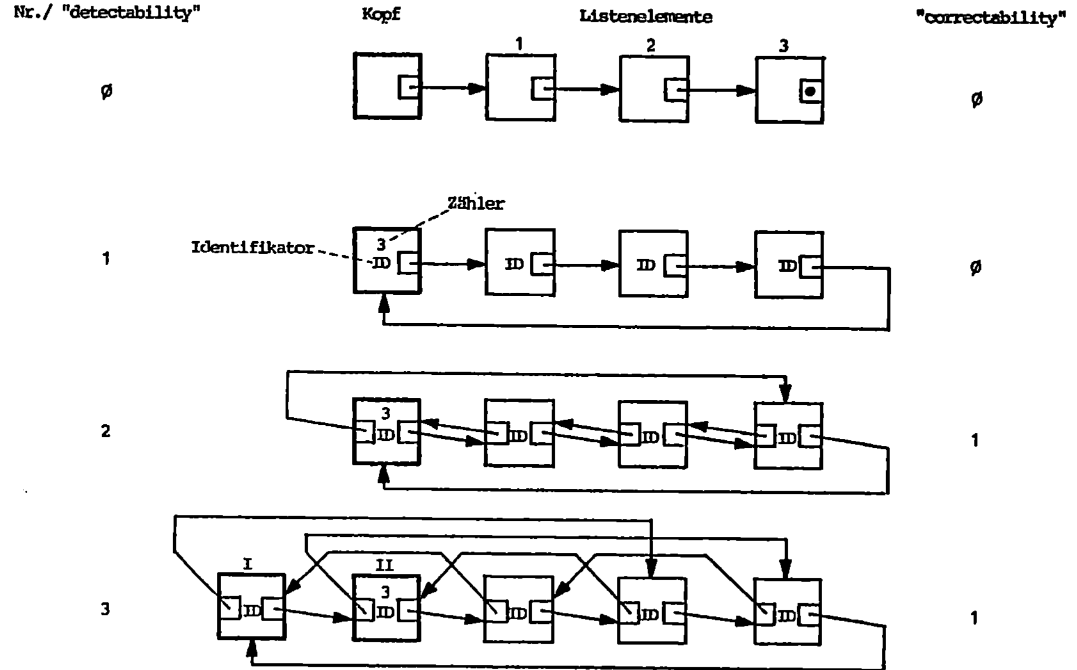

Bild 10: Listenimplementierungen nach Taylor et al.

Untersuchungen sind. Für jede Implementierung enthält Bild 10 zudem Angaben zur "detectability" und zur "correctability". Wir ordnen den Implementierungen ihrer "detectability" entsprechend die Nummern 0 bis 3 zu.

Die **Implementierung 0** beinhaltet eine einfache Verkettung der Listenelemente über NEXT-Verweise. Der NEXT-Verweis im letzten Listenelement enthält den Wert "Null". Die Implementierung ist "0-detectable", da im Beispiel schon der Wert "Null" im NEXT-Verweis des Listenkopfs eine nicht mehr erkennbare Verkürzung der Kette zur Folge hätte.

Die **Implementierung 1** unterscheidet sich in drei Punkten von der Implementierung 0:
- Jedes Listenelement, wie auch der Listenkopf, enthält zusätzlich einen Identifikator. Wir sprechen hier auch von der ID eines Elements. Die ID ist für alle

Elemente einer Liste gleich, darf jedoch in keinem anderen über Verweise adressierbaren Element außerhalb dieser Liste (z.B. in einer anderen Liste) vorkommen.

- Der NEXT-Verweis im letzten Listenelement führt wieder zum Listenkopf zurück, d.h., es liegt eine in sich geschlossene NEXT-Verweis-Kette vor.
- Im Listenkopf wird ein Zähler mitgeführt, welcher die Gesamtzahl der in der Liste vorhandenen Elemente enthält, im Beispiel also den Wert 3.

Diese Implementierung wird von Taylor als "commonly used storage structure" bezeichnet. Eine einzige Inkonsistenz, die entweder den Zähler im Listenkopf, eine ID oder einen NEXT-Verweis betrifft, ist stets erkennbar. Genaueres hierzu findet sich in /Tay77/ und /Kü83b/. Es kann also zumindest von "1-detectability" gesprochen werden. Daß die Implementierung nicht "2-detectable" ist, läßt sich leicht anhand des Beispiels in Bild 10 verdeutlichen: Falls der Zähler um 1 auf 2 dekrementiert wird und außerdem der NEXT-Verweis im zweiten Listenelement so geändert wird, daß er wieder zurück zum Listenkopf führt, ergibt sich eine nicht mehr erkennbare Verkürzung der Kette.

Die Implementierungen 0 und 1 sind offensichtlich "0-correctable": Wenn etwa in den zugehörigen Beispielen aus Bild 10 jeweils dem NEXT-Verweis im Listenkopf der Wert "Null" zugewiesen wird, dann liegt eine irreparable Abtrennung von Listenelementen vor, da auf sie vom Listenkopf aus nicht mehr zugegriffen werden kann.

Zusätzlich zu den Redundanzen der Implementierung 1 enthält die <u>Implementierung 2</u> eine doppelte Verkettung der Listenelemente. Hierzu werden PRIOR-Verweise benutzt, die jeweils zum Vorgänger in der NEXT-Verweis-Kette führen. Die doppelte Verkettung existiert auch zwischen dem Listenkopf und dem letzten Listenelement. Die Implementierung 2 wird von Taylor mit dem Prädikat "the most robust of commonly used list storage structures" versehen. In /Tay77/ wird nachgewiesen, daß sie die Eigenschaft der "2-detectability" aufweist und damit hinsichtlich der Fehlererkennungseigenschaften der Implementierung 1 überlegen ist. Man kann auch hier leicht zeigen, daß keine höhere "detectability" vorliegt. Hierzu wird abermals auf die Verkürzung der in Bild 10 dargestellten Liste durch Auskettung eines Elements Bezug genommen: Falls der Zähler um 1 auf 2 dekrementiert wird, in den NEXT-Verweis des ersten Listenelements die Adresse des dritten Elements eingetragen wird und dem PRIOR-Verweis des dritten Listenelements die Adresse des ersten Elements zugewiesen wird, liegt eine nicht erkennbare Inkonsistenz vor, die durch drei elementare Änderungen verursacht wurde (Auskopplung des zweiten Listenelements).

Die Wiederherstellung des konsistenten Zustands ist bei Auftreten eines einzigen fehlerhaften NEXT-/PRIOR-Verweises oder Identifikators stets möglich. Da die Listenelemente vom Listenkopf aus auf zwei verschiedenen Wegen erreicht werden können, nämlich sowohl über die PRIOR-Verweis-Kette als auch über die NEXT-Verweis-Kette, ist die Abkopplung von Listenelementen nur durch mindestens zwei Verweisinkonsistenzen möglich. Die Implementierung 2 ist somit "1-correctable". "2-correctability" ist nicht gegeben, da ein Element durch zwei Verweisänderungen (ein NEXT-Verweis, ein PRIOR-Verweis) aus der Liste ausgekoppelt werden kann. In /Kü84b/ wird der Taylor'sche Reparaturalgorithmus zur Implementierung 2 detailliert vorgestellt und bewertet. Im Rahmen dieser Untersuchung hat sich u.a. gezeigt, daß der Zähler im Listenkopf nur der Fehlererkennung dient, bei der Fehlerkorrektur jedoch keine Rolle spielt.

Man kann sich leicht überlegen, daß mit Hilfe einer Verweisstruktur, wie sie die Implementierung 2 besitzt, keine höhere "detectability" als 2 zu erreichen ist: Jede beliebig lange Liste dieser Art kann durch die drei Zuweisungen
- PRIOR(Listenkopf) := "Null"
- NEXT(Listenkopf) := "Null"
- Zähler   := 0
in eine leere Liste transformiert werden, die in sich konsistent ist und keinen Hinweis auf abgekoppelte Listenelemente enthält. Taylor schlägt zur Erzielung höherer "detectability" die Erweiterung und Zweiteilung des Listenkopfs vor, wie sie für die _Implementierung 3_ in Bild 10 dargestellt ist. Ein weiterer Unterschied zur Implementierung 2 liegt darin, daß PRIOR-Verweise nicht zum Vorgänger in der NEXT-Verweis-Kette führen, sondern auf den Vorvorgänger gerichtet sind. Die beiden Teile des Listenkopfs sind voll in diese Verweisstruktur integriert. Taylor kann für die Implementierung 3, die er als "modified (2) double-linked list" bezeichnet, "3-detectability" nachweisen. Vier Modifikationen im Listenkopf, nämlich in PRIOR(Teil I), PRIOR(Teil II), NEXT(Teil II) sowie im Zähler, reichen aber aus, um eine beliebige Liste in eine leere Liste zu überführen, die wiederum in sich konsistent ist. Die Implementierung 3 ist also offensichtlich nicht "4-detectable".

Hinsichtlich der "correctability" unterscheidet sich die Implementierung 3 nicht von der Implementierung 2. Sie ist also ebenfalls "1-correctable". Die Art der Verweisnutzung bei der Implementierung 3 ändert nämlich nichts daran, daß ein Element durch zwei Verweisänderungen aus der Liste ausgekoppelt werden kann.

Taylor et al. präsentieren in ihren Aufsätzen auch Angaben zu den _Kosten_ für die verschiedenen Listenimplementierungen. Dabei werden sowohl die Speicherplatzanforderungen als auch die Verarbeitungsaufwendungen zur Wartung der Redundanzen bewertet. Der _Speicherplatzbedarf_ pro Listenelement für Identifikatoren und NEXT-/PRIOR-Verweise kann anhand von Bild 10 leicht errechnet werden. Falls ein Listenelement beispielsweise einer Datenbankseite der Länge 2 oder 4 KB entspricht, kann der Speicherplatzbedarf für redundante Daten praktisch vernachlässigt werden. Für den <u>Verarbeitungsaufwand</u> zur Einfügung neuer Listenelemente findet sich in /Tay77/ die in <u>Bild 11</u> wiedergegebene Kostenfunktion. Zur

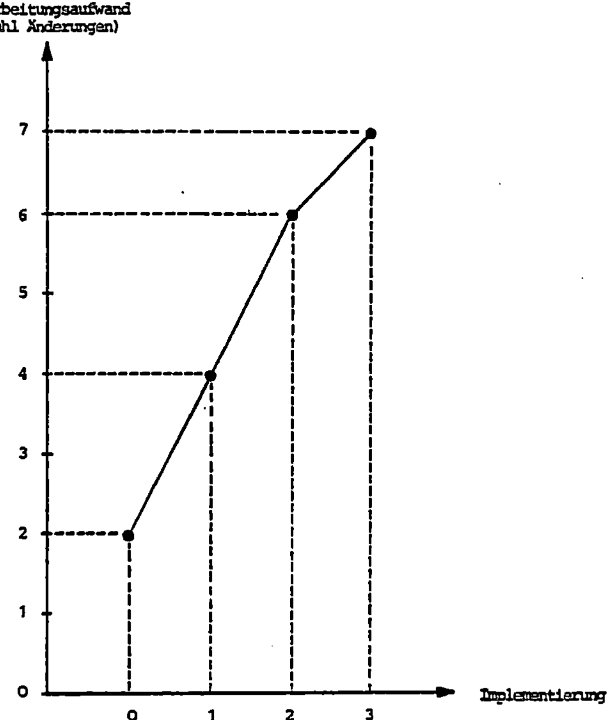

<u>Bild 11</u>: Kosten für die Einfügung von Elementen bei den Taylor'schen Listenimplementierungen 0 bis 3

Ermittlung der Kosten wird dort einfach aufsummiert, wie viele Zeiger, Zähler und Identifikatoren jeweils geändert werden müssen, wenn ein neues Element zur Liste hinzugefügt wird. Jede einzelne Änderung trägt mit dem Wert 1 zu den Gesamtkosten bei. Die Angaben aus Bild 11 erklären sich nun folgendermaßen:

- Implementierung 0:

  Bei der Einfügung eines Elements an einer beliebigen Listenposition sind zwei Zeiger zu ändern, nämlich der NEXT-Verweis im Kettenvorgänger des neuen Elements sowie der NEXT-Verweis im neuen Element selbst. (Als Änderung ist dabei auch der Fall zu verstehen, daß im neuen Listenelement ein bislang inhaltlich undefiniertes Speicherwort mit einem Wert versehen wird.) Für die Kosten der Einfügung ergibt sich der Wert 2.

- Implementierung 1:

  Hier sind nicht nur zwei Zeiger zu ändern, sondern zusätzlich noch der Zähler im Listenkopf und der Identifikator im neuen Listenelement. Insgesamt erhält man somit den Kostenwert 4.

- Implementierung 2:

  In diesem Fall müssen vier Zeiger geändert werden, nämlich einer im Kettenvorgänger des neuen Elements (NEXT), zwei im neuen Element selbst (PRIOR und NEXT) und einer in dessen Kettennachfolger (PRIOR). Mit den Änderungen des Zählers und eines Identifikators, die auch bei Implementierung 1 anfallen, erreichen die Gesamtkosten den Wert 6.

- Implementierung 3:

    Im Vergleich zur Implementierung 2 erfordert fast jede Einfügung die Änderung eines weiteren PRIOR-Verweises. Dieser befindet sich in dem Listenelement, als dessen Vorvorgänger das neue Listenelement eingefügt wird. Für die Gesamtkosten der Einfügung ergibt sich also der Wert 7.

Das Taylor'sche Kostenmaß, das einfach von der Zahl der elementaren Änderungen ausgeht, ist für eine Bewertung von Speicherungsstrukturen in Datenbanksystemen nicht geeignet, wenn eine Abbildung der Listenelemente auf verschiedene DB-Seiten zugrunde gelegt wird. Falls etwa in einer Datenbankseite gleich mehrere Änderungen durchzuführen sind, so hat dies wohl einen merklichen Einfluß auf die benötigte Pfadlänge (Anzahl auszuführender Maschineninstruktionen). Für Datenbanksysteme ist es aber wichtiger, wie viele Blöcke gelesen, geschrieben, allokiert, deallokiert und protokolliert werden müssen, da schon eine einzige E/A-Operation weitaus zeitaufwendiger ist, als zahlreiche Änderungen in einer Seite im Systempuffer. Nur bei der Verwaltung kleinerer Datenbestände im internen Speicher ist die Zahl der elementaren Änderungen als adäquates Kostenmaß anzusehen. Wir werden in Kap. 6 von einer Zuordnung der Listenelemente zu Datenbankseiten ausgehen und für Datenbanksysteme geeignetere Kostenmaße einführen.

Taylor et al. schlagen nicht nur Listenimplementierungen vor, sondern auch verschiedene Realisierungsmöglichkeiten für Bäume, wobei es ebenfalls auf die Fehlererkennung und Fehlerbehandlung ankommt. In /Tay77/ werden nur Binärbäume betrachtet, die bekanntlich für Datenbanksysteme kaum von Bedeutung sind. In /BTM81a/ wird hingegen eine B*-Baum-Implementierung präsentiert, mit deren Hilfe die Erkennung von Inkonsistenzen sowie ggf. die Wiederherstellung des konsistenten Zustands ermöglicht werden soll. Taylor et al. bezeichnen ihre Bäume als "Chained and Threaded B-Trees (CTB-Trees)"; de facto handelt es sich jedoch um eine B*-Baum-Variante. Bei den CTB-Bäumen, wie auch wir sie nennen wollen, geht es im wesentlichen um zwei Problemstellungen:

- Es sollen Inkonsistenzen in den Schlüsselwerten der Baumknoten erkannt und nach Möglichkeit auch korrigiert werden. Da die Schlüsselwerte die Verzweigung beim Abstieg im Baum bestimmen, können inkorrekte Werte zu Fehlern bei Such-, Einfüge- und Löschoperationen führen. Der sog. "Robust Contiguous List Storage" (RCLS), der die Einträge innerhalb eines Baumknotens enthält, soll zur Lösung des Problems beitragen.

- Inkorrekte Verweise im Baum sollen ebenfalls erkannt und ggf. korrigiert werden. Im Gegensatz zu den B'-Bäumen von Vandendorpe geht es hierbei nicht um

Inkonsistenzen aufgrund von Operationsabbrüchen, sondern um Verfälschungen beliebiger Art.

Im folgenden wird zunächst auf die letztgenannte Zielsetzung eingegangen. Der "Robust Contiguous List Storage" wird erst anschließend in einem etwas allgemeineren Kontext betrachtet.

<u>Bild 12</u> zeigt ein Beispiel für einen CTB-Baum, wobei zur Wahrung der Übersicht-

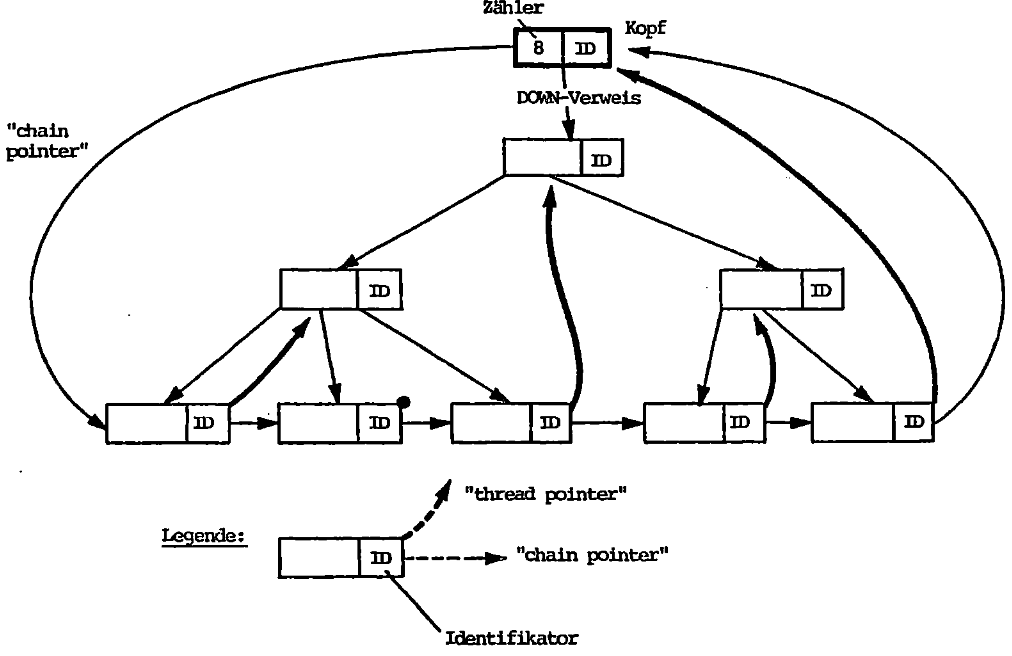

<u>Bild 12</u>: Beispiel für einen CTB-Baum

lichkeit auf die Darstellung von Schlüsseln und Datensätzen verzichtet wurde. Für jeden CTB-Baum existiert ein separater Knoten, der als Kopf bezeichnet wird und in dem der Verweis zur Baumwurzel gespeichert ist. Der Kopf enthält außerdem einen Zähler, der die Anzahl der Knoten im Baum angibt, sowie einen Identifikator, wie er schon zuvor für die Listenimplementierungen vorgestellt wurde. Identifikatoren sind auch in sämtlichen Baumknoten enthalten. Im Baum existieren die üblichen DOWN-Verweise von den Vätern zu ihren Söhnen. Auf der Blattebene des Baums gibt es eine einfache Verkettung der Knoten über NEXT-Verweise, die in /BTM81a/ als "<u>chain pointer</u>" bezeichnet werden. Durch Einbeziehung des Kopfs in der in Bild 12 gezeigten Art entsteht hieraus eine in sich geschlossene Kettenstruktur.

Der CTB-Baum besitzt darüber hinaus auf der Blattebene noch weitere Verweise, die "<u>thread pointer</u>" genannt werden. "The thread pointer in a leaf is non-null if and only if that leaf is the rightmost leaf in the leftmost subtree of a node X, in which case the thread points to X" /BMT81a, S. 68/. Auf jeden Indexknoten (Knoten oberhalb der Blattebene) eines CTB-Baums verweist genau ein solcher "thread pointer". Zusätzlich führt ein "thread pointer" von dem auf der Blattebene ganz rechts außen befindlichen Knoten zurück zum Kopf des Baums.

Taylor et al. weisen nach, daß CTB-Bäume die Eigenschaft der "2-detectability" und "1-correctability" besitzen. Die "1-correctability" resultiert daraus, daß jeder Baumknoten vom Kopf aus auf zwei verschiedenen Wegen erreichbar ist: Der Zugriff kann entweder über die DOWN-Verweise erfolgen oder über "chain pointer" und "thread pointer". Es ist also nicht möglich, einen Knoten oder einen kompletten Unterbaum durch eine einzige elementare Verweisänderung vom übrigen Baum abzukoppeln. Zur Gewährleistung der "2-detectability" wird in /BTM81a/ vorausgesetzt, daß der Fehlererkennungsalgorithmus den CTB-Baum vollständig durch-läuft. Nur so kann nämlich geprüft werden, ob im Baum auch wirklich so viele Knoten vorhanden sind, wie der Zähler angibt. Für diese Art der Prüfungsdurch-führung, die als "online"-Konsistenzprüfung durch das DBVS offensichtlich nicht in Frage kommt, läßt sich zudem zeigen, daß "2-detectability" unter Nutzung des Zählers sowie der Identifikatoren, DOWN-Verweise und "chain pointer" möglich ist, also keine Einbeziehung der "thread pointer" erfordert /BMT81a, S. 65f./. Die "thread pointer" dienen nur zur Rekonstruktion des konsistenten Zustands bei Auftreten von Inkonsistenzen.

In /BTM81a/ werden auch die Leistungskenngrößen (Speicherplatzbedarf, Verar-beitungsaufwand) der CTB-Bäume erörtert. Da wir uns jedoch im folgenden primär mit der "online"-Fehlererkennung durch das DBVS beschäftigen wollen, für die sich der CTB-Baum aus den genannten Gründen nicht eignet, soll auf dieses Thema hier nicht weiter eingegangen werden.

Wie bereits oben erwähnt, geht es bei den CTB-Bäumen auch um die Erkennung und Korrektur fehlerhafter Schlüsselwerte in den Baumknoten. Der "Robust Contiguous List Storage" (RCLS), der hierzu Verwendung findet, taugt allgemein zur fort-laufenden, lückenlosen Speicherung von Listenelementen, ist also nicht an den Kontext der CTB-Bäume gebunden.

Bild 13a soll die zugrundeliegende Modellvorstellung einer Liste verdeutlichen. Die Listenelemente werden in einem Speicherbereich fester Länge, beispielsweise in einer Datenbankseite, fortlaufend und lückenlos abgelegt. Sie besitzen ebenfalls feste Länge. Jedes Listenelement i besteht aus einem Schlüssel Ki und irgendwel-chen weiteren Daten, die aus Sicht des RCLS jedoch keine Rolle spielen und deshalb in Bild 13a nicht dargestellt sind. Der Speicherbereich faßt maximal l Listenele-mente. Die Anzahl der aktuell vorhandenen Elemente ist einem Zähler zu entnehmen, der in einem Listenkopf steht. Dieser Zähler kann Werte zwischen 0 und l annehmen. Der ungenutzte Raum zwischen dem aktuellen Listenende und dem Ende des

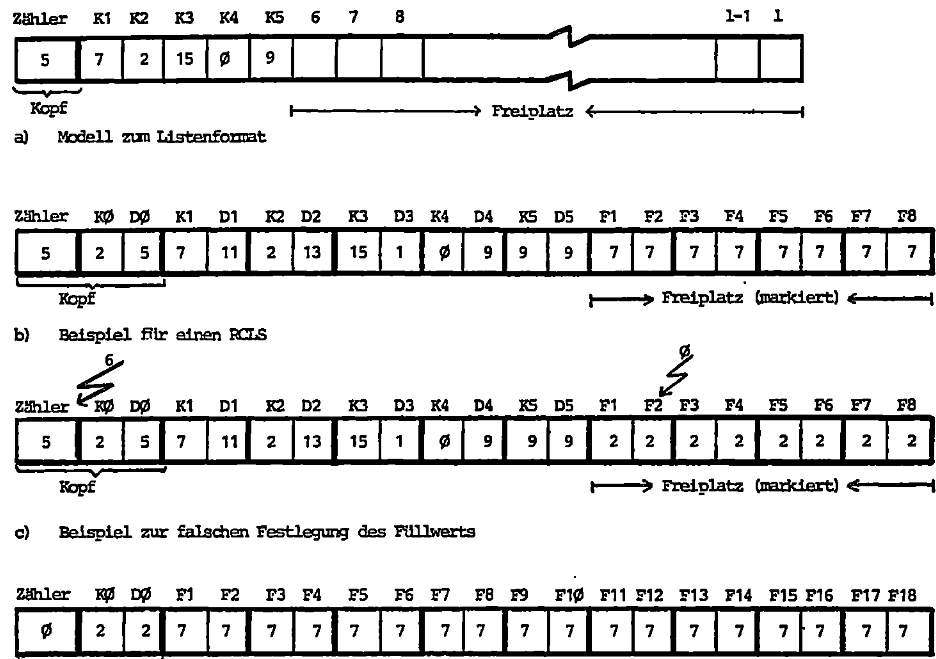

Bild 13: Zum Prinzip des "Robust Contiguous List Storage" (RCLS)

Speicherbereichs wird als Freiplatz bezeichnet. Eine Sortierung der Listenelemente nach aufsteigenden oder absteigenden Schlüsselwerten wird nicht gefordert, darf aber existieren.

Für diese Listenstruktur wird als _Fehlermodell_ angenommen, daß sowohl im Zähler als auch in den Schlüsseln Ki fehlerhafte Werte auftreten können. Gesucht wird eine Listenimplementierung, die "2-detectable" und "1-correctable" ist. Für das Beispiel aus Bild 13a soll also u.a. die Erkennung der folgenden Verfälschungen ermöglicht werden:
- Zähler=4 und K3=12,
- K1=2 und K2=7 (etwa infolge einer Vertauschung).
Bei einem einzigen fehlerhaften Wert (z.B. Zähler=0) soll darüber hinaus die Wiederherstellung des konsistenten Zustands möglich sein.

Einschränkungen des Wertebereichs für die Schlüssel sind nicht erlaubt, d.h., sämtliche darstellbaren Werte sollen auch als Schlüssel zulässig sein. Wir gehen in Bild 13 davon aus, daß alle ganzen Zahlen aus dem Intervall [0,15] darstellbar und somit zulässige Schlüsselwerte sind. Es ist also z.B. nicht möglich, einfach einen speziellen Wert ("high value" etc.), der als Schlüsselwert unzulässig ist, als Füllwert für den Freiplatz zu reservieren, um damit die Fehlererkennung zu vereinfachen.

Die von Taylor et al. vorgeschlagene Listenimplementierung (RCLS) besitzt die folgenden Charakteristika:

- Hinter jedem Schlüssel K_i ($1 \leq i \leq$ Zähler) wird eine Distanz D_i eingefügt. Am Beginn des Speicherbereichs wird Platz für einen Schlüssel K_0 und eine zugehörige Distanz D_0 geschaffen. K_0 wird ein beliebiger Wert zugewiesen. Wenn M der größte darstellbare Schlüsselwert ist, dann errechnen sich die Distanzen D_i ($0 \leq i \leq$ Zähler) aus den Schlüsseln K_i nach folgendem <u>Algorithmus</u>:

```
if i < Zähler
then
   if Ki+1 ≥ Ki
   then
      Di := Ki+1 - Ki
   else
      Di := Ki+1 - Ki  +  M + 1
else
   if KO ≥ Ki
   then
      Di := KO - Ki
   else
      Di := KO - Ki  +  M + 1;
```

Bei der (sequentiellen) Suche nach einem vorgegebenen Schlüsselwert K wird die Korrektheit der vorgefundenen Werte für D_i und K_i mit Hilfe der nachstehenden <u>Konsistenzbedingungen</u>, die sich unmittelbar aus obigem Algorithmus ergeben, überprüft:

```
if i < Zähler
then
   (Ki+Di) mod (M+1) = Ki+1
else
   (Ki+Di) mod (M+1) = KO;
```

Wir bezeichnen dieses Verfahren als <u>Distanzenrechnung</u>.

- Der Freiplatz wird mit Füllwerten versehen, die aber keinen speziell hierfür reservierten und deshalb als K_i und D_i unzulässigen Wert besitzen. Die <u>Freiplatzmarkierung</u> unterliegt jedoch hinsichtlich des zu verwendenden Füllwerts F bestimmten Restriktionen.

Bild 13b zeigt als Beispiel einen RCLS, der die schon in Bild 13a vorhandenen fünf Schlüssel enthält. Der Wert für K_0 wurde willkürlich festgelegt. Die Berechnung der Werte für sämtliche D_i erfolgte nach dem zuvor beschriebenen Algorithmus.

Taylor et al. geben die folgenden Regeln zur Festlegung des Füllwerts F an:

- Der Füllwert errechnet sich als Funktion des Schlüsselwerts K_0 in der Form $F := a + b*K_0$.
- Die Werte für a und b werden so bestimmt, daß
  - b ungleich 0 ist,
  - $(2*b - 1)$ kein Teiler von a ist,
  - b kein Teiler von a ist,
  - $(b - 1)$ kein Teiler von a ist.

Die Herleitung dieser Regeln ist in /BTM81a, S. 67/ nachzulesen. Für das Beispiel in Bild 13b wurden die Werte a=1 und b=3 benutzt, so daß sich für den Schlüsselwert KO=2 der Füllwert F=7 ergab. Bild 13c belegt, daß die Wahl des Füllwerts durchaus für die "detectability" von Bedeutung ist. Für den Füllwert F=2 als Freiplatzmarkierung, der nicht den obigen Regeln entspricht, lassen sich zwei elementare Änderungen angeben (Zähler:=6, F2:=0), die eine nicht erkennbare Inkonsistenz erzeugen. Somit ist hier die angestrebte "2-detectability" nicht gegeben.

Die Eigenschaft der "2-detectability" für den RCLS läßt sich bei ordnungsgemäßer Verwendung der Distanzen Di und des Füllwerts F folgendermaßen verdeutlichen: Angenommen, der Wert des Zählers ist korrekt. In diesem Fall kann die Verfälschung eines Schlüsselwerts Ki nur dann unentdeckt bleiben, wenn auch die beiden angrenzenden Distanzen geeignet modifiziert werden, da sonst die Distanzenrechnung eine Inkonsistenz zutage fördert. In Bild 13b bedeutet dies z.B., daß eine versehentliche Änderung K2:=5 zusätzlich noch Modifikationen für D1 (D1:=14) und D2 (D2:=10) erfordert, damit der Fehler nicht mehr zu entdecken ist. Insgesamt können also erst drei Modifikationen im Bereich der Ki und Di einen nicht erkennbaren Fehler verursachen. Falsche Wertangaben in den Freiplatzmarkierungen Fi spielen hier offensichtlich keine Rolle. Für den Fall, daß der Wert des Zählers nicht korrekt ist, läßt sich mit Hilfe einer Fallunterscheidung, die in /BTM81a/ enthalten ist, nachweisen, daß zusätzlich noch zwei Verfälschungen im Bereich der Ki, Di und Fi existieren müssen, damit ein nicht mehr erkennbarer Fehler entsteht. Demzufolge können auch in diesem Fall erst drei Modifikationen die Fehlererkennung vereiteln.

Die Fehlerkorrektur bereitet bei einem einzelnen fehlerhaften Wert Ki oder Di kaum Probleme: Falls die Distanzenrechnung bei der sequentiellen Suche von links nach rechts im RCLS eine Inkonsistenz entdeckt, wird eine Suche von rechts nach links durchgeführt, die schließlich von der anderen, rechten Seite her ebenfalls auf die Inkonsistenz stößt. (Dieses Vorgehen gleicht übrigens jenem des Reparaturalgorithmus für die Taylor'schen Listenimplementierungen 2 und 3.) Die Inkonsistenz kann dann behoben werden. Nicht ganz so einfach verläuft die Reparatur allerdings, wenn der Wert des Zählers inkorrekt ist. In /BTM81a, S. 67/ findet sich hierzu die Anmerkung: "[...] a correction procedure could, in the worst case, guess at possible corrections to single fields until the 'corrected' node was accepted by the detection procedure. [...] A linear-time 1-correction procedure for robust contiguous lists has been developed, but it is not described here because of space limitations."

Die Verwendung der Einträge KO und DO, die als Teil des Listenkopfs anzusehen sind, garantiert die Fehlererkennung auch für den Fall der leeren Liste (Zähler=0). In /BTM81a/ wird vorgeschlagen, der Distanz DO in der leeren Liste stets den Wert von KO zuzuweisen. Bild 13d zeigt als Beispiel eine leere Liste mit den schon in Bild 13b benutzten Werten für KO und F. Man kann sich leicht davon überzeugen, daß auch hier erst drei Verfälschungen (z.B. Zähler:=1, F1:=4, F2:=14) zu einem nicht erkennbaren Fehler führen können.

Das Hauptproblem beim RCLS liegt im deutlich erhöhten Speicherplatzbedarf für die Liste, der sich aus den Distanzen Di für jeden Schlüssel Ki ergibt. Insbesondere in B*-Bäumen, die oftmals mehr als hundert Schlüssel-Verweis-Paare je Seite enthalten, sinkt der maximal mögliche Verzweigungsgrad ("fan out") bei RCLS-Verwendung um ca. ein Drittel. Dies hat wiederum negative Auswirkungen auf die Baumhöhe und damit auch auf die Kosten für Such-, Einfüge- und Löschoperationen. Insgesamt erscheint der mit dem RCLS verbundene Speicherplatzmehrbedarf als derart groß, daß dieses Verfahren nur in wenigen Fällen für einen Einsatz in Datenbanksystemen empfohlen werden kann, nämlich dann, wenn zusammen mit den Schlüsseln noch relativ umfangreiche zusätzliche Daten gespeichert werden. Verschiedene Szenarien hierzu werden in /Kü84a, S. 50ff./ durchgerechnet.

2.6 Folgerungen aus dem Stand der Wissenschaft

Von den vorangegangenen Erörterungen zum Stand der Wissenschaft sind für die vorliegende Arbeit die Ausführungen zur Fehlererkennung und Fehlerbehandlung in Datenbanksystemen naturgemäß von besonderem Interesse.

So haben die Betrachtungen zur Fehlererkennung und Fehlerbehandlung für Inkonsistenzen in Datenbanken gezeigt, daß in existierenden Datenbanksystemen bislang viel zu wenig Wert gelegt wird auf die "online"-Fehlererkennung und -behandlung durch das DBVS. Dabei sind es wesentliche Erfordernisse des DB-Betriebs, daß
- physische Inkonsistenzen vom DBVS erkannt werden, bevor sie zu einer weiteren Ausbreitung des Fehlers in der Datenbank und schließlich zur Übergabe inkorrekter Daten an den Benutzer führen,
- sich zur Erzielung einer hohen Verfügbarkeit des Datenbanksystems die DB-Verarbeitung auch dann fortsetzen läßt, wenn physische Inkonsistenzen auftreten.

Die Diskussion bekannter Vorschläge für fehlertolerante Speicherungsstrukturen gibt Anlaß zu drei Fragestellungen:
1. Wie haben Fehlererkennungsmaßnahmen auszusehen, die sich speziell für die "online"-Fehlererkennung durch das DBVS eignen?
    Es hat sich gezeigt, daß einige Implementierungsvorschläge für fehlertolerante Speicherungsstrukturen entweder für Datenbanksysteme kaum verwendbar sind ("Robust Contiguous List Storage") oder aber unter Zuschnitt auf die "offline"-Fehlererkennung durch Dienstprogramme entstanden sind (CTB-Baum). In anderen Fällen, so z.B. bei den Taylor'schen Listenimplementierungen, bleibt die Frage

zu klären, inwieweit die Verfahren für die "online"-Fehlererkennung durch das DBVS kostengünstig eingesetzt werden können. Als wünschenswert erscheint die Durchführung nur solcher Fehlererkennungsmaßnahmen, die mit sehr geringem E/A-Mehraufwand zur Nutzung und Wartung von Redundanzen auskommen. Wir werden uns in <u>Kap. 4</u> primär mit diesem Thema beschäftigen.

2. Welche "online"-Fehlerbehandlungsmaßnahmen können vom DBVS als Reaktion auf erkannte Konsistenzverletzungen eingesetzt werden?

    Verschiedene Datenbanksysteme (UDS, DB2, ...) setzen zwar die Verarbeitung bei bestimmten E/A-Fehlern auf DB-Dateien fort, führen aber keine Rekonstruktionsmaßnahmen durch. Gerade für jene Fälle ist in <u>Kap. 5</u> zu untersuchen, unter welchen Umständen und mit welchen Mitteln sich dieses noch relativ unbefriedigende Verhalten ändern läßt. Darüber hinaus werden dort Reparaturalgorithmen vorgestellt, die zur Wiederherstellung des konsistenten Zustands bei sonstigen Arten der Inkonsistenz in der Lage sind.

3. Welche Kostenmaße eignen sich zur quantitativen Bewertung der Verarbeitungskosten, die durch die "online"-Fehlererkennung verursacht werden, und wie sind verschiedene Verfahren hinsichtlich dieser Kostenmaße zu beurteilen?

    Die Betrachtung des Taylor'schen Bewertungsschemas für Listenimplementierungen hat dessen mangelnde Tauglichkeit für den DB-Bereich offenbart. In <u>Kap. 6</u> wird deshalb eine Neubewertung der Taylor'schen Vorschläge sowie einiger anderer Verfahren anhand von verbesserten, auf Datenbanksysteme zugeschnittenen Kostenmaßen vorgenommen.

Insgesamt haben die Erörterungen in den vorangegangenen Unterkapiteln die Notwendigkeit für neue, umfassende Verfahren zur "online"-Fehlererkennung und -behandlung durch das DBVS untermauert. Dabei ist es als wesentlich anzusehen, daß nicht nur Vorschläge für Algorithmen auszuarbeiten sind, sondern daß diese zusätzlich bzgl. ihrer Fähigkeiten ("detectability", "correctability") und der mit ihnen verbundenen Kosten bewertet werden müssen.

3. Fehleranalyse und Fehlerklassifikation für physische Inkonsistenzen in Datenbanken

In der Einleitung und in Kap. 2.5.2 wurde ein _Fehlermodell_ vorgestellt, das den allgemein gebräuchlichen, transaktionsorientierten Logging- und Recovery-Maßnahmen in Datenbanksystemen zugrunde liegt. Es umfaßt als _Fehlertypen_ Transaktionsabbrüche, Systemausfälle sowie Platten- und Übertragungsfehler.

Es ist unmittelbar klar, daß sich dieses Fehlermodell als Grundlage der Betrachtung physischer Inkonsistenzen in Datenbanken, die erkannt und behandelt werden sollen, nicht eignet. Vielmehr kommt es in diesem Kontext gerade auf solche Fehler an, die durch die Standard-Fehlerbehandlungsmaßnahmen in Datenbanksystemen nicht oder nur unzureichend erfaßt werden. Transaktionsabbrüche und Systemausfälle spielen für die folgenden Erörterungen deshalb keine Rolle. Platten- und Übertragungsfehler sind hingegen insofern von Interesse, als die übliche R4-Recovery nicht immer die beste Methode zur Wiederherstellung der Konsistenz darstellt, so z.B. dann, wenn nur wenige Blöcke rekonstruiert werden müssen. Wir werden deshalb im folgenden u.a. eine detailliertere Untergliederung der Platten- und Übertragungsfehler vornehmen.

In den sich anschließenden Unterkapiteln werden die Möglichkeiten zur Entstehung physischer Inkonsistenzen auf den verschiedenen Hardware- und Software-Ebenen erörtert. Dabei geht es im einzelnen um die Betrachtung
- der externen Speichermedien (Platten),
- der peripheren Geräte und Verbindungen (Übertragungsstrecke, Kanal, Plattensteuerung, Plattenlaufwerk),
- der Zentraleinheit,
- des Betriebssystems,
- des Datenbank-Verwaltungssystems.
Schließlich werden noch im letzten Unterkapitel mehrere Fehlertypen herausgearbeitet und in Form einer Klassifikation zusammengestellt.

3.1 Fehler bzgl. der externen Speichermedien

Die Zerstörung einer Magnetplatte, auf der Teile der Datenbank gespeichert sind, wird als _Plattenfehler_ bezeichnet. Hierbei liegt – wie schon in Kap. 2.5.2 erwähnt – die Annahme zugrunde, daß der Platteninhalt völlig unbrauchbar ist, also keine, auch nur teilweise Wiedergewinnung der auf der defekten Platte ursprünglich gespeicherten Daten mehr möglich ist.

Eine weitere Unterscheidung zwischen physischen und logischen Plattenfehlern bietet sich an. Ein _physischer Plattenfehler_ bedeutet die physische Zerstörung der Platte, beispielsweise aufgrund eines "head crash" oder einer manuellen Beschädigung bei der Handhabung durch den Operateur. Im Gegensatz dazu wird unter einem logischen Plattenfehler der vollständige Verlust der auf einer Platte gespeicherten Daten verstanden, wobei jedoch die Platte selbst benutzbar bleibt. Als mögliche Fehlerursachen hierfür sind zu nennen:

- Bedienungsfehler bei der physischen Sicherung des Platteninhalts (Kopieren in die verkehrte Richtung),
- irreparable Zerstörungen im Platteninhaltsverzeichnis (VTOC), wodurch kein Zugriff zu den gespeicherten Daten mehr erfolgen kann.

Plattenfehler sind abzugrenzen von den sog. Spurfehlern. Bei einem Spurfehler handelt es sich um die Zerstörung eines Teilbereichs der Platte, also beispielsweise eines Slots, einer Spur oder eines Zylinders. Für den betroffenen Bereich ist weder das Schreiben noch das Lesen von Blöcken möglich. Der Begriff Spurfehler wurde deshalb gewählt, weil Betriebssysteme oftmals auch bei nur einem einzelnen zerstörten Slot gleich die ganze Spur als defekt markieren und dadurch weitere Zugriffe zu ihr verhindern. Spurfehler können infolge von Schmutzablagerungen (Staubkörnchen) oder Kratzern auf Plattenoberflächen auftreten.

Als Charakteristikum sowohl für Platten- als auch für Spurfehler ist festzuhalten, daß auf dem defekten Bereich (Platte, Zylinder, Spur oder Slot) weder Lese- noch Schreiboperationen durchführbar sind.

3.2 Fehler bzgl. der peripheren Geräte und Verbindungen

Zu den peripheren Geräten und Verbindungen zählen wir Kanäle, Übertragungsstrecken, Plattensteuerungen und Plattenlaufwerke. Bei der Durchführung von E/A-Operationen können dort verschiedene Arten von Fehlern auftreten, die in /Reu81/ unter dem Begriff Kanalfehler zusammengefaßt werden.

Infolge einer temporären Störung in der Plattensteuerung oder im Kanal kann ein unvollständiges oder inhaltlich fehlerhaftes Schreiben von Datenblöcken stattfinden. Beim Schreiben von Blöcken auf einer Spur kann es zudem passieren, daß Bits auf den benachbarten Spuren ihren Wert ändern, also "umkippen".

Neben diesen Möglichkeiten zur Verfälschung von Blockinhalten, gibt es noch den Fall der inkorrekten Adressierung bei der Ausführung von Schreiboperationen, d.h., ein Datenblock wird auf einen falschen Slot geschrieben und überschreibt dort einen anderen, gültigen Blockinhalt. Denkbar sind schließlich auch noch Verfälschungen von Datenblöcken sowie Blocknummern bei der Datenübertragung von der Zentraleinheit über den Kanal zur Platte. Ein Datenblock kann daraufhin mit einem fehlerhaften Inhalt oder an die falsche Plattenadresse geschrieben werden. Die genannten Probleme der Daten- und Adreßverfälschung (mit Ausnahme des "Umkippens" von Bits), die bislang ausschließlich mit Schreiboperationen in Verbindung gebracht wurden, können ebenso im Verlauf von Leseoperationen auftreten.

Falls fehlerhafte Daten geschrieben werden und daraufhin das Lesen eines Blocks scheitert, ist ein nachfolgendes Schreiben mit derselben Blocknummer stets möglich. Hierin unterscheiden sich Kanalfehler also deutlich von Platten- und Spurfehlern, die sowohl Schreib- als auch Leseoperationen verhindern.

3.3 Fehler im Zusammenhang mit der Zentraleinheit

Die naheliegendste Fehlermöglichkeit betrifft den abrupten Ausfall der Zentraleinheit infolge eines Stromausfalls oder Hardware-Defekts. Da in diesen Fällen aber auch für das DBVS ein Systemausfall auftritt, sind die üblichen Wiederanlaufverfahren für die Wiederherstellung eines logisch und physisch konsistenten Zustands der Datenbank verantwortlich.

Von größerem Interesse für die "online"-Fehlererkennung und -behandlung in Datenbanken sind hingegen Datenverfälschungen im Hauptspeicher, die durch "umgekippte" Bits oder Fehler bei der Ausführung von Maschineninstruktionen entstehen können.

3.4 Fehler infolge eines Betriebssystemfehlverhaltens

Hier bietet sich eine Unterscheidung an zwischen Fehlern, welche die Ausführung von Betriebssystemfunktionen im Auftrag des DBVS betreffen, und Fehlern, die unabhängig von dieser auftragsbezogenen Arbeit auftreten.

Fehler der erstgenannten Art kann es vor allem im Datenverwaltungssystem (DVS) geben, das dem DBVS, wie auch anderen Anwendungsprogrammen, eine blockorientierte Dateischnittstelle bereitstellt (vgl. Schichtenmodell in Bild 4). Grundsätzlich liegen hier ähnliche Fehlermöglichkeiten vor wie jene, die in Kap. 3.2 für die peripheren Geräte diskutiert wurden. So können bei der Umsetzung der LIES-/SCHREI-BE-Aufrufe an der Dateischnittstelle in die Kanalprogramme an der Geräteschnittstelle falsche Adressen berechnet werden. Weiterhin ist eine Verfälschung von Blockinhalten bei der Übertragung vom E/A-Puffer des Betriebssystems in den Systempuffer des Datenbanksystems (und umgekehrt) möglich. Aufgrund von DVS-Fehlern kann es außerdem zu Inkonsistenzen in den auf der Ebene der Speicherzuordnungsstrukturen benutzten Tabellen (VTOCs, Extent-Tabellen, Systemkatalog) kommen. Die Wahrscheinlichkeit für das Auftreten von Programmfehlern im DVS dürfte jedoch sehr gering sein. Die Operationen der Basis-Zugriffsmethode des DVS für die blockorientierte Ein-/Ausgabe (z.B. PAM im BS2000 /Sie83/, BDAM im OS/VS /IBM75/) werden extrem häufig benutzt, so daß ein plötzliches Auftreten latenter Fehler als unwahrscheinlich anzusehen ist.

Datenbank-Verwaltungssysteme nutzen meist nicht nur die DVS-Schnittstelle, sondern machen darüber hinaus noch von weiteren Dienstleistungen des Betriebssystems Gebrauch. Um welche Funktfonen es sich dabei handelt, ist abhängig von der jeweiligen DBVS-Implementierung und speziell von ihrer Betriebssystemeinbettung. Als wichtige Betriebssystemfunktionen, die von vielen Datenbank-Verwaltungssystemen genutzt werden, sind die Mittel der Prozeßkommunikation, Speicherverwaltung und Prozeßsynchronisation zu nennen. Prinzipiell können Programmfehler in den jeweils zuständigen Betriebssystemkomponenten zu beliebigen Fehlern bei der DB-Verarbeitung führen. Man stelle sich etwa den Fall vor, daß das Betriebssystem einen Seitenrahmen des Systempuffers versehentlich nicht reserviert und statt dessen mit irgendwelchen anderen Daten belegt, während das DBVS diesen Rahmen gleichzeitig für Datenbankseiten benutzt. Erfahrungen aus dem DB-Einsatz haben jedoch gezeigt, daß derart esoterische Formen des Betriebssystemfehlverhaltens so gut wie nie auftreten.

Nach diesen Erörterungen zu Fehlern, die in direktem Zusammenhang mit der Funktionsausführung des Betriebssystems im Auftrag des DBVS stehen, sollen sich nun noch einige Anmerkungen auf ein davon unabhängiges Betriebssystemfehlverhalten beziehen. Infolge von Adressierungsfehlern in Maschineninstruktionen, die vom Betriebssystem ausgeführt werden, können Inkonsistenzen in den Systempuffer des DBVS und schließlich auch in die Datenbank auf der Platte eingebracht werden. In /TMB80a, S. 586/ wird hier auch von "wild stores by incorrect programs" gesprochen. Falls Fehler in den Schutzmechanismen des Betriebssystems es einem Benutzer ermöglichen, sich zu privilegieren, kann er jegliche Formen der Einflußnahme auf den DB-Betrieb und damit auch auf die vom DBVS verwalteten Daten im Systempuffer und auf der Platte ausüben. Dies kann auch Modifikationen im DBVS-Code selbst beinhalten.

Diese Zusammenstellung der Möglichkeiten zur Entstehung von Inkonsistenzen in einer Datenbank aufgrund von Betriebssystemfehlern ließe sich noch lange fortsetzen. Schon die obigen Erörterungen haben jedoch gezeigt, daß Betriebssystemfehler beliebige Verletzungen der physischen Integrität einer Datenbank verursachen können.

3.5 Fehler infolge eines DBVS-Fehlverhaltens

Inkonsistenzen in Datenbanken, die das DBVS selbst verursacht, unterscheiden sich oftmals von Inkonsistenzen, die beispielsweise durch "wild stores" im Betriebssystem oder durch "Umkippen" von Bits auf der Platte hervorgerufen werden. So machen sich im DBVS vorhandene Programmfehler meist nur bei der Bearbeitung bestimmter Speicherungsstrukturen (Bäume, Hashtabellen etc.) bemerkbar. Die Häufigkeit von Inkonsistenzen, die das DBVS in Datenbankseiten einbringt, hängt damit auch wesentlich vom Seitentyp ab. All dies gilt für Fehler auf den Ebenen unterhalb des DBVS nicht, da dort Blöcke auf der Platte resp. Seiten im Hauptspeicher als "black box" angesehen werden.

Das DBVS kennt die Semantik der Seiteninhalte und führt dort Änderungen durch. Falls die Änderungsalgorithmen Fehler enthalten, was aufgrund der Größe und Komplexität des DBVS nie ganz zu vermeiden ist, werden Inkonsistenzen in der Datenbank meist mit einer bestimmten Systematik erzeugt. Detaillierte Betrachtungen zu den möglichen Inkonsistenzen in DB-Seiten (allgemein), Freispeicherangaben, Listen, Bäumen, Hashtabellen etc. sind nur im Rahmen einer genauen Analyse der jeweiligen Speicherungsstrukturen möglich. Wir werden diese speziellen Erörterungen zu den Fehlerausprägungen deshalb erst in Kap. 4 präsentieren, wo auch die verschiedenen Speicherungsstrukturen erläutert werden. Im folgenden wird etwas allgemeiner auf die Entstehung von Inkonsistenzen durch Fehler in den DBVS-Subsystemen eingegangen.

Auch im DBVS sind "wild stores" eine mögliche Quelle von Inkonsistenzen in den Speicherungsstrukturen. Da sie in sämtlichen Komponenten und Ebenen des DBVS gleichermaßen auftreten können und sich in ihren Auswirkungen nicht von "wild stores" durch das Betriebssystem unterscheiden, sind hierzu keine weiteren Anmerkungen erforderlich.

In /Kü83c/ findet sich eine detaillierte Auflistung und Klassifikation von Fehlern, die im Zusammenhang mit dem <u>Pufferverwalter</u> des DBVS auftreten können. Zusammenfassend wird dort die Hypothese aufgestellt, daß mit Programmfehlern im Pufferverwalter, die eine Konsistenzgefährdung für die Datenbank darstellen, vor allem in zwei Fällen zu rechnen ist: Zum einen bei der Verwendung komplexer Verfahren zur Seitenadressierung unter Einbeziehung zahlreicher Hilfsstrukturen (Seitentabellen, Bit-Vektoren etc.), und zum anderen beim Einsatz "trickreicher" Pufferersetzungsstrategien sowie Schreibdisziplinen mit diversen Restriktionen in bezug auf das Schreiben von Blöcken verschiedener Typen.

Auf der oberhalb der Systempufferverwaltung befindlichen DBVS-Ebene sind die Subsysteme Record-Manager, Zugriffspfadverwaltung, Sperrverwaltung und Log-/Recovery-Komponente angesiedelt. Hinsichtlich der Auswirkungen von Programmfehlern in diesen Komponenten auf die Konsistenz der Datenbank ist zwischen den beiden erstgenannten und den beiden letztgenannten Subsystemen zu unterscheiden: Während der Record-Manager und die Zugriffspfadverwaltung Änderungen der Seiteninhalte im Systempuffer durchführen und dabei sehr leicht Inkonsistenzen verursachen können, trifft dies auf die Sperrverwaltung überhaupt nicht und auf die Log-/Recovery-Komponente nur bedingt zu (bei der Fehlerbehandlung im Fall physischer Eintragsprotokollierung /Reu81/ werden allerdings Einträge in DB-Seiten durch die Protokolldaten überschrieben).

Fehler in der <u>Log-/Recovery-Komponente</u> können dazu führen, daß das Schreiben von Log-Daten bei Änderungen unterbleibt, so daß sich im Fehlerfall (Transaktionsabbruch, Systemausfall, Platten-/Übertragungsfehler) der konsistente Zustand nicht oder nur unvollständig wiederherstellen läßt. Ebenso kann es sein, daß die Log-Daten zwar richtig geschrieben werden, daß aber bei der Behandlung der genannten Fehlerfälle unvollständige oder anderweitig inkorrekte Wiederherstellungsmaßnahmen erfolgen.

Aufgrund von Fehlern in der <u>Sperrverwaltung</u> kann das Setzen von Sperren unterbleiben, der falsche Sperrmodus gewählt werden oder eine Sperre zu früh freigegeben werden. Bei Operationsausführungen auf den Speicherungsstrukturen wird dadurch ein physisch inkonsistenter Zustand der Datenbank sichtbar, was die verschiedensten Folgefehler bewirken kann.

In /Kü83c/ wird im Rahmen einer Klassifikation, welche die dem <u>Record-Manager</u> und der <u>Zugriffspfadverwaltung</u> zuzuschreibenden Fehlermöglichkeiten umfaßt, nach dem Typ der von Inkonsistenzen betroffenen Daten unterschieden:

- Inkonsistenzen im Freispeicherverzeichnis (FPA):

  Zur Belegung freien Platzes sowie zur Freigabe nicht mehr benötigten Platzes sind Änderungen in der FPA erforderlich. Falls diese aufgrund eines Programmfehlers im DBVS unterbleiben oder inkorrekt durchgeführt werden, kann dies u.U. zur Überschreibung vorhandener Daten führen.

- Inkonsistenzen in den Umsetztabellen (DBTTs) zwischen logischen DB-Keys (Satznummern) und physischen DB-Keys (Seitennummern):

  Hier ist zwischen drei Fehlermöglichkeiten zu unterscheiden:

  • Die DBTT enthält für einen vorhandenen Satz den Vermerk, daß er nicht existiert (z.B. "high value" als Wert im physischen DB-Key).

  • Für einen nicht (mehr) vorhandenen Satz existiert ein physischer DB-Key in der DBTT.

  • Der physische DB-Key eines Satzes ist inkorrekt.

  Diese Inkonsistenzen können alle aufgrund von Fehlern im Record-Manager entstehen.

- Inkonsistenzen in Datenseiten:

  Datenseiten enthalten Datensätze und zugehörige Hilfsstrukturen (lokale Freiplatzbeschreibung, seiteninterne Umsetztabelle etc.). In den Hilfsstrukturen auftretende Inkorrektheiten können die Überschreibung vorhandener Datensätze bei der Einfügung neuer Sätze sowie Fehler bei der Satzadressierung bewirken. Auch hierfür sind meist Programmfehler im Record-Manager verantwortlich.

- Inkonsistenzen in Zugriffspfadseiten:

  Zugriffspfadseiten enthalten Baumknoten und Buckets von Hashtabellen. Ihr Inhalt besteht aus Schlüssel-Verweis-Paaren, wobei sowohl in den Schlüsseln als auch in den Verweisen inkorrekte Werte vorkommen können. Darüber hinaus werden die

Schlüssel-Verweis-Paare in einer Seite meist in Form einer sortierten Liste gespeichert, wodurch Fehler bzgl. der Sortierordnung und der Listenlänge möglich sind.

Auch die DBVS-Komponenten oberhalb der Ebene der Speicherungsstrukturen können durch Programmfehler physische Inkonsistenzen in Datenbanken verursachen. Da sie jedoch nicht direkt auf den Inhalt von DB-Seiten zugreifen, sondern hierzu die Dienste des Record-Managers und der Zugriffspfadverwaltung in Anspruch nehmen, ist dies allenfalls durch zufällige Einflußnahme über "wild stores" möglich. Die Wahrscheinlichkeit hierfür ist als gering einzustufen.

Insgesamt ist festzuhalten, daß vor allem die DBVS-Subsysteme Record-Manager und Zugriffspfadverwaltung als Verursacher von Verletzungen der physischen Integrität einer Datenbank in Frage kommen.

3.6 Typenbildung und Klassifikation

Nach den vorangegangenen Erörterungen der Möglichkeiten zur Entstehung physischer Inkonsistenzen in Datenbanken, sollen <u>Fehlertypen</u> herausgearbeitet und in ein <u>Klassifikationsschema</u> eingeordnet werden. <u>Bild 14</u> zeigt die sich ergebende

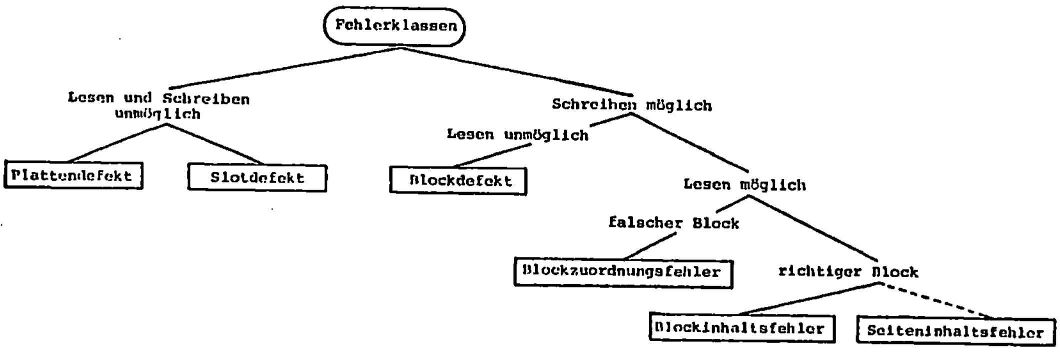

<u>Bild 14</u>: Fehlerklassifikation für Verletzungen der physischen Integrität einer Datenbank

Klassifikation, deren Inhalt im folgenden erläutert wird.

Ein <u>Plattendefekt</u> bedeutet die irreparable Zerstörung sämtlicher Daten auf einer Platte. Wir waren darauf schon in Kap. 3.1 eingegangen und hatten dort von Plattenfehlern gesprochen, da dieser Begriff an anderer Stelle bereits eingeführt wurde /Reu81/. Der Begriff Plattenfehler deutet jedoch nicht so sehr auf den vollständigen Ausfall einer Platte hin, wie das beim Begriff Plattendefekt der Fall ist. Wir werden deshalb im folgenden auch unter ähnlich gelagerten Umständen den Begriff Defekt anstelle von Fehler verwenden.

<u>Slotdefekte</u> liegen dann vor, wenn nur ein bestimmter Teil der Platte (z.B. ein Slot oder eine Spur) nicht mehr zugreifbar ist. Platten- und Slotdefekten ist gemeinsam, daß weder das Schreiben noch das Lesen für den defekten Bereich möglich ist. Auf die Ursachen von Platten- und Slotdefekten wurde bereits in Kap. 3.1 hingewiesen.

"Umgekippte" Bits und versehentlich überschriebene Blöcke werden dem DBVS oftmals bereits an der Dateischnittstelle mitgeteilt. In diesen Fällen wird bei einer Leseoperation ein <u>Blockdefekt</u> gemeldet, sofern "umgekippte" Bits nicht bereits in der Plattensteuerung korrigiert werden können. Ein nachfolgendes Schreiben mit derselben Blocknummer ist jedoch möglich, da der zugehörige Slot auf der Platte nicht defekt ist. Darin unterscheidet sich ein Blockdefekt von einem Slotdefekt, der auch Schreiboperationen scheitern läßt.

Ein <u>Blockzuordnungsfehler</u> soll bedeuten, daß der Block i von einem anderen Block j auf der Platte überschrieben wird und dies beim nachfolgenden Lesen mit der Blocknummer i unterhalb des DBVS nicht erkannt wird. Dem DBVS wird daraufhin als Ergebnis der Operation "LIES Block i" versehentlich der Block j übergeben.

Falls sich der Inhalt eines Blocks zwischen einer Schreib- und der nachfolgenden Leseoperation anderweitig verändert hat (d.h. nicht durch Überschreiben) und dem DBVS deshalb ein inkorrekter Blockinhalt beim LIES-Aufruf übergeben wird, dann bezeichnen wir dies als <u>Blockinhaltsfehler</u>.

<u>Seiteninhaltsfehler</u> stehen in keinem unmittelbaren Zusammenhang mit der Durchführung von E/A-Operationen. Dies soll auch durch die gestrichelt gezeichnete Linie im Klassifikationsbaum aus Bild 14 ausgedrückt werden. Seiteninhaltsfehler entstehen durch unzulässige oder fehlerhafte Modifikationen in den Datenbankseiten im Systempuffer des DBVS.

<u>4. Verfahren zur Fehlererkennung</u>

Wir werden zunächst jene Möglichkeiten zur Erkennung physischer Inkonsistenzen in Datenbanken erörtern, die sich der Hardware und dem Betriebssystem bieten (<u>Kap. 4.1</u>). Anschließend werden mehrere Verfahren zur "online"-Fehlererkennung durch das DBVS vorgestellt und bewertet. Dabei wird zwischen Konsistenzprüfungen im Pufferverwalter einerseits und Prüfungen im Record-Manager sowie in der Zugriffspfadverwaltung andererseits unterschieden. Die Prüfungen im Pufferverwalter (<u>Kap. 4.2</u>) sehen eine DB-Seite weitgehend als "black box" an, d.h., der Seiteninhalt wird nicht beachtet, lediglich die Beschreibungsdaten im Seitenkopf werden analysiert. Dies wird durch einige weitere Prüfmaßnahmen im Puffer ergänzt. Bei den Konsistenzprüfungen im Record-Manager und in der Zugriffspfadverwaltung liegt hingegen eine "white-box"-Sicht auf DB-Seiten vor. Dort werden lokale Fehlererkennungsmaßnahmen (<u>Kap. 4.3</u>), die sich jeweils nur auf den Inhalt einer Seite beziehen, und globale Fehlererkennungsmaßnahmen, die sich über mehrere Seiten erstrecken, erörtert. Die besonders wichtigen globalen Maßnahmen werden am Beispiel von Hashtabellen mit "separate chaining" (<u>Kap. 4.4</u>) und B*-Bäumen (<u>Kap. 4.5</u>) diskutiert.

<u>4.1 Fehlererkennung durch die Hardware und das Betriebssystem</u>

Aus Sicht des DBVS erscheint es als wünschenswert, daß möglichst viele Verletzungen der physischen Integrität einer Datenbank bereits von den Ein-/Ausgabegeräten und vom Betriebssystem erkannt werden. Die Fehlererkennung kann nur während der Ausführung von Operationen erfolgen, die an der Dateischnittstelle vom DBVS an das Betriebssystem in Auftrag gegeben werden. Hierbei handelt es sich um die in Kap. 2.4.1 eingeführten DVS-Aufrufe ÖFFNE, SCHLIESSE, LIES und SCHREIBE.

<u>Plattendefekte</u>, die auf einer physischen Zerstörung der Platte beruhen, werden bei allen genannten DVS-Aufrufen schon von der Plattensteuerung erkannt. Falls die Ursache des Plattendefekts in einer Zerstörung von VTOCs oder Extent-Tabellen liegt, erfolgt die Fehlererkennung durch das DVS des Betriebssystems. In beiden Fällen wird der aktuelle Funktionsaufruf des DBVS an der Dateischnittstelle mit einer Fehlermeldung beendet.

<u>Slotdefekte</u> machen sich wie die physische Zerstörung der ganzen Platte bemerkbar, d.h., die Fehlererkennung findet bereits in der Plattensteuerung statt. Sowohl Lese- als auch Schreiboperationen führen zu einer Fehlermeldung an das DBVS, wenn sie sich auf einen defekten Slot beziehen.

<u>Blockdefekte</u> werden ebenfalls von der Plattensteuerung erkannt und weitergemeldet. Die Fehlererkennung wird durch auf der Platte redundant gespeicherte Prüfdaten ermöglicht. Hier ist die <u>Verwendung der Blockprüfinformation</u> zu nennen, die beim

Schreiben aus dem Blockinhalt berechnet und beim Block auf der Platte abgelegt wird. Bei jedem Lesen wird in der Plattensteuerung die Technik des "cyclic redundancy checking" angewandt, um "umgekippte" Bits im gelesenen Block zu erkennen (vgl. Kap. 2.5.1). Die Blockprüfinformation, die z.B. beim Plattenspeicher Siemens 3465 56 Bytes je Block umfaßt /Sie75/, erlaubt in beschränktem Maße auch die automatische Fehlerkorrektur. Diese kann zumindest dann erfolgen, wenn nur 1 Bit in einem Block "umgekippt" ist. Falls die Fehlerkorrektur erfolgreich verläuft, ist der Fehler für das Betriebssystem und das DBVS unsichtbar. Andernfalls wird das Scheitern des LIES-Aufrufs dem DBVS über das DVS mitgeteilt.

Als Blockdefekt wird dem DBVS auch der Fehler übermittelt, daß beim Lesen mit der Blocknummer i ein Block mit der Nummer j in dem adressierten Slot auf der Platte angetroffen wurde. Wie die Blockprüfinfor.nation, so wird nämlich auch die Blocknummer im Zuge des Schreibens beim Block auf der Platte abgelegt. Sie stellt redundante Information dar, da der Zugriff zu einem Slot, in dem sich ein zu lesender Block befindet, rein über den VTOC und die Extent-Tabelle der Datei erfolgt, also keine Suche über die Blocknummer erfordert. Bei einem LIES-Aufruf mit der Blocknummer i adressiert die Plattensteuerung zunächst den zugehörigen Slot und überprüft dann, ob die beim Block befindliche Nummer mit dem Wert i übereinstimmt. Wenn dies nicht zutrifft, wird der Block gar nicht erst an das Betriebssystem übergeben. Diese Art der Prüfung zielt auf (temporäre) Fehler im Kanal und in der Plattensteuerung ab, die das Schreiben eines Blocks an die falsche Plattenadresse auslösen können. Der Fehlerfall, daß im Pufferverwalter des DBVS beim SCHREIBE-Aufruf eine falsche Blocknummer angegeben wird oder die Blocknummer im DVS verfälscht wird, bevor sie an der Geräteschnittstelle an den Kanal übergeben wird, ist dadurch nicht zu erkennen. Hier handelt es sich vielmehr um Blockzuordnungsfehler, die vom DBVS selbst erkannt werden müssen. Darauf wird im folgenden Kapitel näher eingegangen.

4.2 Fehlererkennung im Pufferverwalter des DBVS

Zur möglichst einfachen Lokalisierung eines Fehlers und zur Eingrenzung seiner Auswirkungen mit dem Ziel einer weitgehend isolierten Fehlerbehandlung ist es wichtig, daß Inkonsistenzen in einer Datenbank so früh wie möglich beim Ablauf einer DB-Operation erkannt werden. Wenn man das DBVS von der internen Satzschnittstelle abwärts betrachtet (siehe Bild 4), dann geschieht der Zugriff zu einem Datensatz über die Aufruffolge FINDE Satz, BEREITSTELLEN Seite und LIES Block (falls die Seite nicht im Puffer ist). Anschließend wird zunächst der Block an der Dateischnittstelle übergeben, dann die Seite an der Systempufferschnittstelle und schließlich der Satz an der internen Satzschnittstelle. Wenn möglich, sollte eine Inkonsistenz in einem Block schon direkt nach Ausführung der LIES-Operation erkannt werden und z.B. nicht erst bei der Analyse des Satzes durch den

Record-Manager. Da der Systempufferverwalter die unterste DBVS-Ebene bildet, ist es also sinnvoll, dort bereits Fehlererkennungsmaßnahmen vorzusehen.

Für die Prüfungsdurchführung in der Systempufferverwaltung gelten jedoch gewisse Einschränkungen:

- Zur Wahrung einer klaren Struktur im DBVS mit deutlicher Trennung der Aufgabenbereiche auf den verschiedenen Ebenen ist es abzulehnen, daß ein großer Teil der Kenntnisse über die Speicherungsstrukturen, die im Record-Manager und in der Zugriffspfadverwaltung vorhanden sind, auch auf der nächsttieferen Ebene bekannt gemacht wird. Vor allem wären dann Änderungen der Speicherungsstrukturen nicht mehr lokal durchführbar, sondern hätten weiter reichende Auswirkungen. Deshalb ist von einer detaillierten Konsistenzprüfung der Seiteninhalte im Pufferverwalter abzusehen.
- Auch aus Gründen der Laufzeiteffizienz ist es nicht zu verantworten, daß eine Analyse von Seiteninhalten praktisch zweimal ausgeführt wird, nämlich zunächst im Pufferverwalter (nur zur Konsistenzprüfung) und dann nochmals im Record-Manager oder in der Zugriffspfadverwaltung (zur eigentlichen Verarbeitung des Seiteninhalts).

Wir gehen im folgenden zunächst auf Konsistenzprüfungen ein, die überhaupt keinen Zugriff zu Seiteninhalten erfordern. Anschließend werden verschiedene Redundanzen und Prüfmöglichkeiten für Seiten aufgezeigt, wobei auf die Beachtung der genannten Restriktionen bzgl. der Prüfobjekte und der Prüfungsdurchführung Wert gelegt wird.

4.2.1 Verwendung von Schutzzonen zwischen Seiten im Puffer

Ein relativ häufiger Fehler bei der Verarbeitung von Seiteninhalten durch das DBVS liegt darin, daß beim Einfügen eines neuen Satzes in eine Seite die _Seitengrenzen_ mißachtet werden. Der neue Satz überschreibt dann unbemerkt Teile einer im Puffer angrenzenden Seite. Dies kann ebenso bei der Hinzufügung von Einträgen zu Tabellen geschehen. Der einfacheren Darstellung wegen wird jedoch im folgenden immer nur von Sätzen die Rede sein.

Man könnte argumentieren, daß sich Überschreibungen durch geeignete Abfragen in jenen Moduln des DBVS, die Einfügungen in Seiten vornehmen, vermeiden ließen. In existierenden Datenbank-Verwaltungssystemen, die aus mehreren hunderttausend Programmzeilen bestehen, hat sich jedoch gezeigt, daß eine vollständige Berücksichtigung aller Möglichkeiten zur Fehlerentstehung undurchführbar ist. Deshalb müssen Verfahren zur Fehlervermeidung stets durch Fehlererkennungsmaßnahmen ergänzt werden.

Wir schlagen hier die Einführung von _Schutzzonen_ im Systempuffer vor. Das Prinzip ist in _Bild 15_ dargestellt. Zwischen je zwei Seiten im Puffer befindet sich eine

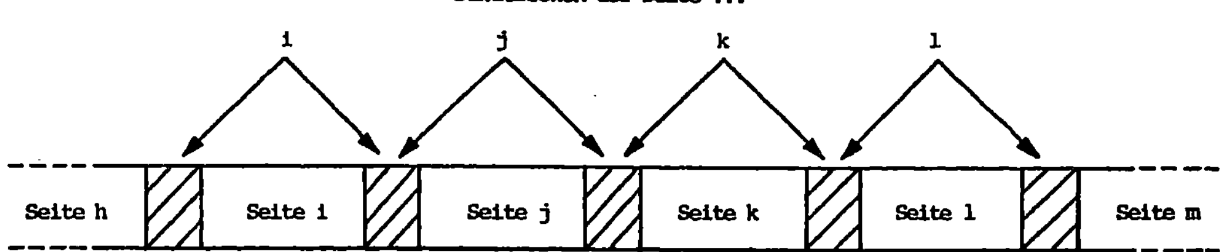

Bild 15: Schutzzonen im Systempuffer des DBVS

Schutzzone. Die Schutzzonen einer Seite grenzen vorne und hinten an sie an. Somit gehört eine Schutzzone zu jeweils zwei Seiten. Das Überschreiben einer Seitengrenze soll daran erkannt werden, daß die dort befindliche Schutzzone ebenfalls modifiziert wird. Hier stellen sich sofort die Fragen, wieviel Speicherplatz eine Schutzzone belegt, welches Bit-Muster ihr zuzuordnen ist und wann die Schutzzonen auf ihre Unversehrtheit überprüft werden.

Wenn die Schutzzonen jeweils 4 Bytes lang sind, dann beträgt die Wahrscheinlichkeit 2^{-32}, daß ein <u>Überschreiben der Seitengrenze</u>, das eine Integritätsverletzung in der im Puffer benachbarten Seite verursacht, nicht zu erkennen ist. Dem liegt die Annahme zugrunde, daß mit einem beliebigen Bit-Muster überschrieben wird. Welches Bit-Muster man für die Schutzzonen benutzt, spielt (fast) keine Rolle. Falls aber beispielsweise leere Attributwerte in Datensätzen binäre Nullen resp. Leerzeichen enthalten, so sollten zumindest diese Werte in dem für die Schutzzonen gewählten Bit-Muster nicht auftreten.

Bild 16 zeigt die Zeitpunkte für Konsistenzprüfungen mit Hilfe der Schutzzonen. Dargestellt ist eine Sequenz von BEREITSTELLEN- und FREIGEBEN-Aufrufen an den Pufferverwalter, die sich alle auf dieselbe Seite i beziehen. Beim ersten BEREITSTELLEN-Aufruf ist gleichzeitig ein Lesen von der Platte erforderlich, und nach dem letzten FREIGEBEN-Aufruf wird die als verändert angenommene Seite wieder aus dem Puffer verdrängt. Direkt nach dem Lesen des Blocks von der Platte, also zum Zeitpunkt t1, ist keine Prüfung der Schutzzonen der Seite erforderlich, da noch kein Überschreiben ihrer Seitengrenzen stattgefunden haben kann. Insgesamt gibt es drei Anlässe zur Prüfung der Schutzzonen:

- bei jedem FREIGEBEN-Aufruf, sofern während der vorangegangenen Fix-Phase in der Seite geändert wurde (Zeitpunkt t4):

  Hier prüft der Pufferverwalter die Unversehrtheit der beiden Schutzzonen der Seite, um festzustellen, ob bei den in ihr durchgeführten Änderungen die Seitengrenzen von innen überschrieben wurden.
- bei jedem BEREITSTELLEN-Aufruf, sofern dieser nicht direkt mit einer Leseoperation verbunden ist (Zeitpunkt t3):

  Hier kommt es bei den Prüfungen darauf an, festzustellen, ob während der

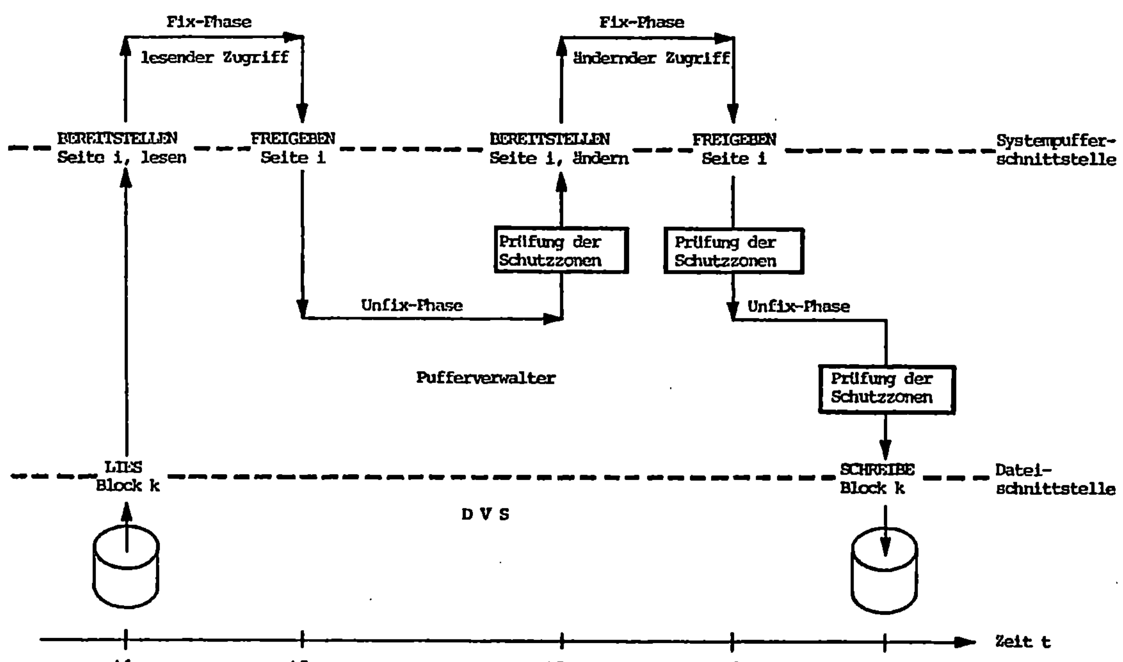

Bild 16: Anlässe zur Prüfung der Unversehrtheit von Schutzzonen

vorangegangenen Unfix-Phase der Seite i bei Änderungen in den im Puffer benachbarten Seiten Überschreibungen der Seitengrenzen von i von außen aufgetreten sind.

- direkt vor dem Verdrängen der veränderten Seite aus dem Puffer (Zeitpunkt t5): Durch diese Prüfung soll verhindert werden, daß eine Seite, deren Grenzen von außen überschrieben wurden, in die Datenbank auf der Platte eingebracht wird.

Zum Zeitpunkt t2 werden die Schutzzonen nicht geprüft, da der FREIGEBEN-Aufruf eine Fix-Phase der Seite abschließt, in der auf sie nur lesend zugegriffen wurde. Im Zeitintervall [t1,t2] kann zwar ein Überschreiben der Schutzzonen der Seite i von außen stattgefunden haben, aber dieses wird beim nächsten BEREITSTELLEN-Aufruf zum Zeitpunkt t3 ohnehin erkannt.

Es bleibt noch die Frage zu klären, warum die Prüfungen nicht auf den Zeitpunkt vor dem Verdrängen der veränderten Seite aus dem Puffer (t5) beschränkt werden. Allein dadurch wäre schon zu verhindern, daß Seiten, deren Grenzen überschrieben wurden, in die Datenbank auf der Platte eingebracht werden. Hierzu ist jedoch zu bedenken, daß in einigen Datenbanksystemen nach der "¬FORCE"-Strategie verfahren wird, d.h., von einer Transaktion veränderte Seiten werden nicht zwangsläufig bei EOT verdrängt. Falls die Schutzzonen nur unmittelbar vor SCHREIBE-Aufrufen geprüft würden, könnte eine Transaktion dann erfolgreich mit EOT terminieren, obwohl bei den von ihr berührten Seiten Überschreibungen der Seitengrenzen vorliegen. Da die Transaktion u.U. inkonsistente Daten gelesen oder geändert hat, sollte ein erfolgreicher Abschluß mit EOT verhindert werden. Dies wird durch Prüfung der Schutzzonen schon während der Transaktionsausführung erreicht.

Zur Kontrolle der Unversehrtheit der beiden Schutzzonen werden nur wenige Maschineninstruktionen benötigt. Im wesentlichen handelt es sich um zwei Vergleichsbefehle. Sie vergleichen die Werte in den 4 Bytes langen Schutzzonen mit dem vorgegebenen Bit-Muster. In Abhängigkeit vom Ergebnis der Prüfungen wird entweder zur Fehlerbehandlung verzweigt oder die DB-Verarbeitung fortgesetzt.

4.2.2 Schutz von Seiten gegen unbeabsichtigtes Modifizieren

Die Verwendung von Schutzzonen im Systempuffer taugt nicht zur Erkennung von Inkonsistenzen, die über "wild stores" in einer Seite entstanden sind, da hiervon die Seitengrenzen gar nicht betroffen sind. Es erscheint als naheliegend, zumindest jene Seiten, die sich jeweils in der Unfix-Phase befinden, in irgendeiner Form gegen unbeabsichtigtes Modifizieren zu schützen bzw. dafür zu sorgen, daß zumindest im nachhinein zu erkennen ist, daß eine Modifikation stattgefunden hat. Auch Seiten, die sich zwar in der Fix-Phase befinden, auf die aber nur lesend zugegriffen werden darf, sollten in die Sicherungsmaßnahmen einbezogen werden. Im folgenden werden zwei Möglichkeiten zur Realisierung dieses Gedankens diskutiert.

Viele Betriebssysteme bieten an ihrer externen Schnittstelle eine Funktion in Form eines "supervisor_call" (SVC) an, die es ermöglicht, eine Seite im (virtuellen) Speicher für "read_only" zu erklären und so gegen Modifikationen zu schützen. Der Pufferverwalter könnte somit die Seiten im Systempuffer grundsätzlich für "read only" erklären und bei jedem BEREITSTELLEN-Aufruf, der eine Seite zum Ändern anfordert, die Statusänderung nach "read/write" veranlassen. Beim FREIGEBEN-Aufruf für eine geänderte Seite müßte dann der Status wieder von "read/write" nach "read only" überführt werden. Das Problem hierbei liegt darin, daß zur SVC-Bearbeitung in größeren Betriebssystemen stets mehrere hundert, wenn nicht gar über tausend Maschineninstruktionen erforderlich sind. Da der Pufferverwalter u.U. mehr als hundert Mal pro Sekunde aufgerufen wird, ist leicht auszurechnen, daß eine SVC-Bearbeitung bei (fast) jedem Aufruf einen nicht mehr tolerierbaren CPU-Zeit-Mehraufwand zur Folge hätte. Damit erweist sich die SVC-Verwendung zum Schutz von Seiten im Systempuffer gegen unzulässiges Ändern als ein zwar elegantes, aber nicht praktikables Verfahren.

In Kap. 4.1 wurde auf die Verwendung der Blockprüfinformation zur Erkennung von Verfälschungen in Blöcken auf der Platte eingegangen. In ähnlicher Weise könnte eine <u>Seitenprüfinformation</u> zur Erkennung unzulässigen Änderns von Seiten im Systempuffer benutzt werden. Bei jedem FREIGEBEN-Aufruf für eine Seite, in der zuvor geändert wurde, wird die Seitenprüfinformation als Funktion des Seiteninhalts über ein mathematisches Polynom berechnet und abgespeichert. Zur Prüfung, ob eine Seite unzulässigerweise verändert wurde, wird zu den Zeitpunkten t3 und t5 in Bild 16 die Berechnung der Seitenprüfinformation wiederholt und das Ergebnis mit dem gespeicherten Wert verglichen. Im Fall der Werteungleichheit ist davon auszugehen, daß die betrachtete Seite zuvor verändert wurde.

Wie schon beim Vorschlag der SVC-Verwendung zum Schutz von Seiten vor Veränderungen, so stellt sich auch bei der Nutzung der Seitenprüfinformation die Frage nach den damit verbundenen Kosten. Die Berechnung der Blockprüfinformation in der Plattensteuerung kann durch spezielle Hardware erfolgen, die eine sehr hohe Verarbeitungsgeschwindigkeit garantiert. Falls hingegen der Pufferverwalter die Seitenprüfinformation mit Hilfe des normalen Instruktionssatzes berechnen muß, so ergibt sich hierfür ein großer Zeitaufwand. Bei einer Seitenlänge von 2048 Bytes und Maschineninstruktionen, die den Seiteninhalt in Einheiten von jeweils 4 Bytes verarbeiten, werden allein zum Zugriff auf sämtliche Bytes einer Seite mehr als 500 Maschineninstruktionen benötigt. Hinzu kommen noch die Multiplikationen und Additionen zur eigentlichen Berechnung des mathematischen Polynoms und damit der Seitenprüfinformation. Dieses Verfahren der Polynomberechnung über Software ist also offensichtlich kein gangbarer Weg.

Auf einigen Rechnern, z.B. auf der VAX 11/780 /Sw78/, steht zur Polynomberechnung eine spezielle Maschineninstruktion zur Verfügung. Dadurch läßt sich der Berechnungsaufwand im Vergleich zu einer Software-Lösung u.U. reduzieren, da nur noch ein Maschinenbefehl auszuführen ist. Angaben zur Ausführungszeit dieser Maschineninstruktion auf der VAX liegen uns nicht vor, und spezielle Messungen waren im Rahmen der vorliegenden Arbeit nicht möglich. Zeitmessungen für MVC-Befehle, die ebenfalls sehr lange Operanden verarbeiten können, auf Anlagen der Serien Siemens 7.500 und 7.700 haben jedoch ergeben, daß eine Maschineninstruktion mit Operanden der Länge 2048 Bytes nicht unbedingt sehr viel weniger Zeit benötigt als 512 Instruktionen mit Operanden der Länge 4 Bytes. Darüber, inwieweit sich diese Beobachtung auch auf die Architektur der VAX-Rechner übertragen läßt, kann an dieser Stelle keine Aussage gemacht werden, da hierzu eine genauere Betrachtung von Hardware-Eigenschaften erforderlich wäre. Es ist jedoch davon auszugehen, daß die Polynomberechnung auch bei Hardware-Unterstützung generell recht zeitaufwendig ist. Für die beabsichtigte Verwendung im Pufferverwalter des DBVS kommt deshalb dieser Ansatz kaum in Frage.

4.2.3 Benutzung von Seitenidentifikatoren und -typindikatoren

In den vorangegangenen beiden Kapiteln wurde auf Konsistenzprüfungen durch den Pufferverwalter eingegangen, die keine Redundanzen in den Seiten selbst erfordern. Im folgenden werden hingegen zwei Arten der Prüfung eingeführt, die bestimmte redundante Daten in den Seiten, genauer gesagt im Seitenkopf, voraussetzen.

Als erstes wird die Speicherung eines sog. Seitenidentifikators im Kopf einer jeden DB-Seite vorgeschlagen. Hierunter ist die in der Seite selbst nochmals redundant mitgeführte Seitennummer zu verstehen. Die Seitenidentifikatoren werden zur Ausführung des Zugriffs zu den Seiten nicht benötigt, sondern dienen ausschließlich zur Konsistenzprüfung. Sie sind bereits in einigen existierenden Datenbanksystemen vorhanden, so z.B. in UDS /Sie84a/, EDMS /EDMS74/ und System R /CGY81/. Andere Systeme, zu denen u.a. ADABAS /ADAB/ zählt, verzichten hingegen auf ihre Verwendung.

Bei jedem BEREITSTELLEN-Aufruf an der Systempufferschnittstelle schaut der Pufferverwalter zunächst in seiner Zuordnungstabelle nach, ob sich die angeforderte Seite bereits im Puffer befindet. Wenn das nicht der Fall ist, wird anschließend ein Block durch einen LIES-Aufruf von der Platte in den Puffer übertragen. Danach findet die Konsistenzprüfung mit Hilfe des Seitenidentifikators statt. Dies geschieht unabhängig davon, ob die logische Referenz (BEREITSTELLEN) eine physische Referenz (LIES) verursacht hat oder nicht.

Zur Prüfung vergleicht der Pufferverwalter den Seitenidentifikator der Seite, die an den Aufrufer auf der nächsthöheren Systemebene weitergereicht werden soll, mit der an der Systempufferschnittstelle übergebenen Seitennummer j. Bei Ungleichheit kann ein Blockzuordnungsfehler vorliegen (vgl. Bild 14), der durch das Betriebssystem oder das DBVS verursacht wurde und deshalb in der Plattensteuerung beim Lesen nicht zu erkennen war. Es ist äußerst unwahrscheinlich, daß ein solcher Fehler auch über die Analyse des Seitenidentifikators nicht zu erkennen ist. Der Seitenidentifikator kann aber auch zur Entdeckung anderer Fehlerarten beitragen. Dies wird dadurch ermöglicht, daß er nicht nur direkt nach dem Einlesen des Blocks von der Platte geprüft wird, sondern bei jeder Bearbeitung eines BEREITSTELLEN-Aufrufs.

Der Seitenidentifikator benötigt ca. 4 Bytes Speicherplatz im Seitenkopf. In Datenbanksystemen, deren Seiten bereits einen solchen Identifikator besitzen, untergliedert er sich oftmals in eine Segmentnummer (1 Byte) sowie eine Seitennummer (3 Bytes), für die nur innerhalb des Segments Werteeindeutigkeit besteht. Da die Prüfung des Seitenidentifikators nur eine einfache Abfrage auf Gleichheit zweier Feldinhalte erfordert, ist der damit verbundene CPU-Zeit-Aufwand als vernachlässigbar gering anzusehen.

Als weitere Redundanz schlagen wir die Speicherung von Seitentypindikatoren vor. Wie schon der Seitenidentifikator, so soll auch der Seitentypindikator im Kopf einer jeden DB-Seite enthalten sein. Datenbanksysteme kennen stets mehrere Seitentypen, wobei das Typenspektrum stark von der jeweiligen DBS-Implementierung abhängt. Mögliche Seitentypen sind etwa

- FPA: Teil des Freispeicherverzeichnisses der Datenbank,
- DBTT: Teil einer Umsetztabelle von Satznummern (logischen DB-Keys) in Seiten-
         nummern (physische DB-Keys),
- HASH: Buckets einer Hashtabelle,
- TREE: Knoten eines B- oder B*-Baums,
- DATA: Behälter für Datensätze, die nicht in Seiten der Typen HASH oder TREE
         abgespeichert werden,
- EMPTY: aktuell nicht benutzte DB-Seite (s.u.).

Verweisinkonsistenzen in Datenbanken zeichnen sich oftmals dadurch aus, daß ein Verweis eine Seite referenziert, die schon aufgrund ihres Typs gar nicht Ziel dieses Verweises sein darf. Wenn sich beispielsweise in einem Baum, der ansonsten Seiten des Typs TREE enthält, ein Verweis auf eine Seite mit dem Typindikator HASH bezieht, dann stellt dies einen inkonsistenten Zustand dar. Ebensowenig dürfen in einer konsistenten Datenbank in einer DBTT physische DB-Keys auftreten, die Seiten mit den Typindikatoren FPA, DBTT oder EMPTY adressieren.

Solche Inkonsistenzen lassen sich bereits im Pufferverwalter erkennen, wenn diesem bei jedem BEREITSTELLEN-Aufruf auch noch der Typ der angeforderten Seite mitgeteilt wird. Dies führt zu der folgenden Erweiterung des BEREITSTELLEN-Operators an der Systempufferschnittstelle:
- BEREITSTELLEN Seite j, Modus, Typ

Im neuen Parameter "Typ" dürfen zulässige Typwerte auftreten, wie sie etwa oben genannt wurden. Außerdem ist noch die Angabe des speziellen Werts UNKNOWN erlaubt, der besagt, daß die rufende Komponente den Typ der angeforderten Seite j nicht kennt. Dieser Parameterwert berücksichtigt den Fall, daß ein ganzes DB-Segment sequentiell durchsucht wird, da dann der Typ der jeweils angeforderten Seite im voraus nicht bekannt ist.

Beim BEREITSTELLEN-Aufruf wird also der Typ der angeforderten Seite j dem Pufferverwalter mitgeteilt (wenn vom Auftreten der Typspezifikation UNKNOWN abgesehen wird). Dieser führt dann zunächst die Seitenadressierung durch und prüft auch die Übereinstimmung der Seitennummer j mit dem vorgefundenen Seitenidentifikator. Falls dabei noch kein Fehler entdeckt wurde, wird anschließend nachgeschaut, ob die Typangabe im BEREITSTELLEN-Aufruf dem Seitentypindikator der Seite j entspricht. Einige wenige Maschineninstruktionen sind hierfür ausreichend.

Seitentypindikatoren werden in einigen existierenden Datenbanksystemen bereits eingesetzt. So findet man sie etwa bei EDMS und System R. Allerdings ist den vorliegenden Systembeschreibungen nicht zu entnehmen, ob die Typindikatoren dort auch tatsächlich zur Konsistenzprüfung benutzt werden, oder ob sie nicht vielmehr ausschließlich der Ermittlung des Seitentyps bei der sequentiellen Suche in einem DB-Segment dienen.

Die Prüfung des Seitentypindikators kann mit hoher Wahrscheinlichkeit verhindern, daß infolge einer <u>Verweisinkonsistenz</u> unbemerkt auf eine Seite des falschen Typs zugegriffen wird. Dies ist als Hauptgrund zur Einführung des Seitentypindikators anzusehen. Eine hundertprozentige Gewähr dafür, daß eine solche Verweisinkonsistenz wirklich erkannt wird, ist freilich nicht möglich: Wenn etwa ein Zeiger aus einem Baum heraus auf eine FPA-Seite verweist und diese FPA-Seite fälschlicherweise den Typindikator TREE besitzt, so liegt eine mit Hilfe der Typindikatorprüfung nicht erkennbare Inkonsistenz vor.

Zur Speicherung des Typindikators wird maximal 1 Byte je Datenbankseite benötigt, wenn eine Binär-Kodierung der verschiedenen Typangaben zugrunde gelegt wird. Im allg. wird man mit weniger als 10 Seitentypen auskommen. Eine Erweiterung des Typenspektrums wäre möglich, indem die vorgestellten Typen nochmals untergliedert werden. So könnte man etwa den Typ TREE aufspalten in TREE0, TREE1 etc., wobei die Typangabe TREEi Seiten auf der Ebene i eines Baums kennzeichnet. Bei der Verfolgung eines Verweises im Baum könnte dann nicht nur geprüft werden, ob eine Seite außerhalb des Baums adressiert wird, sondern auch noch, ob es sich beim Ziel des Verweises um eine Baumseite der richtigen Ebene handelt. Dies wäre sicher ein praktikables Verfahren zur Unterstützung der Konsistenzprüfung in Bäumen. Da es sich in diesem Fall jedoch um ein spezielles Problem handelt, das nur für Baumseiten relevant ist, wollen wir davon absehen, die Prüfung schon im Pufferverwalter durchzuführen. Solche Detailprüfungen sollten vielmehr auf die Ebene der Speicherungsstrukturen des DBVS beschränkt bleiben. Wir werden in Kap. 4.5 bei der Betrachtung von B*-Bäumen noch ausführlich auf Verweisprüfungen eingehen.

Einige Bemerkungen sind noch zur Bedeutung und zu den Konsequenzen des Werts <u>EMPTY</u> im Seitentypindikator nachzutragen. Beim Einrichten und Formatieren einer Datenbank muß zunächst in jede Seite der Typindikator EMPTY eingetragen werden, sofern nicht bereits feststeht, Daten welchen Typs in einer Seite gespeichert werden. Dies trifft auf Seiten der Typen FPA, DBTT und HASH (Primärbuckets von Hashtabellen) zu, da diese zu Tabellen gehören, die schon beim Formatieren der Datenbank angelegt werden. Jede Anforderung einer leeren Seite während der DB-Verarbeitung wird dem Pufferverwalter durch den Wert EMPTY im Typparameter des BEREITSTELLEN-Aufrufs mitgeteilt. Eine Seitennummer wird in diesem Fall als Eingangsparameter beim Aufruf nicht übergeben.

Normalerweise, d.h. ohne Verwendung des Seitentypindikators zum Zweck der Konsistenzprüfung, ist kein Einlesen leerer Blöcke von der Platte erforderlich. Der Pufferverwalter vertraut darauf, daß ein Block auf der Platte noch leer ist, wenn in der FPA die entsprechende Markierung gesetzt ist. Für eine leere Seite wird lediglich Platz im Puffer bereitgestellt. Wenn die Seite, die mittlerweile zur Speicherung von Daten benutzt wurde, später aus dem Puffer verdrängt wird, dann wird der Block auf der Platte unbesehen überschrieben. Falls in der FPA ein Fehler vorlag und eine bereits benutzte Seite fälschlicherweise als leer markiert war, dann wird dadurch der zugehörige Blockinhalt auf der Platte zerstört.

Bei Verwendung von Seitentypindikatoren kann statt dessen so verfahren werden, daß beim BEREITSTELLEN-Aufruf mit der Typangabe EMPTY der laut FPA-Eintrag leere Block eingelesen und dahin gehend überprüft wird, ob er tatsächlich den Wert EMPTY im Typindikator besitzt. Dieses zusätzliche Lesen ist für die höheren DBVS-Ebenen völlig transparent, liegt also rein im Zuständigkeitsbereich des Pufferverwalters. Jede Anforderung einer leeren Seite führt allerdings zu einem zusätzlichen LIES-Aufruf.

Der Wert EMPTY im Seitentypindikator zieht darüber hinaus noch eine weitere Konsequenz nach sich: Immer dann, wenn eine Seite im Verlauf der DB-Verarbeitung leer wird, reicht es nicht, nur den FPA-Eintrag entsprechend zu ändern. Um auch den zugehörigen Block auf der Platte als leer zu kennzeichnen, muß die Seite mit dem Typindikator EMPTY versehen und in die Datenbank eingebracht werden, was ansonsten nicht erforderlich wäre. Somit ergibt sich bei jeder Leerung einer Seite die Notwendigkeit zu einem zusätzlichen SCHREIBE-Aufruf.

Bei der Benutzung von <u>temporären DB-Segmenten</u>, die nicht schon beim Einrichten der Datenbank, sondern erst während der DB-Verarbeitung kreiert werden, können allerdings durch den Wert EMPTY im Typindikator erhebliche Mehrkosten entstehen. Es ist nämlich im allg. zu zeitaufwendig, beim Anlegen eines solchen Segments jede Seite zunächst als EMPTY zu markieren. Deshalb wird man in diesem Fall auf die Prüfmöglichkeiten, die der Wert EMPTY im Seitentypindikator bietet, verzichten müssen.

Die Erörterungen dieses Kapitels sollten die Bedeutung und den Nutzen von Seitenidentifikatoren und Seitentypindikatoren verdeutlichen. Der CPU-Zeit-Bedarf zur Durchführung der Konsistenzprüfungen ist sehr gering, und auch die Speicherplatzanforderungen für die Redundanzen sind in Anbetracht üblicher Seitenlängen zu vernachlässigen. Die zusätzlichen E/A-Kosten, die durch die Verwendung des Seitentypindikators in der von uns vorgeschlagenen Form verursacht werden, müssen jedoch später (in Kap. 6) noch genauer bestimmt werden.

4.2.4 Weitere Prüfmöglichkeiten

Prinzipiell existieren noch weitere Möglichkeiten zur Konsistenzprüfung einer Seite durch den Pufferverwalter. Da jedoch aus den genannten Gründen von einer detaillierten Analyse des Seiteninhalts auf der Ebene der Pufferverwaltung abzusehen ist, kommen nur einige Verwaltungs- und Beschreibungsdaten der Seite als zu prüfende Objekte in Frage. Hierzu zählt etwa die lokale Freiplatzbeschreibung im Seitenkopf.

Bei einigen Datenbanksystemen, so z.B. bei UDS und bei System R, besteht die Freiplatzbeschreibung aus Angaben zum Freiplatzbeginn und zur Freiplatzlänge. Andere Systeme, zu denen u.a. EDMS und ADABAS gehören, verwenden nur einen der beiden Werte. Bild 17 zeigt die Ursachen für diese unterschiedlichen Beschrei-

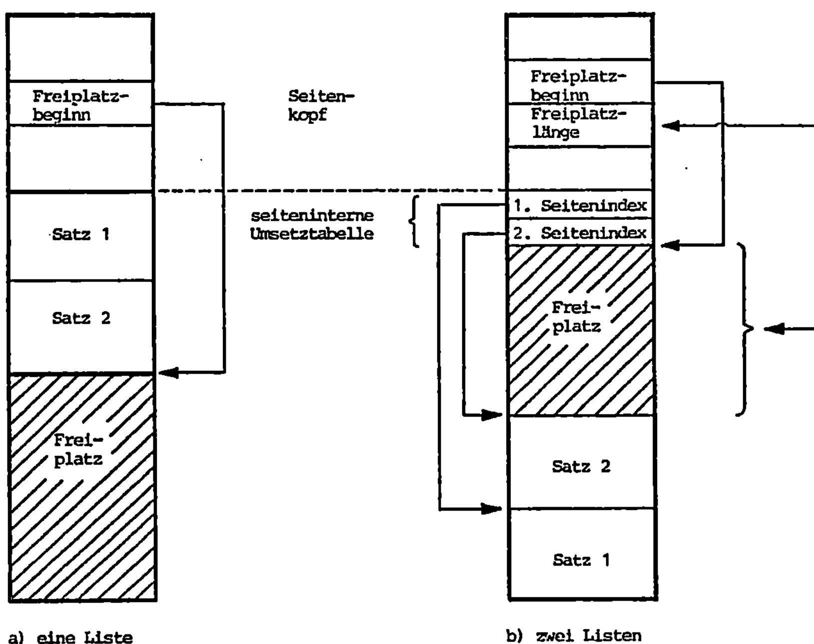

Bild 17: Varianten zur Freiplatzbeschreibung in Datenbankseiten

bungsmethoden. In Teil a ist eine Seitenstruktur dargestellt, wo abgesehen vom Seitenkopf nur Datensätze in der Seite enthalten sind. Nur der Freiplatzbeginn ist variabel und muß deshalb im Seitenkopf verzeichnet sein. Statt dessen ist es ebenso möglich, die Freiplatzlänge dort einzutragen. Teil b gibt eine Seitenstruktur wieder, die zusätzlich noch eine seiteninterne Umsetztabelle umfaßt, in der für jeden Satz der logische DB-Key und die Anfangsadresse als Bestandteile eines Seitenindex gespeichert sind. Die Seite enthält demnach zwei Listen, die den Freiplatz zwischen sich einschließen. Hier ist ein einzelner Wert zur Freiplatzbeschreibung nicht mehr ausreichend. In der Abbildung werden deshalb Angaben zum Freiplatzbeginn und zur Freiplatzlänge mitgeführt. Die Benutzung der Paare Freiplatzbeginn/Freiplatzende und Freiplatzlänge/Freiplatzende ist alternativ dazu ebenfalls möglich.

Mit Hilfe sehr einfacher Abfragen könnte bereits im Pufferverwalter geprüft werden, ob etwa die Angaben zum Freiplatzbeginn und zur Freiplatzlänge größere Werte als 2048 enthalten /Kü83a/. Inkonsistenzen der Art, daß der Freiplatzbeginn oder die Freiplatzlänge einen um ±1 oder ±2 verfälschten Wert enthalten, lassen sich auf diesem Wege jedoch kaum erkennen. Wir werden deshalb in Kap. 4.3.2 ein verbessertes Verfahren zur Überprüfung der Freiplatzangaben vorstellen, das allerdings mit einem höheren CPU-Zeit-Aufwand einhergeht.

Auch die Satzadressen in den Seitenindizes der seiteninternen Umsetztabelle sind potentielle Kandidaten für Konsistenzprüfungen durch den Pufferverwalter. So ließen sich für die Adressen ähnliche Bereichsprüfungen durchführen, wie sie zuvor für die Freiplatzangaben beschrieben wurden. Darüber hinaus ließe sich noch die Sortierordnung der Adressen überprüfen. Wie Bild 17b zeigt, muß etwa die Satzadresse im ersten Seitenindex größer als jene im zweiten Seitenindex sein. Diese Adreßprüfungen können jedoch äußerst zeitaufwendig sein, da eine Seite im Fall kurzer Sätze fünfzig oder mehr Seitenindizes enthalten kann. Zudem ist es nicht sinnvoll, im Pufferverwalter sämtliche Seitenindizes zu überprüfen, wenn anschließend im Record-Manager meist nur ein einzelner Seitenindex gelesen oder verändert wird. Eine Prüfung der Seitenindizes auf der Ebene der Pufferverwaltung erscheint deshalb nicht als empfehlenswert. Wir werden aber in Kap. 4.3.3 auf dieses Problem zurückkommen.

4.3 Lokale Konsistenzprüfungen im Record-Manager und in der Zugriffspfadverwaltung

Im folgenden wird auf Verfahren zur Konsistenzprüfung für einzelne Datenbankseiten eingegangen, die auf der Ebene der Speicherungsstrukturen des Datenbanksystems durchgeführt werden können. Speziell geht es dabei um Prüfungen im Record-Manager und in der Zugriffspfadverwaltung. Zunächst wird ein effizientes Verfahren zur Fehlererkennung in sortierten Feldern und Listen vorgestellt, das auf die Entdeckung von Verstößen gegen die Sortierordnung abzielt. Anschließend wird eine Technik zur Erkennung inkorrekter Freiplatzangaben in Seiten erörtert. Eine Kostenbestimmung hierfür erfolgte durch Zeitmessungen auf Rechnern der Serien Siemens 7.500 und 7.700. Zum Schluß des Kapitels wird die Verwendung von Redundanzen zur Erkennung fehlerhafter Satzadressen in der internen Umsetztabelle einer Seite diskutiert. In diesem Fall wurden die Kosten mit Hilfe eines simulativen Ansatzes ermittelt.

4.3.1 Zur Lösung des Sortierordnungsproblems

In Datenbanken findet man häufig nach Schlüsselwerten sortierte Felder und Listen. So werden z.B. die Sätze in den Buckets von Hashtabellen meist nach Schlüsselwerten sortiert gespeichert, um einen schnellen (sequentiellen oder binären) Zugriff zu gewährleisten. Die Einträge in den Knoten von B- oder B*-Bäumen werden sogar stets nach sortierten Schlüsselwerten abgelegt, da die Sortierung bereits als Bestandteil der Baumdefinition anzusehen ist /BMC72, Wed74/.

Durch verschiedene Fehlerursachen, die im umfassenderen Kontext in Kap. 3 erörtert wurden, können in einer sortierten Eintragsfolge inkorrekte Werte entstehen. Wenn die Fehlererkennungsmaßnahmen ausschließlich auf die in der Eintragsfolge vorhandene Information ohne zusätzliche Redundanzen angewiesen sind (und nur darauf wollen wir hier eingehen), dann können zwar <u>Verstöße gegen die Sortierordnung</u>, nicht aber beliebige Verfälschungen erkannt werden. <u>Bild 18</u> soll dies anhand eines

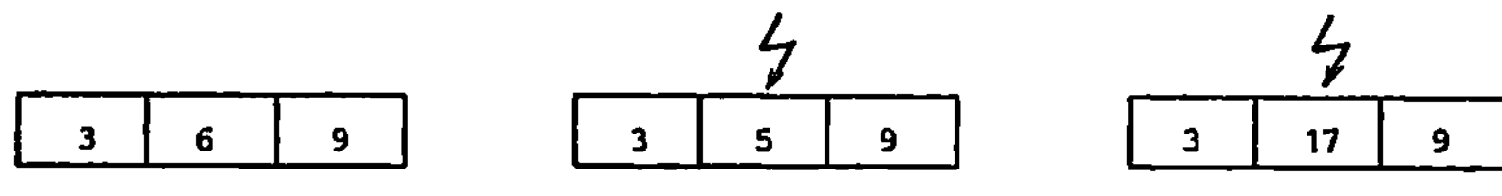

<u>Bild 18</u>: Zum Problem fehlerhafter Schlüsselwerte in sortierten Eintragsfolgen

Beispiels verdeutlichen: Eine konsistente, dreielementige Liste besteht aus den Schlüsselwerten 3, 6 und 9 (<u>Teil a</u>). Wenn der zweite Schlüsselwert durch die Zahl 5 überschrieben wird, ist keine Inkonsistenz zu erkennen, da die Sortierordnung nach wie vor korrekt ist (<u>Teil b</u>). Falls die Überschreibung jedoch durch den Wert 17 erfolgt, kann aufgrund des vorliegenden Verstoßes gegen die Sortierordnung eine Inkonsistenz festgestellt werden (<u>Teil c</u>).

Wenn beispielsweise von der sequentiellen Suche in aufsteigender Schlüsselwertreihenfolge ausgegangen wird, so liegt das Problem jedoch darin, daß ein normaler Suchalgorithmus /Kn75/ ohne Fehlererkennungsmaßnahmen, der in der Eintragsfolge aus Bild 18c nach den Werten 5 oder 9 sucht, die Suche bei Auffinden des Werts 17 erfolglos beendet. Somit sind aufgrund eines inkorrekten Werts schon zwei Schlüsselwerte nicht mehr auffindbar. Allgemein kann eine ganze Eintragsfolge durch nur einen inkorrekten Schlüsselwert unbemerkt lahmgelegt werden. Bei der binären Suche liegen ähnliche Verhältnisse vor. Es ist deshalb wichtig, daß Suchalgorithmen für sortierte Felder und Listen dazu in die Lage versetzt werden, Verstöße gegen die Sortierordnung rechtzeitig zu erkennen. Der Ablauf der Suche sollte dadurch jedoch möglichst wenig behindert werden. Wir bezeichnen dies als das <u>Sortierordnungsproblem</u>, für das im folgenden eine Lösung vorgestellt werden soll. Hierzu ist jedoch zunächst auf die Implementierung der Suchoperationen und auf ein geeignetes Fehlermodell einzugehen.

Sortiert gespeicherte Schlüsselwerte können in unterschiedlichen Formen auftreten, so etwa
- mit fester oder variabler Schlüssellänge,
- in fortlaufender, lückenloser oder in geketteter Speicherung.

Die Suche nach einem bestimmten, vorgegebenen Schlüsselwert K läßt sich stets sequentiell organisieren. Nur bei festen Schlüssellängen und fortlaufender, lückenloser Speicherung bieten sich effizientere Suchverfahren an, z.B. die binäre Suche.

Wir nehmen an, daß insgesamt b Schlüsselwerte sortiert gespeichert sind ($b \geq 1$), die mit $K1$ bis Kb bezeichnet werden. Es läßt sich zwischen der aufsteigenden und der absteigenden Sortierordnung sowie zwischen der Zulässigkeit und der Unzulässigkeit von Duplikaten unterscheiden. Dies führt zu vier möglichen Konsistenzbedingungen:
- $Ki < Ki+1$: aufsteigend sortiert, Duplikate unzulässig,
- $Ki \leq Ki+1$: aufsteigend sortiert, Duplikate zulässig,
- $Ki \geq Ki+1$: absteigend sortiert, Duplikate zulässig,
- $Ki > Ki+1$: absteigend sortiert, Duplikate unzulässig.

Bei der Suche mit dem vorgegebenen Schlüsselwert K können durchaus unterschiedliche Zielsetzungen vorliegen, so u.a.:
- Finde einen Indexwert i, so daß $K=Ki$ gilt.
- Finde den kleinsten Indexwert i, so daß $K=Ki$ gilt (bei Zulässigkeit von Duplikaten).
- Finde den kleinsten Indexwert i, so daß $K \leq Ki$ gilt.

Schließlich ist noch dahin gehend zu unterscheiden, welches Ergebnis die Suche im Fall der erfolglosen Durchführung liefern soll. Hier gibt es z.B. die Varianten:
- Der Indexwert 0 wird übergeben.
- Der Indexwert b+1 wird übergeben.
- Es wird kein Indexwert übergeben, sondern das negative Ergebnis der Suche wird anderweitig mitgeteilt ("return code" $\neq$ 0).

Durch Kombination all dieser Unterscheidungsmerkmale ergäben sich zahlreiche verschiedene Suchalgorithmen, auf die hier unmöglich im einzelnen eingegangen werden kann. Wir wollen deshalb die Fehlerfälle und die Verfahren zur Fehlererkennung nur anhand des nachstehenden _Szenariums_ erörtern:
- Die Schlüsselwerte Ki sind aufsteigend sortiert, Duplikate sind zulässig. Die Konsistenzbedingung lautet somit $Ki \leq Ki+1$.
- Es soll der kleinste Indexwert i gesucht werden, der die Bedingung $K \leq Ki$ erfüllt. Formal bedeutet dies:

    Suche min $\{1 \leq i \leq b \mid K \leq Ki\}$.

Diese Art der Suche kann als _FIND-LE_ (LE steht für "less or equal") bezeichnet werden.

- Falls für keinen Indexwert i aus dem Intervall [1,b] die Ungleichung K≤Ki erfüllt ist, soll die Suche als Ergebnis den Wert b+1 liefern.

Das weiter unten vorgestellte Verfahren zur Fehlererkennung läßt sich jedoch sehr leicht auch auf andere Sortierordnungen und Ergebnisspezifikationen übertragen. Auf die hierfür erforderlichen Anpassungen (z.B. zur Erkennung unzulässiger Duplikate) wird z.T. noch kurz eingegangen.

Wir haben uns vor allem aus zwei Gründen für eine Diskussion der Fehlererkennungsthematik anhand des FIND-LE entschieden:

- Die Suchalgorithmen lassen sich in diesem Fall äußerst kompakt darstellen. Das gilt insbesondere für die binäre Suche.
- Das FIND-LE besitzt besondere Bedeutung für die Suche in den Knoten von B*-Bäumen. _Bild 19_ zeigt einen Indexknoten (Knoten oberhalb der Blattebene)

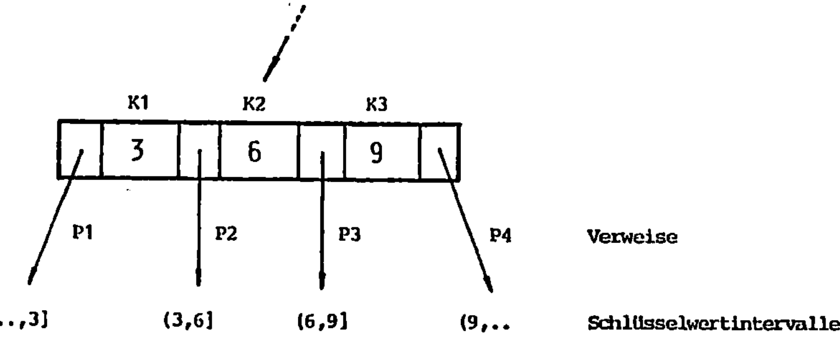

Bild 19: Beispiel für sortierte Schlüsselwerte im Knoten eines B*-Baums

eines B*-Baums. Er enthält b=3 Schlüsselwerte Ki und b+1 Verweise Pi zu den Söhnen. Der Wert b=3 wurde hier nur der einfachen Darstellung wegen gewählt; reale B*-Bäume in Datenbanken können je Knoten u.U. mehr als hundert Schlüsselwerte enthalten. Jedem Verweis ist ein _Schlüsselwertintervall_ zugeordnet. Im Beispiel aus Bild 19 bedeutet dies etwa, daß in dem über P3 erreichbaren Unterbaum nur Schlüsselwerte aus dem Intervall (6,9] vorkommen dürfen. (Runde Klammern kennzeichnen offene Intervallgrenzen, eckige Klammern symbolisieren hingegen abgeschlossene Intervallgrenzen.) Die linke Intervallgrenze zu P1 und die rechte Intervallgrenze zu Pb+1 hängen von der Position des Knotens im Baum ab. Da diese für die Suche im Knoten bedeutungslos ist, sind die entsprechenden Werte in Bild 19 nicht dargestellt. Die Suche nach den Schlüsselwerten 7, 8 oder 9 führt beispielsweise über den Verweis P3 zur nächsttieferen Baumebene. Zur Suche nach Schlüsselwerten, die größer als 9 sind, wird der letzte Verweis des Knotens benutzt. Dieses Vorgehen entspricht exakt der Spezifikation des FIND-LE, so auch für den Fall, daß der vorgegebene Schlüsselwert K größer als alle Werte Ki ist.

Wir betrachten die sequentielle und die binäre Suche, da dies die gebräuchlichsten Implementierungen für Suchoperationen bei Vorliegen einer Sortierordnung sind. Die <u>Algorithmen</u> werden jeweils in Pascal-Notation /JW75/ wiedergegeben. Bei der sequentiellen Suche ergibt sich für das FIND-LE mit dem Suchargument K folgendes Aussehen:

```
i := 1;
while (K>Ki) and (i<b) do i := i+1;
if K>Kb then i := b+1;
```

Die Abfrage K>Kb behandelt den Fall explizit, daß K größer als alle vorhandenen Werte Ki ist (erfolglose Suche im Sinne der FIND-LE-Spezifikation). Man könnte jene Sonderbehandlung auch durch eine andere Gestaltung der Programmschleife vermeiden, jedoch ist dies für unsere Erörterungen nicht weiter von Belang.

Der Algorithmus für das FIND-LE sieht bei binärer Suche folgendermaßen aus:

```
UG := 1;   (* Untergrenze *)    OG := b+1;   (* Obergrenze *)
repeat
    i := (UG+OG) div 2;
    if K>Ki then UG := i+1
            else OG := i
until (UG=OG);
```

Eine Sonderbehandlung für K>Kb ist hier nicht erforderlich, da dieser Fall durch die Festlegung der Obergrenze vor Beginn der Suche implizit berücksichtigt wird.

Nach diesen Erörterungen zu den Suchoperationen, soll nun auf ein <u>Fehlermodell</u> für sortierte Schlüsselwertfolgen näher eingegangen werden. Wir legen dabei zunächst genau einen inkorrekten Schlüsselwert zugrunde. Dieser Wert soll zudem gegen die Sortierordnung in der Folge verstoßen. Die Bezugnahme auf nur einen inkorrekten Schlüsselwert bedeutet zweifelsohne eine deutliche Einschränkung in Relation zu den insgesamt möglichen Inkonsistenzen. Wir werden jedoch später noch auf die Existenz mehrerer fehlerhafter Schlüsselwerte zurückkommen. Für das Fehlermodell ist es gleichgültig, wie eine Inkonsistenz entsteht, sei es, daß der ursprünglich korrekte Schlüsselwert Kk ($1 \leq k \leq b$) durch den inkorrekten Wert Kk* überschrieben wird, sei es, daß die Einfügung eines neuen Schlüsselwerts an der falschen Position erfolgt und dadurch gegen die Sortierordnung verstoßen wird. Wir werden die nachstehenden Erläuterungen der Einfachheit halber an der ersten Möglichkeit, also an der Überschreibung eines vorhandenen Schlüsselwerts, ausrichten. Es kann nun zwischen den folgenden <u>Fehlertypen</u> unterschieden werden:

— positive Verfälschung, d.h. Kk*>Kk+1,

— negative Verfälschung, d.h. Kk*<Kk-1.

Da wir ausschließlich Verstöße gegen die Sortierordnung erkennen wollen (und können), nicht aber sonstige Inkorrektheiten der Form Kk*≠Kk und Kk-1≤Kk*≤Kk+1, deckt diese Fallunterscheidung die zu berücksichtigenden Fehlerfälle vollständig ab. Eine positive Verfälschung des k-ten Schlüsselwerts kann nur für k<b vorkommen und eine negative Verfälschung nur für k>1.

<u>Bild 20</u> enthält einige Beispiele für positive und negative Verfälschungen. Dabei

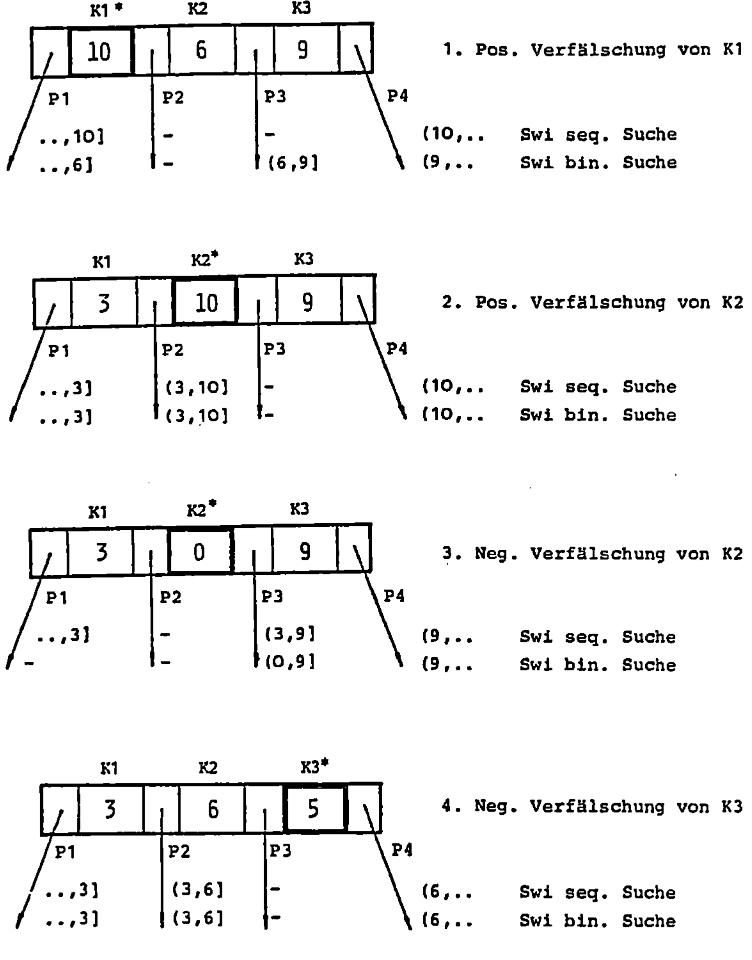

<u>Bild 20</u>: Beispiele zur positiven und negativen Verfälschung von Schlüsselwerten

wird von dem in Bild 19 gezeigten konsistenten B*-Baum-Knoten ausgegangen. Mit Hilfe dieser Abbildung lassen sich auch die <u>Auswirkungen von Verfälschungen auf das Ergebnis eines FIND-LE</u> verdeutlichen.

Wir betrachten zunächst die <u>sequentielle Suche</u>. Die positive Verfälschung des ersten Schlüsselwerts (Bsp. 1) führt etwa dazu, daß die Suche nach Werten K aus dem Intervall (3,10] bereits beim Indexwert i=1 endet, obwohl für K aus (3,6] der Wert i=2, für K aus (6,9] der Wert i=3 und für K>9 der Wert i=4 als korrektes Ergebnis geliefert werden müßte. In einem B*-Baum hat dies zur Folge, daß die Suche versehentlich im falschen Unterbaum (auf den P1 verweist) fortgesetzt wird, in welchem der gesuchte Schlüsselwert K natürlich nicht zu finden ist. Die Suche nach bestimmten, im Baum vorhandenen Schlüsselwerten endet somit erfolglos. In Bild 20 sind die sich aus den Verfälschungen ergebenden inkorrekten Schlüsselwert-intervalle (abgekürzt Swi) für die Verweise Pi dargestellt, wenn nach einem Schlüsselwert K>0 gesucht wird. Ein Minuszeichen bedeutet dabei, daß der entsprechende Unterbaum deaktiviert ist, d.h., die in ihm enthaltenen Schlüsselwerte sind nicht mehr auffindbar.

Allgemein führt eine positive Verfälschung in einer sortierten Schlüsselwertfolge dazu, daß die sequentielle Suche nach bestimmten Werten zu früh, also mit einem zu kleinen Indexwert i, beendet wird. Eine negative Verfälschung bewirkt hingegen die zu späte Beendigung der Suche mit einem zu großen Indexwert i. Formaler und exakter lassen sich die Auswirkungen von Verfälschungen Kk→Kk* folgendermaßen beschreiben:

- Eine positive Verfälschung des k-ten Schlüsselwerts (1≤k<b) hat zur Folge, daß die Suche nach Werten aus dem Intervall (Kk,Kk*] schon bei i=k endet anstatt bei i=k+1, i=k+2 etc.
- Eine negative Verfälschung des k-ten Schlüsselwerts (1<k≤b) führt dazu, daß die Suche nach Werten aus dem Intervall (Kk-1,Kk] erst bei i=k+1 endet anstatt bei i=k.

Die Folgen einer positiven Verfälschung des Schlüsselwerts Kk auf die sequentielle Suche sind sowohl von dessen Position in der Liste bzw. im Feld als auch vom Ausmaß der Verfälschung abhängig. Bei einem kleinen Wert für k und einer großen Differenz zwischen Kk* und Kk liefern besonders viele Suchoperationen ein falsches Ergebnis (Bsp. 1 in Bild 20). Im Fall der negativen Verfälschung spielt hingegen weder die Position des betroffenen Schlüsselwerts noch das Ausmaß der Verfälschung für den Umfang der Einflußnahme auf die sequentielle Suche eine Rolle. Wenn wiederum von einem Indexknoten im B*-Baum ausgegangen wird, dann deaktiviert eine negative Verfälschung nur den Unterbaum, auf den Pk verweist. Durch eine positive Verfälschung können hingegen mehrere Unterbäume, auf die über Pk+1, Pk+2 etc. verwiesen wird, deaktiviert werden.

Bei der <u>binären Suche</u> wirken sich Verfälschungen demgegenüber etwas anders aus. Hier ist stets von Bedeutung, an welcher Position in der Liste oder im Feld die Inkonsistenz auftritt. Eine positive oder negative Verfälschung für Kk mit k=(b+2) div 2 (Beispiele 2 und 3 in Bild 20) kann schlimmstenfalls zur Deaktivierung von k-1 bzw. k Unterbäumen eines B*-Baum-Knotens führen, da Kk in diesem Fall bereits im ersten Schritt der binären Suche über die Operationsfortführung im linken oder im rechten Teil der Schlüsselwertfolge entscheidet. Eine Verfälschung für K1 oder Kb kann sich hingegen allenfalls auf den letzten Suchschritt auswirken, so daß maximal ein Unterbaum deaktiviert werden kann. Allgemein hat ein verfälschter Schlüsselwert bei der binären Suche um so geringere Auswirkungen, je später er als Vergleichswert über die Richtung der Operationsfortführung (linker vs. rechter Teil des betrachteten Ausschnitts der Schlüsselwertfolge) entscheidet. Bei der sequentiellen Suche besitzen positive Verfälschungen meist weiter reichende Auswirkungen als negative Verfälschungen. Bei der binären Suche gibt es diesen Unterschied hingegen nicht.

Zur Durchführung von _Fehlererkennungsmaßnahmen_ könnte man zunächst auf die naheliegende Idee kommen, bei jedem Schleifendurchlauf in den oben beschriebenen Suchalgorithmen eine Konsistenzprüfung der Form $Ki-1 \le Ki \le Ki+1$ vorzunehmen. Damit lassen sich positive oder negative Verfälschungen des gerade betrachteten, i-ten Schlüsselwerts erkennen. Diese Vorgehensweise besitzt jedoch einige Nachteile:

- Die zusätzlichen Vergleiche führen insgesamt zu einer deutlichen Verlangsamung der Suchoperationen. Da normalerweise in jedem Suchschritt nur zwei Vergleiche benötigt werden, wird diese Zahl durch die beiden Abfragen $Ki-1 \le Ki$ und $Ki \le Ki+1$ verdoppelt. Selbst wenn man sich überlegt, daß zumindest bei der sequentiellen Suche ein Vergleich pro Suchschritt ausreicht ($Ki \le Ki+1$), so ergibt sich immer noch ein Mehraufwand von 50% hinsichtlich der Vergleichsanzahl.
- Durch die Einbeziehung von Konsistenzprüfungen in jeden Suchschritt wird u.U. eine Verfälschung erkannt, die für den Ablauf der aktuellen Suchoperation irrelevant ist. Dies kann wiederum anhand von Bild 20 erläutert werden: Die negative Verfälschung von K2 in Bsp. 3 ist für ein FIND-LE mit dem Suchargument K=11 eigentlich ohne Bedeutung. Falls aber bei jedem Schleifendurchlauf während der sequentiellen Suche Konsistenzprüfungen durchgeführt werden, wird die Inkonsistenz erkannt und die Suchoperation abgebrochen, sofern kein spezielles Verfahren zur Fehlerbehandlung vorhanden ist. Auch für die binäre Suche kann man sich leicht verdeutlichen, daß bisweilen Verfälschungen erkannt werden, die für die aktuelle Suchoperation eigentlich bedeutungslos sind.
  Wenn wir unser Fehlermodell zugrunde legen, also ausschließlich von positiv oder negativ verfälschten Schlüsselwerten ausgehen, nicht aber von beliebigen Inkonsistenzen, dann wird eine solche frühzeitige Fehlererkennung nicht unbedingt benötigt. Es reicht vielmehr, wenn eine Verfälschung _rechtzeitig_ erkannt wird, nämlich bevor sie zur Übergabe eines falschen Indexwerts als Ergebnis der Suche führen kann.

Zur Gewährleistung einer zeiteffizienten Suche sollten die Programmschleifen der Suchalgorithmen keine zusätzlichen Abfragen zum Zweck der Konsistenzprüfung enthalten. Wir schlagen deshalb die folgenden _Konsistenzprüfungen_ vor, die unmittelbar nach Beendigung einer sequentiellen oder binären Suche, die als Ergebnis den Indexwert i geliefert hat, durchgeführt werden:

```
if i > 2
then
    if Ki-2 > Ki-1 then INKONSISTENZ (* Neg. Verfälschung in Ki-1 möglich *);
if i < b
then
    if Ki > Ki+1 then INKONSISTENZ (* Pos. Verfälschung in Ki möglich *);
```

Die Anzahl der zusätzlich benötigten Vergleiche ist maximal gleich 4 und unabhängig von der Zahl der Schlüsselwerte sowie der Zahl der durchgeführten Suchschritte. Wenn beispielsweise 100 Schlüsselwerte existieren und die binäre Suche somit 7 Suchschritte (Schleifendurchläufe) mit insgesamt 14 Vergleichen erfordert, dann erhöhen die Konsistenzprüfungen die Gesamtzahl der Vergleiche allenfalls auf 18. Bei Verwendung des einfachen Prüfverfahrens $Ki-1 \leq Ki \leq Ki+1$ mit zwei zusätzlichen Vergleichen je Suchschritt wären demgegenüber insgesamt 28 Vergleiche erforderlich. Bei der sequentiellen Suche ergibt sich eine noch ausgeprägtere zeitliche Überlegenheit für die Konsistenzprüfungen nach Beendigung der Suchoperation.

In /Kü84a/ wird nachgewiesen, daß die vorgeschlagenen Prüfungen sowohl bei der sequentiellen als auch bei der binären Suche zur Erkennung von Schlüsselwertverfälschungen nach dem skizzierten Fehlermodell in der Lage sind.

Bei der Konsistenzprüfung ist im allg. nicht entscheidbar, ob es sich bei einem erkannten Verstoß gegen die Sortierordnung um eine positive oder um eine negative Verfälschung handelt. Die Ursachen und Folgen hiervon sollen für Bsp. 4 in Bild 20 aufgezeigt werden: Bei einem FIND-LE mit dem Suchargument K=4 kommt die Konsistenzprüfung zu dem Schluß, daß eine positive Verfälschung von K2 vorliegen könnte. Daß es sich − wie von uns angenommen − in Wahrheit um eine negative Verfälschung von K3 handelt, ist rein durch Analyse der gegebenen Schlüsselwertfolge nicht zu erkennen. Diese Verfälschung von K3 ist eigentlich für das Ergebnis der Suche mit K=4 ohne Bedeutung. Der Prüfalgorithmus muß jedoch vom "worst case" ausgehen, also von einer positiven Verfälschung des zweiten Schlüsselwerts, und die Inkonsistenz melden.

Bislang wurde in diesem Kapitel stets die Zulässigkeit von Duplikaten in den Schlüsselwerten vorausgesetzt. Falls aber Duplikate für unzulässig erklärt werden, können die beschriebenen Algorithmen zur sequentiellen und zur binären Suche in unveränderter Form benutzt werden. Da eine Suchoperation, die auf einer sortierten Schlüsselwertfolge abläuft, immer die Position der am weitesten links stehenden Ausprägung eines mehrfach vorhandenen Schlüsselwerts liefert, muß lediglich die Konsistenzprüfung $Ki>Ki+1$ durch $Ki \geq Ki+1$ ersetzt werden, damit bei auftretenden Duplikaten eine Fehlermeldung erfolgt.

Die für das FIND-LE konzipierten Konsistenzprüfungen sind auch bei der Suche auf Schlüsselwertgleichheit verwendbar. Für aufsteigend sortierte Schlüsselwertfolgen und zulässige Duplikate wird das <u>FIND-EQ</u> (EQ steht für "equal") mit dem Suchargument K folgendermaßen spezifiziert:

- Es soll der kleinste Indexwert i gesucht werden, so daß K=Ki erfüllt ist. Dies bedeutet:

   Suche min $\{1 \leq i \leq b \mid K=Ki\}$.

- Falls es keinen Indexwert i mit K=Ki gibt (erfolglose Suche), soll das Ergebnis dem des FIND-LE entsprechen: Es wird der Index des nächstgrößeren Schlüsselwerts bzw. (falls ein solcher Schlüsselwert nicht existiert) der Wert b+1 übergeben.
- Über einen "return code" wird zusätzlich noch der Erfolg oder Mißerfolg der Suche mitgeteilt.

Man kann die angegebenen Algorithmen zur sequentiellen und zur binären Suche beim FIND-LE fast unverändert für das FIND-EQ übernehmen. Insbesondere erlauben die gewählten Spezifikationen zum Ergebnis der Suche die Verwendung jener Konsistenzprüfungen für das FIND-EQ, die zuvor für das FIND-LE hergeleitet wurden.

Die geschilderten Fehlererkennungsmaßnahmen bezogen sich bisher auf die Existenz genau eines positiv oder negativ verfälschten Schlüsselwerts im Feld oder in der Liste. Es soll nun noch kurz untersucht werden, inwieweit sich die Prüfungen auch zur Erkennung von <u>Mehrfachfehlern</u> eignen, wenn also $1 < n \leq b$ inkorrekte Schlüsselwerte vorliegen.

Betrachten wir zunächst den Fall, daß jeder einzelne der n falschen Schlüsselwerte gleichzeitig auch einen Verstoß gegen die Sortierordnung verursacht, d.h., der Wert ist entweder kleiner als sein linker Nachbar (Vorgänger) oder größer als sein rechter Nachbar (Nachfolger). Dabei ist nicht auszuschließen, daß diese beiden Nachbarn ebenfalls inkorrekt sind. Bei der sequentiellen Suche für FIND-LE gibt es dann die folgenden Möglichkeiten des Fehlverhaltens:
- Eine Suchoperation endet zu früh, nämlich mit einem Indexwert i=k, für den Kk*>Kk gilt. Damit für Kk* ein Verstoß gegen die Sortierordnung vorliegt, muß dieser Wert aber auch größer als sein rechter Nachbar sein, und zwar unabhängig davon, ob dieser korrekt oder inkorrekt ist. Die Konsistenzprüfung Ki>Ki+1 führt somit zur Entdeckung der Inkonsistenz.
- Eine Suchoperation wird mit dem Indexwert i=k zu spät beendet. Dann muß aber Kk-1*<Kk-1 zutreffen, und Kk-1* muß zudem kleiner als sein linker Nachbar sein. Die Inkonsistenz wird deshalb durch die Prüfung Ki-2>Ki-1 erkannt.

Im Fall der binären Suche kann es vorkommen, daß bei den Schleifendurchläufen wiederholt inkorrekte Schlüsselwerte abgefragt werden und die Suchoperation aufgrund dessen jeweils in der falschen Hälfte der verbliebenen Schlüsselwertfolge fortgesetzt wird. Wenn bei der letzten dieser fehlerhaften Entscheidungen über die Operationsfortführung der (verfälschte) k-te Schlüsselwert Kk* abgefragt wird, dann endet die Suche mit dem Indexwert i=k bzw. mit i=k+1. Die Inkonsistenz wird durch die sich anschließenden Konsistenzprüfungen in jedem Fall erkannt, da Kk* größer als sein rechter oder kleiner als sein linker Nachbar ist. Damit gelten nach wie vor die obigen Ausführungen zur Fehlererkennung bei der binären Suche, die sich dort auf nur einen verfälschten Schlüsselwert bezogen.

Falls jedoch nur einige der n falschen Schlüsselwerte gleichzeitig auch einen Verstoß gegen die Sortierordnung verursachen und die anderen inkorrekten Werte immer noch in den durch die jeweiligen Vorgänger und Nachfolger definierten Schlüsselwertintervallen liegen, dann ist die Fehlererkennung nicht in allen Fällen möglich. Sowohl die sequentielle als auch die binäre Suche kann hier unbemerkt ein falsches Ergebnis liefern. Dies ist aber unvermeidbar, da die Erkennung beliebig inkorrekter Schlüsselwerte unter ausschließlicher Betrachtung des Felds bzw. der Liste und ohne zusätzliche Redundanzen undurchführbar ist. Wir werden deshalb in Kap. 4.5 auf ein Verfahren zur Erkennung fehlerhafter Schlüssel-werte in den Indexknoten von B*-Bäumen eingehen, das mit Hilfe seitenübergreifen-der Konsistenzprüfungen auch beliebig inkorrekte Werte entdecken kann.

Ein _Vergleich_ zwischen dem hier vorgestellten Verfahren und dem Taylor'schen "Robust Contiguous List Storage" (RCLS) kommt zu folgenden Ergebnissen:
- Bei der Suche im RCLS ist aufgrund der Distanzenrechnungen mit einem beträcht-lichen CPU-Zeit-Bedarf zu rechnen. Unsere Methode zur Konsistenzprüfung erfor-dert hingegen nur einige wenige Abfragen nach Abschluß der eigentlichen Suche.
- Da unser Verfahren ohne Redundanzen auskommt, kann es sehr leicht auch noch nachträglich in ein existierendes Datenbanksystem integriert werden. Es sind nur Änderungen im DBVS-Code notwendig. Vorhandene Datenbanken können unverändert bleiben. Der RCLS erfordert demgegenüber die Neugenerierung von Datenbanken, um für die zusätzlichen Redundanzen in den Speicherungsstrukturen Platz zu schaffen.
- Es ist zu beachten, daß der RCLS die Erkennung von zwei beliebig inkorrekten Schlüsselwerten in einer Liste ermöglicht, die darüber hinaus nicht einmal eine Sortierordnung aufweisen muß. Dafür wird dort aber auch in beträchtlichem Umfang redundante Information in Form von Distanzangaben bei den Schlüsselwerten gespeichert. Unser Fehlererkennungsverfahren soll hingegen nur Verstöße gegen die Sortierordnung erkennen, kommt dafür aber auch ohne die Hinzufügung redundanter Daten aus.

4.3.2 Zur Lösung des Freiplatzverwaltungsproblems

In Kap. 4.2.4 wurde bereits auf die verschiedenen Arten der Freiplatzverwaltung in Datenbankseiten eingegangen. Wir werden im folgenden von einer Modellvorstellung ausgehen, wie sie in _Bild 21_a gezeigt wird. Die Kürzel FPL und FPB stehen für die Angaben zur Freiplatzlänge und zum Freiplatzbeginn. Der Freiplatz selbst wird von den beiden fortlaufend und lückenlos gespeicherten Listen LISTE1 und LISTE2 einge-schlossen. LISTE1 beginnt an der festen Adresse B, während LISTE2 an der festen Adresse E anfängt. Die Einfügung neuer Einträge in LISTE1 und LISTE2 erfolgt stets in direktem Anschluß an die aktuell vorhandenen Inhalte der Listen,

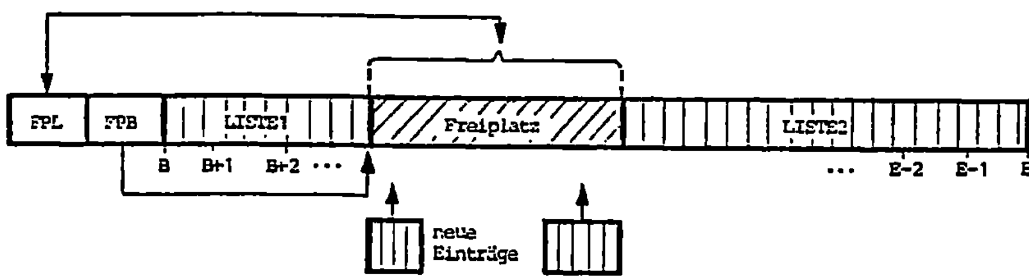

a) Modell zur Freiplatzverwaltung

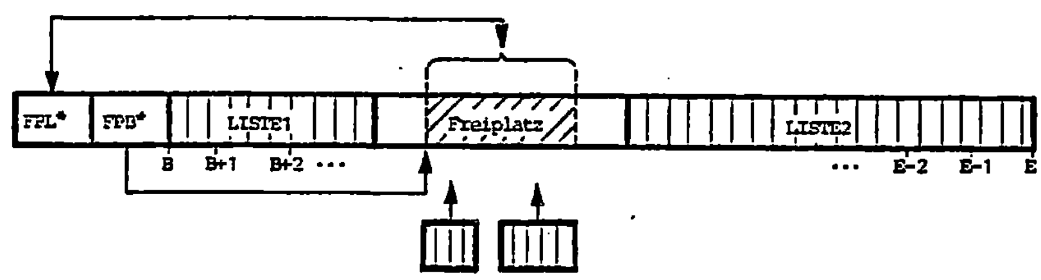

b) Beispiel zum Typ 1 inkonsistenter Freiplatzangaben (ungenutzter Platz)

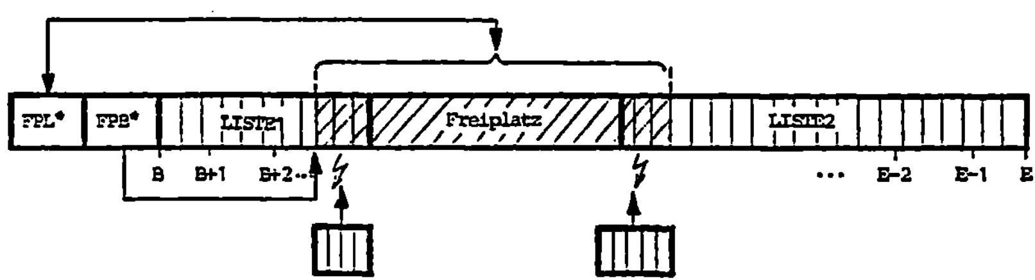

c) Beispiel zum Typ 2 inkonsistenter Freiplatzangaben (drohende Überschreibung)

Bild 21: Veranschaulichung zum Freiplatzverwaltungsproblem

wie es ebenfalls in Bild 21a dargestellt ist.

Die _Ausprägungen inkonsistenter Freiplatzangaben_ lassen sich grob in zwei Klassen einteilen:

- Aufgrund falscher Angaben für den Freiplatzbeginn und/oder die Freiplatzlänge bleibt ein Teil des in der Seite zur Verfügung stehenden Platzes ungenutzt (vgl. Bild 21b). Wenn für den Freiplatzbeginn und die Freiplatzlänge die aktuellen Werte FPB* bzw. FPL* verzeichnet sind (von denen zumindest einer inkorrekt ist), so liegt der Typ 1 inkonsistenter Freiplatzangaben genau dann vor, wenn die beiden Ungleichungen

- • FPB* ≥ FPB und

- • FPB* + FPL* ≤ FPB + FPL

zutreffen. FPB und FPL stellen dabei die korrekten Werte zum Freiplatzbeginn und zur Freiplatzlänge dar.

- Falls sich infolge falscher Angaben für den Freiplatzbeginn und/oder die Freiplatzlänge Überschneidungen zwischen dem ausgewiesenen Freiplatz und den Speicherbereichen von LISTE1 und LISTE2 ergeben, können bei der nächsten

Einfügung eines Eintrags in die betroffene Liste dort vorhandene Einträge versehentlich überschrieben werden (vgl. Bild 21c). Wir sprechen hier vom Typ 2 inkonsistenter Freiplatzangaben. Er liegt genau dann vor, wenn mindestens eine der obigen Ungleichungen nicht erfüllt ist.

Fehler des Typs 1 in der Freiplatzbeschreibung haben auf die Konsistenz der in LISTE1 und LISTE2 enthaltenen Daten keinen Einfluß. Wir werden deshalb im folgenden nur mehr auf Inkonsistenzen des Typs 2 eingehen, die eine unmittelbare Konsistenzgefährdung für die gespeicherten Daten darstellen.

Zur Erkennung einer drohenden Überschreibung vorhandener Einträge in den Listen wäre es von Vorteil, wenn vor jedem Einfügen eines neuen Eintrags geprüft werden könnte, ob der für ihn vorgesehene Platz tatsächlich frei ist oder ob eine Überschneidung mit den Listen vorliegt. Wir schlagen hierzu die <u>Markierung des Freiplatzes mit Füllwerten</u> vor, wie sie bereits vom "Robust Contiguous List Storage" her bekannt ist. Bei jeder Speicherplatzanforderung in einer Seite wird zunächst geprüft, ob der zur Speicherung des neuen Eintrags vorgesehene Platz in der Seite komplett mit der Freiplatzmarkierung gefüllt ist.

Hier stellt sich die Frage, wie der Inhalt der Freiplatzmarkierung aussehen soll. Wenn wir davon ausgehen, daß die Einträge in LISTE1 und LISTE2 beliebige Bit-Muster besitzen dürfen, dann kann es stets passieren, daß ein Eintrag – zumindest teilweise – mit der Freiplatzmarkierung übereinstimmt. Wenn etwa die Angabe zum Freiplatzbeginn korrekt ist, für die Freiplatzlänge ein um 1 zu großer Wert eingetragen ist und außerdem das letzte Byte in LISTE2 keinen Unterschied zur Freiplatzmarkierung aufweist, dann wird der letzte Eintrag in LISTE2 bei der Einfügung eines neuen Eintrags zum Teil überschrieben, weil die Prüfung keine Inkonsistenz erkennen kann. Dabei handelt es sich jedoch um eine sehr seltene Konstellation, da in den meisten Fällen von einer Ungleichheit der Bit-Muster auszugehen ist. Dies gilt vor allem dann, wenn sich die Überlappung des Freiplatzes mit den Listen über mehrere Bytes erstreckt.

Der Freiplatz in den Seiten muß entweder bereits beim Einrichten der Datenbank mit Füllwerten beschrieben werden, oder dies muß jeweils bei der Anforderung einer leeren Seite geschehen. Bei jeder Freigabe von Speicherplatz in den Seiten, die bei Eintragslöschungen in LISTE1 oder LISTE2 erfolgt, muß der sich ergebende Freiplatz wieder mit den Füllwerten beschrieben werden. Selbst wenn davon ausgegangen wird, daß das erstmalige Schreiben von Füllwerten in die Seiten für permanente Segmente schon beim Einrichten der Datenbank stattfindet und deshalb kaum zeitkritisch ist, so können doch die Konsistenzprüfungen und weiteren Schreiboperationen für die Füllwerte im Zuge von Einfügungen und Löschungen in LISTE1 und LISTE2 einen nicht unbedeutenden <u>CPU-Zeit-Mehrbedarf</u> auslösen. Um diesen genauer zu quantifizieren, ist die Zugrundelegung bestimmter Hardware-Cha-

rakteristika (Instruktionssatz, Verarbeitungsgeschwindigkeit) unumgänglich. Wir haben zu diesem Zweck <u>Zeitmessungen</u> für drei Rechner der Serien Siemens 7.500 und 7.700 durchgeführt. Im einzelnen handelt es sich um die Typen
- 7.531 (ca. 180000   Instruktionen/Sek.),
- 7.760 (ca. 1 Mio.   Instruktionen/Sek.),
- 7.561 (ca. 2.5 Mio. Instruktionen/Sek.).

Das <u>Schreiben der Füllwerte</u> kann auf diesen Rechnern über die Maschineninstruktionen MVC (MOVE CHARACTERS, Übertragen einer Zeichenfolge) und MVCL (MOVE CHARACTERS LONG, Übertragen einer langen Zeichenfolge) geschehen /Sie82b/. Mit einem MVC können maximal 256 Bytes von einer Adresse im virtuellen Speicher (Quellbereich) an eine andere (Zielbereich) übertragen werden. Um eine Seite im Systempuffer vollständig mit Füllwerten zu beschreiben, die im Quellbereich gespeichert sind, reicht diese Operandenlänge nicht aus. Hier bieten sich zwei Lösungsmöglichkeiten an:
- Mehrere MVC-Instruktionen werden nacheinander ausgeführt.
- Es wird ein MVCL benutzt.
Es ist eigentlich zu vermuten, daß aufgrund der eingesparten Hol- und Ausführungsphasen für die Befehle ein MVCL eine kürzere Ausführungszeit als mehrere MVCs benötigt. Es war ein Ziel unserer Zeitmessungen, auf diese Frage eine Antwort zu erhalten.

Für den MVCL-Befehl gibt es noch die Option zur Verwendung eines <u>Füllzeichens</u> der Länge 1 Byte. Das Füllzeichen steht in einem Register und ersetzt den Quellbereich. Es wird an sämtliche Byte-Adressen des Zielbereichs geschrieben. Wir bezeichnen diese Variante des MVCL auch als MVCLF (MOVE CHARACTERS LONG WITH FILLER). Es ist jedoch zu beachten, daß der MVCLF keine eigene Maschineninstruktion ist, sondern lediglich durch Parametrisierung des MVCL realisiert wird. Der Vorteil beim MVCLF liegt darin, daß die Speicherzugriffe zum Quellbereich bei der Übertragung eingespart werden, da dieser Operand durch das Füllzeichen ersetzt wird. Da Speicherzugriffe einen wesentlichen Einfluß auf die Befehlsausführungszeiten haben, ist zu erwarten, daß die MVCLF-Variante in der Ausführung deutlich schneller ist als ein normaler MVCL. Unsere Zeitmessungen sollten deshalb auch zur Klärung des Nutzens eines MVCLF im Vergleich zum MVCL beitragen.

Auf der Siemens-Hardware stehen verschiedene Vergleichsbefehle zur Verfügung, die zur <u>Prüfung des angeblich freien Platzes</u> beim Einfügen neuer Einträge benutzt werden können. Über den CLC (COMPARE LOGICAL CHARACTERS, logischer Vergleich zweier Zeichenfolgen) und CLCL (COMPARE LOGICAL CHARACTERS LONG, logischer Vergleich zweier langer Zeichenfolgen) kann ein Speicherbereich in einer Seite auf die Belegung mit Füllwerten hin geprüft werden. Wie schon beim MVC, so sind auch beim CLC die Operandenlängen auf maximal 256 Bytes beschränkt. Wenn also Einträge mit einer darüber hinausgehenden Länge in eine DB-Seite einzufügen sind, dann kann die Freiplatzprüfung entweder mit mehreren CLC-Befehlen oder mit einer CLCL-Instruktion erfolgen.

Für den CLCL-Befehl gibt es ebenfalls die Möglichkeit zur Verwendung eines Füllzeichens. Wir bezeichnen diese Variante folglich als CLCLF (COMPARE LOGICAL CHARACTERS LONG WITH FILLER). Das 1 Byte lange Füllzeichen, das wiederum in einem Register steht, wird als ein Operand beim Vergleich benutzt. Es wird mit allen Bytes des zweiten Operanden verglichen, in unserem Anwendungsfall also mit dem angeblich freien Platz in der Seite. Der CLCLF bietet sich somit zur Freiplatzprüfung an, wenn der Freiplatz (z.B. durch den MVCLF) mit 1 Byte langen Füllwerten beschrieben wird.

Die <u>Bilder 22 bis 24</u> zeigen den <u>Zeitbedarf der Übertragungs- und Vergleichsoperationen</u> bei verschiedenen Operandenlängen für die Siemens-Rechner 7.531, 7.561 und 7.760. Die MVC- und CLC-Befehle wurden bis zur maximal zulässigen Operandenlänge von 256 Bytes untersucht. Die MVCL-, MVCLF-, CLCL- und CLCLF-Messungen erstreckten sich auf bis zu 2048 Bytes lange Operanden.

In <u>Bild 22</u> sind die Meßergebnisse für die <u>Siemens 7.531</u> zusammengestellt. Es zeigt sich, daß für Operandenlängen bis zu 256 Bytes die hierfür primär vorgesehenen Instruktionen MVC und CLC den anderen Befehlen in der Ausführungszeit fast immer überlegen sind. Die Kurven offenbaren auch den Vorteil der Verwendung von Füllzeichen (MVCLF, CLCLF) im Vergleich zur normalen MVCL- und CLCL-Benutzung. Insbesondere bei der Übertragung einer sehr langen Zeichenkette in einen Zielbereich bringt die Einsparung der Speicherzugriffe zum Quellbereich deutliche Zeitvorteile. Im Fall langer Operanden bestimmt offensichtlich die Zahl der Speicherzugriffe weitgehend die benötigte Befehlsausführungszeit: Für die Operandenlänge 2048 Bytes liegt die Ausführungszeit eines MVCLF z.B. um 43% unter der Zeit für einen MVCL. Bei den Vergleichsoperationen fällt der Unterschied zwischen CLCL und CLCLF nicht ganz so kraß aus. Dies liegt daran, daß auch noch die Vergleichsdurchführung selbst einen merklichen Zeitanteil beansprucht, so daß die Dominanz der Speicherzugriffszeiten etwas weniger klar hervortritt. Jedoch ist auch dort bei großen Operandenlängen mit Hilfe des CLCLF eine deutliche Kosteneinsparung möglich.

<u>Bild 23</u> zeigt die auf der <u>Siemens 7.561</u> gemessenen Werte. Interessant ist hier der konstante Zeitbedarf für Operanden bis zur Länge von 32 Bytes. Die Ursache hierfür ist darin zu sehen, daß beim Speicherzugriff jeweils 32 Bytes auf einmal in den "cache" übertragen werden, selbst wenn nur 4, 8 oder 16 Bytes aktuell benötigt werden. Die Verarbeitungszeit für die bereitgestellten Daten ist bei solch kurzen Operanden im Vergleich zur Speicherzugriffszeit zu vernachlässigen. Auch die Kurven in Bild 23 zeigen klar die mit dem Einsatz von Füllzeichen verbundene Kostenersparnis.

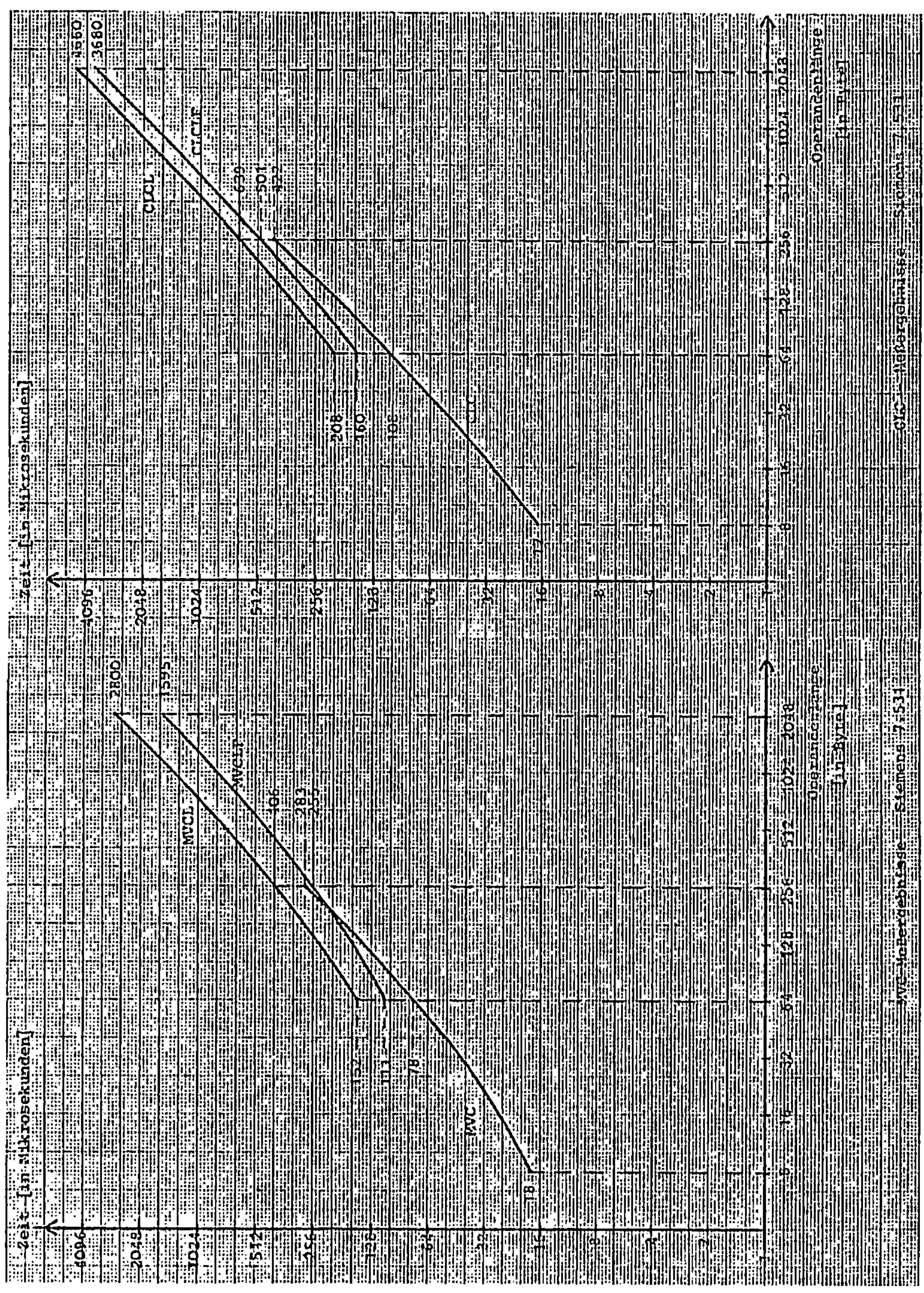

Bild 22: Meßergebnisse Siemens 7.531

Bild 23: Meßergebnisse Siemens 7.561

Zuvor wurde die Frage aufgeworfen, ob bei großen Operandenlängen eine MVCL-/CLCL-Instruktion zeitgünstiger ist als die Aneinanderreihung mehrerer MVC-/CLC-Instruktionen. Wie die Kurven in den Bildern 22 und 23 belegen, ist darauf keine allgemeingültige Antwort möglich: Bei der Siemens 7.531 ergeben sich Zeitvorteile für die Aneinanderreihung von MVC-/CLC-Befehlen, wohingegen bei der Siemens 7.561 die Ausführungszeiten bei beiden Varianten in etwa gleich sind. Bei Benutzung von MVCLF-/CLCLF-Instruktionen und langen Operanden ergibt sich aber auch auf der Siemens 7.561 ein deutlicher Zeitvorteil gegenüber aneinandergereihten MVC-/CLC-Instruktionen. Dies läßt sich wiederum auf die Einsparung von Speicherzugriffen infolge der Füllzeichenverwendung zurückführen.

Bild 24 enthält schließlich die auf der Siemens 7.760 registrierten Meßergebnisse. Bei großen Operandenlängen ist hier überraschenderweise die Aneinanderreihung von MVC- bzw. CLC-Instruktionen stets die mit Abstand zeitgünstigste Lösung. Dies dürfte seinen Grund in Hardware-Eigenschaften haben, über die uns keine näheren Informationen vorliegen.

Wenn von dem leistungsfähigsten der untersuchten Rechner ausgegangen wird, also von der Siemens 7.561, dann lassen sich die folgenden Empfehlungen für die Verwendung von Füllwerten zur Freiplatzmarkierung aussprechen:
- Es sollte ein 1 Byte langer Füllwert benutzt werden. Von der Verwendung der Füllwerte X'00' und X'40' ist abzuraten, da sie oftmals in leeren Attributen von Datensätzen vorkommen, die in LISTE1 oder LISTE2 enthalten sind.
- Das Schreiben der Füllwerte in den freien Platz sollte bei Operandenlängen bis zu 256 Bytes mit dem MVC-Befehl erfolgen. Bei größeren Operandenlängen ist der MVCLF-Befehl zu verwenden.
- Die Prüfung des Freiplatzes sollte bei Operandenlängen bis zu 256 Bytes mit dem CLC-Befehl durchgeführt werden und ansonsten mit dem CLCLF-Befehl.

Der Mehraufwand an CPU-Zeit für die Verwendung von Freiplatzmarkierungen ist sehr gering, wie auch das folgende einfache Beispiel zeigt. Wir nehmen dabei an, daß leere Seiten erst zum Zeitpunkt der Seitenanforderung während der DB-Verarbeitung mit Füllwerten beschrieben werden und nicht schon beim Einrichten der Datenbank. Wenn 10000 leere Seiten der Länge 2 KB angefordert werden und mit der Freiplatzmarkierung zu versehen sind, dann erfordert dies auf einer Siemens 7.561 bei MVCLF-Verwendung insgesamt nur 1 Sekunde CPU-Zeit. Auf einem Rechner des Typs 7.531 werden hierfür etwa 16 Sekunden benötigt. Wenn wir außerdem davon ausgehen, daß 100000 Sätze der Länge 256 Bytes eingefügt und 50000 Sätze derselben Länge gelöscht werden, so ergibt sich ein Zeitbedarf zur Freiplatzprüfung (beim Einfügen) sowie zum Schreiben der Füllwerte (beim Löschen) von insgesamt ca. 3 Sekunden (7.561) bzw. 55 Sekunden (7.531).

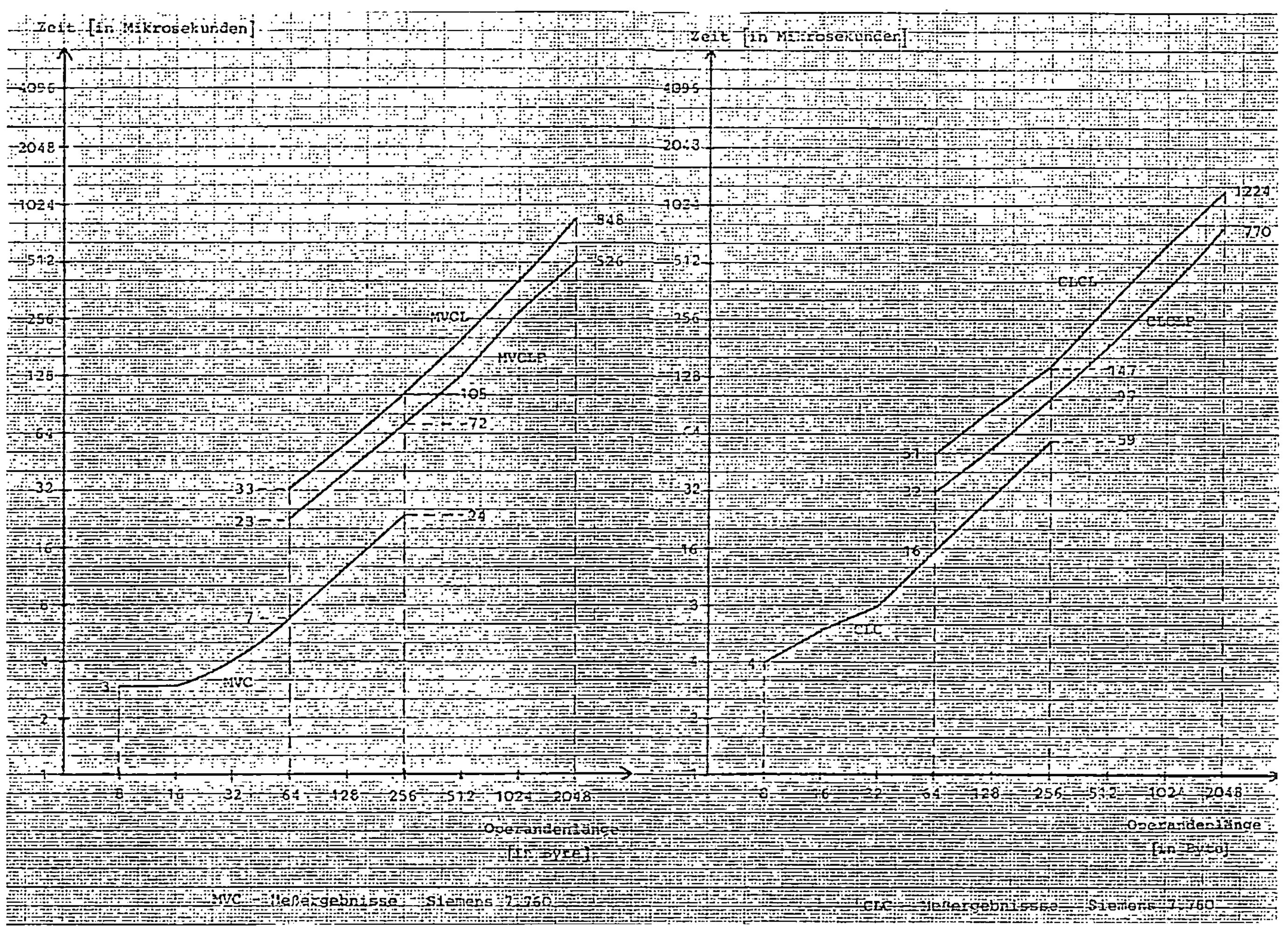

Bild 24: Meßergebnisse Siemens 7.760

4.3.3 Zur Lösung des Satzadressierungsproblems

In Kapitel 4.2.4 wurde schon auf das Problem fehlerhafter Satzadressen in den Einträgen (Seitenindizes) der seiteninternen Umsetztabelle hingewiesen. Wir nehmen an, daß ein solcher Eintrag den logischen DB-Key eines Satzes, den man auch als Satzidentifikator bezeichnen kann, sowie die Anfangsadresse des Satzes relativ zum Seitenanfang enthält. Zum Zugriff auf einen Satz über dessen Identifikator wird zunächst die seiteninterne Umsetztabelle durchsucht. Falls der Satzidentifikator dort vorhanden ist, wird anschließend über die zugehörige Anfangsadresse zum Satz selbst zugegriffen. Dabei bietet sich dem DBVS normalerweise keine Möglichkeit, die Korrektheit des benutzten Adreßwerts zu überprüfen. Es kann deshalb vorkommen, daß

- versehentlich ein falscher Satz in der Seite adressiert wird,
- eine Position in der Seite adressiert wird, an der sich überhaupt kein Satz bzw. Satzanfang befindet.

Leseoperationen, Modifikationen und Löschungen beziehen sich dann auf den falschen Satz oder sogar auf eine Byte-Folge, die gar keinem Satz entspricht, sondern u.U. mehrere Sätze überlappt. Im folgenden werden Redundanzen in den Seiten vorgeschlagen, die dem DBVS die Erkennung inkorrekter Satzadressen in der seiteninternen Umsetztabelle ermöglichen sollen. Wir unterscheiden dabei zwischen der Duplizierung der Satzidentifikatoren und der Verwendung sogenannter Satzfolgenummern.

1. Duplizierung der Satzidentifikatoren

Eine Möglichkeit zu Konsistenzprüfungen ergibt sich dadurch, daß die Satzidentifikatoren, die ansonsten nur in den Seitenindizes der seiteninternen Umsetztabelle vorhanden sind, nochmals redundant in den Satzköpfen gespeichert werden. Bei jedem Zugriff von der Umsetztabelle über eine Satzadresse zum Satz wird zunächst überprüft, ob der Identifikator in der Umsetztabelle mit jenem im Satzkopf übereinstimmt. Wenn dies nicht der Fall ist, liegt offensichtlich eine Inkonsistenz in der Seite vor.

Wenn Satzidentifikatoren eine Länge von 4 Bytes besitzen, dann bedeutet deren Duplizierung einen relativ großen Speicherplatzmehrbedarf, der insbesondere bei kurzen Sätzen von Nachteil ist. Dafür ist aber auch die Wahrscheinlichkeit sehr gering, daß eine fehlerhafte Satzadresse durch die Konsistenzprüfung nicht erkannt wird: Falls die Adresse auf den falschen Satz führt, tritt auf jeden Fall ein Widerspruch zwischen dem Identifikator im benutzten Seitenindex und jenem im adressierten Satzkopf auf. Führt die Adresse hingegen auf irgendeine andere Byte-Folge in der Seite, die keinem Satzkopf entspricht, so beträgt die Wahrscheinlichkeit 2^{-32}, daß der dort vorhandene Wert mit dem Identifikator im Seitenindex übereinstimmt.

Normalerweise bringt es kaum einen Nutzen für die Fehlererkennungseigenschaften, irgendwelche Daten einfach doppelt (oder allgemein: mehrfach) in einer Seite zu speichern. "Simple duplication of items in an implementation adds redundancy, but this redundancy is often not useful" /Tay77, S. 47/. Allenfalls bei "wild stores" ist zu erwarten, daß nicht alle Exemplare eines mehrfach vorhandenen Datenelements in identischer Weise verfälscht werden. Bei Programmfehlern im DBVS wird jedoch meist sämtlichen Exemplaren derselbe, falsche Wert zugewiesen, so daß Konsistenzverletzungen nicht erkennbar sind. Bild 25 zeigt ein extremes Beispiel für

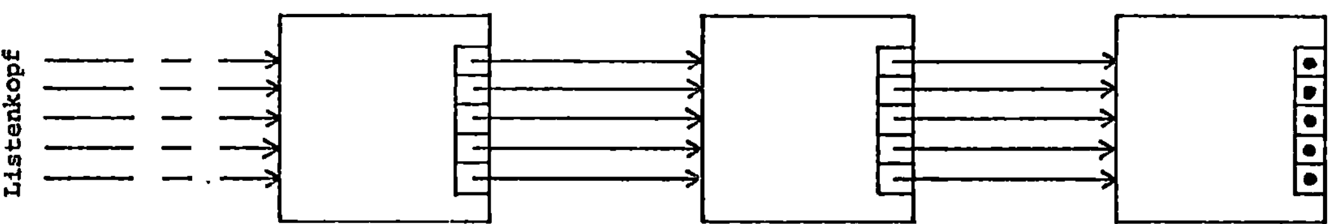

Bild 25: Beispiel zur fehlenden Unabhängigkeit der redundanten Information

die ungeeignete Verwendung von redundanten Verweisen in einer Liste. Man kann dies als das Problem der fehlenden Unabhängigkeit von Redundanzen bezeichnen. Bei der zuvor beschriebenen Duplizierung der Satzidentifikatoren geht es indessen nicht um die Erkennung von Fehlern in den doppelt geführten Daten selbst, vielmehr soll die Duplizierung der Identifikatoren die Erkennung inkorrekter Satzadressen ermöglichen. Die Forderung nach der Unabhängigkeit von Redundanzen verbietet aber lediglich die mehrfache Speicherung eines Datenelements mit dem Ziel der Erkennung falscher Werte in dem Element selbst.

Anstelle der Duplizierung des Satzidentifikators, also der Speicherung sowohl im Seitenindex als auch im Satzkopf, kann man ihn auch aus dem Seitenindex entfernen und nur noch im Satzkopf mitführen. Die seiteninterne Umsetztabelle wird dadurch zur reinen Adreßliste ("pointer array") umfunktioniert. Die Satzidentifikatoren werden nur noch dezentral bei den Sätzen gespeichert und nicht mehr zentral in der Umsetztabelle, wie es normalerweise der Fall ist. Die Suche nach einem Satz unter Verwendung eines vorgegebenen Satzidentifikators kann nun jedoch nicht mehr ausschließlich in der Umsetztabelle abgewickelt werden. Der Record-Manager des DBVS muß vielmehr für jeden Seitenindex in der Umsetztabelle über die Satzadresse zum Satzkopf zugreifen und das Suchargument mit dem dort gespeicherten Satzidentifikator vergleichen.

Das Verfahren hat den Vorteil, daß keine zusätzlichen Redundanzen in den Seiten zur Prüfung der Satzadressen benötigt werden. Zu bedenken ist aber, daß die Suche nach einem Satz in diesem Fall relativ viel Zeit benötigt. Während sonst die Suche zunächst rein in der Umsetztabelle erfolgt und erst am Schluß auf den

gesuchten Satz zugegriffen wird, erfordert die dezentrale Speicherung der Satzidentifikatoren für jeden berührten Seitenindex den Zugriff zum zugehörigen Satz.
Dies führt nicht nur zu zusätzlichen Maschineninstruktionen, sondern hat darüber
hinaus auch Auswirkungen auf die Speicherzugriffszeiten: Bei einer sequentiellen Suche in der Umsetztabelle stehen nämlich die jeweils benötigten Daten meist
schon im "cache" des Verarbeitungsrechners bereit, so daß nur wenige Hauptspei-
cherzugriffe benötigt werden. Bei einer Suche, die sowohl Zugriffe zur Umsetztabelle als auch zu den Sätzen beinhaltet, verursacht hingegen jede Bezugnahme auf
einen Satz mit hoher Wahrscheinlichkeit einen Hauptspeicherzugriff.

Zusammenfassend läßt sich feststellen, daß

- die Duplizierung von Satzidentifikatoren, deren Länge wir mit 4 Bytes veranschlagt haben, einen beträchtlichen Speicherplatzmehraufwand zur Folge hat,
- die Verlagerung der Satzidentifikatoren von den Seitenindizes in die Satzköpfe
  zu erhöhten Verarbeitungskosten bei der Suche führt, die sich aus den unterschiedlichen Zugriffszeiten zum Hauptspeicher und zum "cache" ergeben.

2. Verwendung von Satzfolgenummern

Wir schlagen im folgenden ein Verfahren vor, das als RSN-Verwendung bezeichnet
werden soll. Dabei steht das Akronym RSN für "Record Sequence Number". Die
RSN-Verwendung ist mit geringeren Speicherplatzanforderungen als die Duplizierung
der Satzidentifikatoren verbunden, ohne daß sich ein merklich höherer Zeitbedarf
bei der Suche nach einem Satz ergibt. Das Prinzip kann anhand von Bild 26
erläutert werden. Zu jedem Seitenindex und zu jedem Satz wird eine Satzfolgenummer
(RSN) gespeichert. Bei der ersten Einfügung eines Satzes in eine noch leere
Seite wird ihm vom Record-Manager die Satzfolgenummer 0 zugewiesen und sowohl im
(bislang einzigen) Seitenindex als auch im Satzkopf eingetragen. Wenn anschließend
ein weiterer Satz in die Seite eingefügt wird, erhält dieser die RSN 1. Allgemein
wird bei der Einfügung eines neuen Satzes die bislang größte in der Seite
vorhandene RSN gelesen, um 1 erhöht und dann dem neuen Satz und dem zugehörigen
Seitenindex zugewiesen. Bild 26a zeigt den Zustand einer Datenbankseite nach 3
Einfügungen in die anfangs leere Seite. Es wurden die Satzfolgenummern 0, 1 und 2
vergeben und in den Seitenindizes sowie in den Satzköpfen verzeichnet. Infolge von
Satzlöschungen entstehen Lücken im Bereich der vergebenen RSNs. Bild 26b zeigt die
schon in Bildteil a dargestellte Seite, nachdem der Satz mit der RSN 1 gelöscht
wurde. Schließlich gibt Bildteil c den Zustand der Seite wieder, nachdem ein
weiterer Satz in die Seite eingefügt wurde. Die Art der RSN-Vergabe führt hier
dazu, daß nicht der freie Wert 1 als RSN Verwendung findet, sondern der Wert 3 als
RSN neu vergeben wird.

Die Konsistenzprüfungen laufen so ab, daß der Record-Manager bei jedem Zugriff von
der Umsetztabelle zu einem Satz die Wertegleichheit der beiden RSNs im Seitenindex

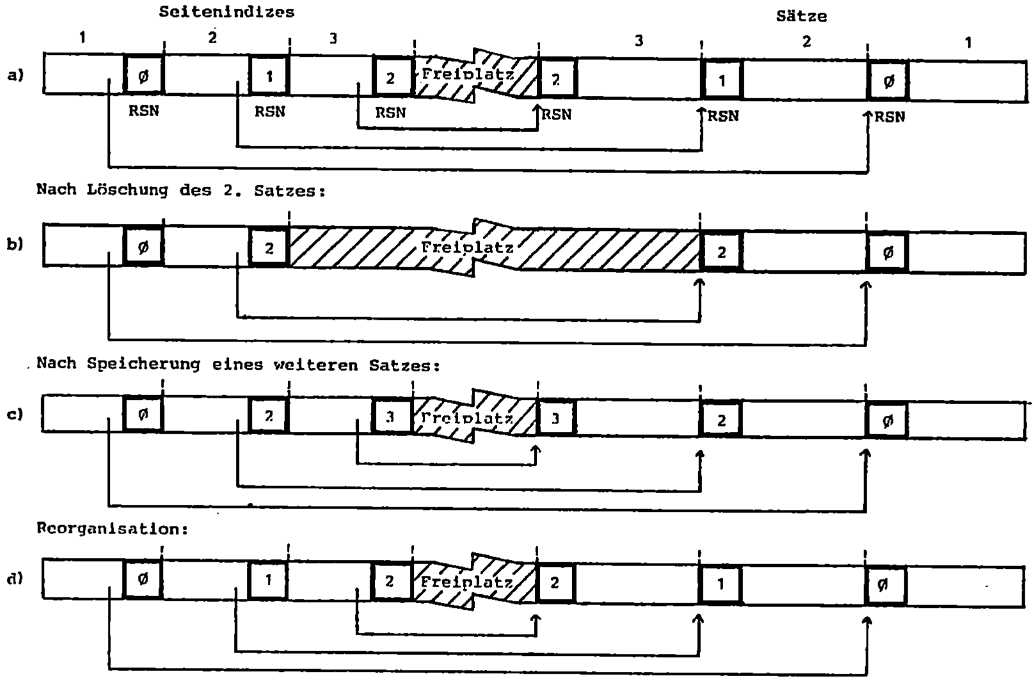

Bild 26: RSN-Vergabe in Datenbankseiten

und im Satzkopf überprüft. Sollten sie sich voneinander unterscheiden, so liegt offensichtlich eine Konsistenzverletzung in der Seite vor.

Bislang wurde noch keine Aussage darüber gemacht, wieviel Speicherplatz für eine RSN vorzusehen ist. Um die Speicherplatzanforderungen gering zu halten, schlagen wir vor, nur jeweils 1 Byte für die RSN zu verwenden, so daß sich Redundanzen im Umfang von insgesamt 2 Bytes je Satz ergeben.

In einem Byte lassen sich in Dualdarstellung Satzfolgenummern zwischen 0 und 255 speichern. Bei der gewählten Technik zur RSN-Vergabe kann es irgendwann dazu kommen, daß der Maximalwert von 255 bei den vergebenen RSNs bereits erreicht ist und ein neuer Satz eingefügt werden soll. Dann ist zunächst eine _Reorganisation_ der existierenden RSNs erforderlich. Hierzu wird die seiteninterne Umsetztabelle von Beginn an sequentiell durchlaufen. Die RSNs werden von 0 an lückenlos neu vergeben und in die Seitenindizes sowie in die Satzköpfe eingetragen. Bild 26d zeigt das Ergebnis einer solchen Reorganisation, die hier aus Darstellungsgründen schon bei einer maximalen RSN von 3 (siehe Bildteil c) durchgeführt wurde. Vor der Reorganisation waren die RSNs 0, 2 und 3 in Benutzung, es existierte also eine Lücke im Bereich der vergebenen RSNs. Die Reorganisation führt zur Schließung dieser Lücke, indem die RSNs 0, 1 und 2 den Sätzen neu zugeordnet werden.

Reorganisationen lassen sich relativ einfach und damit schnell durchführen. Trotz des zu erwartenden geringen Zeitbedarfs für die Reorganisationen, sollte man sich doch überlegen, mit welcher Häufigkeit sie in etwa auftreten. Die Zahl der Reorganisationen pro Seite in einem Zeitintervall hängt natürlich sehr stark von der Anzahl der in der Seite vorhandenen Sätze sowie von den durchgeführten Operationen (Einfügungen, Löschungen) ab.

Zur Untersuchung der <u>Reorganisationshäufigkeiten</u> wurden Simulationen durchgeführt, über deren Aufbau und Ergebnisse nachstehend kurz berichtet wird. Folgendes <u>Simulationsmodell</u> wurde benutzt: Eine Menge M besitzt zu Anfang als Elemente die m ganzen Zahlen zwischen 0 und m−1. Einfügungen und Löschungen finden folgendermaßen statt:

- Bei einer Einfügung wird der Wert max(M)+1 zur m-elementigen Menge hinzugefügt. Falls jedoch max(M) bereits 255 ist, werden statt dessen zunächst sämtliche Elemente der Menge gelöscht und anschließend die Zahlen 0 bis m wieder eingefügt (Reorganisation).
- Bei einer Löschung wird ein zufällig bestimmtes Element aus der Menge entfernt. Es kann also vorkommen, daß max(M) infolge der Löschung abnimmt, nämlich genau dann, wenn zufälligerweise das größte Element aus M zur Löschung ausgewählt wird.

Die im Simulationsmodell vorhandenen Elemente von M entsprechen den aktuell vergebenen RSNs einer Datenbankseite, und max(M) stellt folglich die größte existierende RSN dar.

Die folgende Art der <u>Simulationsdurchführung</u> kommt in Frage: Eine Simulationsreihe wird beispielsweise mit m=50 gestartet, d.h., M enthält die ganzen Zahlen von 0 bis 49. Anschließend wird zwischen Einfügungen und Löschungen nach folgendem Modus ausgewählt: Über einen Zufallszahlengenerator wird jeweils bestimmt, ob als nächste Operation eine Einfügung oder eine Löschung vorgenommen werden soll. Wenn die Wahrscheinlichkeiten für Einfügungen und Löschungen auf jeweils 0.5 festgelegt werden, dann treten diese Operationen im Mittel gleich häufig auf. Dennoch kann es im Laufe der Simulation passieren, daß M leer wird, da die Zahl der Löschungen die Zahl der Einfügungen um 50 übersteigt. Ebenso kann es auch dazu kommen, daß die Menge 100 oder noch mehr Elemente enthält.

Um solche Entartungen möglichst zu vermeiden, werden bei unseren Simulationen die Wahrscheinlichkeiten für Einfügungen und Löschungen immer dann modifiziert, wenn die Kardinalität m der Menge M bestimmte Grenzen unter- bzw. überschreitet. Besitzt m nach einer Löschung nur mehr den Wert 25, so werden künftig mit der Ws. 0.6 Einfügungen durchgeführt. Wenn m hingegen nach einer Einfügung auf 75 angestiegen ist, werden fortan mit der Ws. 0.6 Löschungen vorgenommen. Im allg. schwankt die Kardinalität von M somit zwischen 25 und 75 und über- bzw.

unterschreitet diese Grenzen allenfalls geringfügig.

Wenn M zum Zeitpunkt einer Reorganisation 50 Elemente besitzt, dann kann schlimmstenfalls schon bei der 207. nachfolgenden Einfügung die nächste Reorganisation erforderlich werden (49+207=256). Es ist jedoch zu erwarten, daß dieser "worst case" bei der Simulation nur mit sehr geringer Wahrscheinlichkeit auftritt. Man könnte vielmehr zunächst vermuten, daß so häufig das jeweils größte Element von M gelöscht wird, daß max(M) nicht allzu schnell den Wert 255 erreicht und daraufhin eine Reorganisation notwendig wird.

Die zur Bestimmung der Reorganisationshäufigkeiten durchgeführte Simulationsreihe beinhaltete 10000 Operationen auf einer anfangs aus 50 Elementen (0, ..., 49) bestehenden Menge. Die Auswahl der jeweils nächsten auszuführenden Operation (Einfügung, Löschung) geschah nach dem zuvor geschilderten Verfahren. Insgesamt ergab sich für die Simulationsreihe folgende Statistik:
- 5006 Einfügungen,
- 4994 Löschungen,
-   23 Reorganisationen,
- 177mal wurde das größte Element der Menge gelöscht.

Im Mittel war also etwa nach jeder 220. Einfügung eine Reorganisation erforderlich. Dieser Wert liegt nicht sehr weit von dem oben errechneten "worst case" (207) entfernt. Die Gründe hierfür sind erst bei einer genaueren Analyse der Simulationsreihe zu erkennen: Zwar wird 117mal das größte Element der Menge gelöscht, aber in fast allen diesen Fällen sinkt max(M) dadurch nur um 1, da neben max(M) auch meist noch max(M)-1, max(M)-2 etc. in der Menge enthalten sind. Wenn max(M) gelöscht wird, ist deshalb der neue Wert von max(M) in der Regel nur um 1 kleiner als der alte. Das Wachstum von max(M) wird also durch die Löschungen kaum verlangsamt, was zu einer recht großen Reorganisationshäufigkeit führt. Im realen DB-Einsatz kommt es natürlich kaum vor, daß in relativ kurzer Zeit 10000 Einfügungen/Löschungen in einer einzigen Datenbankseite ablaufen. Deshalb ist dort davon auszugehen, daß die Zahl der durchzuführenden Reorganisationen für die Satzfolgenummern sehr gering ist.

Weiter oben wurde eine Wahrscheinlichkeit von 2^{-32} dafür errechnet, daß eine fehlerhafte Satzadresse trotz der Duplizierung des Satzidentifikators inkl. der damit verbundenen Konsistenzprüfungen nicht zu erkennen ist. Eine solch geringe Irrtumswahrscheinlichkeit läßt sich auf dem Wege der RSN-Verwendung nicht erreichen. Wenn die Satzadresse eines Seitenindex auf irgendeine beliebige Byte-Folge in der Seite verweist, dann entspricht diese mit der Wahrscheinlichkeit 2^{-8} der im Seitenindex gespeicherten RSN, so daß die Fehlererkennung mit Hilfe des RSN-Vergleichs scheitert. Dafür erfordert die RSN-Verwendung aber auch nur 50% der Redundanzen, die bei der Duplizierung der Satzidentifikatoren benötigt werden.

4.3.4 Sonstige Möglichkeiten zu lokalen Konsistenzprüfungen

In den Kapiteln 4.3.1 bis 4.3.3 wurde auf die Sortierordnungs-, Freiplatzverwaltungs- und Satzadressierungsproblematik ausführlich eingegangen. In /Kü84a/ wird noch das sog. Listenproblem erörtert. Dabei geht es um die Erkennung falscher Längenangaben für Listen ohne den mit dem "Robust Contiguous List Storage" verbundenen, sehr großen Speicherplatzmehrbedarf. Ein Vorschlag zur Lösung des Listenproblems sieht im wesentlichen so aus, daß am Ende einer fortlaufend und lückenlos gespeicherten Liste eine spezielle Markierung (Endmarke) abgelegt wird, die eine Prüfung der im Listenkopf enthaltenen Längenangabe erlaubt. In /Kü84a/ und /Kü85a/ wird die Leistungsfähigkeit dieses Ansatzes untersucht.

Die Möglichkeiten zur Durchführung lokaler Konsistenzprüfungen sind damit weitgehend ausgeschöpft. Oftmals, so insbesondere in Zugriffspfadstrukturen, lassen sich Konsistenzverletzungen nur bei einer gleichzeitigen Analyse mehrerer Seiteninhalte erkennen. Diese Thematik wird deshalb in den folgenden beiden Kapiteln genauer analysiert.

4.4 Seitenübergreifende Konsistenzprüfungen für Hashtabellen mit "separate chaining"

Bei Hashtabellen unterscheidet man zwischen Verfahren mit einer mehr statischen Struktur des Speicherbereichs und Verfahren, welche die dynamische Erweiterung dieses Bereichs zulassen. Zur ersten Klasse gehören insbesondere Hashtabellen mit der Überlaufbehandlungstechnik des "open addressing" /Kn75/, während zur zweiten Klasse die Methoden des "extendible hashing" /FNPS79, BK84/, "dynamic hashing" /La78/ und "virtual hashing" /Li78/ zählen. Hashtabellen mit "separate chaining" /Kü82/, die im folgenden näher betrachtet werden, sind als Mischform dieser beiden Klassen anzusehen. Für sie lassen sich die folgenden Vorteile aufzählen:
- Die Hashtabelle ist in ihrer Kapazität nicht beschränkt, wie es etwa bei der Technik des "open addressing" stets der Fall ist.
- Mit einer zunehmenden Anzahl an gespeicherten Einträgen in der Hashtabelle verschlechtern sich die Leistungskenngrößen (speziell die Zeiten für die erfolgreiche bzw. erfolglose Suche) nur relativ langsam.
- Hashtabellen mit "separate chaining" eignen sich besonders für den Einsatz in Datenbanksystemen, da als Buckets jeweils Seiten fester Länge (meist zwischen 512 Bytes und 4 KB) benutzt werden können. Die Zahl der Seitenzugriffe bei der Eintragsverarbeitung, die für die Leistungsfähigkeit eines Hashverfahrens in Datenbanksystemen entscheidende Bedeutung besitzt, wird auf diese Weise reduziert.
- Bei einem nur mäßigen Füllgrad der Hashtabelle ist zur Suche nach einem Satz ein

einziger Seitenzugriff ausreichend. Bei einigen Hashverfahren mit dynamischer Erweiterbarkeit des Speicherbereichs, so z.B. beim "extendible hashing", werden hingegen stets zwei Seitenzugriffe benötigt.

Im folgenden wird zunächst in die Struktur und die Verarbeitungsmodi von Hashtabellen mit "separate chaining" eingeführt. Anschließend wird auf ein Fehlermodell zur Beschreibung von Verletzungen der physischen Integrität der Verweise in Hashtabellen eingegangen. Danach berichten wir über Experimente unter Verwendung des Datenbanksystems UDS der Fa. Siemens, deren Ziel es war, das Systemverhalten bei Vorhandensein physischer Inkonsistenzen in Hashtabellen mit "separate chaining" zu untersuchen. Es folgt schließlich die Vorstellung verschiedener Redundanzen und Verfahren zur Fehlererkennung, die auf die Klassen des zuvor erörterten Fehlermodells zugeschnitten sind.

4.4.1 Seitenformate und Verweisstrukturen

Die Buckets der Hashtabelle werden injektiv auf die Seiten der Datenbank abgebildet, d.h., eine Seite kann immer nur ein Bucket enthalten. Wir unterscheiden deshalb im folgenden nicht mehr zwischen Buckets und Seiten. **Bild 27** zeigt ein

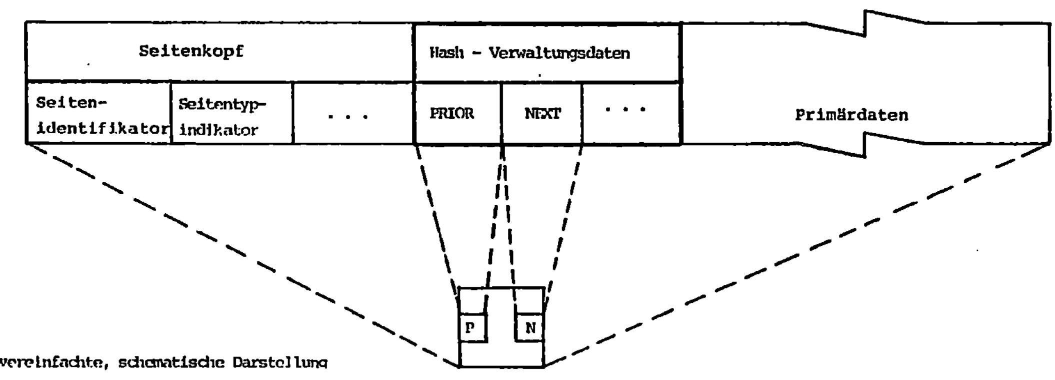

Bild 27: Ein Basismodell für den Seitenaufbau in Hashtabellen mit "separate chaining"

Basismodell für den Seitenaufbau in Hashtabellen. Der Begriff Basismodell soll schon jetzt andeuten, daß später (in Kap. 4.4.5) ein darauf aufbauendes, um Redundanzen erweitertes Modell präsentiert wird.

Die Bedeutung der in Bild 27 im Seitenkopf dargestellten Einträge Seitenidentifikator und Seitentypindikator wurde bereits in Kap. 4.2.3 erläutert. Da diese beiden Redundanzen als grundlegend für die Fehlererkennung anzusehen sind, sollten sie in sämtlichen Datenbankseiten und damit auch in Buckets von Hashtabellen enthalten sein. Die Herstellung der Verkettung in einer Hashtabelle soll über

NEXT- und PRIOR-Verweise erfolgen, die Teil der Hash-Verwaltungsdaten sind.

Unter Benutzung der vereinfachten Darstellung einer Hashseite aus Bild 27, zeigt Bild 28 ein Beispiel für eine komplette Hashtabelle mit "separate chaining". Dort

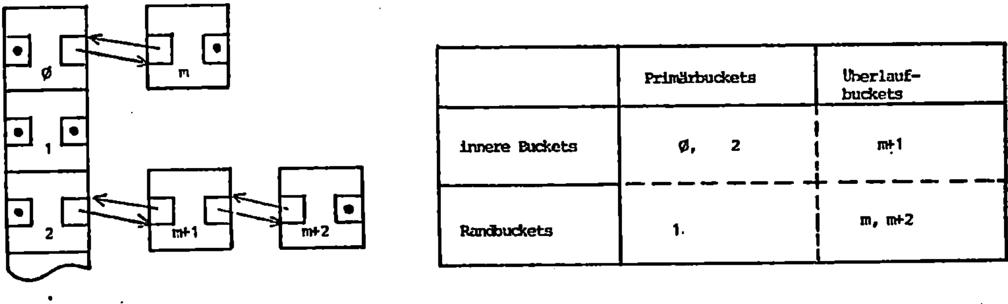

	Primärbuckets	Überlauf-buckets
Innere Buckets	ø, 2	m+1
Randbuckets	1.	m, m+2

Bild 28: Beispiel und Darstellungsmodus für eine Hashtabelle mit "separate chaining"

wird zwischen Primärbuckets und Überlaufbuckets unterschieden. Die Primärbuckets bilden zusammen den Primärbereich der Hashtabelle, der feste Länge besitzt. Dagegen können im Überlaufbereich beliebig Überlaufbuckets allokiert und auch wieder deallokiert werden. Der Überlaufbereich ermöglicht somit die Erweiterung der Hashtabelle, der nur durch die Größe der Datenbank bzw. ihrer Segmente Grenzen gesetzt sind. In Bild 28 findet sich des weiteren eine Unterscheidung zwischen inneren Buckets und Randbuckets. Ein Primär- oder Überlaufbucket wird als Randbucket bezeichnet, wenn sein NEXT-Verweis "Null" ist, das Bucket sich also am Ende einer Überlaufkette befindet. Die Randbuckets bilden den äußeren Rand der Hashtabelle, da ihnen in den jeweiligen Überlaufketten keine weiteren Buckets mehr nachfolgen. Nicht-Randbuckets werden auch als innere Buckets bezeichnet. Die Darstellung in Bild 28 offenbart die Ähnlichkeit zwischen den dort vorhandenen Überlaufketten und der in Bild 10 gezeigten Listenimplementierung 2 nach Taylor et al. Die Taylor'sche Implementierung weist jedoch eine geschlossene Kettenstruktur unter Einbeziehung eines Listenkopfs auf, wohingegen die von uns betrachteten Überlaufketten am Anfang und am Ende offen sind: Sowohl der PRIOR-Verweis im Primärbucket als auch der NEXT-Verweis im Randbucket besitzen den Wert "Null".

In den Betrachtungen der folgenden Kapitel werden die nachstehenden Abkürzungen zur quantitativen Beschreibung einer Hashtabelle benutzt:

- m ist die Anzahl der Primärbuckets. Die Primärbuckets sind in der in Bild 28 dargestellten Art von 0 bis m-1 durchnumeriert. Die Nummer eines Primärbuckets wird auch als dessen Hausadresse bezeichnet. Gleichzeitig wird sie als Hausadresse sämtlicher Buckets der zugehörigen Überlaufkette (Primärbucket, ...,

Randbucket) angesehen.

- b ist die Maximalzahl an Einträgen je Bucket. Diese Zahl ist fest für die gesamte Hashtabelle, d.h., es wird von gleich großen Primär- und Überlaufbuckets sowie von festen Satzlängen ausgegangen.

- n ist die Zahl der zu einem Beobachtungszeitpunkt in der Hashtabelle gespeicherten Einträge.

4.4.2 Operationen und ihre Zerlegung in Primitive

Sätze können in eine Hashtabelle eingefügt oder aus ihr gelöscht werden, und es kann in einer Hashtabelle nach Sätzen gesucht werden. Wir sprechen hier allgemein auch von Eintragsverarbeitung. Dabei kann zwischen sechs Operationstypen unterschieden werden:

- STORE:

    Ein neuer Eintrag soll in die Hashtabelle eingefügt werden. Mit Hilfe der Hashfunktion wird zunächst der Schlüsselwert des Eintrags in eine Hausadresse aus dem Intervall $[0,m-1]$ umgerechnet. Dann wird die zugehörige Überlaufkette von Beginn an durchlaufen, um einen freien Platz für den Eintrag zu finden. Falls diese Suche erfolgreich verläuft, wird der neue Eintrag abgespeichert und die Einfügung damit beendet. Falls aber sämtliche Buckets der Überlaufkette bereits voll sind, wird ein neues Randbucket allokiert, mit dem bisherigen Randbucket der Kette verbunden und der neue Eintrag dort abgelegt. Diese Vorgehensweise zeigt auch, daß innerhalb einer Überlaufkette keine Sortierung der Einträge nach ihren Schlüsselwerten durchgeführt wird.

- FIND-:

    Es wird nach einem bestimmten Eintrag (vertreten durch seinen Schlüsselwert) in der Hashtabelle gesucht. Hierzu wird die zu der berechneten Hausadresse gehörige Überlaufkette von Beginn an durchsucht. Die Suche endet jedoch erfolglos am Kettenende, der gesuchte Schlüsselwert ist also in der Hashtabelle nicht vorhanden. Die Erfolglosigkeit der Suche soll durch das Minuszeichen in FIND- ausgedrückt werden.

- FIND+:

    Es wird eine erfolgreiche Suche entlang einer Überlaufkette in der Hashtabelle durchgeführt. Wir sprechen hier auch vom Hashzugriff. Dabei wird die Überlaufkette nicht unbedingt bis zu ihrem Ende durchlaufen, vielmehr wird die Suche nach Auffinden des vorgegebenen Schlüsselwerts beendet.

- FINDD:

    Datensätze in der Hashtabelle sind nicht nur auf dem Wege des Hashzugriffs erreichbar, sondern auf einen Datensatz kann auch über die in der DBTT verzeichnete Seitennummer zugegriffen werden, oder es kann ein anderer Zugriffspfad, beispielsweise ein B*-Baum, hierzu benutzt werden. In diesen Fällen findet ein direkter Einstieg von außen (ohne Hashzugriff) zu der Seite statt, in der sich der betreffende Satz befindet. Die Bezeichnung FINDD steht daher für "find direct".

- ERASEC:

Ein Satz wird über den Hashzugriff aufgesucht und anschließend gelöscht. Die Suche in der Überlaufkette ist somit Teil der Löschoperation. Deshalb wurde hierfür auch die Bezeichnung ERASEC ("erase chain") gewählt. Falls durch die Löschung ein Überlaufbucket leer wird, erfolgt die Deallokation, d.h., das Bucket wird freigegeben. Die Überlaufkette muß danach durch Verweisänderungen wieder in einen konsistenten Zustand überführt werden.

- ERASED:

Die Operation ERASED ("erase direct") beinhaltet ebenfalls die Löschung eines Satzes, wobei aber das Aufsuchen des Satzes nicht als Teil der Löschoperation betrachtet wird. Vielmehr wird davon ausgegangen, daß auf den Satz bereits zuvor über FIND+ oder FINDD zugegriffen wurde. Ansonsten entsprechen sich ERASED und ERASEC, insbesondere was die Deallokation leer gewordener Buckets anbelangt.

Bei den sechs genannten Operationstypen fällt auf, daß sie im Grunde gewisse Gemeinsamkeiten aufweisen. So kann es etwa sowohl beim ERASEC als auch beim ERASED zur Deallokation eines Überlaufbuckets kommen, und FIND+ und ERASEC haben gemeinsam, daß in beiden Fällen eine Überlaufkette bis zum Auffinden eines bestimmten Schlüsselwerts durchlaufen wird. Es bietet sich deshalb die Bildung von <u>Operationsprimitiven</u> an, um die verschiedenen Operationstypen daraus zu synthetisieren.

Da wir uns ausschließlich mit der Erkennung von <u>Verweisinkonsistenzen</u> in Gestalt fehlerhafter NEXT- und PRIOR-Verweise beschäftigen werden, spielen nur jene Operationen in den Hashtabellen eine Rolle, die entweder diese Verweise zum Zugriff benutzen oder aber sie ändern. Eine weitere Betrachtung des FINDD erübrigt sich also. Das ERASED ist nur dann von Interesse, wenn dabei ein Überlaufbucket leer wird und deshalb dealloklert werden muß. Auch bei der Bildung von Operationsprimitiven sind somit nur jene Verarbeitungsschritte zu berücksichtigen, in denen Verweise gelesen oder geändert werden.

<u>Bild 29</u> zeigt die sich schließlich ergebendeh Operationsprimitive. FIND+ und FIND- entsprechen genau den oben genannten Operationstypen gleichen Namens. ALLOC ist für die Allokation und die nachfolgende Einkettung eines neuen Randbuckets verantwortlich, nicht aber für den vorangehenden Kettendurchlauf bis zum bisherigen Randbucket. DEALLOC kettet ein Überlaufbucket aus einer Kette aus und gibt es anschließend frei. Der Zugriff zu diesem Bucket kann zuvor über FIND+ erfolgen. Sämtliche Operationen in Hashtabellen mit "separate chaining", die NEXT- oder PRIOR-Verweise lesen bzw. ändern, können aus diesen Primitiven zusammengesetzt werden.

Primitiv	Bedeutung
FIND+ FIND-	Erfolgreiche Suche Erfolglose Suche } entlang der Überlaufkette
ALLOC	Allokieren und Einketten eines neuen Überlaufbuckets
DEALLOC	Ausketten und Deallokieren eines vorhandenen Überlaufbuckets

Bild 29: Operationsprimitive für die Kettenverarbeitung in Hashtabellen mit "separate chaining"

4.4.3 Fehlerklassifikation

Die in der Fehlerklassifikation aus Bild 14 enthaltenen Blockinhaltsfehler und Seiteninhaltsfehler umfassen auch die Existenz inkorrekter Verweise in Hashtabellen. Zur Entwicklung von Fehlererkennungsmaßnahmen wird jedoch ein weitaus detaillierteres Fehlermodell benötigt. **Bild 30** zeigt deshalb eine auf Hashtabellen

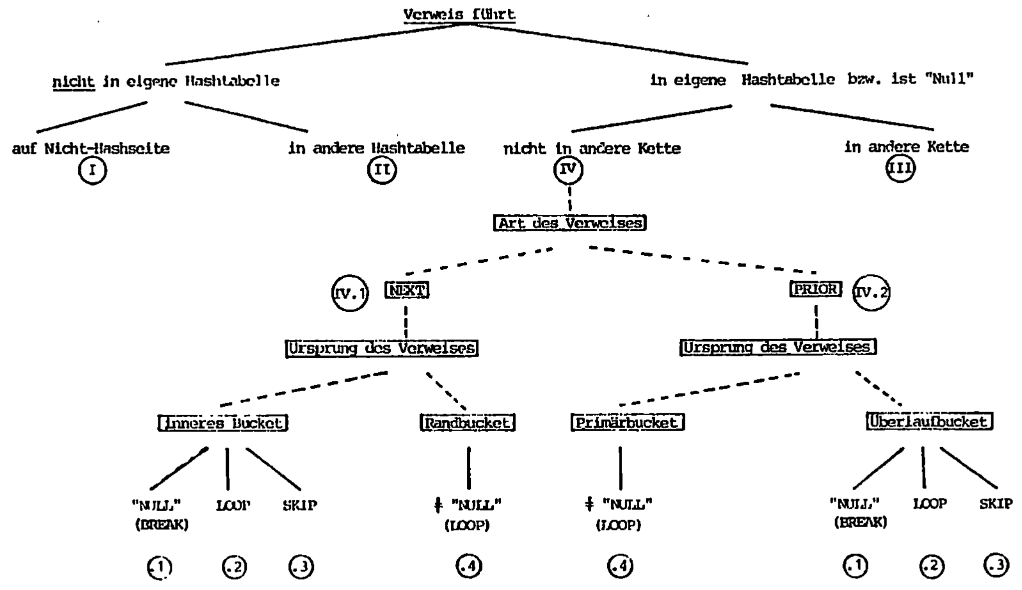

Bild 30: Klassifikation der Fehler in Verweisen von Hashtabellen

mit "separate chaining" zugeschnittene Klassifikation der Verweisinkonsistenzen, die für einen inkorrekten NEXT- oder PRIOR-Verweis zwischen mehreren Fehlermöglichkeiten unterscheidet.

Zunächst ist der Fall zu berücksichtigen, daß der betrachtete Verweis aus der Hashtabelle heraus auf eine Nicht-Hashseite zeigt (Klasse I). Der nächste Fehlertyp zeichnet sich ebenfalls dadurch aus, daß der Verweis aus der eigenen Hashtabelle herausführt. Diesmal zeigt er jedoch auf ein Primär- oder Überlaufbucket einer anderen Hashtabelle (Klasse II).

Falls ein Verweis aus der Kette i auf ein Bucket der Kette j zeigt, wobei i und j Hausadressen zweier Überlaufketten sind, liegt eine Ausprägung der Klasse III vor. Dabei handelt es sich um eine unzulässige Verknüpfung von Buckets zu einer Kette, deren Einträge über die Hashfunktion verschiedenen Hausadressen zugeordnet wurden. Wir sprechen hier auch von einem Kettenwechsel.

Auf der nächsttieferen Ebene des Klassifikationsbaums (innerhalb der Fehlerklasse IV) wird zwischen fehlerhaften NEXT-Verweisen (Klasse IV.1) und fehlerhaften PRIOR-Verweisen (Klasse IV.2) unterschieden.

Wir betrachten zunächst die verschiedenen Inkonsistenzen bei NEXT-Verweisen (Klasse IV.1). Für den NEXT-Verweis in einem inneren Bucket der Hashtabelle gibt es die folgenden Fehlermöglichkeiten:
- Der Verweis besitzt den Wert "Null" und zeigt somit das Kettenende an. Dadurch wird ein Bruch der NEXT-Verweis-Kette verursacht, der die weiter außen, also näher am regulären Kettenende liegenden Buckets vom Rest der Kette und insbesondere vom Primärbucket abkoppelt (BREAK, Klasse IV.1.1).
- Der Verweis bewirkt die Bildung einer Schleife in der NEXT-Verweis-Kette, da er entweder zu seinem Ausgangspunkt zurückführt oder ein weiter innen, also näher am Kettenanfang liegendes Bucket adressiert. Wir bezeichnen diesen Fehlertyp auch als LOOP (Klasse IV.1.2).
- Der Verweis führt nicht zum regulären Kettennachfolger, sondern zu einem weiter außen liegenden Bucket der Überlaufkette. Da hierbei mindestens ein Bucket übersprungen wird, soll dieser Fehlertyp im folgenden als SKIP bezeichnet werden (Klasse IV.1.3).
Der NEXT-Verweis in einem Randbucket besitzt normalerweise den Wert "Null". Innerhalb der Fehlerklasse IV.1 kann es lediglich der Fall sein, daß er statt dessen eine Schleife in der Überlaufkette verursacht. Hier handelt es sich also ebenfalls um einen Fehler des Typs LOOP (Klasse IV.1.4).

Für PRIOR-Verweise existieren prinzipiell dieselben Fehlermöglichkeiten wie für NEXT-Verweise. Während bei NEXT-Verweisen zwischen inneren Buckets und Randbuckets unterschieden wurde, ist bei PRIOR-Verweisen eine Unterscheidung zwischen Primär- und Überlaufbuckets vorzunehmen. Eine genauere Erörterung der Fehlerfälle für PRIOR-Verweise (Klassen IV.2.1 bis IV.2.4) erübrigt sich. Bild 31 enthält für die Fehlerklasse III sowie für sämtliche Ausprägungen der Fehlerklasse IV jeweils ein Beispiel. Die Bedeutung der Fehlertypen BREAK, LOOP und SKIP ist anhand dieser

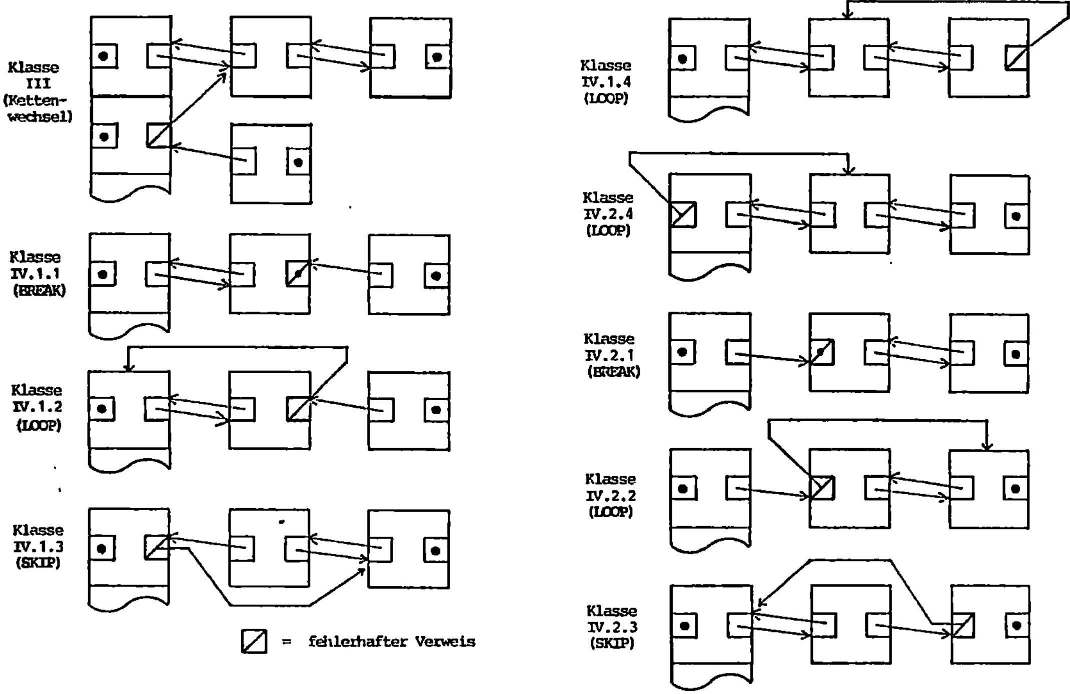

Bild 31: Beispielausprägungen zu den Fehlerklassen aus Bild 30

Darstellung besonders deutlich zu erkennen.

4.4.4 Praktische Untersuchungen am Datenbanksystem UDS

In UDS /Sie84a/ können Hashtabellen mit "separate chaining" zur Speicherung von Datensätzen sowie als Sekundärschlüssel-Zugriffspfade ("search-key"-Tabellen) benutzt werden. Im Rahmen einer Diplomarbeit /Wy84/ wurde ein Programm entwickelt, das ein zielgerichtetes Erzeugen von Inkonsistenzen in den Hashtabellen einer UDS-Datenbank ermöglicht. Hierzu liest das Programm die Schemabeschreibung der Datenbank über Satztypen, Satzlängen, Anfangsadressen der Hashtabellen etc. und greift dann an der Dateischnittstelle direkt auf die Datenbank zu, um in den Blöcken zu ändern. Jeweils einer der verschiedenen Fehlertypen, die in Bild 30 enthalten sind, kann anhand eines Menüs ausgewählt werden. Das Programm erzeugt dann eine Inkonsistenz des gewählten Typs in der Datenbank, ohne daß der Programmbenutzer Kenntnisse über die UDS-Speicherungsstrukturen benötigt. Mit diesem Programm wurden Ausprägungen zu einigen der zuvor genannten Fehlertypen erzeugt. Anschließend wurde mit Hilfe eines UDS-Anwendungsprogramms jeweils geprüft, welche Reaktionen UDS zeigt, wenn es während der DB-Verarbeitung auf eine solche Inkonsistenz stößt.

Bei der Beurteilung der im folgenden auszugsweise wiedergegebenen Resultate sollte berücksichtigt werden, daß es sich zum Teil um etwas "exotische" Fehlerfälle handelt. Es war deshalb von vornherein nicht zu erwarten, daß UDS in allen diesen Fällen richtig reagieren würde. Das gilt um so mehr, als die UDS-Speicherungsstrukturen für Hashtabellen nur sehr wenig redundante Information enthalten: Es sind lediglich Seitenidentifikatoren vorhanden, nicht aber Seitentypindikatoren oder weitere Redundanzen, wie sie noch im folgenden Kapitel vorgestellt werden.

Der erste Versuch in /Wy84/ bezog sich auf die <u>Fehlerklasse I</u> aus Bild 30. Der NEXT-Verweis eines Primärbuckets wurde so geändert, daß er auf eine Nicht-Hashseite (DBTT-Seite) zeigte. Die vorhandene Überlaufkette war somit vom Primärbucket aus nicht mehr zu erreichen. Als anschließend die Suche nach einem dort gespeicherten Satz vom Anwendungsprogramm gestartet wurde, erkannte UDS eine Inkonsistenz und meldete sie als sog. "plausibility violation" /Sie82a/. Offensichtlich stieß UDS also bei der Interpretation der DBTT-Seite als Hashseite auf unzulässige Werte und brach die Verarbeitung deshalb ab.

Der nächste Versuch sollte das UDS-Verhalten für die <u>Fehlerklasse II</u> überprüfen. Der NEXT-Verweis eines Primärbuckets wurde hierzu in den Primärbereich einer anderen Hashtabelle gerichtet und danach eine Suche durch UDS in der oben geschilderten Form durchgeführt. UDS erkannte die Inkonsistenz nicht und setzte die Suche in der falschen Hashtabelle fort. Dem Anwendungsprogramm wurde schließlich gemeldet, daß der gesuchte Satz nicht vorhanden sei. Die Suche lief demnach bis zum Ende der fälschlicherweise adressierten Überlaufkette.

Dasselbe Ergebnis erbrachte die Untersuchung der <u>Fehlerklasse III</u> (Kettenwechsel). Auch dabei erfolgte der Übergang in die falsche Kette ohne Erkennung eines Fehlers.

Bedenklich ist in den beiden vorgenannten Fällen vor allem, daß auch das Einfügen neuer Sätze in die inkonsistente Hashtabelle in ähnlicher Weise "erfolgreich" verlaufen wäre. Allerdings haben wir diesen Fall nicht experimentell nachvollzogen. Behebt man dann irgendwann einmal die Inkonsistenz manuell (wie es in Kap. 2.5.4 diskutiert wurde), so ist für jeden Satz in der falsch referenzierten Kette zu prüfen, ob er aufgrund seines Schlüsselwerts auch wirklich dort hingehört oder nur infolge des Verweisfehlers dort abgelegt wurde. An diesem Beispiel sieht man auch, wie eine einzelne Inkonsistenz (ein fehlerhafter Verweis) zu einer zunehmend fehlerhaften Datenbank (zahlreiche Sätze in der falschen Überlaufkette oder sogar in der falschen Hashtabelle) führen kann.

Einige weitere Versuche betrafen die Fehlerklasse IV. Ausführlich wird darauf in /Wy84/ eingegangen. Im folgenden soll nur anhand einiger ausgewählter Beispiele das beobachtete UDS-Verhalten geschildert werden.

Zur Erzeugung eines Bruchs der NEXT-Verweis-Kette (<u>Fehlerklasse IV.1.1</u>) wurde der NEXT-Verweis in einem Primärbucket, das mehrere Überlaufbuckets besaß, auf "Null" gesetzt. Als UDS dann nach einem Satz suchen sollte, der sich in der abgekoppelten Überlaufkette befand, wurde die Suche bereits im Primärbucket beendet und dem Anwendungsprogramm mitgeteilt, der gesuchte Satz sei nicht vorhanden. UDS hat nämlich bei der vorliegenden Implementierung der Hashtabellen keine Möglichkeit, einen Kettenbruch von einem regulären Kettenende zu unterscheiden.

Ein anderer untersuchter Fehlerfall zählt zur <u>Fehlerklasse IV.1.4</u> (LOOP). Eine solche Schleife wurde erzeugt, indem der NEXT-Verweis eines Randbuckets zurück auf das zugehörige Primärbucket gerichtet wurde. Anschließend sollte UDS nach einem Schlüsselwert suchen, der zwar vom Wert her der inkonsistenten Kette zuzuordnen war, dort aber nicht existierte. UDS geriet bei der Suche in eine Endlosschleife, indem bei jedem Kettendurchlauf vom Randbucket wieder zum Primärbucket übergegangen und die Suche dort fortgesetzt wurde.

Zum Schluß dieser Betrachtungen soll noch das UDS-Verhalten bei einer Inkonsistenz der <u>Fehlerklasse IV.2.1</u> erläutert werden. Der PRIOR-Verweis eines Überlaufbuckets wurde auf "Null" gesetzt, und anschließend wurden so lange Sätze aus diesem Bucket gelöscht, bis es schließlich leer wurde. Leere Überlaufbuckets müssen aus der Kette entfernt und dealloiert werden. In dem hier untersuchten Fall war aber festzustellen, daß dies nicht geschah. Das leere Bucket blieb also nach wie vor Bestandteil der Überlaufkette. Der Grund hierfür ist folgender: UDS erkennt nur am Wert des PRIOR-Verweises, ob ein Primär- oder ein Überlaufbucket vorliegt. Aus dem inkorrekten Wert im PRIOR-Verweis des Überlaufbuckets zog UDS den Schluß, daß es sich dabei um ein Primärbucket handelte, das nicht ausgekettet und dealloiert werden durfte. Eine solche Fehlentscheidung verursacht lediglich eine geringfügige Leistungseinbuße bei der DB-Verarbeitung, hat aber sonst keine negativen Auswirkungen.

Abgesehen vom zuletzt betrachteten Fehlerfall war stets festzustellen, daß Verweisinkonsistenzen in Hashtabellen mit "separate chaining" früher oder später zur Übergabe inkorrekter Informationen an der Benutzerschnittstelle des DBVS oder aber zu einer Endlosschleife beim Kettendurchlauf führen. Es ist davon auszugehen, daß sich die bei UDS beobachteten Ergebnisse zum großen Teil auch auf andere Datenbanksysteme übertragen lassen. Deshalb ist generell zu empfehlen,
- die in den Speicherungsstrukturen bereits vorhandenen Redundanzen wirklich zur Fehlererkennung auszunutzen,
- zusätzliche Redundanzen einzuführen, um die Fehlererkennungseigenschaften weiter zu verbessern.

4.4.5 Redundanzen und Verfahren zur Fehlererkennung

Im folgenden werden verschiedene Vorschläge zur Einbeziehung und Nutzung von Redundanzen in Hashtabellen mit "separate chaining" unterbreitet. Dabei wird jeweils erläutert, auf welche der in Bild 30 gezeigten Fehlertypen die zusätzlichen Daten und Prüftechniken abzielen. Die wichtigste <u>Restriktion</u> bei der Hinzufügung von Redundanzen liegt darin, daß ihre Verwendung ohne zusätzliche E/A-Operationen möglich sein soll. Diese Forderung hat mehrere Konsequenzen:

- Zu Konsistenzprüfungen während der Operationsdurchführung des DBVS darf nur in solchen Buckets gelesen werden, die ohnehin für die jeweilige Operation benötigt werden. Es wird dadurch vermieden, daß zur Bereitstellung zusätzlicher Seiten, die sich u.U. nicht im Puffer befinden, Blöcke von der Platte gelesen werden müssen.

- Die Wartung der Redundanzen, die bei Allokationen und Deallokationen zu erfolgen hat, darf nur Änderungen in jenen Buckets erfordern, die auch bei der normalen Operationsdurchführung modifiziert werden. Dadurch lassen sich Schreiboperationen vermeiden, die durch das Verdrängen von zusätzlich veränderten Seiten aus dem Systempuffer entstehen würden. Auch der Umfang des Log-Schreibens bleibt somit unverändert, wenn von Seitenprotokollierung ausgegangen wird. Bei Eintragsprotokollierung kann sich die Menge der Log-Daten durch Änderungen in Redundanzen geringfügig erhöhen. Da die Log-Einträge aber meist nicht einzeln geschrieben, sondern zunächst in einem Log-Puffer gesammelt werden, ist auch dort kaum mit zusätzlichen Schreiboperationen zu rechnen.

Als erstes ist festzustellen, daß Verweisinkonsistenzen der <u>Klasse I</u> aus Bild 30 mit Hilfe des Seitentypindikators, der bereits im Basismodell für den Seitenaufbau in Hashtabellen enthalten ist, erkannt werden können. Wenn nur eine einzige Inkonsistenz in der Datenbank existiert, und davon soll zunächst der Einfachheit halber ausgegangen werden, ist stets gewährleistet, daß sich in einer adressierten Nicht-Hashseite ein Typindikator $\neq$ HASH befindet. Im folgenden wird auf jene Redundanzen und Prüfverfahren eingegangen, die zur Erkennung von Inkonsistenzen der Klassen II bis IV beitragen sollen.

1. Der Tabellenidentifikator

Der Tabellenidentifikator ("table identifier", <u>TBLID</u>) sorgt für die eindeutige Identifizierung einer Hashtabelle innerhalb der Datenbank bzw. innerhalb einer Area. Er ermöglicht damit die Erkennung von Inkonsistenzen der <u>Klasse II</u>: Wenn ein Verweis von einer Hashtabelle in eine andere zeigt, so ist dies stets an den unterschiedlichen TBLIDs der beiden Hashtabellen zu erkennen. Bei jedem Zugriff über einen Verweis muß also geprüft werden, ob die TBLID am Ziel des Verweises mit jener am Ausgangspunkt übereinstimmt.

In den meisten Fällen dürfte 1 Byte für die Speicherung der TBLID ausreichen, da sich auf diese Weise bis zu 256 Hashtabellen unterscheiden lassen. Wichtig ist, daß die TBLID nur zur Identifizierung von Hashtabellen dient, nicht aber zur Abgrenzung gegenüber Baumseiten, FPA-Seiten, DBTT-Seiten etc., da diese bereits durch den Seitentypindikator gewährleistet ist.

2. Der Kettenidentifikator

Bei den in Kap. 2.5.5 erörterten Listenimplementierungen nach Taylor et al. (Bild 10) wird ein Identifikator benutzt, der zur Unterscheidung zwischen den Elementen der betrachteten Liste und allen anderen über Verweise adressierbaren Elementen dient. "An identifier field is a group of one or more words [...] whose value is sufficient to determine the unique instance in the system to which the node belongs" /TMB80a, S. 589/. Da eine Taylor'sche Liste einer Überlaufkette in Hashtabellen mit "separate chaining" entspricht, liegt es nahe, Identifikatoren auch für Hashbuckets einzuführen.

Wir schlagen deshalb vor, in jedem Bucket einen Kettenidentifikator ("chain identifier", CHNID) zu speichern, der für die Unterscheidbarkeit der Buckets verschiedener Überlaufketten einer Hashtabelle sorgt. Damit besteht der komplette Identifikator im Taylor'schen Sinne aus den Komponenten
- Seitentypindikator,
- Tabellenidentifikator (TBLID),
- Kettenidentifikator (CHNID).

Als CHNID eines Buckets kann am einfachsten dessen Hausadresse aus dem Intervall [0,m-1] verwandt werden. Die Hausadressen werden somit redundant in den Hash- buckets gespeichert. 3 Bytes sind ausreichend, um Primärbereiche von Hashtabellen mit bis zu 16 Mio. Seiten berücksichtigen zu können. Die CHNID wird, wie auch die zuvor genannten Redundanzen, in Primärbuckets bereits beim Einrichten der Daten- bank vermerkt, während sie in Überlaufbuckets erst bei deren Allokation eingefügt werden kann.

Bei jedem Zugriff zu einem Bucket über einen NEXT- oder PRIOR-Verweis wird geprüft, ob die CHNID am Ziel des Verweises mit jener am Ausgangspunkt überein- stimmt. Dies ermöglicht die Erkennung von Inkonsistenzen der Klasse III (Ketten- wechsel).

3. Die Kettenfolgenummer

Die Kettenfolgenummer ("chain sequence number", CHNSN) zielt primär auf die Erkennung von Schleifen (LOOPs) in Überlaufketten ab, d.h. auf die Klassen IV.1.2, IV.1.4, IV.2.2 und IV.2.4. Kettenfolgenummern sorgen für die eindeutige, auf- steigende Numerierung sämtlicher Buckets einer Überlaufkette von innen nach außen.

Das läßt sich folgendermaßen realisieren: Beim Einrichten der Datenbank wird in alle Primärbuckets die CHNSN 0 eingetragen. Bei jeder Allokation eines Überlaufbuckets, die ja stets am Kettenende erfolgt, wird die CHNSN des bisherigen Randbuckets gelesen, um 1 erhöht und als CHNSN in das neu allokierte Randbucket eingetragen.

Infolge von Löschungen werden im Laufe der Zeit Lücken im Bereich der aktuell vergebenen CHNSNs einer Kette auftreten. (Man beachte hier auch die Gemeinsamkeiten von Satzfolgenummern in einer Datenbankseite (Kap. 4.3.3) und Kettenfolgenummern in einer Überlaufkette.) Diese Lücken ändern jedoch nichts an den Eigenschaften der CHNSNs einer Kette:

- Jedes Primärbucket muß die CHNSN 0 besitzen.
- Die CHNSN des Kettennachfolgers eines Buckets i muß größer als die CHNSN von i sein.
- Die CHNSN des Kettenvorgängers eines Buckets i muß kleiner als die CHNSN von i sein.

Bei jedem Zugriff von einem Bucket zu seinem Kettennachfolger oder -vorgänger wird die Größer- bzw. Kleiner-Beziehung der CHNSNs überprüft. Dies gewährleistet die Erkennung von Schleifen in der NEXT- oder PRIOR-Verweis-Kette. Außerdem darf ein PRIOR-Verweis nur dann "Null" sein, wenn auch die CHNSN des Buckets den Wert 0 besitzt. Durch eine entsprechende Prüfung sind Inkonsistenzen der <u>Klasse IV.2.1</u> (Bruch der PRIOR-Verweis-Kette) zu erkennen.

Zur Speicherung der CHNSN in einer Seite müssen nicht mehr als 2 Bytes verwandt werden. Damit lassen sich CHNSNs zwischen 0 und 65535 darstellen. Nur in sehr seltenen Fällen kann es dennoch passieren, daß aufgrund zahlreicher Einfügungen und Löschungen die größte darstellbare CHNSN vergeben wurde und bei einer weiteren Einfügung ein Werteüberlauf droht. Dann kann entweder eine Reorganisation der vorhandenen CHNSNs durchgeführt werden, wie sie schon in Kap. 4.3.3 für die Satzfolgenummern in einer Seite vorgeschlagen wurde, oder es kann nochmals die CHNSN 65535 vergeben werden. Bei der letztgenannten Vorgehensweise sind Schleifen im Bereich jener Buckets, denen die CHNSN 65535 zugeordnet wurde, allerdings nicht mehr zu erkennen. Beim Übergang vom Bucket i über NEXT(i) zum Bucket j muß die Konsistenzprüfung dann lauten:

```
if CHNSN(i) < CHNSN(j) or
   CHNSN(j) = 65535
then (* keine Inkonsistenz festzustellen *)
else INKONSISTENZ;
```

4. Die Differenzenrechnung mit Hilfe von GAPP und GAPN

In jedem Bucket werden zwei Einträge gespeichert, in denen die Größe der Lücken in den CHNSNs zum Kettenvorgänger und zum Kettennachfolger verzeichnet ist. Wir bezeichnen diese Einträge als <u>GAPP</u> ("gap to prior", CHNSN-Lücke zum Vorgänger)

und **GAPN** ("gap to next", CHNSN-Lücke zum Nachfolger). Solange in einer Überlaufkette ausschließlich Allokationen und keine Deallokationen auftreten, existieren
auch noch keine Lücken im Bereich der vergebenen Kettenfolgenummern. Von zwei
Ausnahmen abgesehen, besitzen deshalb die GAPP- und GAPN-Einträge den Wert 0. Bei
diesen Ausnahmen handelt es sich um GAPP im Primärbucket und GAPN im Randbucket: Im ersten Fall gibt es keinen Kettenvorgänger, während im zweiten Fall der
Kettennachfolger nicht vorhanden ist. Man kann statt dessen auch sagen, daß der
Kettenvorgänger bzw. der Kettennachfolger unendlich weit entfernt ist. Dies wird
in GAPP bzw. GAPN durch das Symbol "∞" ausgedrückt, das in Form des größtmöglichen
darstellbaren Werts ("high value") gespeichert wird. **Bild 32** zeigt als Ausgangszu-

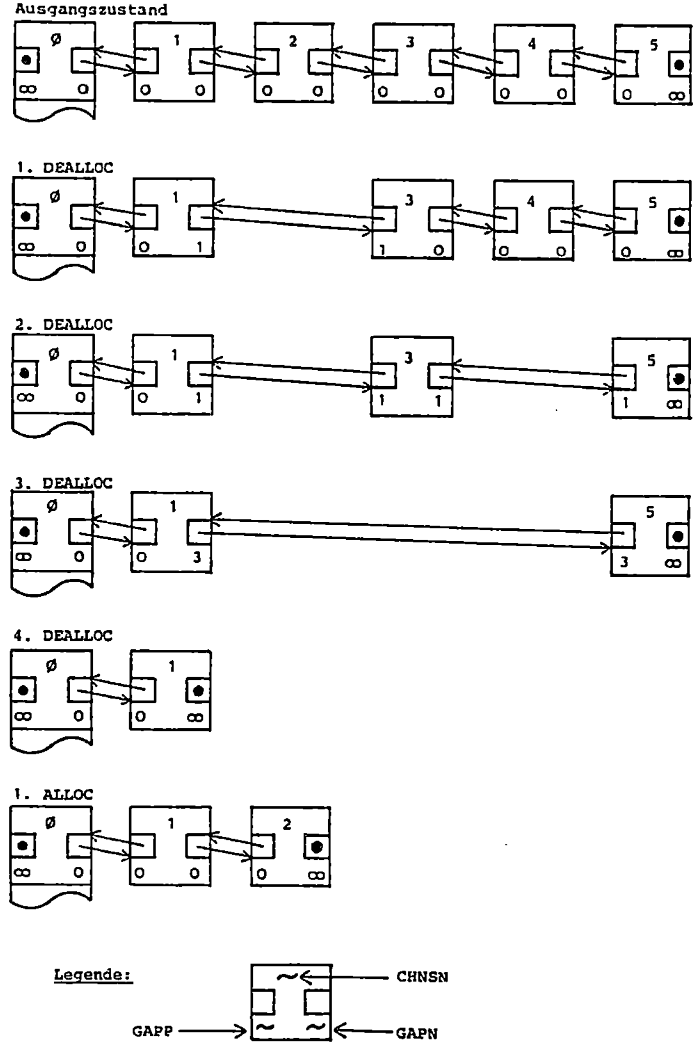

Bild 32: Beispiel zur Differenzenrechnung in den Kettenfolgenummern

stand eine Überlaufkette mit sechs Buckets, in der nur die GAP-Werte 0 und "∞"

vorkommen. Beim Einrichten der Datenbank wurde für GAPP und GAPN in sämtliche Primärbuckets der Wert "∞" eingetragen.

Bild 32 gibt darüber hinaus die Änderungen der GAP-Werte im Zuge von Allokationen und Deallokationen wieder. Sie erfolgen als Teil der in Bild 29 dargestellten Operationsprimitive ALLOC und DEALLOC. Bei der Deallokation eines Überlaufbuckets j mit dem Kettenvorgänger i und dem Kettennachfolger k werden die GAP-Werte folgendermaßen geändert:

GAPN(i) := GAPN(i) + GAPN(j) + 1

GAPP(k) := GAPP(k) + GAPP(j) + 1

Falls das zu löschende Bucket j ein Randbucket ist, wird GAPN(i) auf "∞" gesetzt; die obige Addition für GAPN(i) würde nämlich in diesem Fall keinen zulässigen Wert mehr ergeben. Bei der Allokation eines neuen Randbuckets k sind die nachstehenden GAP-Änderungen erforderlich, wenn das alte Randbucket die Nummer j besitzt:

GAPN(j) := 0   (GAPN(j) besaß zuvor den Wert "∞")

GAPP(k) := 0

GAPN(k) := "∞"

Die GAP-Angaben werden in folgender Weise zur <u>Konsistenzprüfung</u> benutzt:

- Wenn eines der Operationsprimitive FIND+ oder FIND- den Wert "Null" in einem NEXT-Verweis vorfindet, wird überprüft, ob in GAPN der Wert "∞" eingetragen ist. Sollte dies nicht zutreffen, kann eine Inkonsistenz der <u>Klasse IV.1.1</u> (Bruch der NEXT-Verweis-Kette) vorliegen.

- Wenn das Operationsprimitiv DEALLOC auf den Wert "Null" im PRIOR-Verweis eines freizugebenden Buckets stößt, wird geprüft, ob auch GAPP den Wert 0 besitzt. Da zusätzlich noch abgefragt werden kann, ob die CHNSN des Buckets ebenfalls 0 ist, müssen insgesamt drei Bedingungen erfüllt sein, damit feststeht, daß es sich bei der betrachteten Seite um ein Primärbucket handelt und deshalb keine Deallokation erfolgen darf.

- Bei jedem Übergang von einem Bucket j über NEXT(j) zum Bucket k wird abgefragt:

```
if CHNSN(j) + GAPN(j) + 1 = CHNSN(k)
then (* keine Inkonsistenz festzustellen *)
else INKONSISTENZ;
```

Wir sprechen hier und im folgenden auch von <u>Differenzenrechnung</u>, da die CHNSN-Differenzen mit Hilfe der GAP-Angaben überprüft werden (und umgekehrt).

- Bei jedem Übergang vom Bucket j über PRIOR(j) zum Bucket i wird in entsprechender Weise geprüft:

```
if CHNSN(j) - GAPP(j) - 1 = CHNSN(i)
then (* keine Inkonsistenz festzustellen *)
else INKONSISTENZ;
```

Die Differenzenrechnung erkennt Inkonsistenzen der <u>Klassen IV.1.3 und IV.2.3</u> (SKIP). Mit ihr wurde eine von der NEXT-/PRIOR-Kettung unabhängige Möglichkeit zur

Überprüfung der Konsistenz in Überlaufketten geschaffen.

Da zuvor für die Speicherung einer Kettenfolgenummer 2 Bytes veranschlagt wurden, sollten für GAPP und GAPN ebenfalls je 2 Bytes benutzt werden. Dies gibt insgesamt einen Speicherplatzbedarf für die GAP-Werte von 4 Bytes je Bucket.

5. Der NEXT/PRIOR-Vergleich

In diesem Kapitel wurde bisher nur auf Konsistenzprüfungen unter Einführung neuer Redundanzen (TBLID, CHNID, CHNSN, GAPP/GAPN) eingegangen. Offensichtlich stellt aber die doppelte Verkettung der Buckets über NEXT- und PRIOR-Verweise auch schon Redundanz dar, von der zu Prüfzwecken Gebrauch gemacht werden kann. So kann man bei jedem Zugriff über einen NEXT- oder PRIOR-Verweis überprüfen, ob die doppelte Verkettung intakt ist. Exakter lassen sich die Prüfungen so beschreiben:
- Bei jedem Übergang von einem Bucket j über NEXT(j) zum Bucket k wird die Beziehung

     PRIOR(k) = j

  überprüft.
- Bei jedem Übergang vom Bucket j über PRIOR(j) zum Bucket i wird

     NEXT(i) = j

  abgefragt.

Wir bezeichnen diesen Prüfungstyp als NEXT/PRIOR-Vergleich. Er wurde bereits von Taylor /Tay77/ zur Konsistenzprüfung in doppelt verketteten Listen vorgeschlagen.

Nachdem nunmehr sämtliche Redundanzen und Konsistenzprüfungen für Hashtabellen mit "separate chaining" eingeführt wurden, soll zum Abschluß noch eine zusammenfassende Bewertung vorgenommen werden. **Bild 33** zeigt zunächst ein um die vorge-

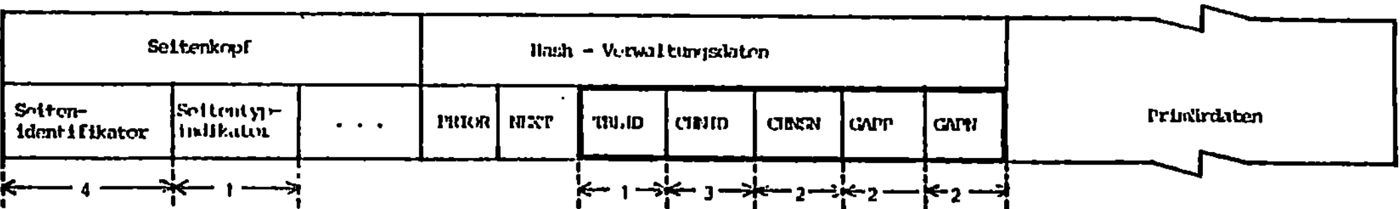

Bild 33: Modell für den Seitenaufbau in Hashtabellen mit "separate chaining" unter Berücksichtigung von Fehlererkennungsaspekten

stellten Redundanzen erweitertes Seitenmodell, das auf dem in Bild 27 dargestellten Basismodell einer Hashseite aufbaut. Für die hash-spezifischen Redundanzen, die Teil der Hash-Verwaltungsdaten sind, werden nur 10 Bytes je Bucket benötigt. Bei Berücksichtigung des Seitenidentifikators und des Seitentypindikators, die in Seiten jeglichen Typs enthalten sein sollen, ergibt sich ein Speicherplatzbedarf von 15 Bytes für redundante Daten. Bei einer Seitenlänge von 2048 oder 4096 Bytes erfordert die redundante Information somit weniger als 1% des in einer Seite vorhandenen Platzes, und selbst bei einer Seitenlänge von 512 Bytes erscheint der Speicherplatzbedarf der Redundanzen als noch tolerierbar ($\approx$3%).

Die mit Hilfe der redundanten Daten erfolgenden Konsistenzprüfungen erfordern sehr geringe CPU-Zeit-Aufwendungen. In fast allen Fällen ist nämlich nur die einfache Prüfung einer Wertegleichheit oder Größer-/Kleiner-Beziehung notwendig. Lediglich die Differenzenrechnung beinhaltet arithmetische Operationen, die aber auch keinen bedeutenden Zeitaufwand mit sich bringen. Zusätzliche E/A-Operationen ergeben sich infolge der Nutzung und Wartung der Redundanzen nicht. Dagegen hätte z.B. die Speicherung eines Zählers im Primärbucket, welcher die Zahl der in der zugehörigen Überlaufkette vorhandenen Buckets enthält, E/A-Aufwendungen im Zuge von Allokationen und Deallokationen zur Folge.

Die Konsistenzprüfungen können in der in **Bild 34** gezeigten Reihenfolge durchge-

Nr.	Prüfungsinhalt
1.	Prüfung des Tabellenidentifikators (TBLID)
2.	Prüfung des Kettehidentifikators (CHNID)
3.	Durchführung des NEXT/PRIOR - Vergleichs
4.	Prüfung der Größer/Kleiner - Beziehung in den Kettenfolgenummern (CHNSN)
5.	Prüfung der CHNSN -.Differenzen (GAPP, GAPN)

Bild 34: Reihenfolge der Konsistenzprüfungen beim erweiterten Seitenformat nach Bild 33

führt werden. Die Prüfungen des Seitenidentifikators sowie des Seitentypindikators sind dort nicht aufgeführt, da sie nicht hash-spezifisch sind und bereits durch den Pufferverwalter vorgenommen werden.

Schon bei der Einführung der verschiedenen Redundanzen wurde erläutert, auf welche der in Bild 30 dargestellten Fehlerklassen sie jeweils abzielen. **Bild 35** faßt die Zuordnung zwischen Fehlerklassen einerseits und Redundanzen bzw. Prüfmethoden andererseits nochmals zusammen. In dieser Tabelle ist etwa aufgeführt, daß Schleifen in den Verweisketten durch den NEXT/PRIOR-Vergleich erkannt werden. Ebenso kann eine solche Inkonsistenz durch den Vergleich der Kettenfolgenummern (CHNSNs) entdeckt werden. Bild 35 enthält aber stets nur jenes Prüfverfahren, welches bei Zugrundelegung der Prüfreihenfolge aus Bild 34 eine Inkonsistenz zuerst entdeckt. Da der NEXT/PRIOR-Vergleich bereits in Schritt 3 stattfindet, die

Fehlerklasse (Verweis)		Fehlererkennung (Redundanz, Verfahren)
I	Nicht-Hashseite	Seitentypindikator
II	andere Hashtabelle	Tabellenidentifikator (TBLID)
III	andere Kette	Kettenidentifikator (CHNID)
IV.1.1	NEXT im inneren Bucket "NULL"	CHNSN - Differenz (GAPN)
IV.1.2	" " LOOP	NEXT/PRIOR - Vergleich
IV.1.3	" " SKIP	"
IV.1.4	" Randbucket $\neq$ "NULL"	"
IV.2.1	PRIOR im Überlaufbucket "NULL"	NEXT/PRIOR - Vergleich (FIND), CHNSN (ERASE)
IV.2.2	" " LOOP	NEXT/PRIOR - Vergleich
IV.2.3	" " SKIP	"
IV.2.4	" Primärbucket $\neq$ "NULL"	"

Bild 35: Fehlerklassen zum Typ der 1-Verweis-Fehler und die zu ihrer Erkennung dienenden Redundanzen und Verfahren

CHNSN-Prüfung hingegen erst in Schritt 4, wird eine Schleife durch den NEXT/PRIOR-Vergleich zuerst erkannt.

Wir sind bislang stets vom Vorhandensein eines einzigen fehlerhaften Verweises ausgegangen, also von einem sog. 1-Verweis-Fehler. Ansonsten wurde die Datenbank als physisch konsistent vorausgesetzt. Die Aufstellung in Bild 35 zeigt, daß in diesem Fall eine Inkonsistenz mit Hilfe der Prüfungen stets zu erkennen ist. Es bleibt nun noch zu untersuchen, inwieweit die Prüfungen auch zur Erkennung von Mehrfachfehlern in der Lage sind, wenn es also mehr als ein inkonsistentes Element in der Datenbank — und speziell in einer Überlaufkette — gibt. Als Elemente sind dabei sowohl Verweise als auch redundante Daten zu berücksichtigen. Schon die Tatsache, daß bestimmte 1-Verweis-Fehler durch mehr als nur eine Prüfung erkannt werden, deutet darauf hin, daß auch bei einigen Mehrfachfehlern die Erkennung möglich ist.

Im folgenden wird vorausgesetzt, daß es in der Hashtabelle zumindest einen fehlerhaften Verweis gibt. Wenn dies nämlich nicht der Fall ist und inkorrekte Werte nur in den redundanten Daten existieren, dann kann es gar nicht erst zu einem Fehlverhalten bei der DB-Verarbeitung kommen. Wir nehmen außerdem an, daß es sich bei dem betrachteten fehlerhaften Verweis um einen NEXT-Verweis handelt. Dies vereinfacht lediglich die folgenden Erläuterungen, eine Übertragung der Aussagen auf einen inkorrekten PRIOR-Verweis ist leicht möglich. Für die in Bild 30 gezeigten Fehlerklassen wird nun untersucht, welche bzw. wie viele fehlerhafte Elemente darüber hinaus noch vorhanden sein müssen, um eine nicht mehr erkennbare Inkonsistenz zu erzeugen:

- Der Verweis führt auf eine Nicht-Hashseite (Klasse I):

  Nur wenn in dieser Seite der falsche Typindikator HASH verzeichnet ist und außerdem auch die anderen Konsistenzprüfungen (2 bis 5 in Bild 34) keinen Fehler entdecken können, liegt eine nicht erkennbare Inkonsistenz vor.

- Der Verweis führt in eine andere Hashtabelle (Klasse II):

  Damit die Fehlererkennung durch die TBLID-Prüfung und den NEXT/PRIOR-Vergleich scheitert, müssen zumindest die TBLID und der PRIOR-Verweis in der referenzierten Seite falsch sein. Erst insgesamt drei fehlerhafte Werte können somit eine nicht erkennbare Inkonsistenz verursachen.

- Der Verweis führt in eine andere Kette der eigenen Hashtabelle (Klasse III):

  Hier müssen in der referenzierten Seite die CHNID und der PRIOR-Verweis inkorrekt sein, um die Fehlererkennung möglicherweise scheitern zu lassen.

- Für den Verweis liegt ein Fehler der Typen LOOP oder SKIP vor (Klassen IV.1.2/3/4):

  Die Inkonsistenz wird normalerweise durch den NEXT/PRIOR-Vergleich, die CHNSN-Prüfung oder die Differenzenrechnung erkannt. Um die Fehlererkennung zu verhindern, muß zumindest noch ein PRIOR-Verweis fehlerhaft sein und eine weitere Inkonsistenz in den CHNSN-, GAPP- oder GAPN-Werten vorliegen.

Wenn wir von den Fehlerklassen I und IV.1.1 absehen, dann werden in allen anderen Fällen mindestens drei inkorrekte Elemente zur Erzeugung einer nicht erkennbaren Inkonsistenz benötigt. Bei der Fehlerklasse I ist es aber sehr unwahrscheinlich, daß sich in der referenzierten Seite der Typindikator HASH befindet und darüber hinaus die anderen Konsistenzprüfungen keinen Fehler melden. Wir können deshalb auch für diesen Fall annehmen, daß zwei Inkonsistenzen von den Prüfungen stets erkannt werden. Nur bei der Fehlerklasse IV.1.1 scheitert die Fehlererkennung, wenn zusätzlich in dem fehlerhaften Bucket noch GAPN den Wert "∞" besitzt. Da es sich dabei um den einzigen ernst zu nehmenden Fall handelt, daß zwei falsche Elemente einen nicht erkennbaren Fehler in einer Überlaufkette verursachen, kann den um Redundanzen erweiterten Hashtabellen mit "separate chaining" das Prädikat "quasi-2-detectable" verliehen werden. Damit werden die bei der Taylor'schen Listenimplementierung 2 vorhandenen Fehlererkennungseigenschaften in etwa erreicht. Der Vorteil bei unserem Vorschlag liegt jedoch darin, daß keine zusätzlichen E/A-Operationen zur Nutzung und Wartung der Redundanzen benötigt werden. Der bei den Taylor'schen Listenimplementierungen 1 bis 3 mitgeführte Zähler, der in das Primärbucket einer Überlaufkette aufgenommen werden könnte, hätte hingegen bei Allokationen und Deallokationen zusätzliche Änderungen und damit Schreiboperationen zur Folge.

4.5 Seitenübergreifende Konsistenzprüfungen für B*-Bäume

Die folgenden Erörterungen werden sich zwar an B*-Bäumen /Wed74/ orientieren, besitzen aber größtenteils auch für B-Bäume /BMC72/ Gültigkeit. Der Aufbau des Kapitels gleicht der Struktur der vorangegangenen Abhandlungen zur Fehlererkennung in Hashtabellen. So werden wir zunächst auf die Knoten- bzw. Seitenformate in B*-Bäumen eingehen und dann die möglichen Einfüge-, Such- und Löschoperationen erläutern. Danach werden zwei auf Verweis- bzw. Schlüsselwertinkonsistenzen in B*-Bäumen zugeschnittene Fehlerklassifikationen präsentiert. Für einige Fehlerausprägungen hieraus wird über das beim Datenbanksystem UDS zu beobachtende Verhalten berichtet. Der Hauptteil des Kapitels beschäftigt sich schließlich mit der Vorstellung und Bewertung verschiedener "online"-Fehlererkennungsmaßnahmen für B*-Bäume.

4.5.1 Seitenformate und Verweisstrukturen

Wir gehen bei den Bäumen wiederum davon aus, daß jeweils nur ein Baumknoten einer Datenbankseite zugeordnet wird. Auf die Unterscheidung zwischen Knoten und Seiten wird deshalb im folgenden verzichtet. Bild 36 zeigt das den Betrachtungen zugrunde

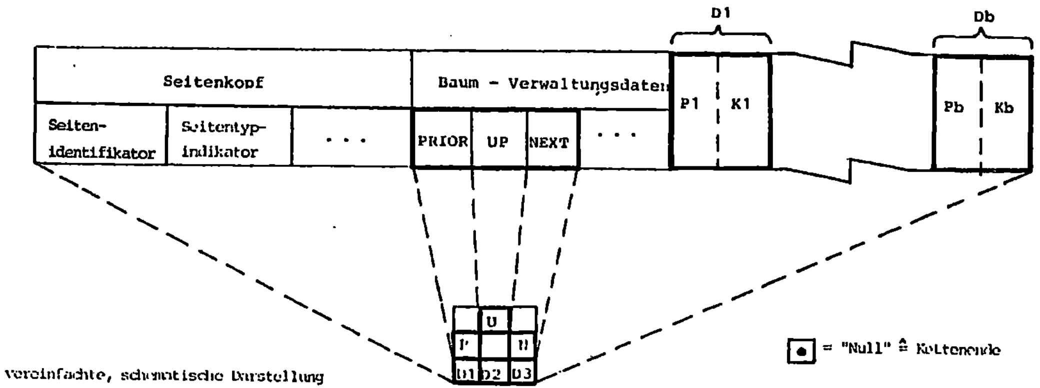

Bild 36: Ein Basismodell für den Seitenaufbau in B*-Bäumen

gelegte Basismodell für den Seitenaufbau in B*-Bäumen. Auch dort sind - wie schon bei Hashseiten - die Einträge Seitenidentifikator und Seitentypindikator als redundante Daten verzeichnet. Eine Baumseite enthält maximal b Schlüssel-Verweis-Paare P[ointer]i/K[ey]i und zu einem aktuellen Betrachtungszeitpunkt b-akt[uell] dieser Paare. Ein Paar Pi/Ki wird zusammen auch als Eintrag Di bezeichnet. Bisweilen enthalten B*-Bäume nur auf den höheren Ebenen (1ff.), die auch Indexebenen genannt werden, Schlüssel-Verweis-Paare, während auf der Blattebene (0) Datensätze verzeichnet sind. Wir legen für alle Ebenen des Baums ein identisches Seitenformat zugrunde, d.h., Blattseiten unterscheiden sich in ihrem

Aufbau nicht von Indexseiten. Die Datensätze werden außerhalb des Baums abgelegt, wie es vor allem bei Bäumen üblich ist, die den Sekundärschlüsselzugriff unterstützen. Die Frage, ob die Datensätze in die Blattebene des Baums eingebettet oder extern gespeichert werden, spielt für die von uns vorgeschlagenen Fehlererkennungsalgorithmen jedoch keine Rolle. Es vereinfacht lediglich die nachstehenden Erläuterungen, wenn von einer einheitlichen Seitenstruktur auf allen Baumebenen ausgegangen wird.

Wenn Duplikate in den Schlüsselwerten zulässig sind und eine aufsteigende Sortierung der Schlüsselwerte im Baum vorausgesetzt wird, dann ergeben sich für Einträge Di in Indexseiten die folgenden Konsistenzbedingungen:

- In der über den Verweis Pi ($1 \leq i \leq b$-akt) adressierten Baumseite befinden sich nur Einträge mit Schlüsselwerten $\leq$ Ki (außer am rechten Rand des Baums (s.u.)).
- In der über den Verweis Pi+1 ($1 \leq i < b$-akt) adressierten Baumseite existieren ausschließlich Einträge mit Schlüsselwerten $\geq$ Ki.

Einträge Di in Blattseiten repräsentieren jeweils einen Datensatz, der den Schlüsselwert Ki enthält und auf den über Pi verwiesen wird.

<u>Bild 37</u> zeigt einen B*-Baum der Höhe h=3 mit maximal b=3 Einträgen je Seite. Der

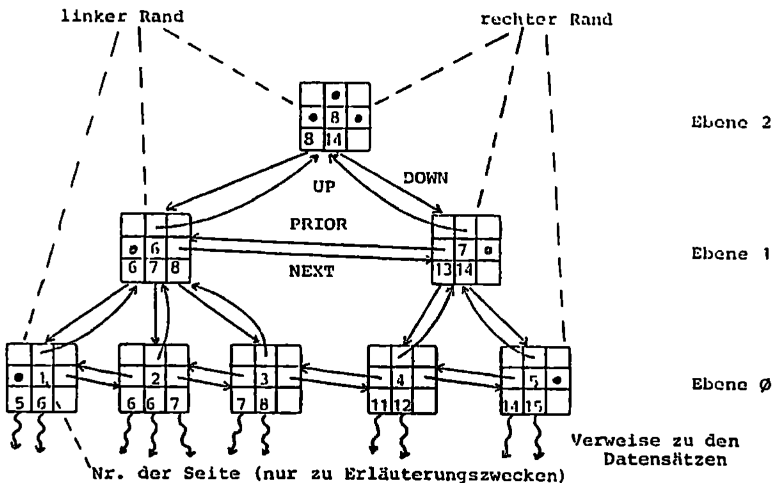

<u>Bild 37</u>: Beispiel für einen B*-Baum der Höhe 3 mit Duplikaten in den Schlüsselwerten

sehr kleine Wert b=3 wurde hier nur aus Darstellungsgründen gewählt. Der Baum enthält auf der Blattebene Verweise zu 11 Datensätzen mit den Schlüsselwerten 5, 6, 7, 8, 11, 12, 14 und 15, wobei der Wert 6 dreifach und der Wert 7 doppelt vorkommt. Die auf den höheren Baumebenen verzeichneten Schlüsselwerte Ki bestimmen die Verzweigung beim Abstieg im Baum, müssen aber als Schlüsselwerte in den Datensätzen nicht unbedingt vorhanden sein. Dies zeigt etwa der Schlüsselwert 13 in Baumseite 7, zu dem es kein Pendant auf der Blattebene bzw. in den

Datensätzen gibt.

Bild 37 macht auch deutlich, was wir unter dem linken und dem rechten Rand eines
Baums verstehen wollen. Am rechten Rand des Baums ist in der Seite 5 der
Schlüsselwert 15 verzeichnet, der größer als der Wert 14 im zugehörigen Eintrag D2
der Seite 7 ist. Hier besitzt folglich die erste o.g. Konsistenzbedingung für
Schlüsselwerte auf höheren Baumebenen keine Gültigkeit. Das Außerachtlassen dieser
Bedingung für Einträge Di (i=b-akt) am rechten Rand des Baums ist u.a. beim
aufsteigend sortierten Einfügen neuer Einträge von Vorteil. So kann etwa die
Einfügung des Schlüsselwerts 17, der größer als alle bereits im Baum vorhandenen
Schlüsselwerte ist, ohne eine Folgeänderung auf höheren Baumebenen durchgeführt
werden, indem der neue Eintrag einfach in dem noch freien Platz der Blattseite 5
abgelegt wird.

In den Bildern 36 und 37 sind, außer den Zeigern von den Vätern zu ihren
Söhnen (DOWN-Verweise Pi), noch weitere Verweisbeziehungen dargestellt:
- Die NEXT- und PRIOR-Verweise stellen die doppelte Verkettung zwischen den Seiten
  einer jeden Baumebene her. Sie gestatten damit eine besonders effiziente,
  logisch fortlaufende Verarbeitung der Datensätze in aufsteigend oder absteigend
  sortierter Schlüsselwertreihenfolge. Der NEXT-Verweis am rechten Rand des Baums
  und der PRIOR-Verweis am linken Rand besitzen beide den Wert "Null". NEXT-Verweise kamen bereits in den B'-Bäumen von Vandendorpe vor, die in Kap. 2.5.5
  vorgestellt wurden.
- Die UP-Verweise zeigen von den Söhnen zurück zu ihren Vätern auf der nächsthöheren Baumebene. Der UP-Verweis in der Wurzel besitzt als einziger den Wert
  "Null". Diese Verkettung ist in jenen Fällen vorteilhaft, wo ausgehend von der
  Blattebene des Baums auf höhere Ebenen zugegriffen werden muß ("bottom-up"-Vor-
  gehen).

4.5.2 Operationen und ihre Zerlegung in Primitive

Für B*-Bäume sind vier Operationstypen näher zu betrachten:
- FIND:
  Zur Suche nach einem vorgegebenen Schlüsselwert K wird ein Pfad des B*-Baums
  unter Verfolgung der DOWN-Verweise von der Wurzel bis zur Blattebene durchlau-
  fen. Die Suche endet stets erst in einer Blattseite, unabhängig davon, ob sie
  erfolgreich oder erfolglos verläuft. Eine Unterscheidung zwischen FIND+ und
  FIND-, wie sie bei Hashtabellen mit "separate chaining" vorgenommen wurde, ist
  deshalb hier nicht nötig.
- NAVIGATE:
  Bei dieser Zugriffsform erfolgt, ausgehend von einer über FIND aufgesuchten
  Blattseite, ein "navigierender" Übergang zu den Nachbarseiten der gleichen

Ebene. Dies geschieht bei der Verarbeitung von Sätzen in sortierter Schlüsselwertreihenfolge unter Ausnutzung der NEXT- und PRIOR-Verweise.

- STORE:

Die Einfügung eines neuen Eintrags in einen B*-Baum erfordert stets den Einstieg
über die Wurzel, also die Durchführung einer Suchoperation. Falls in der
betreffenden Blattseite noch Platz für den Eintrag vorhanden ist (b-akt<b), wird
er dort abgelegt und die Einfügeoperation damit beendet. Dies ist z.B. dann der
Fall, wenn in den Baum aus Bild 37 ein Eintrag mit dem Schlüsselwert 9 eingefügt
wird.

Ist die betreffende Blattseite jedoch bereits voll (b-akt=b), so muß eine
Splitoperation durchgeführt werden. (Wir sehen hier von Uberlaufbehandlungstech-
niken, wie es sie etwa in Form der "dynamischen Reorganisation" im Datenbanksystem UDS gibt, ab und verweisen bzgl. dieser Thematik auf Kap. 4.5.4 sowie auf
die ausführlichen Darstellungen in /Kü83b, Kü83d/.) Im Verlauf der Splitoperation wird eine neue Blattseite allokiert. Sie wird zum rechten Nachbarn der vom
Split betroffenen vollen Seite. Die Einträge der vollen Seite werden dann
etwa zur Hälfte in die neue Nachbarseite verschoben. Die NEXT-/PRIOR-Ver-
kettung auf der Blattebene muß zur Einbeziehung der Seite entsprechend modifiziert werden.

Anschließend sind zunächst Folgeänderungen auf der nächsthöheren Baumebene
durchzuführen. Der Zugriff zur Vaterseite kann dabei über den UP-Verweis
erfolgen. Für die neu allokierte Blattseite wird dort ein Eintrag Di eingefügt,
wobei Pi auf die neue Blattseite zeigt und Ki den größten Schlüsselwert dieser
Seite enthält. Pi-1 zeigt auf die vom Split betroffene Blattseite. Der
zugehörige Schlüsselwert Ki-1 muß geändert werden, damit der Eintrag Di-1 auch
nach dem Split auf der Blattebene seine Wegweiserfunktion erfüllen kann. Diese
Folgeänderungen können sich u.U. bis zur Baumwurzel hin fortsetzen.

- ERASE:

Die den zu löschenden Eintrag enthaltende Blattseite ist zunächst mit Hilfe
einer Suchoperation zu ermitteln. Der Eintrag kann anschließend gelöscht werden.
Oftmals wird bei Löschoperationen in B- und B*-Bäumen darauf geachtet, daß die
Belegung einer Seite nicht unter 50% oder einen anderen, vorgegebenen Schwell-
wert (z.B. 66%) absinkt. Dies erfordert gelegentlich eine Zusammenlegung bzw.
"underflow"-Behandlung für benachbarte Seiten /BMC72/.
Wir gehen statt dessen von einer weitaus einfacheren Löschstrategie aus, die im
Datenbanksystem UDS implementiert ist: Es gibt weder eine Zusammenlegung noch
eine "underflow"-Behandlung. Wird eine Baumseite aufgrund einer Eintragslöschung
leer, so erfolgt ihre Auskettung und anschließende Freigabe. Natürlich sind dann
auch wieder Folgeänderungen auf höheren Baumebenen erforderlich. Falls die
Löschung in einer Blattseite hingegen nicht zum Leerwerden dieser Seite führt,
sind keine Modifikationen auf höheren Ebenen durchzuführen.

Diese Löschstrategie kann in sehr seltenen, im praktischen Einsatz des Verfahrens zu vernachlässigenden Fällen zur Entartung eines Baums zur linearen Liste führen, falls auf jeder Baumebene nur noch genau eine Seite existiert. Von größerer Bedeutung sind jedoch die Auswirkungen auf Suchoperationen, die anhand von Bild 37 aufgezeigt werden können: Angenommen, der in Seite 1 vorhandene Eintrag mit dem Schlüsselwert 6 wird gelöscht. Irgendwelche Änderungen in anderen Baumseiten, speziell in der Vaterseite 6, sind damit nicht verbunden. Wenn später auf den Schlüsselwert 6 zugegriffen werden soll, folgt die Suche dem Pfad von der Seite 8 über die Seite 6 zur Seite 1. Obwohl der Schlüsselwert 6 in Seite 1 nicht mehr vorhanden ist, darf jedoch die Suchoperation in diesem Fall nicht einfach erfolglos beendet werden. Sie muß vielmehr im rechten Nachbarn der Seite 1, also in Seite 2, fortgesetzt werden. Tatsächlich ist der gesuchte Schlüsselwert dort noch zu finden. In /Kü83b/ wird genauer auf die Bedingungen eingegangen, unter denen die Fortsetzung der Suche in der rechten Nachbarseite der zunächst durchsuchten Blattseite erforderlich ist.

In unserer Typenzusammenstellung fehlen jene Operationen, die nur auf B*-Bäume anwendbar sind, bei denen die Datensätze selbst in den Blättern abgelegt werden. Im vorigen Kapitel wurde erwähnt, daß wir von einem einheitlichen Seitenformat auf allen B*-Baum-Ebenen ausgehen wollen und deshalb die separate Speicherung der Datensätze außerhalb des Baums zugrunde legen. Wenn die Datensätze jedoch in den Blättern enthalten sind, dann müssen noch zusätzlich die Operationstypen FINDD und ERASED betrachtet werden, die bereits von Hashtabellen mit "separate chaining" her bekannt sind.

Für Hashtabellen mit "separate chaining" wurden in Kap. 4.4.2 Operationsprimitive gebildet, aus denen sich die verschiedenen Operationstypen wieder synthetisieren ließen. Unsere obigen Erläuterungen zu den Operationstypen bei B*-Bäumen haben gezeigt, daß vor allem bei Einfügungen und Löschungen deutlich komplexere Abläufe vorliegen, als sie bei Hashtabellen anzutreffen sind. Dies erschwert auch die Bildung von Operationsprimitiven. Wir haben uns deshalb im vorliegenden Fall für sehr einfache Primitive entschieden, die eine weitaus geringere Mächtigkeit als die Operationsprimitive für Hashtabellen aufweisen. In <u>Bild 38</u> wurden die sich ergebenden <u>Operationsprimitive</u> zusammengestellt.

Eine Suche im Baum setzt sich immer dann aus mehreren GODOWN-Primitiven zusammen, wenn der Baum aus mehr als zwei Ebenen besteht. Durch Aneinanderreihung mehrerer GONXPR-Primitive kann die "Navigation" auf den Seiten einer Baumebene durchgeführt werden. Zum Einfügen eines neuen Eintrags in den Baum erfolgt zunächst die Suche nach der betroffenen Seite über GODOWN-Primitive. Die Einfügung geschieht über INSERT, falls die Seite nocht nicht voll ist. Andernfalls wird zuvor über ALLOC eine neue Seite allokiert und die Aufteilung der Einträge durchgeführt; anschließend wird mittels GOUP zur Vaterseite zugegriffen, ein neuer Eintrag über

Primitiv	Bedeutung
GODOWN	Übergang zum Sohn (DOWN)
GONXPR	Übergang zum Vorgänger/Nachfolger (PRIOR / NEXT)
GOUP	Übergang zum Vater (UP)
INSERT	Einfügen eines Eintrags D_i in eine Seite (die zuvor noch nicht voll ist)
DELETE	Löschen eines Eintrags D_i in einer Seite
ALLOC	Allokieren und Einketten (PRIOR/NEXT/UP) einer neuen Seite
DEALLOC	Ausketten (PRIOR/NEXT) und Freigeben einer Seite
CHNGKEY	Ändern eines Schlüsselwerts K_i

Bild 38: Operationsprimitive für die Kettenverarbeitung in B*-Bäumen

INSERT eingefügt und ein vorhandener Schlüsselwert über CHNGKEY geändert. Dies kann sich auch noch weiter nach oben hin fortsetzen. Im Verlauf einer Löschung erfolgt ebenfalls zunächst der Abstieg im Baum über GODOWN, dem dann die Eintragslöschung selbst durch DELETE folgt. Falls die betroffene Seite dadurch leer wird, geschieht ihre Auskettung und Deallokation über DEALLOC. Dann muß noch über GOUP zum Vater zugegriffen werden, um dort eine weitere Eintragslöschung mittels DELETE vorzunehmen. Auch diese Operationsfolge kann sich zur Wurzel hin fortsetzen.

4.5.3 Fehlerklassifikation

Im Zusammenhang mit Inkonsistenzen in Hashtabellen mit "separate chaining" haben wir uns ausschließlich mit fehlerhaften Verweisen beschäftigt. Bei den B*-Bäumen sind demgegenüber die _Verweise_ und die _Schlüsselwerte_ auf den Indexebenen für die Operationsdurchführung gleichermaßen von Bedeutung. So kann beispielsweise schon ein einziger inkorrekter Schlüsselwert in der Wurzel dazu führen, daß sehr viele Suchoperationen nach im Baum vorhandenen Einträgen erfolglos verlaufen. Im folgenden soll deshalb zunächst auf inkonsistente Verweise und anschließend auch auf fehlerhafte Schlüsselwerte eingegangen werden.

1. Fehlerhafte Verweise in B*-Bäumen

Die verschiedenen Fälle können anhand des Klassifikationsbaums in **Bild 39** erläutert werden. Wir betrachten jeweils genau einen inkorrekten DOWN-, UP-, NEXT- oder PRIOR-Verweis. Da die Verweise P_i auf der Blattebene aus dem Baum heraus zu

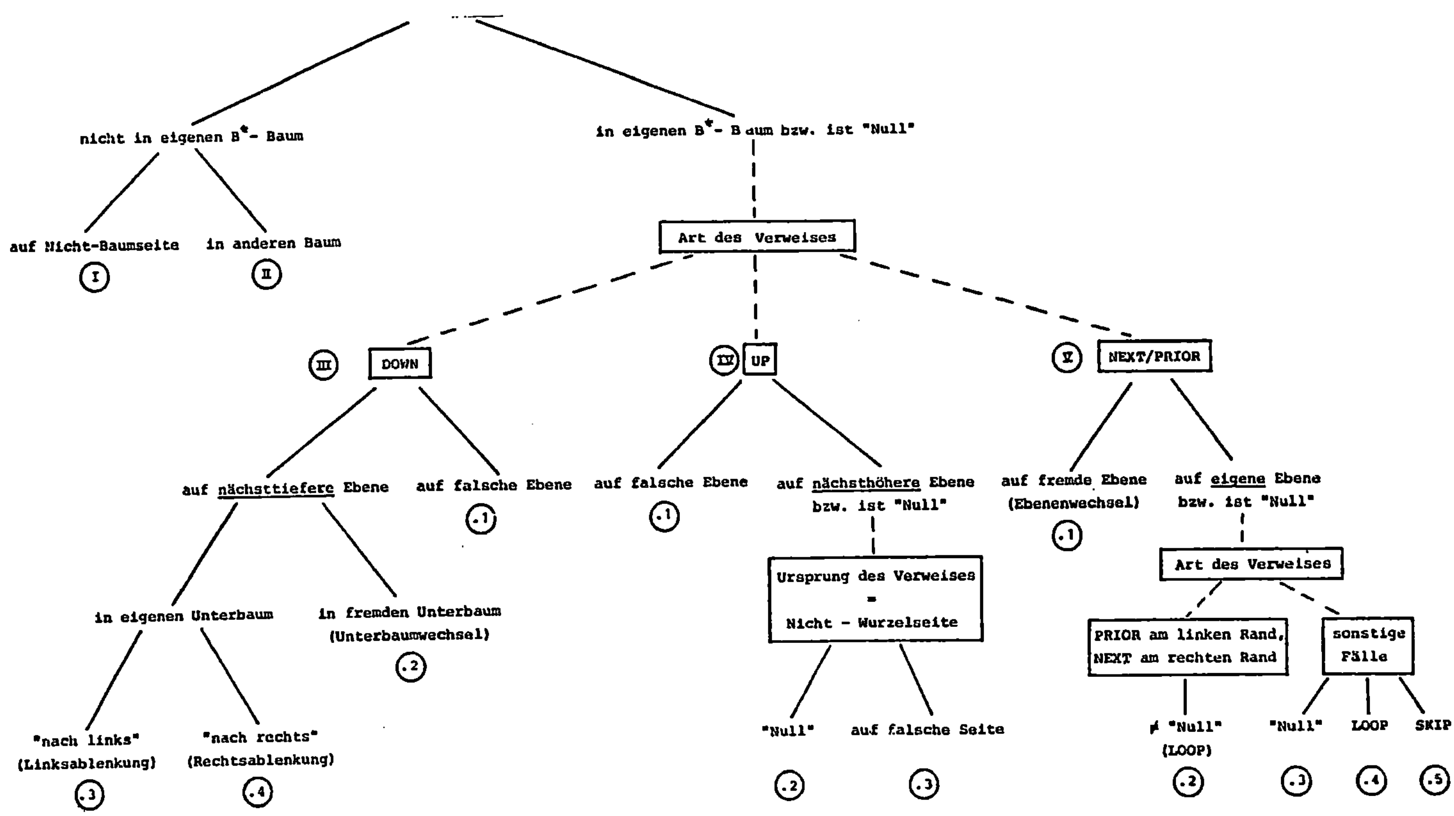

Bild 39: Klassifikation der Fehler in Verweisen von B*-Bäumen

den Datensätzen führen, sind sie für die bauminterne Konsistenz irrelevant. Wir werden sie deshalb im folgenden nicht weiter beachten.

Die _Fehlerklasse I_ umfaßt all jene Inkonsistenzen, wo der fehlerhafte Verweis auf eine Nicht-Baumseite führt. Die _Fehlerklasse II_ liegt dann vor, wenn der Verweis aus dem Baum heraus in einen anderen B*-Baum der Datenbank zeigt. Diese beiden Fehlerklassen gab es in entsprechender Weise auch schon für Hashtabellen (vgl. Bild 30).

Die weitere Diskussion der Fehlerklassifikation kann am einfachsten durch getrennte Erörterung der verschiedenen Verweisarten erfolgen.

1.1 DOWN-Verweise (Fehlerklasse III)

Konsistente DOWN-Verweise auf den Indexebenen sind stets auf die nächsttiefere Ebene des Baums gerichtet. Ist dies nicht der Fall, zeigt der betrachtete Verweis also auf die falsche Ebene, so handelt es sich um eine Ausprägung der _Fehlerklasse III.1_.

Bei der _Fehlerklasse III.2_ sprechen wir auch von einem _Unterbaumwechsel_. Der inkonsistente Verweis zeigt zwar auf die nächsttiefere Ebene, jedoch nicht auf einen der regulären Söhne. Der Verweis verläßt somit den eigenen Unterbaum und führt auf eine Seite, die einem anderen Vater zugeordnet ist.

Schließlich kann noch der Fall auftreten, daß der inkorrekte Verweis eine falsche Seite auf der nächsttieferen Ebene des eigenen Unterbaums adressiert. Ist diese vom regulären Zielpunkt des Verweises aus über die PRIOR-Kette zu erreichen, so führt der inkonsistente Verweis nach links (_Fehlerklasse III.3_, _Linksablenkung_). Im Fall der Erreichbarkeit über die NEXT-Kette führt der inkonsistente Verweis folglich nach rechts (_Fehlerklasse III.4_, _Rechtsablenkung_).

Bild 40a zeigt jeweils Beispiele zu den Fehlerklassen I bis III. Die UP-Verweise in den Baumseiten sowie die in den Blättern enthaltenen Verweise Pi zu den Datensätzen sind aus Gründen der Übersichtlichkeit nicht dargestellt. Wir werden sie auch in den nachfolgenden Abbildungen oftmals weglassen.

1.2 UP-Verweise (Fehlerklasse IV)

Ein konsistenter UP-Verweis muß in der Baumwurzel den Wert "Null" besitzen und ansonsten zum Vater auf der nächsthöheren Baumebene führen. Zeigt er auf irgendeine andere Baumseite, so zählt diese Inkonsistenz zur _Fehlerklasse IV.1_.

Für den UP-Verweis in einer Nicht-Wurzelseite existieren noch zwei weitere Fehlermöglichkeiten: Er kann fälschlicherweise "Null" sein (_Fehlerklasse IV.2_) oder auf eine falsche Seite der nächsthöheren Baumebene, also nicht zum Vater,

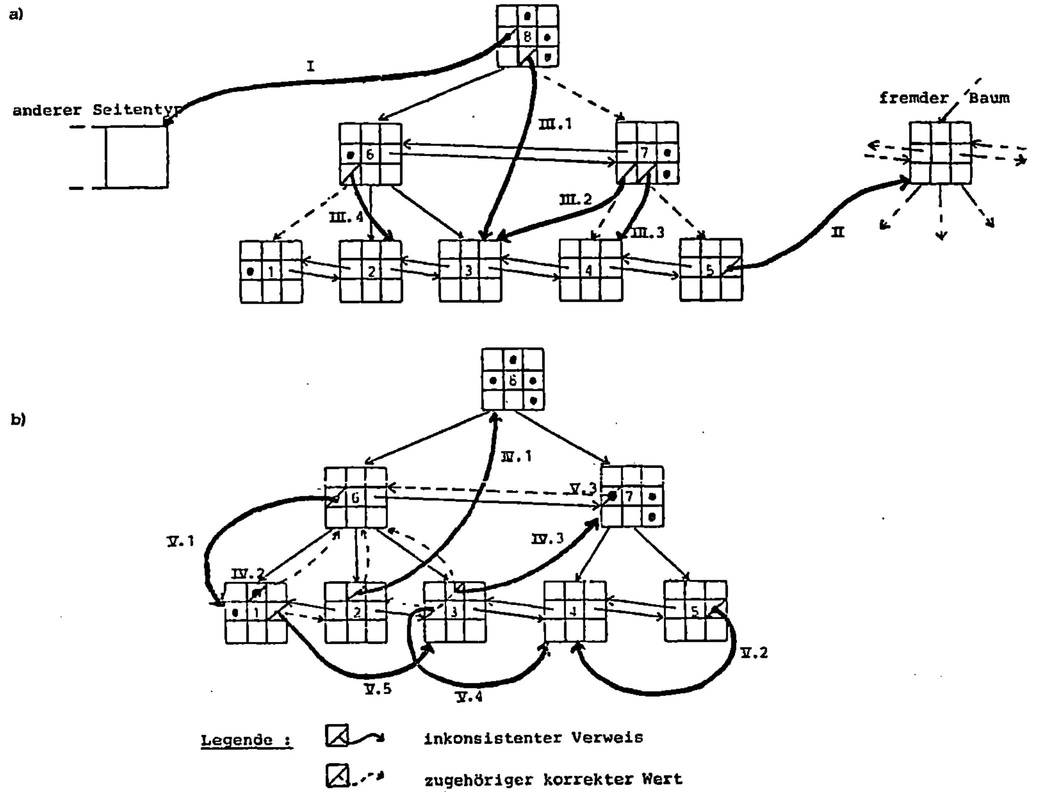

Bild 40: Beispielausprägungen zu den Fehlerklassen aus Bild 39

führen (Fehlerklasse IV.3).

1.3 NEXT- und PRIOR-Verweise (Fehlerklasse V)

Die **Fehlerklasse V.1** beinhaltet jene Inkonsistenzen, wo der NEXT- oder PRIOR-Verweis auf eine andere Baumebene zeigt. Wir sprechen hier auch von einem **Ebenenwechsel**. Er ähnelt dem Kettenwechsel bei Hashtabellen mit "separate chaining" (Bilder 30 und 31).

In die **Fehlerklasse V.2** werden jene Konsistenzverletzungen eingeordnet, wo der PRIOR-Verweis einer linken Randseite oder der NEXT-Verweis einer rechten Randseite einen Wert ungleich "Null" besitzt. Dann muß dieser Verweis aber in die eigene Ebene zeigen und dadurch eine Schleife in der Verweiskettung (LOOP) verursachen. Der Rest der Fehlerklasse V betrifft Inkonsistenzen in den anderen NEXT- und PRIOR-Verweisen einer Baumebene:

- Die **Fehlerklasse V.3** beinhaltet Kettenbrüche, d.h., ein NEXT- oder PRIOR-Verweis ist fälschlicherweise "Null" (BREAK).
- Der **Fehlerklasse V.4** werden die weiteren Arten der Schleifenbildung (LOOP) in

der NEXT- oder PRIOR-Kettung zugeordnet.

- Zur <u>Fehlerklasse V.5</u> zählen schließlich jene Inkonsistenzen, bei denen der fehlerhafte NEXT- oder PRIOR-Verweis Nachbarseiten überspringt (<u>SKIP</u>).

In Bild 40b sind Beispiele zu den Fehlerklassen IV und V dargestellt.

2. Fehlerhafte Schlüsselwerte in B*-Bäumen

Wir betrachten hier ausschließlich inkorrekte Schlüsselwerte auf den <u>Indexebenen</u> des Baums, nicht jedoch auf der Blattebene. Diese Einschränkung hat zwei Gründe:

- Ein fehlerhafter Schlüsselwert auf einer Indexebene hat weiter reichende Auswirkungen als ein solcher auf der Blattebene, da Indexseiten mit größerer Häufigkeit als Blattseiten bei Suchoperationen durchlaufen werden.
- Die Schlüsselwerte auf den Indexebenen stellen redundante Information dar, da sie aus den Daten der jeweils nächsttieferen Ebene abgeleitet sind. Aus diesen Redundanzen, die noch erweitert werden können, ergeben sich Möglichkeiten zu Konsistenzprüfungen beim Abstieg im Baum. Auf der Blattebene lassen sich hingegen allenfalls Verstöße gegen die Sortierordnung erkennen, worauf schon in Kap. 4.3.1 eingegangen wurde.

<u>Bild 41</u> zeigt eine Klassifikation der möglichen Schlüsselwertinkonsistenzen, die

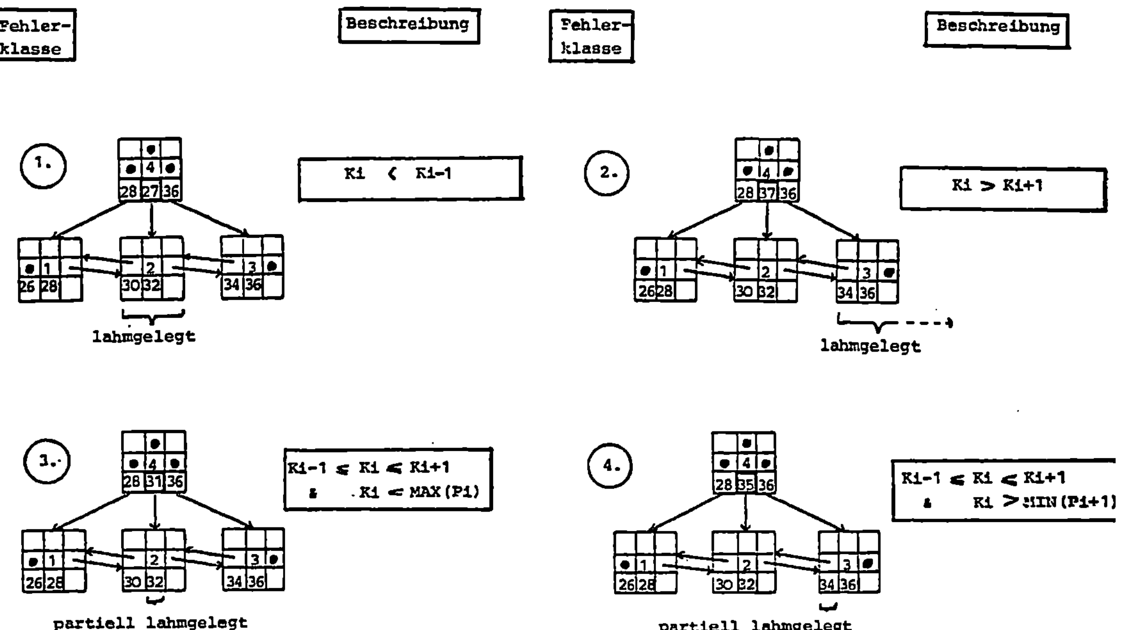

<u>Bild 41</u>: Fehlermöglichkeiten für Schlüsselwerte auf höheren Baumebenen (betroffen sei der Schlüsselwert K2 in der Seite 4)

gleichzeitig anhand von Beispielen veranschaulicht werden. Wir betrachten hier einen einzelnen fehlerhaften Wert Ki in einer Indexseite des B*-Baums. In den

Beispielen ist dies stets der Schlüsselwert K2 in Baumseite 4. Allgemein lassen sich die folgenden <u>Fehlerklassen</u> unterscheiden, wenn in einer konsistenten B*-Baum-Seite die aufsteigende Sortierung der Schlüsselwerte vorausgesetzt wird:

1. Der fehlerhafte Wert Ki ist kleiner als Ki-1. Es liegt also ein Verstoß gegen die Sortierordnung in der Baumseite vor.

2. Ki ist größer als Ki+1. Folglich wird auch hier gegen die seiteninterne Sortierordnung verstoßen.

3. Ki liegt zwar im Intervall [Ki-1,Ki+1], der Wert ist jedoch zu klein: In der über Pi adressierten Seite stehen Schlüsselwerte, die größer als Ki sind.

4. Auch hier verstößt Ki nicht gegen die durch Ki-1 und Ki+1 definierten Intervallgrenzen. Ki ist aber zu groß: Die über Pi+1 adressierte Seite enthält einige Schlüsselwerte, die kleiner als Ki sind.

Schlüsselwertinkonsistenzen können dazu führen, daß Seiten und damit auch die in ihnen gespeicherten Einträge durch Suchoperationen nicht mehr auffindbar sind. Allgemein muß sogar mit der Deaktivierung ganzer Unterbäume gerechnet werden, wenn nämlich Schlüsselwertinkonsistenzen auf den höheren Indexebenen (2ff.) eines Baums vorkommen.

4.5.4 Praktische Untersuchungen am Datenbanksystem UDS

Wie schon in Hashtabellen mit "separate chaining" (Kap. 4.4.4), so wurden auch in B*-Bäumen einer UDS-Datenbank mit Hilfe eines Programms /Wy84/ Inkonsistenzen erzeugt, um anschließend zu untersuchen, wie UDS in solchen Fällen reagiert. Dabei beschränkten wir uns ausschließlich auf <u>Verweisinkonsistenzen</u>, da bei Schlüsselwertinkonsistenzen von vornherein abzusehen war, daß keine Fehlererkennung möglich sein würde. UDS-B*-Bäume entsprechen weitgehend den Darstellungen der Abbildungen 36 und 37. Unterschiede gibt es lediglich in zwei Punkten: Die B*-Baum-Seiten, wie auch alle anderen Seiten, enthalten keinen Typindikator. Indessen ist in ihnen ein Ebenenidentifikator gespeichert, der angibt, zu welcher Baumebene eine Seite gehört. Die Numerierung der Ebenen erfolgt in der in Bild 37 gezeigten Form (Blattebene = Ebene 0 etc.).

Versuche für die Fehlerklassen I und II in Bild 39 wurden gar nicht erst durchgeführt. Aufgrund der Erfahrungen mit Hashtabellen in Kap. 4.4.4 war klar, daß bei den Bäumen in etwa dasselbe UDS-Verhalten zu beobachten sein würde. Der erste Versuch bezog sich deshalb gleich auf die <u>Fehlerklasse III.1</u>. Hierzu wurde ein DOWN-Verweis in der Baumwurzel derart modifiziert, daß er zum Ausgangspunkt, also zur Wurzel, zurückverwies. Anschließend wurde mit UDS eine Suchoperation gestartet, die den fehlerhaften Verweis zum Abstieg im Baum benutzen mußte. UDS erkannte die Inkonsistenz nicht und geriet in eine Endlosschleife, bei der immer wieder die Wurzelseite durchsucht wurde.

Ein anderes Experiment betraf die <u>Fehlerklasse III.3</u>. Für einen DOWN-Verweis wurde eine Linksablenkung erzeugt, indem er auf den linken Bruder i der eigentlich zu adressierenden Seite j gerichtet wurde. Bei der Suche nach einem in der Seite j befindlichen Schlüsselwert durchsuchte UDS dann die Seite i und meldete fälschlicherweise das Nichtvorhandensein des gesuchten Werts.

Bei einem weiteren untersuchten Fehlerfall handelte es sich um eine Inkonsistenz im UP-Verweis. Der UP-Verweis der rechten Randseite auf Baumebene 0 wurde hierzu auf die linke Randseite derselben Ebene gerichtet. Es lag somit eine Ausprägung der <u>Fehlerklasse IV.1</u> vor, da der UP-Verweis auf die falsche Ebene führte. Anschließend wurden in die inkonsistente rechte Randseite fortwährend neue Einträge eingefügt. Dabei kam es zunächst zu keinem Fehlverhalten, die neuen Einträge wurden also ordnungsgemäß abgespeichert. Als die Seite jedoch schließlich voll war und ein weiterer Eintrag eingefügt werden sollte, mußte im Verlauf der Splitoperation auf die Vaterseite zugegriffen werden. Der Zugriffsversuch geschah über den fehlerhaften UP-Verweis, so daß die linke Randseite als Vater der rechten Randseite betrachtet und entsprechend modifiziert wurde. Dies hatte insbesondere zur Folge, daß die rechte Randseite nur als Sohn der linken Randseite in den Baum eingebunden war. Die in ihr abgelegten Daten waren somit bei nachfolgenden Suchoperationen nicht mehr auffindbar.

Schließlich wurden noch einige Fälle inkonsistenter NEXT- und PRIOR-Verweise untersucht. Dabei ging es u.a. um die <u>Fehlerklasse V.1</u>: Der PRIOR-Verweis in der linken Randseite auf der Blattebene, der eigentlich den Wert "Null" besitzen mußte, wurde auf die Baumwurzel gerichtet. Es lag somit ein Ebenenwechsel für diesen PRIOR-Verweis vor. Anschließend wurden durch UDS mehrere neue Schlüsselwerte in die linke Randseite eingefügt, bis sie schließlich voll war. Bei der nächstfolgenden Einfügung suchte UDS im Zuge der "dynamischen Reorganisation" /Kü83d/ nach freiem Platz in den beiden Nachbarn der vollen Seite. Infolge des fehlerhaften PRIOR-Verweises wurde dabei die Baumwurzel als linker Nachbar angesehen. Da dort noch Platz vorhanden war, wurden Einträge von der Blattebene in die Wurzel verschoben, ohne daß der Fehler von UDS bemerkt wurde. Somit befanden sich in der Wurzel sowohl Verweise, die auf die nächsttiefere Baumebene zeigten, als auch Verweise, die direkt zu den Datensätzen führten. Der Baum war damit in einem völlig inkonsistenten Zustand. Dieser Fall zeigt sehr gut, welche Auswirkungen inkorrekte NEXT- und PRIOR-Verweise auf die Konsistenz eines Baums haben können, sofern keine geeigneten Fehlererkennungsmaßnahmen existieren.

In /Wy84/ wird noch über einige weitere Untersuchungen zum UDS-Verhalten bei inkonsistenten B*-Bäumen berichtet. Dabei war fast immer festzustellen, daß das Datenbanksystem vorhandene Inkonsistenzen nicht erkennen konnte. Nur in wenigen Fällen wurden schließlich doch noch Folgefehler einer Inkonsistenz entdeckt, die dann zu einem Systemausfall führten.

4.5.5 Redundanzen und Verfahren zur Fehlererkennung

In den Fehlerklassifikationen des Kapitels 4.5.3 wurde zwischen Verweisinkonsistenzen und Schlüsselwertinkonsistenzen unterschieden. Wir werden diese Unterscheidung auch den folgenden Betrachtungen zugrunde legen. Wie schon bei der Fehlererkennung für Hashtabellen mit "separate chaining", so kommt es uns auch bei den Verfahren für B*-Bäume stets darauf an, daß

- zur Konsistenzprüfung nur solche Seiten berührt werden, die ohnehin während einer Operationsdurchführung bereitzustellen sind,
- Änderungen der redundanten Information nur solche Seiten betreffen, die auch bei der normalen Operationsdurchführung, also ohne Einbeziehung zusätzlicher Redundanzen, modifiziert werden müssen,
- durch die Prüfungen nur ein möglichst geringer CPU-Zeit-Mehraufwand entsteht.

4.5.5.1 Erkennung von Verweisinkonsistenzen

Inkonsistenzen der Fehlerklasse I in Bild 39 sind bereits durch Benutzung der Seitentypindikatoren zu erkennen, deren Existenz wir schon im Basismodell des Seitenaufbaus in B*-Bäumen (Bild 36) zugrunde gelegt haben. Wenn zunächst von einem einzigen inkorrekten Verweis in einer ansonsten fehlerfreien Datenbank ausgegangen wird, dann läßt sich der versehentliche Zugriff zu einer Nicht-Baumseite stets an dem dort ebenfalls vorhandenen Typindikator, der einen Wert $\neq$ TREE enthält, erkennen. Im folgenden ist deshalb nur noch die Fehlererkennung für die Fehlerklassen II bis V näher zu betrachten.

1. Der Tabellenidentifikator

Diese Redundanz ist schon von den Hashtabellen aus Kap. 4.4.5 her bekannt. Der Tabellenidentifikator ("table identifier", TBLID) hat die eindeutige Identifizierung von Bäumen in einer Datenbank oder in einer DB-Area zum Ziel. Er gestattet die Erkennung von Inkonsistenzen der Fehlerklasse II (Verweis führt in einen anderen B*-Baum), indem bei jedem Zugriff über einen Verweis geprüft wird, ob die TBLID am Ziel des Verweises mit jener am Ausgangspunkt übereinstimmt. Jedem Baum einer Datenbank bzw. einer DB-Area wird eine andere TBLID zugeordnet. Der Speicherplatzbedarf für die TBLID hängt von der jeweiligen DBS-Implementierung ab: Falls B*-Bäume nur als Sekundärschlüssel-Zugriffspfade für Datensätze benutzt werden, reicht u.U. schon 1 Byte zur TBLID-Speicherung, da sich dadurch bei dualer Zahlendarstellung bis zu 256 Bäume unterscheiden lassen. Werden B*-Bäume aber beispielsweise in CODASYL-Datenbanksystemen zur Realisierung des Zugriffs innerhalb von Set-Ausprägungen verwandt, dann kann es so viele Bäume wie Set-Ausprägungen geben, und 3 oder 4 Bytes sind zur TBLID-Speicherung erforderlich, damit die Werteeindeutigkeit gewährleistet ist.

2. Der Ebenenidentifikator

Die Baumebenen werden in der in Bild 37 gezeigten Form durchnumeriert (Blattebene = Ebene 0 etc.). Zur Speicherung eines Ebenenidentifikators ("level identifier", LVLID) in der Baumseite ist 1 Byte stets ausreichend, da hiermit bis zu 256 Baumebenen unterschieden werden können. Die LVLID wird vom ALLOC-Operationsprimitiv vergeben. Beim Übergang von der Baumseite i zur Baumseite j müssen die folgenden Beziehungen überprüft werden:
- GODOWN: LVLID(j) = LVLID(i) - 1
- GONXPR: LVLID(j) = LVLID(i)
- GOUP : LVLID(j) = LVLID(i) + 1

Die LVLID erlaubt die Erkennung von Inkonsistenzen der Fehlerklassen III.1, IV.1 und V.1 (Verweis führt auf die falsche Baumebene).

3. Der NEXT/PRIOR-Vergleich und ähnliche Prüfungen

Hier geht es nicht um die Einführung weiterer redundanter Daten, sondern ausschließlich um die Nutzung der in den Bäumen bereits vorhandenen Redundanzen in den Verweisstrukturen. Offensichtlich existiert in den in Kap. 4.5.1 eingeführten B*-Bäumen stets eine doppelte Verkettung zwischen den Baumseiten: Zu jedem NEXT-Verweis ist ein PRIOR-Verweis vorhanden (und umgekehrt), und auch zwischen den UP- und DOWN-Verweisen besteht eine solche Paarbildung. Wir schlagen deshalb die folgenden Verweisprüfungen in Anlehnung an den NEXT/PRIOR-Vergleich bei Hashtabellen vor:
- NEXT/PRIOR-Vergleich:
  Er kann unmittelbar von den Hashtabellen mit "separate chaining" auf die B*-Bäume übertragen werden. Bei jedem Zugriff von der Seite j über den Verweis NEXT(j) zur Seite k wird überprüft, ob j=PRIOR(k) gilt. Entsprechend wird beim Zugriff von der Seite j über den Verweis PRIOR(j) zur Seite i die Gültigkeit der Beziehung j=NEXT(i) geprüft. Diese Konsistenzprüfungen sind somit Teil des Operationsprimitivs GONXPR. Damit sind Inkonsistenzen der Fehlerklassen V.2, V.4 und V.5 in den NEXT- und PRIOR-Verweisen zu erkennen. Nur bei Kettenbrüchen (Fehlerklasse V.3) scheitert die Fehlererkennung. Wir werden auf diesen Fall noch weiter unten zurückkommen.
- DOWN/UP-Vergleich:
  Beim Abstieg im Baum von der Seite i zur Seite k über einen DOWN-Verweis Pj wird geprüft, ob UP(k)=i gilt. Wenn dies nicht der Fall ist, liegt möglicherweise ein Unterbaumwechsel vor (Fehlerklasse III.2). Der DOWN/UP-Vergleich wird im Verlauf eines jeden GODOWN-Operationsprimitivs durchgeführt.

- UP/DOWN-Vergleich:

Dieser Vergleich erfolgt stets beim Aufstieg im Baum über das Operationsprimitiv GOUP. Bei der Benutzung des UP-Verweises einer Baumseite k wird geprüft, ob in der über UP(k) adressierten Seite i ein DOWN-Verweis Pj vorhanden ist, der zurück zur Seite k zeigt. Hierdurch können Inkonsistenzen der <u>Fehlerklasse IV.3</u> (UP-Verweis führt zur falschen Seite der nächsthöheren Baumebene) erkannt werden.

4. Die Flankensicherung

Dieses Prüfverfahren läßt sich bei den Operationsprimitiven GODOWN und GOUP anwenden. Wir betrachten als erstes den Abstieg im Baum über GODOWN. Dabei geht es um die Erkennung von Konsistenzverletzungen der <u>Fehlerklassen III.3 (Linksab-lenkung) und III.4 (Rechtsablenkung)</u>. Das Prinzip der Flankensicherung kann anhand des Beispiels in <u>Bild 42</u> verdeutlicht werden.

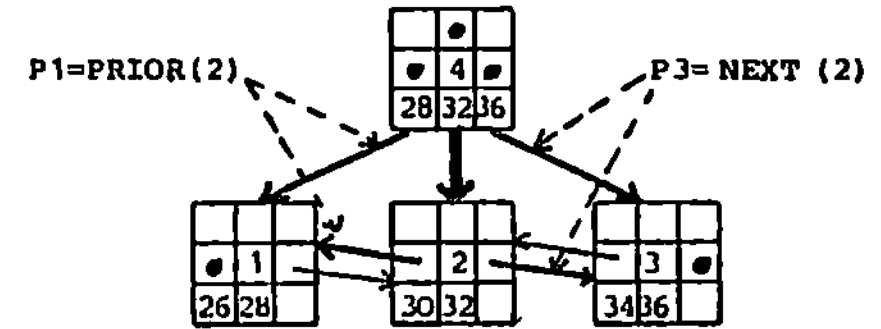

a)   konsistenter B⁺- Baum

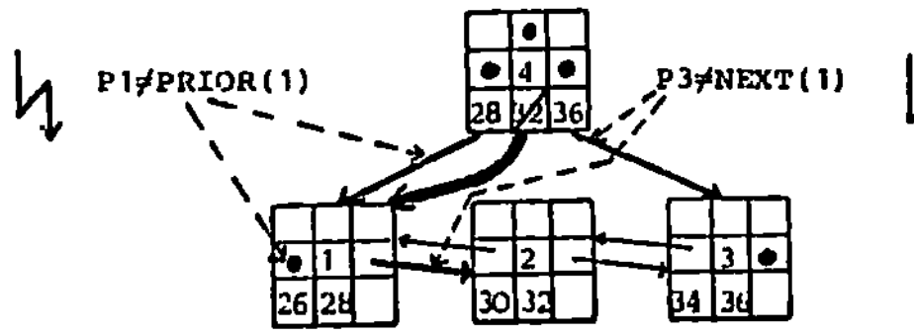

b)   B⁺- Baum mit Inkonsistenz der Klasse III.3
(Linksablenkung)

Bild 42: Beispiel zur Technik der Flankensicherung

Angenommen, im konsistenten Baum aus Bild 42a wird nach dem Schlüsselwert 30 gesucht. Der Abstieg mittels GODOWN führt über den Verweis P2 in Seite 4 zur Seite 2. Bereits in Seite 4 ist zu erkennen, daß die Seite 2 einen linken und einen rechten Bruder besitzt, also keine Randseite des Baums ist. Zur Flankensicherung merkt sich das DBVS die in Seite 4 verzeichneten Verweise P1 und P3 auf die Brüder der Seite 2 und greift erst dann auf diese Seite zu. Anschließend werden die aufbewahrten Adreßwerte P1 und P3 mit den NEXT-/PRIOR-Verweisen der Seite 2 verglichen:

P1 = PRIOR(2) ?   richtig

P3 = NEXT(2) ?   richtig

Da beide Vergleiche ein positives Ergebnis liefern, ist hier keine Konsistenzver-letzung festzustellen.

Bild 42b zeigt eine Inkonsistenz der Klasse III.3 (Linksablenkung), die mit Hilfe der bislang vorgestellten Prüfverfahren beim GODOWN nicht zu erkennen ist. Das DBVS merkt sich beim Abstieg über P2 in Seite 4 wiederum die Verweise P1 und P3 und greift dann aber infolge der Inkonsistenz auf die Seite 1 zu. Anschließend wird geprüft:

  P1 = PRIOR(1) ? falsch

  P3 = NEXT(1) ? falsch

Beide Vergleiche liefern ein negatives Ergebnis und offenbaren somit die Konsistenzverletzung.

Allgemein kann das <u>Vorgehen bei der Flankensicherung</u> folgendermaßen beschrieben werden, wenn ein Zugriff von der Seite i über den DOWN-Verweis Pj zur Seite k erfolgt und die Seite i b-akt Einträge besitzt:

```
if j > 1
then (* Flankensicherung links *)
   if Pj-1 ≠ PRIOR(k)
   then INKONSISTENZ;

if j < b-akt
then (* Flankensicherung rechts *)
   if Pj+1 ≠ NEXT(k)
   then INKONSISTENZ;
```

Die beiden Abfragen des Werts von j berücksichtigen jene Situationen, wo die linke oder die rechte Flanke nicht existiert bzw. nicht gesichert werden kann. Dies ist jeweils am Rand einer Seite der Fall (j=1, j=b-akt).

Die Darstellung in <u>Bild 43</u> soll die Wahl des Begriffs Flankensicherung noch deutlicher hervorheben. Man kann den Abstieg bei der Suche im Baum als eine Art Zickzackkurs bezeichnen. Auf jeder Baumebene wird neu festgelegt, über welchen Verweis Pj (1≤j≤b-akt) der betrachteten Seite i der Zugriff zur nächsttieferen Ebene zu erfolgen hat. Wenn nun Pj-1 und Pj+1 – soweit sie in der Seite i existieren – in die Konsistenzprüfungen einbezogen werden, dann können die Bereiche links und rechts des Wegs, also die beiden <u>Flanken</u>, mit gesichert werden. Man kann hier auch von einem "Vorrücken auf breiter Front" sprechen. Dabei ist die "Frontbreite" maximal 3, da jeweils bis zu 3 DOWN-Verweise zur Prüfung benutzt werden können. Eine weitere Verbreiterung der "Front" kommt in Anbetracht der zu Beginn des Kapitels aufgestellten Forderungen (kein Zugriff auf zusätzliche Seiten) nicht in Frage.

In Kap. 4.5.2 wurde bereits darauf hingewiesen, daß ein Baum bei der von uns zugrunde gelegten, sehr einfachen Löschstrategie (keine Zusammenlegung benachbarter Seiten, keine "underflow"-Behandlung) u.U. zur linearen Liste entarten kann. In diesem Fall läßt sich natürlich keine Flankensicherung mehr durchführen. Sie wird dann aber auch gar nicht benötigt, da es Links- und Rechtsablenkungen in einer linearen Liste nicht gibt. Solange eine Seite aber noch zwei oder mehr Söhne besitzt, ist zumindest eine einseitige Flankensicherung möglich.

Die Flankensicherung ist nicht nur beim Abstieg im Baum über GODOWN einsetzbar, vielmehr kann sie auch beim Aufstieg über GOUP benutzt werden. Wir nehmen an, daß der Aufstieg von der Seite i über den Verweis UP(i) zur Seite k führen soll. Falls diese Seite existiert (UP(i)≠"Null"), besitze sie b-akt Einträge, und der Verweis

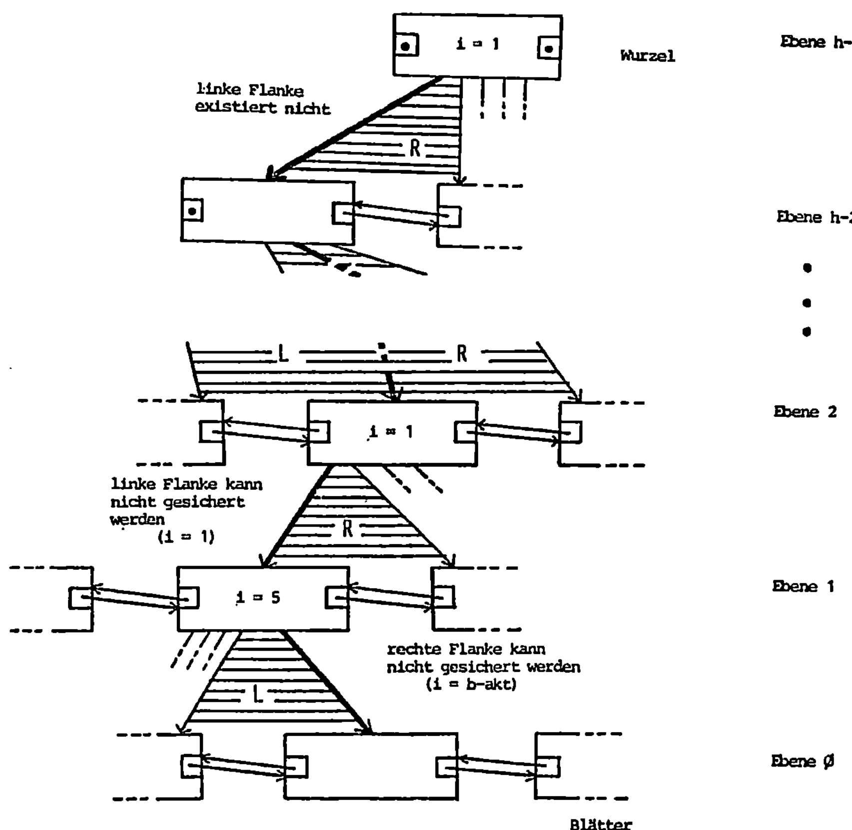

Bild 43: Zum Begriff der Flankensicherung

Pj (1≤j≤b-akt) in ihr zeige zurück zur Seite i. Der Algorithmus zur Konsistenzprüfung beim GOUP hat dann folgendes Aussehen:

```
if UP(i) = "Null"
then (* Ist die Seite i wirklich die Baumwurzel? *)
   if NEXT(i) ≠ "Null" or PRIOR(i) ≠ "Null"
   then INKONSISTENZ (* Fehlerklasse IV.2 *)
   else (* Baumwurzel *)
else (* Zugriff über UP(i) zur Seite k *)
   begin
      if j > 1
      then (* Flankensicherung links *)
         if Pj-1 ≠ PRIOR(i)
         then INKONSISTENZ;
      if j < b-akt
      then (* Flankensicherung rechts *)
         if Pj+1 ≠ NEXT(i)
         then INKONSISTENZ
   end;
```

Die obige Abfrage zur <u>Fehlerklasse IV.2</u> schließt eine bislang noch vorhandene
Lücke in der Erkennung von Inkonsistenzen aus der Klassifikation in Bild 39.
Ansonsten ist die Flankensicherung beim Aufstieg im Baum von geringerer Bedeutung
als beim Abstieg: Einige 1-Verweis-Fehler, nämlich die Links- und die Rechtsablenkung von DOWN-Verweisen, sind ohne die Flankensicherung beim Abstieg nicht
erkennbar. Dagegen trägt die Flankensicherung beim Aufstieg von der Seite i (d.h.

für UP(i)≠"Null") nicht zur Erkennung weiterer 1-Verweis-Fehler in den UP-Verweisen bei. Sie kann jedoch Mehr-Verweis-Fehler erkennen, bei denen sowohl UP-Verweise als auch DOWN-Verweise inkonsistent sind.

Die Mächtigkeit der Flankensicherung zur Fehlererkennung ergibt sich aus der großen Zahl in die Konsistenzprüfung einbezogener Verweise. Beim Abstieg im Baum von der Seite i über den Verweis Pj zur Seite k sind dies im allg.:
- 3 DOWN-Verweise: Pj-1, Pj, Pj+1 in Seite i
- 1 NEXT-Verweis : NEXT(k)
- 1 PRIOR-Verweis: PRIOR(k)
Beim Aufstieg von der Seite i über UP(i) zur Seite k werden geprüft:
- 1 UP-Verweis   : UP(i)
- 1 NEXT-Verweis : NEXT(i)
- 1 PRIOR-Verweis: PRIOR(i)
- 3 DOWN-Verweise: Pj-1, Pj, Pj+1 in Seite k
Somit sind 5 bzw. 6 Verweise von der Flankensicherung betroffen.

Damit eine Inkonsistenz bei der einseitigen Flankensicherung nicht zu erkennen ist, müssen mindestens zwei Verweise fehlerhaft sein. Für die linke Flanke beim Abstieg im Baum sind dies entweder Pj-1 und Pj oder Pj und PRIOR(k), und für die rechte Flanke handelt es sich entweder um Pj und Pj+1 oder um Pj und NEXT(k). Dabei sind nur jene Inkonsistenzen von Interesse, wo auch der zum Abstieg benutzte Verweis Pj selbst fehlerhaft ist, denn nur seine Korrektheit ist für das aktuell durchzuführende GODOWN-Operationsprimitiv von Bedeutung. Bei der beidseitigen Flankensicherung sind sogar mindestens drei fehlerhafte Verweise erforderlich, um eine nicht erkennbare Inkonsistenz entstehen zu lassen. In all diesen Fällen müssen darüber hinaus die Verweise in sehr spezieller Form verfälscht sein, damit die Fehlererkennung scheitert. Dies soll anhand von <u>Bild 44</u> gezeigt werden.

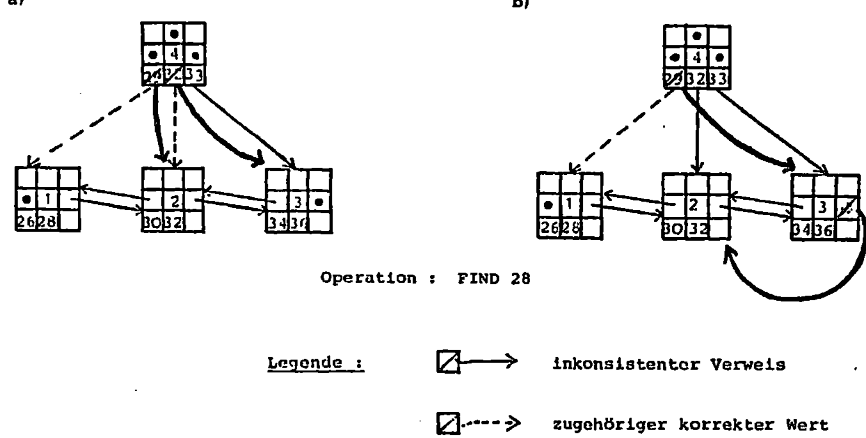

<u>Bild 44</u>: Mit Hilfe der Flankensicherung nicht erkennbare Inkonsistenzen

Dort sind jeweils 2-Verweis-Fehler dargestellt, die dazu führen, daß die Suche nach dem in Seite 1 vorhandenen Schlüsselwert 28 erfolglos endet. Solche speziellen Mehrfachfehler kommen zum einen sehr selten vor, zum anderen werden wir im folgenden Kapitel noch Prüftechniken diskutieren, die auch in derart "exotischen" Fällen meist zur Fehlererkennung in der Lage sind.

4.5.5.2 Erkennung von Schlüsselwertinkonsistenzen

Wir beziehen uns auf die Klassifikation der Schlüsselwertinkonsistenzen in Bild 41. Zunächst ist festzustellen, daß die in den Fehlerklassen 1 und 2 enthaltenen Verstöße gegen die Sortierordnung bereits mit Hilfe der in Kap. 4.3.1 vorgestellten Konsistenzprüfungen zu erkennen sind. Für die Fehlerklassen 3 und 4 sind hingegen diese einfachen, lokal in einer Seite durchführbaren Konsistenzprüfungen nicht von Nutzen, da die Inkonsistenzen nur durch Untersuchung und Gegenüberstellung des Inhalts mehrerer Baumseiten erkannt werden können. Wir schlagen deshalb ein Verfahren zur Schlüsselwertintervall-Sicherstellung und -Prüfung vor, das zunächst einige Vorbemerkungen erfordert.

Das Vorgehen beim Einfügen neuer Schlüsselwerte in einen Baum ordnet jeder Baumseite implizit ein Schlüsselwertintervall zu. Für den in Bild 41 gezeigten Baum kann diese Zuordnung beispielsweise folgendermaßen aussehen (es gibt hier mehrere Möglichkeiten zur Festlegung der Intervallgrenzen):

- Seite 4: $(-\infty,+\infty)$
- Seite 1: $(-\infty,28]$
- Seite 2: $[28,32]$
- Seite 3: $[32,+\infty)$

Auf jeder Baumebene wird der insgesamt verfügbare Wertebereich $(-\infty,+\infty)$ zwischen den dort vorhandenen Seiten aufgeteilt. Die entstehenden Teilintervalle überschneiden sich jeweils für einzelne Werte. Im Beispiel geschieht dies für die Schlüsselwerte 28 und 32. Falls eine Baumebene n Seiten aufweist, liegen n-1 derartige Überschneidungen vor. Sie haben ihren Grund in der Zulässigkeit von Duplikaten, die dazu führen können, daß der gleiche Schlüsselwert in mehreren benachbarten Seiten einer Ebene auftritt. Das Schlüsselwertintervall eines Vaters im Baum entspricht stets der Vereinigung der Schlüsselwertintervalle seiner Söhne. Die Intervallgrenzen ändern sich bei Splitoperationen, da hierbei die Aufteilung eines Intervalls in zwei Teilintervalle stattfindet, sowie bei Seitenfreigaben, die eine Verschmelzung von Intervallen bewirken.

Unser Vorschlag beinhaltet die explizite Speicherung der Intervallgrenzen in einer jeden Baumseite in Form des LOWKEY (linke Intervallgrenze) und des HIGHKEY (rechte Intervallgrenze). Für die Darstellung des kleinsten $(-\infty)$ bzw. größten $(+\infty)$

Schlüsselwerts können die Werte "low value" (binäre Nullen) bzw. "high value" (binäre Einsen) verwandt werden. Die LOWKEY- und HIGHKEY-Werte einer Seite ändern sich nur dann, wenn sich auch das der Seite zugeordnete Schlüsselwertintervall ändert und diese deshalb ohnehin modifiziert werden muß. Zusätzlicher E/A-Aufwand entsteht somit durch die LOWKEY- und HIGHKEY-Verwendung nicht. Es wird lediglich Speicherplatz in den Seiten für die beiden Werte benötigt. Bei den in Datenbanken gebräuchlichen Schlüssel- und Seitenlängen ist der prozentuale Mehraufwand für diese Redundanzen als sehr gering einzustufen. So führen etwa 8 Bytes lange Schlüssel Ki bei einer Seitenlänge von 2048 Bytes zu einem Speicherplatzbedarf von insgesamt 16 Bytes (ca. 0.8%) je Seite für den LOWKEY und den HIGHKEY.

Die Konsistenzprüfungen mit Hilfe des LOWKEY und des HIGHKEY bei der Suche im Baum haben folgendes Aussehen (wir nehmen wiederum an, daß ein Zugriff von der Seite i zur Seite k über den DOWN-Verweis Pj erfolgt):

```
if NEXT(k) ≠ "Null".
then
   if Kj ≠ HIGHKEY(k)
   then
      INKONSISTENZ;

if j > 1
then
   if Kj-1 ≠ LOWKEY(k)
   then INKONSISTENZ;
```

Man könnte zunächst auf die naheliegende Idee kommen, anstelle jener Prüfungen beim Abstieg im Baum mit dem Suchargument K einfach

LOWKEY(k) ≤ K ≤ HIGHKEY(k)

abzufragen, um auf diesem Weg festzustellen, ob die Suchoperation in der richtigen Seite fortgesetzt wird. Der Fehlerfall 3 in Bild 41 zeigt jedoch die Unzulänglichkeit dieser Abfrage: Die Suche nach dem Schlüsselwert 32 endet fälschlicherweise in der Seite 3. Da aber dieser Seite das Schlüsselwertintervall [32,+∞) zugeordnet ist, ergibt sich kein Widerspruch zu dem gesuchten Schlüsselwert K=32. Die Suche wird also erfolglos beendet, obwohl der Schlüsselwert 32 in der Seite 2 vorhanden ist.

Durch die oben vorgeschlagenen Prüfungen sind Inkonsistenzen der Klassen 3 und 4 hingegen stets zu erkennen. Bei der Suche mit dem Argument K=32 in Beispiel 3 wird die Schlüsselwertinkonsistenz daran erkannt, daß sich K2=31 in Seite 4 von LOWKEY(3)=32 unterscheidet. In Beispiel 4 resultiert die Fehlererkennung aus dem Widerspruch zwischen K2=35 in Seite 4 und HIGHKEY(2)=32. Die anderen Inkonsistenzen in Bild 41 (Fehlerklassen 1 und 2) sind übrigens ebenfalls durch die LOWKEY- und HIGHKEY-Prüfungen zu erkennen. Man könnte deshalb prinzipiell auf die Durchführung von Fehlererkennungsmaßnahmen im Anschluß an die sequentielle oder binäre Suche (Kap. 4.3.1) in Baumseiten verzichten. Diese lokalen Prüfungen der Sortierordnung in einer Baumseite i haben jedoch den Vorteil, daß sie gleichzeitig der Fehlereingrenzung auf die Seite i dienen, während die Konsistenzprüfungen mit

Hilfe der LOWKEY-/HIGHKEY-Werte keinen unmittelbaren Hinweis darauf geben, in welcher der beiden betrachteten Seiten (i oder k) ein erkannter Fehler liegt. Es ist deshalb anzuraten, bei einer Suche im Baum sowohl die Sortierordnungsprüfung gemäß Kap. 4.3.1 als auch die hier beschriebene LOWKEY-/HIGHKEY-Prüfung durchzuführen.

4.5.5.3 Zusammenfassung und Bewertung

Die in den beiden vorangegangenen Kapiteln vorgestellten Redundanzen führen zu dem in **Bild 45** wiedergegebenen **erweiterten Modell einer B*-Baum-Seite**. Im Vergleich

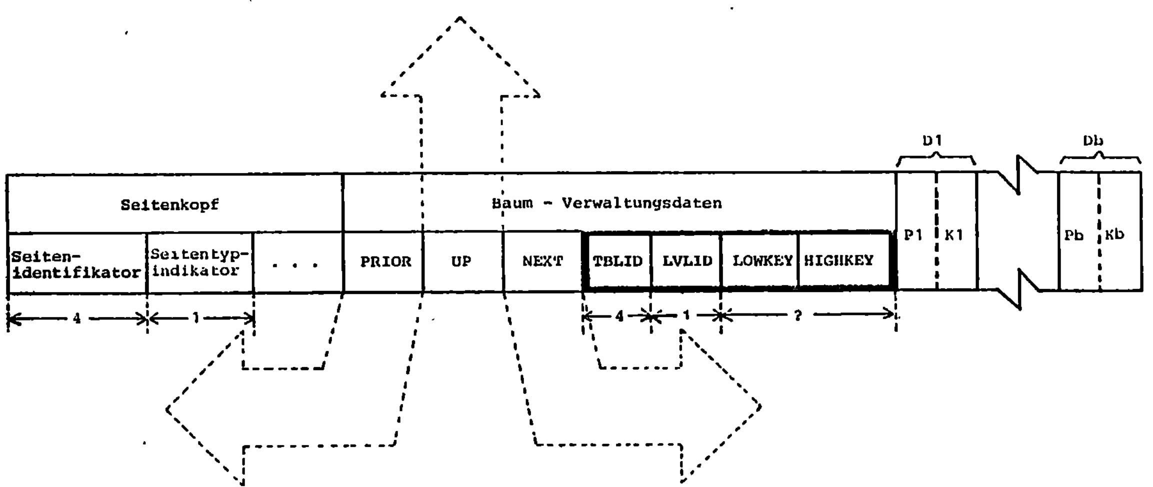

Bild 45: Ein erweitertes Modell für den Seitenaufbau in B*-Bäumen

zum Basismodell aus Bild 36 sind hier die TBLID, die LVLID, der LOWKEY und der HIGHKEY als redundante Daten verzeichnet. Die Gesamtlänge der baumspezifischen Redundanzen ist abhängig von der Schlüssellänge. Bei 8 bis 16 Bytes langen Schlüsseln und einer Seitenlänge von 2048 Bytes belegt die redundante Information (inkl. Seitenidentifikator und Seitentypindikator) maximal 2% der Seite. Dabei wurde sogar noch insofern von einem recht ungünstigen Fall ausgegangen, als 4 Bytes zur Speicherung der TBLID veranschlagt wurden. Oftmals wird man hier mit weniger Platz auskommen. Insgesamt können die Speicherplatzanforderungen für die Redundanzen somit als sehr gering bezeichnet werden.

Bild 46 zeigt einen Vorschlag zur **Reihenfolge der Konsistenzprüfungen** bei jenen Operationsprimitiven, die eine Verweisbenutzung beinhalten. Deshalb kann man hier auch von den "navigierenden" Operationsprimitiven sprechen. Im Bild sind nur die Prüfungen aufgeführt, die in der Zugriffspfadverwaltung ablaufen, nicht aber die bereits im Pufferverwalter angesiedelten Abfragen des Seitenidentifikators und des Seitentypindikators.

Primitiv	Nr.	Prüfungsinhalt
G O D O W N	1.	Sortierordnung (in i)
	2.	TBLID (in k)
	3.	LVLID (in k)
	4.	DOWN / UP - Vergleich
	5.	Flankensicherung
	6.	Schlüsselwertintervall-Prüfung

Primitiv	Nr.	Prüfungsinhalt
G O U P	1.	TBLID (in i)
	2.	LVLID (in i)
	3.	UP / DOWN - Vergleich
	4.	Flankensicherung

Primitiv	Nr.	Prüfungsinhalt
G O N X P R	1.	TBLID (in k)
	2.	LVLID (in k)
	3.	NEXT / PRIOR - Vergleich

Bild 46: Reihenfolge der Konsistenzprüfungen beim erweiterten Seitenformat nach Bild 45

Bei **GODOWN** erkennt das DBVS an der LVLID der Seite i, daß die Blattebene des Baums noch nicht erreicht wurde. Nun muß zunächst der Verweis Pj ausgewählt werden, über den der weitere Abstieg im Baum zu erfolgen hat. Die Bestimmung des Schlüsselwerts Kj erfordert eine Suche in der Seite i, die auch die Prüfung der Sortierordnung mit dem Algorithmus aus Kap. 4.3.1 beinhaltet. Anschließend wird über Pj zur Seite k zugegriffen, wobei die weiteren Prüfungen (2 bis 6) in der angegebenen Reihenfolge durchgeführt werden.

Im Fall des **GOUP** geschieht der Zugriff von der Seite k über den UP-Verweis zur Seite i. Hier ergibt sich eine andere Prüfungsreihenfolge als bei GODOWN, da die Suche in der Seite i erst am Ziel und nicht schon am Ausgangspunkt des Zugriffs erfolgt: Im Anschluß an die Prüfung der TBLID und der LVLID in der Seite i wird dort nach einem dem HIGHKEY von k entsprechenden Schlüsselwert Kj gesucht, wobei gleichzeitig noch Pj zurück zur Seite k verweisen muß. Der UP/DOWN-Vergleich ist somit ein integraler Bestandteil der Suche in der Seite i. Eine Prüfung der Sortierordnung in dieser Seite sowie eine Schlüsselwertintervall-Prüfung unter Verwendung von Kj-1 und LOWKEY(k) sind hier nicht erforderlich. Es wird lediglich noch die Flankensicherung in der für GOUP spezifischen Weise durchgeführt.

Für das GONXPR-Operationsprimitiv besitzen offensichtlich die Flankensicherung, die Schlüsselwertintervall-Prüfung und die Prüfung der Sortierordnung allesamt keine Bedeutung. Die anderen Konsistenzprüfungen erfolgen in der dargestellten Reihenfolge.

Bild 47 enthält eine Zuordnung zwischen den verschiedenen Fehlerklassen der

Fehlerklasse (vgl. Bild 39)		Fehlererkennung (Redundanz, Verfahren)	
I	Nicht - Baumseite	Seitentypindikator	
II	anderer Baum	Tabellenidentifikator (TBLID)	
III.1	DOWN auf falsche Ebene	Ebenenidentifikator (LVLID)	
.2	Unterbaumwechsel	DOWN / UP - Vergleich	GODOWN
.3	Linksablenkung	Flankensicherung	
.4	Rechtsablenkung		
IV .1	UP auf falsche Ebene	Ebenenidentifikator (LVLID)	
.2	UP = "Null" in Nicht - Wurzelseite	Flankensicherung	GOUP
.3	UP auf falsche Seite der nächsthöheren Ebene	UP / DOWN - Vergleich	
V .1	NEXT / PRIOR auf falsche Ebene	Ebenenidentifikator (LVLID)	
.2	" ≠ "Null" am Rand des Baumes	NEXT / PRIOR - Vergleich	
.3	" = "Null" im Bauminnern	Sonderbehandlung	GONXPR
.4	" LOOP	NEXT / PRIOR - Vergleich	
.5	" SKIP		

Bild 47: Fehlerklassen zum Typ der 1-Verweis-Fehler und ihre Erkennung

Abbildung 39 und den zur Fehlererkennung dienenden Redundanzen und Prüfverfahren. Es wird hier stets von einem einzigen inkonsistenten Verweis (1-Verweis-Fehler) ausgegangen. Außerdem sind nur diejenigen Konsistenzprüfungen dargestellt, die einen Fehler zuerst entdecken, wenn die Prüfreihenfolge aus Bild 46 zugrunde gelegt wird. So ist etwa ein Unterbaumwechsel beim GODOWN auch von der Flankensicherung zu erkennen (Schritt 5 in Bild 46), zuvor wird jedoch schon der DOWN/UP-Vergleich (Schritt 4) die Inkonsistenz melden. Zudem zeigt Bild 47 nur die Prüfungen, deren primäres Ziel die Fehlererkennung für die jeweilige Fehlerklasse ist. Beispielsweise wird die Flankensicherung bisweilen auch Fehler in den NEXT- und PRIOR-Verweisen erkennen. Dies ist jedoch nicht ihr eigentlicher Zweck. Schließlich nutzt es wenig, wenn ein inkorrekter NEXT- oder PRIOR-Verweis irgendwann einmal von der Flankensicherung entdeckt wird. Entscheidend ist vielmehr, daß die Inkonsistenz bei der Nutzung dieses Verweises erkannt wird (GONXPR) und das DBVS nicht unbemerkt auf den fehlerhaften Speicherungsstrukturen weiterarbeitet.

Zusätzliche Erläuterungen sind noch zur <u>Fehlerklasse V.3</u> erforderlich, also für einen Bruch der NEXT-/PRIOR-Kettung. Für diesen Fehlerfall wurde bislang noch kein Verfahren zur Fehlererkennung beim GONXPR-Operationsprimitiv vorgestellt. Bei den Hashtabellen haben wir in Kap. 4.4.5 zur Erkennung von Kettenbrüchen die GAP-Information eingeführt, die jedoch nur zusammen mit den Kettenfolgenummern (CHNSNs) verwendbar ist. Die CHNSNs lassen sich in der geschilderten Form aber nur dann einsetzen, wenn die Allokation neuer Seiten stets am Kettenende erfolgt. Bei der NEXT-/PRIOR-Kettung auf einer Baumebene ist diese Forderung nicht erfüllbar, da Splitoperationen an beliebigen Positionen in einer Kette stattfinden können. Zudem existieren bei der NEXT-/PRIOR-Kettung zwei Kettenenden. Es gibt somit keinen festen Kettenanfang, wie er bei Hashtabellen durch das Primärbucket gegeben ist. Eine sinnvolle CHNSN-Vergabe läßt sich deshalb in diesem Fall nicht durchführen.

Die im folgenden beschriebenen <u>Sonderbehandlungen</u> ermöglichen die Unterscheidung zwischen einem Kettenbruch und dem regulären Kettenende. Wir betrachten hier lediglich die NEXT-Verweis-Kettung, eine Übertragung auf die PRIOR-Verweis-Kettung ist jedoch problemlos möglich:

- Wenn GONXPR bei der Benutzung von NEXT(i) auf den Wert "Null" stößt, erfolgt eine Überprüfung dieser Information auf der nächsthöheren Baumebene. Hierzu wird von der Seite i über UP(i) auf die Seite k zugegriffen und dort der DOWN-Verweis Pj ermittelt, der zur Seite i zurückführt. Nur falls für die Seite k sowohl j=b-akt als auch NEXT(k)="Null" gilt, ist davon auszugehen, daß die Seite i tatsächlich am rechten Rand des Baums liegt. Diese Prüfung erfordert jedoch die Bereitstellung einer zusätzlichen Seite (k), was unserem Anspruch zuwiderläuft, stets ohne weitere E/A-Operationen auskommen zu wollen.
- Wenn GONXPR in NEXT(i) den Wert "Null" vorfindet, wird zusätzlich HIGHKEY(i) abgefragt. Am rechten Rand des Baums muß nämlich HIGHKEY(i) den Wert "+∞" ("high value") besitzen. Die Prüfung lautet somit:

```
if NEXT(i) = "Null"
then
    if HIGHKEY(i) ≠ "+∞"
    then INKONSISTENZ;
```

Der Wert "+∞" in HIGHKEY(i) stellt eine implizite Markierung der rechten Randseite einer jeden Baumebene dar. Diese Art der Konsistenzprüfung hat insbesondere den Vorteil, daß dadurch keine zusätzliche E/A-Operation verursacht wird, wie sie bei dem erstgenannten Prüfverfahren nicht auszuschließen ist.

Da somit auch für die Fehlerklasse V.3 die Erkennung einer Inkonsistenz gewährleistet ist, stehen nunmehr für alle in Bild 39 enthaltenen Fehlerklassen
Erkennungsmaßnahmen zur Verfügung. Es kann deshalb zumindest von "1-detectability"
bzgl. 1-Verweis-Fehlern gesprochen werden, wenn die Datenbank ansonsten als
fehlerfrei vorausgesetzt wird. Wie schon bei den Hashtabellen, so soll jedoch auch
bei den Bäumen noch erörtert werden, inwieweit die Erkennung von Mehrfachfehlern
möglich ist, die sich auch auf die redundanten Daten auswirken können. Insgesamt
ist also mit Inkonsistenzen in den Verweisen, den Schlüsselwerten und den
Redundanzen zu rechnen.

Bei genauerer Analyse stellt sich heraus, daß die Bewertung der Fehlererkennungseigenschaften anhand einer einzigen Zahl ("[quasi-]n-detectable") bei B*-Bäumen
wenig sinnvoll ist. So haben etwa die obigen Erörterungen zur Flankensicherung
eine "2- or 3-detectability" für Verweisinkonsistenzen beim GODOWN-Operationsprimitiv erbracht. Andererseits existieren aber auch Fehlerfälle, wo lediglich
"1-detectability" oder sogar nur "0-detectability" vorliegt. Hier ist insbesondere
eine Verfälschung der LVLID in der Baumwurzel zu nennen. Die LVLID ist nämlich
oftmals nicht als redundante Information anzusehen, sondern dient dem DBVS zur
Unterscheidung zwischen der Blattebene des Baums und den Indexebenen. (In der
Literatur wird demgegenüber meist von einer speziellen Markierung der Blattseiten
ausgegangen, die dadurch von den Indexseiten zu unterscheiden sind.) Falls die
LVLID in der Wurzel eines mehrstufigen B*-Baums den inkorrekten Wert 0 besitzt, so
hat dies die folgenden Auswirkungen auf die Suche im Baum mit dem Schlüsselwert K:
Das DBVS weiß beim Zugriff auf die Baumwurzel noch nicht, welche Höhe der Baum
besitzt. Wenn es also bereits in der Wurzel die LVLID 0 vorfindet, geht es
fälschlicherweise von einem nur einstufigen Baum aus und sucht in der Wurzelseite
nach einem Schlüsselwert Ki mit K=Ki. Diese Suche kann zu folgenden Ergebnissen
führen:
- Ein solcher Schlüsselwert Ki ist vorhanden: Das DBVS benutzt dann den Verweis Pi
  zum Zugriff auf jene Seite, in der sich der zugehörige Datensatz befinden
  sollte. Pi verweist jedoch auf eine Baumseite der nächsttieferen Ebene. Die
  Konsistenzprüfungen des GODOWN-Primitivs führen somit zur Erkennung der Inkonsistenz.
- Ein solcher Schlüsselwert Ki ist nicht vorhanden: In diesem Fall meldet das DBVS
  die Erfolglosigkeit der Suche an das Anwendungsprogramm bzw. an den Benutzer.
Zur Erkennung von Modifikationen der LVLID in der Wurzel (durch "wild stores"
etc.) kann die Baumhöhe zusätzlich separat gespeichert werden. Dies ist entweder
in den Beschreibungsdaten der Datenbank oder an anderem Ort möglich.

Insgesamt ergibt sich die folgende Bewertung der Fehlererkennungsmaßnahmen für
B*-Bäume:
- Was die Durchführung von Suchoperationen im Baum anbelangt (Abstieg von der

Wurzel), so kann zumindest von "1-detectability" gesprochen werden. Ohne
Berücksichtigung von Schlüsselwertinkonsistenzen liegt "2-detectability" vor,
was vor allem der Flankensicherung zu verdanken ist. Da meist die beidseitige
Flankensicherung zum Einsatz kommt, ist sogar "3-detectability" vorherrschend.
Bei einem inkorrekten Schlüsselwert Kj und einer Seite k, auf die über Pj
verwiesen wird, ist es hingegen möglich, daß HIGHKEY(k) dieselbe Verfälschung
wie Kj aufweist und die Inkonsistenz deshalb nicht zu erkennen ist. Ebenso
können Kj-1 und LOWKEY(k) in identischer Weise inkorrekt sein, was wiederum die
Fehlererkennung scheitern läßt.
- Beim Aufstieg im Baum über das GOUP-Operationsprimitiv sind Schlüsselwertinkonsistenzen nicht von Bedeutung. Die Flankensicherung sorgt zusammen mit den
  anderen Prüfungen für "2-detectability" (einseitige Flankensicherung) bzw.
  "3-detectability" (beidseitige Flankensicherung).
- Beim Zugriff innerhalb einer Baumebene über das GONXPR-Operationsprimitiv liegt
  "1-detectability" vor, die über den NEXT/PRIOR-Vergleich und die zuvor beschriebene Sonderbehandlung am linken bzw. rechten Rand des Baums erreicht wird.

Die obigen Aussagen zur "detectability" stellen stets nur einen "worst case" dar,
der dadurch zustande kommt, daß sehr unwahrscheinliche Kombinationen inkorrekter
Werte zugrunde gelegt werden. Bei den meisten in Datenbanken vorkommenden
Inkonsistenzen ist selbst dann mit der Fehlererkennung zu rechnen, wenn zahlreiche
inkorrekte Verweise, Schlüsselwerte und Redundanzen auftreten, was etwa infolge
des Überschreibens einer Seite im Puffer der Fall sein kann. Zu einem solchen
Ergebnis kommen auch Taylor et al. bei ihrer Untersuchung von CTB-Bäumen:
"Preliminary results for CTB-trees also indicate that the effective robustness in
the face of a random error source is very high" /BTM81a, S. 69/.

Der __CPU-Zeit-Aufwand__ zur Prüfungsdurchführung ist in B*-Bäumen etwas größer als in
Hashtabellen. Dies gilt insbesondere für das GODOWN-Operationsprimitiv, da es dort
insgesamt sechs Prüfungen gibt (vgl. Bild 46). Es sieht dennoch so aus, als ob die
Prüfkosten im Vergleich zu den bei der normalen Operationsausführung anfallenden
Kosten recht gering sind, so daß die __Pfadlängen__ durch die Einbeziehung der
Konsistenzprüfungen nicht wesentlich anwachsen. So können allein für die Suche in
einer B*-Baum-Seite durchaus mehr als hundert Maschineninstruktionen zur Adreß-
rechnung und zum Schlüsselwertvergleich veranschlagt werden. Darüber hinaus ist
bei jedem Zugriff zur nächsten Baumseite jeweils ein BEREITSTELLEN-Aufruf an den
Pufferverwalter für diese Seite sowie ein FREIGEBEN-Aufruf für die zuvor durchsuchte Seite zu verzeichnen. Selbst wenn sich die beim Abstieg im B*-Baum
benötigten Seiten bereits im Puffer befinden, ist dennoch mit insgesamt mehreren
hundert Maschineninstruktionen je Seite in der Zugriffspfadverwaltung und im
Pufferverwalter zu rechnen. Falls zum Bereitstellen einer Seite hingegen ein
Block von der Platte gelesen werden muß, was zumindest für die Blattebene eines

Baums sehr wahrscheinlich ist, so führt dies in großen Betriebssystemen zu einigen tausend Instruktionen je LIES-Aufruf für die SVC-Bearbeitung. Wenn also für die Konsistenzprüfungen beim GODOWN ca. 100 Maschineninstruktionen benötigt werden, dann vergrößert sich die Pfadlänge bei der Baumverarbeitung dadurch im allg. um weit weniger als 10%. Dieser Anteil kann noch deutlich sinken, wenn mehrere physische E/A-Operationen erforderlich sind.

Eine exakte Bestimmung der sich aus Konsistenzprüfungen ergebenden Pfadlängen ist nur über die Implementierung der Verfahren in einem Datenbanksystem möglich. Dann kann mit Hilfe eines Auswertungsprogramms /Ma83, KM84/ die Zuordnung der aufgezeichneten Pfade zu DBVS-Moduln und Prüfroutinen vorgenommen werden, was schließlich die Berechnung der für Prüfungen benötigten Anteile an den Pfaden ermöglicht. Im Rahmen dieser Arbeit war der Einbau von Konsistenzprüfungen in ein existierendes Datenbanksystem aus Aufwandsgründen nicht möglich, so daß wir in bezug auf die zu erwartenden Pfadlängen auf Abschätzungen angewiesen sind.

Die "online"-Fehlerbehandlung durch das DBVS hat zum Ziel, die Konsistenz fehlerhafter Datenbanken – soweit möglich – wiederherzustellen. Ein Versuch zur Wiederherstellung der Konsistenz kann aber u.U. scheitern. In diesem Fall sollte die DB-Verarbeitung dennoch fortgesetzt werden.

Es ist wesentlich, daß ein scheiternder Reparaturversuch die Zahl der Inkonsistenzen in einer Datenbank nicht weiter erhöht. Außerdem sollte vermieden werden, daß eine erkennbare Inkonsistenz bei einem (unbemerkten) Scheitern des Reparaturversuchs in eine nicht erkennbare Inkonsistenz überführt wird. Darauf muß besonders bei Fehlern in Zugriffspfadstrukturen geachtet werden. Wir fordern deshalb, daß es zumindest bei einem einzelnen inkorrekten Element (Schlüssel, Verweis, Redundanz etc.) zu keinem derartigen Fehlverhalten des Reparaturalgorithmus kommen darf.

Im folgenden wird zunächst in Kap. 5.1 eine Klassifikation der Möglichkeiten zur "online"-Fehlerbehandlung durch das DBVS präsentiert. Die sich aus den verschiedenen Ansätzen ergebenden Konsequenzen werden ausführlich diskutiert. Anschließend werden in Kap. 5.2 die Grundlagen zur Bewertung der mit der Fehlerbehandlung verbundenen Kosten geschaffen, indem einige Annahmen über die Datenbankgröße, die Anzahl der Satzausprägungen, die benötigten Zugriffszeiten etc. niedergelegt werden. Kap. 5.3 verdeutlicht die speziellen Probleme bei der Behandlung von Slotdefekten, während sich Kap. 5.4 mit der Fehlerbehandlung bei vollständig zerstörten FPA- und DBTT-Seiten beschäftigt. In Kap. 5.5 geht es um die Fortsetzung der DB-Verarbeitung bei komplett zerstörten Seiten in Hashtabellen und B*-Bäumen. Die Kap. 5.6 und 5.7 erörtern schließlich die Rekonstruktion des konsistenten Zustands bei einzelnen inkorrekten Elementen in B*-Bäumen und Hashtabellen.

5.1 Klassifikation zur "online"-Fehlerbehandlung

Bild 48 zeigt eine Klassifikation der möglichen "online"-Fehlerbehandlungsmaßnahmen durch das DBVS. Es wurde auch der Fall mit aufgenommen, daß keine Wiederherstellung der inkonsistenten Daten möglich ist und die DB-Verarbeitung abgebrochen oder beendet wird. Ein Abbruch der DB-Verarbeitung bedeutet, daß das DBVS einen sofortigen Systemausfall herbeiführt, ohne daß zuvor die Wiederherstellung einer zumindest teilweise konsistenten Datenbank versucht wird. Bei der Beendigung der DB-Verarbeitung werden hingegen entweder alle offenen Transaktionen zurückgesetzt (sofern möglich), oder es wird versucht, nur die direkt von einem Fehler in der Datenbank betroffenen Transaktionen zurückzusetzen, während den anderen Transaktionen die Möglichkeit gegeben wird, ihre Verarbeitung normal zu Ende zu führen. Der Abbruch oder die Beendigung der DB-Verarbeitung sind immer

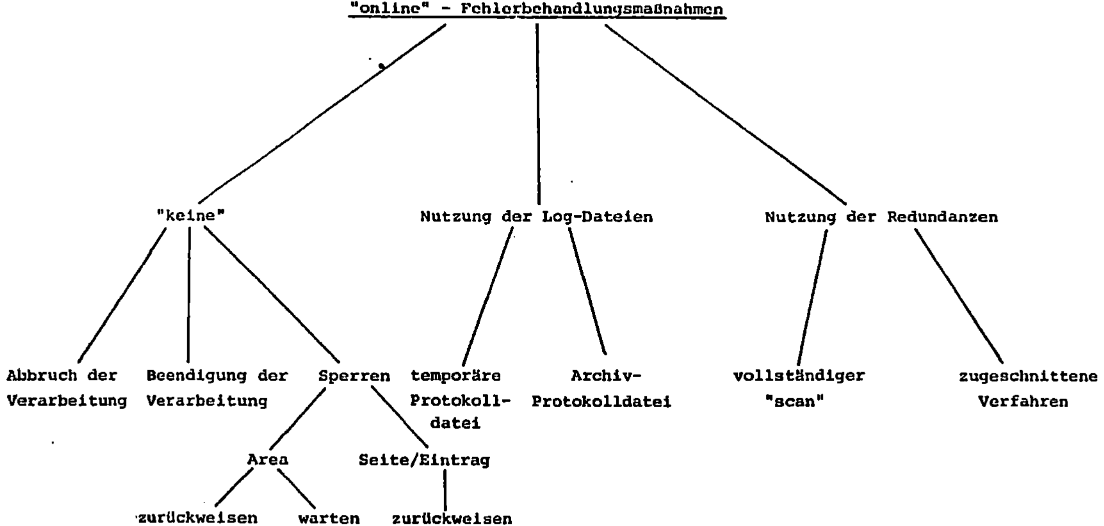

Bild 48: Klassifikation zur "online"-Fehlerbehandlung

dann die einzigen Möglichkeiten zur Fehlerbehandlung, wenn für bestimmte Fehler-fälle keine geeigneteren Behandlungsmaßnahmen im DBVS vorhanden sind.

Das _Sperren_ defekter Teile einer Datenbank wurde bereits in Kap. 2.5.4 im Rahmen des allgemeinen Überblicks zur Fehlerbehandlung in existierenden Datenbanksystemen erwähnt. In Bild 48 wird zwischen dem Sperren von _Seiten_ oder _Einträgen_ und dem Sperren ganzer DB-Segmente (_Areas_) unterschieden. Im Fall einer gesperrten Area kann die Datei aus der Verarbeitung ausgekoppelt und für "offline"-Reparaturmaß-nahmen freigegeben werden. Bei einer als defekt gesperrten Seite oder einem gesperrten Eintrag ist hingegen keine "offline"-Wiederherstellung der Daten mög-lich, da die zugehörige Area nach wie vor vom DBVS verarbeitet wird und ein Zugriff von außen (etwa durch ein Dienstprogramm) zu einer einzelnen Seite am exklusiven Zugriff des DBVS zur gesamten Area scheitert. Es ist deshalb auch nicht sinnvoll, eine Transaktion auf die Freigabe einer solchen Seiten- oder Eintragssperre warten zu lassen, da die Sperre während der laufenden DB-Verarbeitung nicht entfernt werden kann. Erst nach Beendigung des DB-Betriebs kann die Wiederherstellung der inkonsistenten Daten erfolgen.

Dagegen könnte man eine Transaktion auf die Entsperrung einer Area warten lassen, wenn bekannt ist, daß sie im "offline"-Modus repariert und in absehbarer Zeit wieder zur Verarbeitung freigegeben wird. Im allg. wird man jedoch Zugriffe auf eine wegen eines Defekts gesperrte Area zurückweisen und die zugehörigen Transak-tionen zurücksetzen. Dies ist vor allem dann erforderlich, wenn keine "offline"-Reparatur der Area erfolgt bzw. die Reparatur viel Zeit benötigt. Ob auf die Freigabe einer Sperre gewartet wird oder die den Zugriff ausübenden Transaktionen zurückgesetzt werden, kann entweder vom DBVS selbst oder vom Datenbank-Administrator entschieden werden.

Es erscheint als naheliegend, die Log-Dateien und Archivkopien, die zur Fehlerbehandlung bei Transaktionsabbrüchen, Systemausfällen bzw. Platten- und Übertragungsfehlern dienen, auch für die "online"-Rekonstruktion einer inkonsistenten Datenbank zu benutzen.

Die Archivkopien großer Datenbanken werden aus Kostengründen auf Magnetband gespeichert und sind deshalb im direkten Zugriff auf Magnetplatte nicht verfügbar. Die "online"-Fehlerbehandlung durch das DBVS unterliegt zwar bei weitem nicht jenen Zeitrestriktionen im Mikrosekundenbereich, die für die "online"-Fehlererkennung existieren, es ist aber dennoch zu fordern, daß eine Rekonstruktionsmaßnahme in einigen Sekunden abgeschlossen werden kann, damit die DB-Verarbeitung nicht allzulange behindert wird. Die Anforderung eines Magnetbands und die sequentielle Suche nach einigen dort gespeicherten Blöcken erfordert aber stets mehrere Minuten. Die Verwendung der Archivkopien zum Zweck der "online"-Fehlerbehandlung kommt somit aus Zeitgründen nicht in Frage.

Die temporäre Protokolldatei wird meist auf Magnetplatte gespeichert. Die Daten in dieser Datei werden nur über einen eng begrenzten Zeitraum hinweg benötigt und können anschließend freigegeben bzw. überschrieben werden. Wenn von physischer Zustandsprotokollierung auf Eintrags- oder Seitenbasis ausgegangen wird /Reu81/, dann enthält die temporäre Protokolldatei für einen sehr kleinen Teil des Datenbankinhalts "before images" bzw. "after images". Die Wahrscheinlichkeit dafür, daß zur Rekonstruktion eines konsistenten Zustands benötigte Daten von dort gelesen werden können, ist deshalb äußerst gering. Im Fall der logischen oder physischen Übergangsprotokollierung ist der Inhalt der temporären Protokolldatei ohnehin wertlos, wenn sich die Datenbank in einem physisch inkonsistenten Zustand befindet, da beispielsweise XOR-Differenzen für die Wiederherstellung eines nicht mehr lesbaren Blocks ungeeignet sind. So heißt es auch in /Reu81, S. 357/: "Recovery auf der Basis von Übergangsprotokollen erfordert, daß die Datenbank zumindest eine der Ebene entsprechende Konsistenz aufweist, deren Operatoren protokolliert werden."

Es bleibt somit noch die Archiv-Protokolldatei als eine weitere mögliche Quelle zur Gewinnung von Daten für die "online"-Fehlerbehandlung durch das DBVS. Aber auch hinsichtlich ihrer Nutzung gibt es einige Einschränkungen und Probleme:
- Die Archiv-Protokolldatei wird oftmals nur sequentiell beschrieben, so daß sie auch auf Magnetband geführt werden kann. In diesem Fall besteht keine Möglichkeit zum wahlfreien Lesen ihres Inhalts, wie es zum Zugriff auf bestimmte, zu Rekonstruktionszwecken erforderliche Daten benötigt wird.
- Auch dann, wenn die Archiv-Protokolldatei auf Magnetplatte geführt wird, kann

das Auffinden von Daten Schwierigkeiten bereiten. Dies kann am Beispiel der Protokollierung im Datenbanksystem UDS erläutert werden /Reu80/: UDS schreibt die "after images" von Blöcken nach dem Prinzip des "update in place" in die Archiv-Protokolldatei. Ist also zu einem DB-Block bereits ein "after image" in der Archiv-Protokolldatei vorhanden, dann wird es überschrieben; andernfalls wird das "after image" hinten an die in der Datei befindlichen Daten angefügt. Dieses Vorgehen soll ein zu schnelles Anwachsen der Archiv-Protokolldatei verhindern. Um festzustellen, ob in ihr bereits ein "after image" eines DB-Blocks existiert und – wenn dies der Fall ist – an welcher Stelle der Datei es sich befindet, führt UDS bei jedem DB-Block einen Verweis auf die Archiv-Protokolldatei mit. Wenn nun aber ein DB-Block gar nicht erst von der Platte gelesen werden kann, was etwa aufgrund eines Slotdefekts möglich ist, dann steht auch der zugehörige Verweis auf die Archiv-Protokolldatei nicht zur Verfügung. In diesem Fall ist weder bekannt, ob schon einmal ein "after image" für diesen Block geschrieben wurde, noch kann ggf. dessen Adresse in der Archiv-Protokolldatei ermittelt werden. Eine sequentielle Suche in dieser Datei ist im Zuge der "online"-Fehlerbehandlung als viel zu zeitaufwendig anzusehen.

- Die Archiv-Protokolldatei enthält zwar meist weit mehr Daten, als in der temporären Protokolldatei vorhanden sind, aber sie umfaßt dennoch nur einen kleinen Ausschnitt der Datenbank. Wenn nämlich die Archiv-Protokolldatei eine bestimmte Größe erreicht hat, dann wird es stets zu kostspielig, sie weiter auf Magnetplatte zu führen. In diesem Fall kann auf eine neue Archiv-Protokolldatei übergegangen werden. Die bislang benutzte Datei kann anschließend auf Band ausgelagert oder sofort zur Aktualisierung der jüngsten Archivkopie benutzt werden. Bei großen Datenbanken ist kaum damit zu rechnen, daß die Archiv-Protokolldatei auf Magnetplatte auch nur 10% des Umfangs der Datenbank erreicht, bevor sie ausgelagert oder in die Archivkopie eingebracht wird.
- Schließlich kann es auch noch passieren, daß ein in der Archiv-Protokolldatei vorhandenes "after image" dieselbe Inkonsistenz wie der zugehörige DB-Block aufweist. Wenn beispielsweise eine Seite im Systempuffer bei einer Änderung inhaltlich verfälscht wird, ohne daß dies bis zu ihrem Verdrängen aus dem Puffer entdeckt werden kann, dann wird die Inkonsistenz sowohl in die Datenbank als auch in die Archiv-Protokolldatei eingebracht.

Insgesamt haben die obigen Betrachtungen gezeigt, daß die Protokolldateien nur in seltenen Fällen zur "online"-Fehlerbehandlung durch das DBVS benutzt werden können. Die Archivkopien wären hingegen eine mögliche Quelle zur Wiederbeschaffung konsistenter Daten. Aufgrund der sehr langen Zugriffszeiten kommen sie jedoch für die "online"-Fehlerbehandlung nicht in Betracht.

Der Klassifikationsbaum aus Bild 48 enthält im rechten Ast noch die Nutzung der in einer Datenbank vorhandenen Redundanzen zu Rekonstruktionszwecken. Ein _voll-_

<u>ständiger "scan"</u> soll dabei bedeuten, daß ein bestimmter Teil der Datenbank (etwa ein zusammenhängender Seitenbereich oder auch eine ganze Area) sequentiell durchsucht wird, um auf diese Weise irgendwelche zerstörten Daten zu rekonstruieren. Unter den <u>zugeschnittenen Verfahren</u> sind all jene Rekonstruktionstechniken zu subsumieren, bei denen eine auf den Einzelfall abgestimmte und nicht auf dem vollständigen "scan" beruhende Wiederherstellung stattfindet.

5.2 Grundlagen der Kostenbestimmung

Um sich einen zumindest ungefähren Eindruck von dem mit der Durchführung einer Fehlerbehandlungsmaßnahme verbundenen Aufwand zu verschaffen, ist die Aufstellung von <u>Kostenmodellen</u> unerläßlich. Diese sind für unsere Betrachtungen schon deshalb erforderlich, weil die hier zu diskutierenden Fehlerbehandlungsmaßnahmen auf die Verwendung im "online"-Modus während der DB-Verarbeitung abzielen und somit gewissen Zeitrestriktionen unterworfen sind. Wir werden im folgenden lediglich die für <u>E/A-Operationen</u> benötigte Zeit berücksichtigen und den CPU-Zeit-Aufwand demgegenüber vernachlässigen. Dies hat seinen Grund darin, daß bei den in den Kapiteln 5.3 und 5.4 beschriebenen Fehlerbehandlungsverfahren relativ umfangreiche Datenvolumina von der Platte gelesen und z.T. auch wieder auf sie zurückgeschrieben werden müssen. Dagegen wird für die interne Verarbeitung von Seiteninhalten lediglich ein bescheidener Zeitanteil benötigt, da nur recht einfache Operationen auszuführen sind.

Allgemein ist zu den in den nächsten Kapiteln präsentierten Kostenmodellen anzumerken, daß sie nicht mit dem Anspruch auf eine exakte Berechnung der Zeiten für die Fehlerbehandlungsmaßnahmen aufgestellt werden, sondern vielmehr darauf abzielen, eine brauchbare <u>Abschätzung</u> für die benötigten Zeiten zu liefern.

5.2.1 Annahmen zur Datenbankgröße

Zur Berechnung der Fehlerbehandlungskosten muß den Modellrechnungen ein bestimmtes Datenbanksystem und eine konkrete Datenbank zugrunde gelegt werden. Wir orientieren uns im folgenden weitgehend am CODASYL-Datenbanksystem UDS der Fa. Siemens /Sie84a/. Dabei ist die Betrachtung einer einzigen Area ausreichend, über die folgende Annahmen gemacht werden:

- Größe der Area = 100 MB   = 51200 Seiten à 2 KB
- Größe des Freispeicherverzeichnisses (FPA) =   51 Seiten à 2 KB
                       bei 1021 FPA-Einträgen pro Seite

Es wird von 2 Bytes langen FPA-Einträgen ausgegangen. Wenn die Seitenlänge 2048 Bytes beträgt und 4 Bytes für den Seitenidentifikator sowie 1 Byte für den Seitentypindikator (bei UDS allerdings nicht vorhanden) benötigt werden, dann kann eine Seite 1021 FPA-Einträge aufnehmen. Die 51 FPA-Seiten werden in einem zusammenhängenden Speicherbereich innerhalb der Area abgelegt.

Zu jedem Satztyp existiert genau eine DBTT, wobei jedem Satz eine DBTT-Zeile zugeordnet ist, die wiederum mehrere DBTT-Einträge in Form physischer DB-Keys der Länge 4 Bytes enthält. Der jeweils erste Eintrag einer DBTT-Zeile (Spalte 1) enthält den physischen DB-Key des zugehörigen Datensatzes selbst. Weitere DBTT-Spalten gibt es nur dann, wenn der Satztyp Owner in Sets ist, zu denen "sort-key"- oder "search-key"-Tabellen (B*-Bäume) existieren. In diesem Fall enthalten die weiteren Einträge (2ff.) einer DBTT-Zeile Verweise auf die B*-Bäume der zugehörigen Set-Ausprägungen. Bild 49 zeigt als Beispiel die DBTT eines Satztyps, der

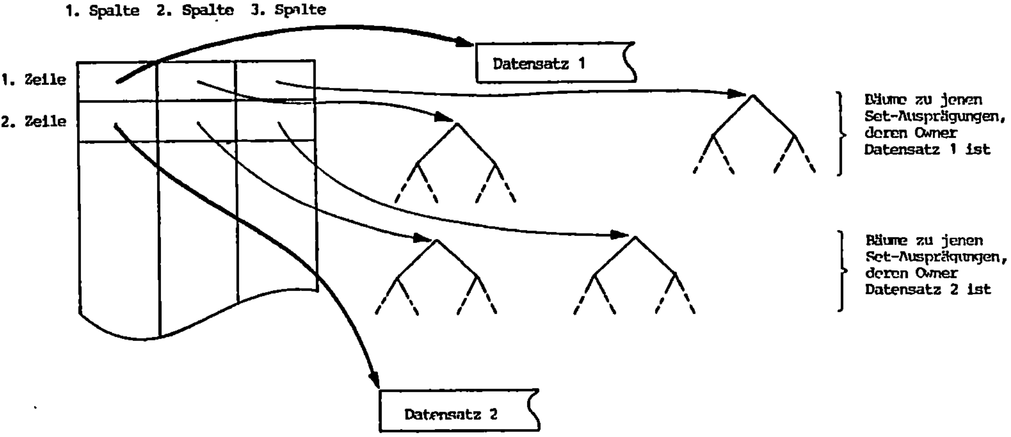

Bild 49: Beispiel zur DBTT-Belegung

Owner in 2 Sets ist. Für jede Set-Ausprägung existiert ein B*-Baum, auf den über die DBTT verwiesen wird.

Zur Berechnung des Umfangs einer DBTT unserer Beispiel-Datenbank gehen wir von den folgenden Annahmen über einen Satztyp aus:

- 100000 Sätze; jeder Satz ist Owner in 2 Set-Ausprägungen, zu denen jeweils 2 B*-Bäume existieren; insgesamt gibt es also 4 B*-Bäume je Satz und damit 5 DBTT-Spalten,
- 20 Bytes / DBTT-Zeile führen zu 102 DBTT-Zeilen / Seite,
- Gesamtgröße der DBTT = 981 Seiten, die - wie schon die FPA - einem zusammenhängenden Speicherbereich innerhalb der Area zugeordnet werden.

Die Länge eines Datensatzes wird mit 100 Bytes veranschlagt.

Zum Satztyp sollen ferner zwei Sekundärschlüssel-Zugriffspfade existieren, der eine in Form eines B*-Baums, der andere in Gestalt einer Hashtabelle mit "separate chaining". Die Schlüssellänge betrage jeweils 8 Bytes. Die Hashtabelle soll keine Überlaufbuckets besitzen. Dies ist bei einer nicht allzu hohen Belegung des Primärbereichs (ca. 70%) im allg. gewährleistet. Für den Primärbereich der

Hashtabelle kann dann unter Zugrundelegung der UDS-Speicherungsstrukturen ein Speicherplatzbedarf von 1075 Seiten berechnet werden. Auch diese Seiten werden in einem zusammenhängenden Bereich der Area abgelegt. Wenn für die B*-Baum-Seiten mit Ausnahme der Wurzel ebenfalls eine Belegung von 70% angenommen wird /NM78, Ya78, Kü83d/, dann führen die Rechnungen zu folgenden Seitenzahlen:

- 1075 Seiten auf Ebene 0 (Blätter),
-   12 Seiten auf Ebene 1,
-    1 Seite auf Ebene 2 (Wurzel).

5.2.2 Annahmen zu den Kosten für DB-Zugriffe

Bei der Kostenberechnung für die Zugriffe zur Datenbank unterscheiden wir zwischen dem wahlfreien Zugriff zu einem einzelnen DB-Block und der Verarbeitung einer größeren Zahl von Blöcken in zusammenhängender, sortierter Blocknummernfolge. Dabei wird jeweils von den Charakteristika des Plattenspeichers Siemens 3465 /Sie83/ ausgegangen:

- 8.5 Blöcke der Länge 2 KB / Spur,
- 9 Spuren / Zylinder,
- Umdrehungszeit 25ms,
- Zugriffsbewegungszeit
    • 6ms zum Nachbarzylinder,
    • 25ms im Mittel bei zufälliger Zylinderauswahl auf einer Platte.

Damit ergibt sich als Zeit für das Lesen oder Schreiben eines Blocks, wenn die minimale Zugriffsbewegungszeit und die halbe Umdrehungszeit als Wartezeit veranschlagt werden:

   t_{DB} = 21ms (nach /Reh79/)

Zu anderen Zeiten kommt man beim Lesen oder Schreiben eines zusammenhängenden Blockbereichs einer Datei, wenn der Zugriff in sortierter Blocknummernfolge geschieht. Wir gehen davon aus, daß Blöcke mit aufeinanderfolgenden Blocknummern (i,i+1) vom Betriebssystem in der Regel auch auf benachbarte Slots auf der Platte (j,j+1) abgebildet werden. Mit Hilfe der etwa im Betriebssystem BS2000 existierenden geketteten Ein-/Ausgabe ("chained I/O") können bis zu 16 aufeinanderfolgende Blöcke (Blocknummern i, ..., i+15) mit einem einzigen LIES-/ SCHREIBE-Aufruf von der Platte in den Hauptspeicher bzw. in entgegengesetzter Richtung übertragen werden. Dies hat den Vorteil, daß die 16 Blöcke in ca. 2 Plattenumdrehungen gelesen bzw. geschrieben werden können, ohne daß bei jedem Blockzugriff wieder von neuem eine Umdrehungswartezeit entsteht. Somit ergeben sich als Kostenanteil für das reine Lesen bzw. Schreiben von 32 KB Daten 50ms für 2 Plattenumdrehungen zu jeweils 25ms. Hinzu kommen noch Anteile für die Umdrehungswartezeit und ggf. die Zugriffsbewegungszeit, die aber von der konkreten Anwendung der geketteten

Ein-/Ausgabe abhängen. Für uns sind zwei <u>Einsatzfälle</u> von Bedeutung:

- Sehr große Datenvolumina werden fortlaufend gelesen. Schreiboperationen kommen währenddessen überhaupt nicht oder nur sehr selten vor, so z.B. nur dann, wenn ein defekter Block nach Durchsuchung zahlreicher anderer Blöcke rekonstruiert werden konnte.

  Hierbei ist davon auszugehen, daß vom Abschluß einer Datenübertragung bis zum Beginn der nächstfolgenden eine volle Plattenumdrehung abgewartet werden muß. Die Zeit von 25ms steht somit für die interne Verarbeitung der gelesenen Daten zur Verfügung. Wir setzen voraus, daß dieses Zeitintervall hierfür ausreicht, da andernfalls auf die Beendigung einer weiteren Plattenumdrehung gewartet werden müßte. Diese Annahmen sind natürlich nur dann realistisch, wenn das DBVS nicht mit anderen Anwendungen um die Ressourcen des Rechners (CPU, Kanäle etc.) konkurriert. Die Zugriffsbewegungszeit kann vernachlässigt werden, da der Übergang stets auf den Nachbarzylinder erfolgt - und auch dies nur für ca. jeden vierten LIES-Aufruf - und der Zylinderwechsel zudem bei asynchroner Ein-/Ausgabe parallel zur jeweils nicht genutzten, dritten Plattenumdrehung stattfinden kann. Damit ergibt sich zum Lesen von 32 KB Daten der Zeitbedarf

  t_{DB} = 75ms.

- Es erfolgt ein abwechselndes Lesen und Schreiben mit "chained I/O" auf dieselbe Platte ("Pingpong-Verfahren").

  Dieses Verfahren dient der Umlagerung größerer Datenbestände von einem Teil der Area in einen anderen. Zur genauen Zeitbestimmung wären hier u.a. Kenntnisse über die in Zylindern gemessene Distanz zwischen dem Lesebereich und dem Schreibbereich erforderlich. Wir nehmen statt dessen vereinfachend an, daß die Zugriffsbewegungszeit zwischen den beiden Bereichen dem Durchschnittswert für die gesamte Platte entspricht (25ms). Als Umdrehungswartezeit werden jeweils 12.5ms veranschlagt. Für die Umlagerung von 32 KB Daten resultiert daraus der Zeitbedarf

  t_{DB} = 2 * (50ms + 25ms + 12.5ms)

  = 175ms.

  Dabei wird wiederum vorausgesetzt, daß eine evtl. erforderliche, interne Verarbeitung der gelesenen Daten parallel zur Neupositionierung des Plattenarms bzw. zur Umdrehungswartezeit erfolgen kann.

Zur Berücksichtigung der geketteten Ein-/Ausgabe kann man sich vorstellen, daß die in Kap. 2.5.1 eingeführten Operationen LIES und SCHREIBE folgendermaßen erweitert werden:

- LIES Block k, n

  Die n Blöcke k, k+1, ..., k+n-1 werden von der Platte in den internen Speicher gelesen. Falls das Lesen für einen oder mehrere dieser Blöcke infolge eines Slot- oder Blockdefekts scheitert, wird die LIES-Operation als Ganzes nicht ausgeführt und dies über einen "return code" dem DBVS mitgeteilt.

- SCHREIBE Block k, n

  Hier erfolgt die Übertragung von n Blöcken aus dem internen Speicher in eine Datenbankdatei unter Verwendung der Blocknummern k, k+1, ..., k+n-1.

5.3 Spezielle Probleme der Fehlerbehandlung bei Slotdefekten

Slotdefekte zeichnen sich dadurch aus, daß weder von einem defekten Slot gelesen noch auf ihn geschrieben werden kann. Wenn also ein Slotdefekt gemeldet wird und dem DBVS die Wiederherstellung der verlorengegangenen Daten gelingt, dann kann der rekonstruierte Block dennoch nicht einfach auf den alten Slot zurückgeschrieben werden. Bei Datenbanksystemen mit direkter Seitenadressierung /Hä78/ bleibt eine Seite i im Verlauf der DB-Verarbeitung stets demselben Block j zugeordnet. Wenn darüber hinaus auch das Betriebssystem den Block j stets auf einen festen Slot k abbildet, dann ergibt sich insgesamt das folgende Problem: Bei einem defekten Slot k müssen die wiederhergestellten Daten von der Seite i in eine andere Seite i' umgelagert werden, da sie andernfalls nicht erfolgreich in die Datenbank eingebracht werden können. Ein solches Ausweichen auf eine andere Seite ist aber dann nicht ohne weiteres möglich, wenn bestimmte Tabellen einem zusammenhängenden, lückenlosen Speicherbereich einer Area zugeordnet sein müssen. Zur Lösung bzw. Vermeidung dieses Problems kommen zwei Ansätze in Betracht, die in den folgenden beiden Unterkapiteln vorgestellt und bewertet werden.

5.3.1 Umlagerung einer betroffenen Struktur

Eine Möglichkeit zur Fehlerbehandlung bei Slotdefekten in Tabellen, die der Zusammenhangseigenschaft unterliegen, ist die Umlagerung der gesamten Struktur in einen anderen zusammenhängenden Speicherbereich der Area. Offensichtlich bedeutet die komplette Umlagerung von Daten, die von dem Slotdefekt gar nicht unmittelbar betroffen sind, einen weitaus größeren Aufwand, als wenn die Fehlerbehandlung lokal durch Übergang auf eine andere Seite (i→i') erfolgen könnte. Außerdem ist es nicht in allen Fällen gewährleistet, daß überhaupt ein hinreichend großer und aktuell nicht genutzter Seitenbereich in der Area existiert, in dem die umzulagernden Daten abgelegt werden können. Im folgenden soll dennoch erörtert werden, wie und zu welchen Kosten eine Umlagerung durchgeführt werden kann. Die Wiederherstellung der durch einen Slotdefekt zerstörten Daten unterscheidet sich hingegen nicht von der Rekonstruktion jener Daten, die etwa infolge eines Blockdefekts verlorengegangen sind. Auf die Wiederherstellung zerstörter oder inkonsistenter Daten wird deshalb erst in einem allgemeineren Kontext in Kap. 5.4 eingegangen.

Wenn beim LIES-Aufruf für einen Block j vom Betriebssystem ein Slotdefekt gemeldet wird, dann ist dem DBVS damit noch nicht bekannt, wie viele (nebeneinanderliegende) Slots davon betroffen sind. Eventuell würde das Lesen mit den Blocknummern j-2 und j+2 gelingen, während die zu den Blöcken j-1 und j+1 gehörigen Slots möglicherweise ebenfalls defekt sind. Bei der Umlagerung einer Tabelle sollte aber auf sämtliche noch lesbaren Blöcke zugegriffen werden, um die sich anschließende Rekonstruktion der zerstörten Daten auf jene Blöcke beschränken zu können, die direkt vom Slotdefekt betroffen sind. Bild 50 soll das bei der Umlagerung

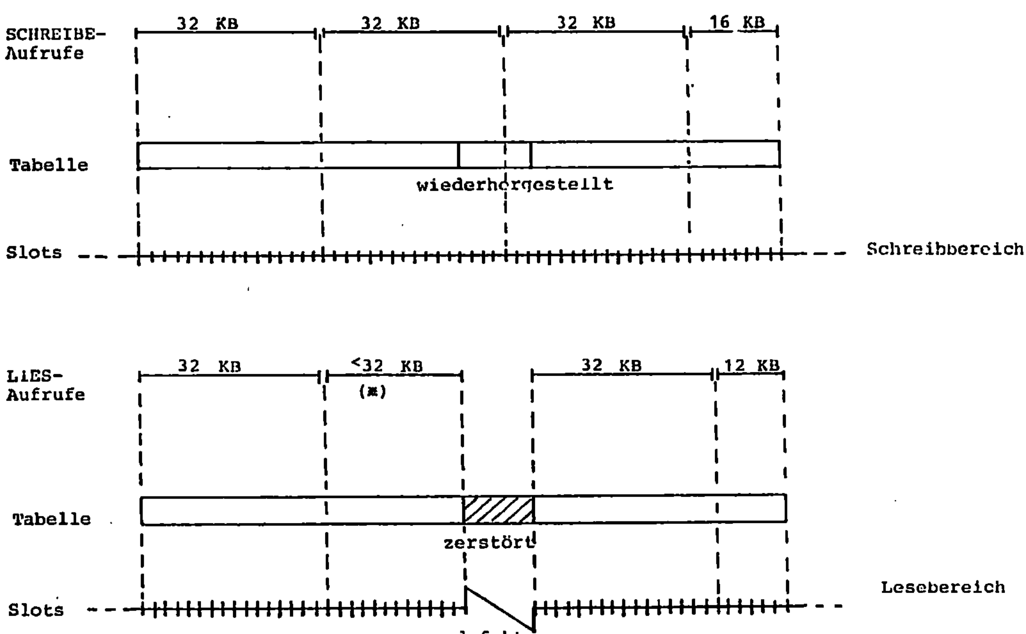

Bild 50: Lesen und Schreiben zusammenhängender Bereiche mit "chained I/O" bei Vorliegen eines Slotdefekts

entstehende Problem verdeutlichen: Eine Tabelle, die zusammenhängend gespeichert sein muß, umfaßt 112 KB Speicherplatz. Beim Lesen der ersten 32 KB mit "chained I/O" tritt noch kein Fehler auf, das Lesen der zweiten 32 KB führt hingegen zu einer Fehlermeldung und zum Abbruch der Leseoperation. Das Herantasten an den defekten Slotbereich unter gleichzeitiger Sicherstellung, daß auch der Inhalt des letzten noch intakten Blocks vor Beginn dieses Bereichs gelesen und umgelagert wird, kann mit Hilfe der binären Suche über den folgenden rekursiven Algorithmus erfolgen:

```
procedure TRY (j, n: integer);
   begin
      LIES Block j, n;
      if "return code" = 0
      then (* Lesen erfolgreich → Übertragen der Daten in den Schreibbereich *)
         if n = 16
         then TRY (j+16, 16)   (* Lesen der nächsten 32 KB *)
         else
            if n > 1
            then TRY (j+n, n div 2)
            else (* Ende *)
      else   (* Lesen gescheitert *)
         if n > 1
         then TRY (j, n div 2)
```

```
      else (* Ende *)
  end (* TRY *);
```

Die Ablauflogik von TRY ist schematisch in **Bild 51** dokumentiert. Für das Beispiel

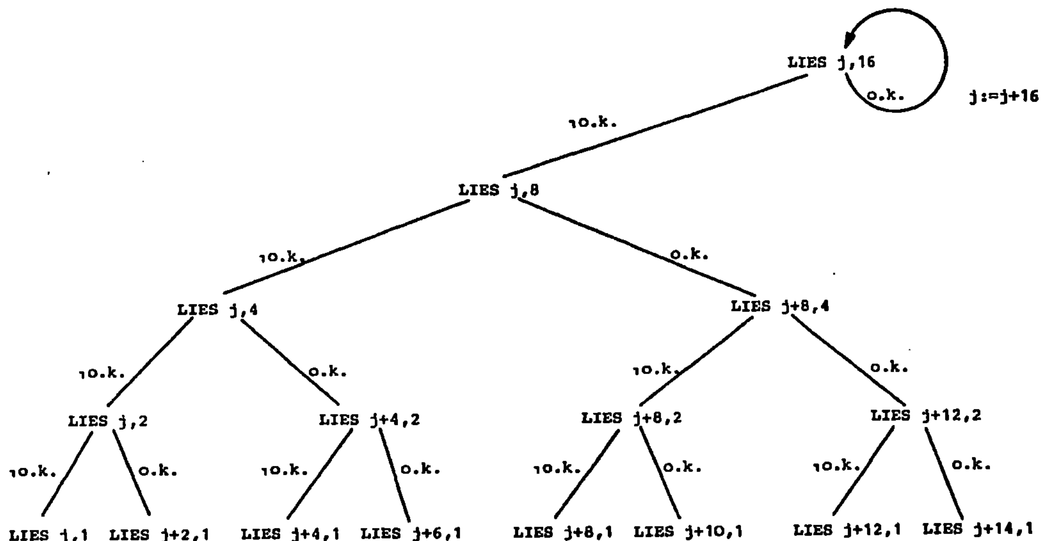

Bild 51: Binäre Suche nach dem Beginn eines Slotdefekts

aus Bild 50 ergibt sich als Sequenz der LIES-Aufrufe, wenn die umzulagernde Tabelle bei der Blocknummer 17 beginnt:

```
LIES Block 17, 16    erfolgreich
LIES Block 33, 16    gescheitert
LIES Block 33,  8    erfolgreich
LIES Block 41,  4    erfolgreich
LIES Block 45,  2    gescheitert
LIES Block 45,  1    gescheitert
```

Um die genaue Ausdehnung des defekten Slotbereichs, der sich u.U. über mehrere Spuren erstreckt, zu bestimmen, kann der Algorithmus die umzulagernde Tabelle zusätzlich von hinten nach vorne durchsuchen. Dies bedeutet ein Herantasten an den defekten Bereich vom Tabellenende her, also entgegengesetzt zur oben beschriebenen Suchrichtung. Nachdem auf diese Art alle noch lesbaren Blöcke umgelagert wurden, kann anschließend die Wiederherstellung der zerstörten und deshalb nicht übertragenen Blockinhalte in Angriff genommen werden.

Im folgenden soll der _Zeitbedarf_ für die Umlagerung bei den Tabellen unserer Beispiel-Datenbank abgeschätzt werden. Diese Operation kann mit geketteter Ein-/Ausgabe nach dem in Kap. 5.2.2 beschriebenen "Pingpong-Verfahren" erfolgen. Für die _FPA_, die sich über 51 Blöcke erstreckt, werden zum Einlesen und Rückschreiben jeweils 4 E/A-Operationen benötigt, wenn der Iterationsaufwand zur Eingrenzung des defekten Slotbereichs durch den Algorithmus TRY außer acht gelassen wird. Dies führt zu der folgenden Kostenabschätzung für die Umlagerung:

$$t_{Um} = 4 * 175ms$$

        = 700ms

In diesem Schätzwert bleibt auch unberücksichtigt, daß nicht bei allen E/A-Opera-
tionen das maximal mögliche Datenvolumen von 32 KB übertragen wird. Insgesamt
zeigt die Abschätzung jedoch, daß die Umlagerung einer von Slotdefekten betroffenen FPA eine zeitgünstige und damit zur "online"-Fehlerbehandlung geeignete
Operation darstellt. Eine Kostenerhöhung kann sich noch durch die Verwendung von
Seitentypindikatoren ergeben, falls die umzulagernden Daten nicht einfach "blind"
in den Schreibbereich übertragen werden, sondern durch Inspektion der Seitentypindikatoren geprüft wird, ob die zu benutzenden Seiten wirklich leer sind.

Zur Umlagerung der 981 Blöcke umfassenden DBTT der Beispiel-Datenbank werden 62
Übertragungsschritte (Lesen/Schreiben von 32 KB Daten) benötigt, die eine Zeit von

   $t_{Um} = 62 * 175ms$

       $= 11$ Sek.

erfordern. Selbst wenn auch hier mit einer Erhöhung des Zeitbedarfs aufgrund der
Verwendung von Seitentypindikatoren zu rechnen ist, so liegt der Wert immer noch
in dem für die "online"-Fehlerbehandlung tolerierbaren Bereich.

Die in Kap. 5.2.1 vorgestellte Hashtabelle der Beispiel-Datenbank, die als
Sekundärschlüssel-Zugriffspfad für die Datensätze dient, hat eine Größe von 1075
Blöcken. Nach den schon bekannten Berechnungen ergibt sich für insgesamt 68
Übertragungsschritte der Zeitbedarf

   $t_{Um} = 68 * 175ms$

       $= 12$ Sek.

Wir sind bei der Größenberechnung für die Hashtabelle in Kap. 5.2.1 davon
ausgegangen, daß sie eine Belegung von nur 70% aufweist und deshalb keine
Überlaufbuckets besitzt. Das Vorhandensein von Überlaufbuckets ist nämlich von
wesentlichem Einfluß auf die für eine Umlagerung benötigte Zeit. Das Problem
hierbei liegt darin, daß die PRIOR-Verweise von den ersten Überlaufbuckets zurück
zu den Primärbuckets nach der Umlagerung des Primärbereichs nicht mehr stimmen. Um
alle betroffenen PRIOR-Verweise zu ändern, müßten bei einem hohen Belegungsgrad
der Hashtabelle bis zu 1075 Überlaufbuckets wahlfrei gelesen werden, was als
zu zeitaufwendig anzusehen ist. Zudem wäre der Zugriff auf jene Überlaufbuckets
undurchführbar, deren zugehörige Primärbuckets aufgrund eines Slotdefekts nicht
gelesen werden können. Diese Überlaufbuckets wären dadurch von der Hashtabelle
abgekoppelt. Die Betrachtungen zeigen, daß die Umlagerung des Primärbereichs einer
Hashtabelle nur unter bedeutenden Einschränkungen möglich ist, die den Einsatz
dieser Fehlerbehandlungsmaßnahme in vielen praktisch relevanten Fällen verhindern.

Bei der Umlagerung des Primärbereichs einer Hashtabelle, in der Datensätze und
nicht nur Einträge eines Sekundärschlüssel-Zugriffspfads gespeichert sind, tritt
das Problem fehlerhafter Verweise noch deutlicher in Erscheinung. Auf Datensätze

kann nicht nur über die DBTT, sondern auch über Zeiger in Kettenstrukturen, B*-Bäumen etc. verwiesen werden. All diese Verweise werden bei einer Umlagerung inkorrekt, so daß nachfolgende Zugriffe zu den Datensätzen scheitern. Bei der Adressierung über die DBTT müssen die dort vorhandenen physischen DB-Keys, die auch als "page pointer" bezeichnet werden, korrekt sein, wohingegen die sonstigen Satzadressen in Kettenstrukturen, B*-Bäumen usw. nur "probable page pointer" darstellen. Falls der Zugriff über einen "probable page pointer" (PPP) scheitert, weil der gesuchte Satz in der angegebenen Seite nicht vorhanden ist, wird anschließend über den in der DBTT verzeichneten "page pointer" (PP) zugegriffen. Das Scheitern eines Zugriffs über einen PPP ist somit ein zwar unerwünschtes, aber erwartetes Ereignis. Es ist deshalb auch nicht unbedingt nötig, sämtliche betroffenen PPPs bei der Umlagerung des Primärbereichs einer Hashtabelle zu ändern. Es reicht vielmehr, wenn die PPs der Datensätze in der DBTT geändert werden, aber auch dies ist schon als sehr zeitaufwendig anzusehen.

Das Problem des Änderns von Satzadressen tritt jedoch nicht nur bei der Umlagerung von Hashtabellen, die Datensätze enthalten, auf. Immer dann, wenn aufgrund eines Slotdefekts von einer Seite i auf eine andere Seite i' übergegangen wird und die Seite i von außen über Verweise adressiert wird, entsteht die Notwendigkeit zur Verweisaktualisierung. So wird etwa eine Indexseite bei den in Kap. 4.5 vorgestellten B*-Bäumen von außen im allg. über NEXT-, PRIOR-, UP- und DOWN-Verweise referenziert, die bei einem Übergang i→i' alle geändert werden müssen.

5.3.2 Verwendung von Extent-Tabellen und Invalid-Listen

Aus den Erörterungen des vorigen Kapitels ging hervor, daß sich in Zusammenhang mit der "online"-Fehlerbehandlung bei Slotdefekten vor allem die folgenden beiden Forderungen ergeben:
- Es wäre wünschenswert, wenn die Umlagerung kompletter Tabellen, wie sie zur Wahrung der Zusammenhangseigenschaft erforderlich ist, durch geeignete Maßnahmen vermieden werden könnte.
- Es sollte darüber hinaus möglich sein, vom Zwang zur Verweisänderung infolge von Umlagerungen loszukommen. Selbst dann, wenn auf die Umlagerung ganzer Tabellen verzichtet werden kann, bleibt nämlich immer noch das Problem bestehen, daß bei einzelnen Übergängen von einer Seite i zur Seite i' die auf die Seite i gerichteten Verweise geändert werden müssen.

Zur Lösung des erstgenannten Problems bietet es sich an, für FPAs, DBTTs und die Primärbereiche von Hashtabellen Extent-Tabellen vorzusehen, wie sie auch von Betriebssystemen zur Abbildung eines zusammenhängenden Blockbereichs auf einen nicht zusammenhängenden Slotbereich benutzt werden. Falls innerhalb einer Tabelle ein Slotdefekt auftritt, muß dann nicht mehr die gesamte Tabelle in einen anderen Speicherbereich transferiert werden. Es reicht vielmehr, wenn nur für die unmittelbar vom Slotdefekt betroffenen Seiten ein neuer Extent angelegt wird und die wiederhergestellten Seiteninhalte dort abgelegt werden. Die fortlaufende Seitenzuordnung für Tabellen ermöglicht einen sehr einfachen und damit schnellen Zugriff zu FPA-Einträgen, DBTT-Zeilen und Primärbuckets von Hashtabellen. Wenn man die Aufteilung einer Tabelle auf mehrere Extents erlaubt, muß unbedingt darauf geachtet werden, daß damit nicht eine deutliche Verschlechterung der Zugriffszeiten einhergeht.

Die Extent-Tabellen sollen zunächst am Beispiel einer FPA diskutiert werden. Es ist sinnvoll, eine Maximalzahl der möglichen Extents fest vorzugeben, so z.B. 11 Extents. Warum hierfür eine ungerade Zahl vorteilhaft ist, wird noch weiter unten erläutert. Beim Einrichten der Datenbank und Formatieren der Area wird die FPA zunächst in einem einzigen Extent gespeichert, also in der Form, wie dies auch bisher der Fall war. Von der Situation, daß bereits beim Formatieren der Area ein Slotdefekt entdeckt wird, werde einmal abgesehen. Sinnvollerweise wird man dann die Platte sowieso zunächst physisch neu initialisieren, die betroffene Area neu einrichten und das Formatieren anschließend wiederholen. Eine Extent-Tabelle fester Länge kann die folgende Struktur besitzen:

```
1 Byte :  Anzahl   Extents
3 Bytes:  Beginn   Extent i (Seitennummer)
2 Bytes:  Länge    Extent i (in Seiten)
             •      •      •
```

Die beiden letztgenannten Einträge (Beginn/Länge) kommen bis zu 11mal in der Extent-Tabelle vor, sie umfaßt damit 56 Bytes. Der erste Eintrag gibt die Anzahl der aktuell vorhandenen Extents an und enthält somit stets einen Wert zwischen 1 und 11.

Wenn in einer noch zusammenhängend, also in einem einzigen Extent, gespeicherten FPA ein Slotdefekt auftritt, ist zwischen den folgenden Fehlerfällen zu unterscheiden:

- Der Slotdefekt betrifft die ersten oder die letzten Tabellenseiten: Für den defekten Bereich wird als Ersatz ein neuer Extent angelegt. Die Extent-Tabelle enthält somit 2 belegte Einträge.
- Die ersten und die letzten Tabellenseiten sind nicht vom Slotdefekt betroffen: Hier wird ebenfalls ein neuer Extent als Ersatz für den defekten Bereich angelegt. Da die vorhandene Tabelle durch den Defekt in zwei Teile zerfällt, muß darüber hinaus ein weiterer Eintrag in der Extent-Tabelle belegt werden. Insgesamt enthält die Extent-Tabelle schließlich 3 gültige Einträge.

In **Bild 52** werden diese beiden Möglichkeiten des Auftretens von Slotdefekten

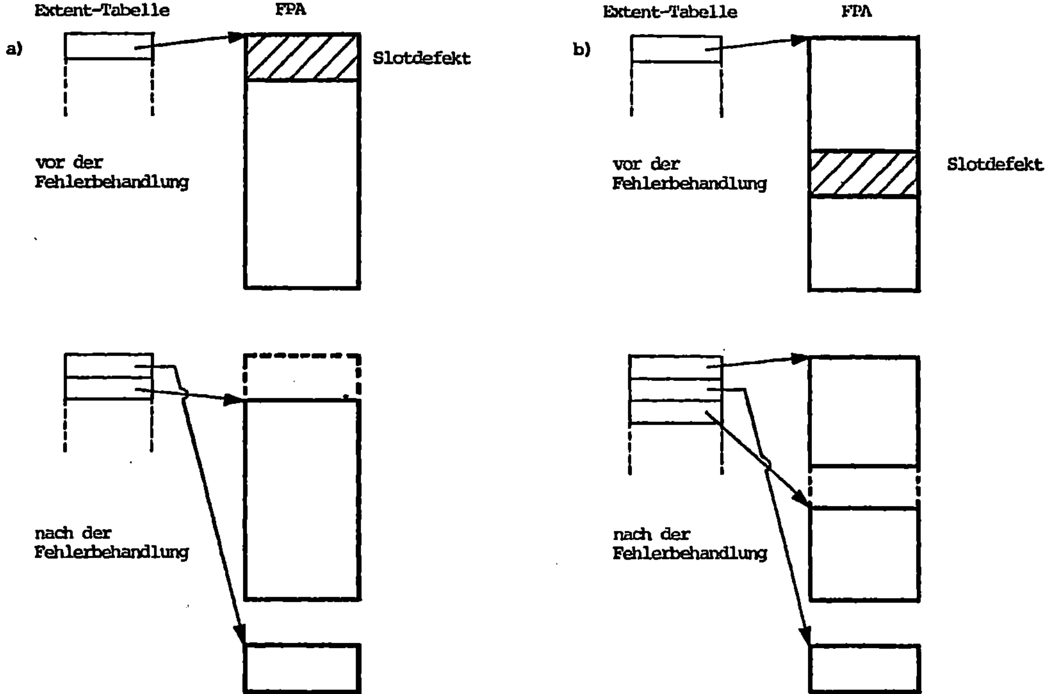

Bild 52: Verwendung von Extent-Tabellen zur Fehlerbehandlung bei Slotdefekten

anhand von Beispielen verdeutlicht. Man kann sich leicht überlegen, daß der in Teil b gezeigte Fehlerfall im allg. mit größerer Wahrscheinlichkeit vorkommt, als die in Teil a wiedergegebene Fehlersituation. Es ist deshalb damit zu rechnen, daß die Zahl der belegten Einträge in der Extent-Tabelle bei der Behandlung eines Slotdefekts meist um 2 anwächst, so daß hierfür die Werte 1, 3, 5 ... auftreten. Wenn die Extent-Tabelle maximal 11 Einträgen Platz bietet, können somit 5 Fehlerbehandlungen für Slotdefekte vorgenommen werden, bis die Tabelle voll ist. Würde man nur für 10 Einträge Platz bereitstellen, so wären in der Regel nur 4 Fehlerbehandlungen möglich, und der Platz für den letzten, zehnten Eintrag bliebe oftmals ungenutzt. Wenn eine Tabelle aufgrund wiederholt auftretender Slotdefekte schließlich über 11 Extents verteilt ist, dann sollte sie durch eine im "offline"-Modus ablaufende Reorganisation einem neuen zusammenhängenden Speicherbereich zugeordnet werden. Im normalen DB-Betrieb ist aber nicht zu erwarten, daß Slotdefekte allzuoft vorkommen, so daß die Obergrenze von 11 Extents keine spürbare Einschränkung darstellt.

Für die **Speicherung der Extent-Tabelle** einer FPA bieten sich die folgenden Alternativen an:

- Die Extent-Tabelle wird als Teil der Beschreibungsdaten der Datenbank abgelegt.

Dort existieren oftmals ohnehin schon Angaben zum FPA-Beginn und zur FPA-Länge.

- Die Extent-Tabelle wird bei der FPA selbst abgespeichert, also etwa in einem zugehörigen FPA-Kopf.

Aufgrund ihrer geringen Größe kann die Extent-Tabelle während der Verarbeitung einer Area stets im internen Speicher gehalten werden. Dies ist selbst dann problemlos möglich, wenn das Datenbanksystem mehrere Areas parallel zum Ändern geöffnet hat.

Während normalerweise eine sehr einfache Umrechnung von der Nummer eines FPA-Eintrags auf die Nummer der zugehörigen FPA-Seite erfolgen kann, ist bei Vorhandensein einer Extent-Tabelle zunächst ein _Zugriff_ hierauf durchzuführen. Eine merkliche Effizienzeinbuße ist damit jedoch nicht verbunden:

- Bei einer sequentiellen Freiplatzsuche in der FPA muß lediglich beim Übergang auf die jeweils nächste FPA-Seite anhand der Extent-Tabelle überprüft werden, ob diese Seite noch benachbart zur zuvor betrachteten Seite ist oder bereits in einem anderen Extent liegt.

- Zur Lokalisierung eines bestimmten FPA-Eintrags wird zunächst eine Umrechnung auf die relative Seitennummer innerhalb der FPA vorgenommen. Diese Umrechnung ist auch bei der üblichen FPA-Adressierung, also ohne Extent-Tabelle, durchzuführen. Anschließend wird in der Extent-Tabelle nachgeschaut, zu welchem Extent die relative Seitennummer gehört und welche Seitennummer der Area ihr zugeordnet ist. Da die FPA meist nur aus einem einzigen Extent besteht, verlangsamt diese zusätzliche Indirektion den Zugriff kaum.

So wie Extent-Tabellen in der zuvor beschriebenen Weise für die FPA benutzt werden können, so ist die Verwendung ebenso für _DBTTs_ und Primärbereiche von _Hashtabellen_ möglich. Insbesondere besitzen die obigen Aussagen zum Zugriffszeitverhalten auch in diesen Fällen Gültigkeit. Dabei ist es stets eine wesentliche Forderung, daß die jeweils benötigten Extent-Tabellen während der DB-Verarbeitung im internen Speicher gehalten werden. Im übrigen können Extent-Tabellen (quasi nebenbei) auch dazu benutzt werden, um die Erweiterung von Tabellen, die normalerweise feste Länge besitzen, während der DB-Verarbeitung zu ermöglichen. In /Kü83b, S. 82f./ wird darauf hingewiesen, daß dies etwa für DBTTs von Bedeutung sein kann.

Es ist noch anzumerken, daß die Verwendung von Extent-Tabellen für einzelne DB-Strukturen (FPAs, DBTTs, Primärbereiche von Hashtabellen) einen Mittelweg darstellt zwischen der direkten Seitenadressierung und der indirekten Seitenadressierung über Seitentabellen. Während im ersten Fall die Abbildung von Seitennummern auf Blocknummern generell ohne Tabellen erfolgt und im zweiten Fall sämtliche Seitennummern über Seitentabellen auf Blocknummern abgebildet werden, gibt es bei Benutzung von Extent-Tabellen die Indirektion nur für Seiten bestimmter Typen.

Mit Hilfe der Extent-Tabellen kann somit die Umlagerung·kompletter DB-Strukturen bei der Fehlerbehandlung für Slotdefekte vermieden werden. Die andere o.g. Problematik betrifft die Notwendigkeit zur Korrektur von Verweisen, die aufgrund der Neuzuordnung von Daten zu DB-Seiten (bisher Seite i, jetzt Seite i') ungültig werden. Hier soll eine Lösung gefunden werden, die zumindest für die Dauer des gerade laufenden DB-Betriebs den Verzicht auf Verweiskorrekturen erlaubt. Nach Beendigung des DB-Betriebs kann dann die relativ zeitaufwendige Änderung der inkorrekten Verweise im "offline"-Modus erfolgen.

Wir schlagen hierzu die Verwendung einer Liste der ungültigen Seitennummern vor, wobei gleichzeitig für jede dort verzeichnete Seite i vermerkt ist, welche Seite i' als Ersatz für sie benutzt wird. Dieses Verzeichnis soll auch <u>Invalid-Liste</u> genannt werden. Wenn sich ein Slotdefekt über n Slots erstreckt, dann werden bei der Fehlerbehandlung n Eintrags-Paare zur Invalid-Liste hinzugefügt, wobei jedes Eintrags-Paar aus den beiden Komponenten
- alte Seitennummer i,
- neue Seitennummer i'
besteht. Der Zugriff zu einer Seite i über einen Verweis wird nun so abgewickelt, daß zunächst nach der Seitennummer in der Invalid-Liste gesucht wird. Je nachdem, ob diese Suche erfolgreich verläuft oder nicht, wird die neue Seitennummer i' oder die alte Seitennummer i zum weiteren Zugriff benutzt. Für jede DB-Area kann eine eigene Invalid-Liste geführt und in der jeweils ersten Seite der Area abgelegt werden. Nach dem Einrichten der Datenbank und dem Formatieren der Areas sind zunächst sämtliche Invalid-Listen leer.

Wie schon die Extent-Tabellen, so müssen auch die benötigten Invalid-Listen stets im internen Speicher gehalten werden. Die Invalid-Liste einer Area kann beim ÖFFNE-Aufruf eingelesen werden. Die Existenz der Invalid-Listen sollte für die meisten DBVS-Komponenten transparent sein. Es reicht, wenn der Pufferverwalter sie kennt und ihren Inhalt beim Seitenzugriff berücksichtigt. Nur bei der Behandlung von Slotdefekten wird eine Invalid-Liste von der für die Fehlerbehandlung zuständigen DBVS-Komponente modifiziert, d.h. um neue Eintrags-Paare erweitert.

Zur Gewährleistung des schnellen Zugriffs zu einer Invalid-Liste ist es wesentlich, daß ihre <u>Länge</u> nicht allzusehr anwächst. Wenn zur Fehlerbehandlung bei Slotdefekten in Tabellen deren Umlagerung erfolgt und für jede davon betroffene Seite ein Eintrags-Paar zur Invalid-Liste hinzugefügt wird, dann nimmt die Größe der Invalid-Liste dadurch sehr stark zu. Bei Verwendung von Extent-Tabellen muß hingegen nur für jene Seiten eine Eintragung in die Invalid-Liste erfolgen, die direkt vom Slotdefekt betroffen sind. Da sich ein Slotdefekt meist nur auf eine Spur auswirkt, für die kein Lesen und Schreiben mehr möglich ist, werden in diesem Fall nur relativ wenige Eintrags-Paare in die Invalid-Liste aufgenommen. Es ist deshalb anzuraten, Invalid-Listen nur zusammen mit Extent-Tabellen zu verwenden.

Sofern kurze Invalid-Listen die Regel sind, können sie - nach den alten Seitennummern sortiert - fortlaufend gespeichert werden. Da der Zugriff zur Invalid-Liste stets die Suche nach einer alten Seitennummer beinhaltet, ist in diesem Fall die binäre Suche anwendbar. Eine andere Möglichkeit liegt im Vorschalten eines _Suchfilters_ (Bloom-Filter /Bl70/), wobei der Filteralgorithmus zunächst einmal darüber Auskunft gibt, ob eine bestimmte Seitennummer i überhaupt in der Invalid-Liste vorhanden sein kann. Nur wenn diese Prüfung zu einem positiven Ergebnis führt, wird die Suche in der Invalid-Liste selbst durchgeführt. Dieses Verfahren ist deshalb zu empfehlen, weil meist nur für sehr wenige Seiten einer Area (<<1%) Einträge in der Invalid-Liste existieren. Eine Invalid-Liste muß spätestens dann, wenn sie eine nicht mehr tolerierbare Größe erreicht hat, durch eine "offline"-Reorganisation wieder aufgelöst werden. Hierzu ist die Änderung sämtlicher betroffener Verweise erforderlich.

5.4 Fehlerbehandlung bei vollständig zerstörten FPA- und DBTT-Seiten

Im vorigen Kapitel wurde die Frage, wie die durch einen Slotdefekt zerstörten Daten wiederhergestellt werden können, bewußt ausgeklammert. Wir wollen deshalb im folgenden auf den Fall eingehen, daß der Inhalt einer Seite oder auch mehrerer Seiten einer FPA bzw. DBTT wiederhergestellt werden muß. Dabei ist nicht von Bedeutung, auf welche Art der Seiteninhalt zerstört wurde, sei es durch einen Slotdefekt, einen Blockdefekt oder eine andere Fehlerursache.

Schon in Kap. 5.1 wurde im Rahmen der Klassifikation zur "online"-Fehlerbehandlung darauf hingewiesen, daß die Nutzung der Log-Dateien zur Rekonstruktion zerstörter Daten nur sehr selten möglich ist. Im folgenden soll deshalb lediglich diskutiert werden, ob und ggf. wie eine Wiederherstellung der Daten auf dem Wege des vollständigen "scan" oder über zugeschnittene Verfahren (vgl. Bild 48) möglich ist. Außerdem wird noch erörtert, in welchen Fällen die DB-Verarbeitung unter Hinnahme zerstörter Daten zunächst fortgesetzt werden kann.

5.4.1 Fehlerbehandlung für FPA-Zerstörungen

Zur _Rekonstruktion_ des komplett zerstörten Inhalts einer FPA-Seite ist ein _vollständiger "scan"_ des der Seite zugeordneten Area-Bereichs möglich, wobei die in den Seiten gespeicherten Freiplatzlängenangaben in die FPA übertragen werden. Da eine FPA-Seite unseren Annahmen aus Kap. 5.2.1 zufolge 1021 Einträge enthält, ist zu ihrer vollständigen Rekonstruktion der Zugriff zu einer entsprechenden Anzahl von Seiten der Area erforderlich. Zur Kostenabschätzung vernachlässigen wir den Fall, daß sich einige der benötigten Seiten bereits im Systempuffer befinden, da es sich dabei meist nur um einen sehr geringen Anteil handelt. Somit müssen zur Rekonstruktion einer FPA-Seite 1021 Blöcke mit fortlaufenden Blocknummern eingelesen werden, was mit geketteter Ein-/Ausgabe geschehen kann. Dies erfordert 64 LIES-Aufrufe an das Betriebssystem und führt zu den Rekonstruktionskosten

$$tRe = 64 * 75ms$$
$$= 5 \text{ Sek.}$$

Im Gegensatz zu den Kostenberechnungen für die Umlagerung von Tabellen im Fall von Slotdefekten, wo ein abwechselndes Lesen und Schreiben im "Pingpong-Verfahren" erfolgt, fällt hier nur der Zeitbedarf für das Lesen ins Gewicht. Das nach Abschluß der Wiederherstellung erforderliche Rückschreiben des rekonstruierten FPA-Blocks in die Datenbank spielt kostenmäßig keine Rolle. Falls etwa infolge eines Slotdefekts eine ganze Plattenspur nicht mehr zugreifbar ist und deshalb die zerstörten Inhalte von 9 FPA-Seiten wiederhergestellt werden müssen, ist der obige Wert von tRe mit 9 zu multiplizieren. Auch der sich daraus ergebende Zeitbedarf zur Rekonstruktion von 45 Sek. erscheint im Rahmen der "online"-Fehlerbehandlung als noch tolerierbar.

Bei jedem Seitenzugriff während des vollständigen "scan" muß auf den _Seitentyp_ geachtet werden. Dieser kann jeweils dem Typindikator im Seitenkopf entnommen werden. Im allg. existiert nämlich nicht bei allen Seitentypen eine Freiplatzlängenangabe im Kopf. Dies kann etwa auf die Seitentypen FPA, DBTT, HASH und TREE zutreffen: FPA- und DBTT-Seiten werden schon beim Einrichten der Datenbank vorformatiert und mit dem jeweiligen Wert im Typindikator versehen. Sämtlichen FPA- und DBTT-Einträgen werden dabei ebenfalls Werte zugewiesen. Da somit in den FPA- und DBTT-Seiten kein Freiplatz im eigentlichen Sinne vorhanden ist (allenfalls aktuell nicht benutzte Einträge in DBTT-Seiten), werden dort auch keine Freiplatzlängenangaben benötigt. Primär- und Überlaufseiten von Hashtabellen mit "separate chaining" gelten aus Sicht der Freispeicherverwaltung stets als voll. In diesen Seiten darf nämlich niemals Speicherplatz für Datensätze über die FPA belegt werden, sondern stets nur im Zuge von Operationen des Typs STORE beim Durchsuchen einer Überlaufkette. Für Seiten des Typs TREE darf die Speicherplatzbelegung ebenfalls nur bei Operationen des Typs STORE im Anschluß an eine Suche im Baum erfolgen. Bei der Rekonstruktion einer FPA-Seite über den vollständigen "scan" muß deshalb für Seiten der Typen FPA, DBTT, HASH und TREE die Freiplatzlängenangabe 0 im zugehörigen FPA-Eintrag vermerkt werden.

Für einzelne zerstörte FPA-Seiten muß nicht unbedingt eine Wiederherstellung erfolgen, wie sie zuvor beschrieben wurde. Vielmehr ist auch eine _Fortführung der DB-Verarbeitung ohne die sofortige Rekonstruktion der verlorengegangenen FPA-Werte_ möglich. Hierfür bieten sich zwei Vorgehensweisen an, die im folgenden näher erläutert werden.

Angenommen, in der FPA ist nur ein einzelner Seiteninhalt zerstört. Die 1021 Einträge einer FPA-Seite enthalten die Freiplatzlängenangaben für ca. 2% der Seiten einer 100 MB umfassenden Area. Man kann die von der Zerstörung betroffene FPA-Seite bzw. die dort vorhandenen Einträge so _markieren_, daß die Seite bei der Freiplatzsuche fortan nicht berücksichtigt wird. Das hat zur Folge, daß in den zugehörigen Seiten der Area kein Speicherplatz über die Freiplatzverwaltung mehr angefordert werden kann. Da sich dies lediglich auf 2% der Area auswirkt, kann die DB-Verarbeitung zunächst weitgehend unbehindert fortgesetzt werden. Nur in sehr seltenen Fällen wird eine Area einen derart hohen Füllgrad besitzen, daß es wegen des für Neueinspeicherungen nicht mehr nutzbaren Teils der Area zu einem Speicherplatzengpaß kommt. Falls sich in jenem Teil der Area Primär- oder Überlaufbuckets von Hashtabellen befinden, können dort weiterhin Sätze eingefügt werden, da hierfür keine Speicherplatzanforderungen über die FPA stattfinden. Die Wiederherstellung der zerstörten FPA-Seite kann schließlich nach Beendigung des DB-Betriebs im "offline"-Modus über ein Dienstprogramm erfolgen.

Eine andere Vorgehensweise zur Fortführung der DB-Verarbeitung unter Verzicht auf die sofortige Rekonstruktion einer zerstörten FPA-Seite kommt sogar ohne eine spätere "offline"-Rekonstruktion aus. Wir setzen dabei voraus, daß die Einträge der betroffenen FPA-Seite im Zuge der Fehlerbehandlung jeweils mit einem Wert versehen werden, der vom DBVS als spezielle _Markierung_ erkannt wird. Wenn die Seitenlänge 2048 Bytes beträgt und 2 Bytes als Eintragslänge in der FPA verwandt werden, dann kann etwa der Wert $2^{16}-1$ als Markierung benutzt werden. Bei der Suche nach Freiplatz im Zuge von Einspeicherungen legt das DBVS einen _optimistischen_ _Ansatz_ zugrunde, indem zunächst einmal davon ausgegangen wird, daß in einer über ihren FPA-Eintrag markierten Seite noch hinreichend viel Platz vorhanden ist. Es wird deshalb auf die Seite selbst zugegriffen und dort der Typindikator betrachtet:

- Falls die Seite vom Typ FPA, DBTT, HASH oder TREE ist, wird die Markierung im zugehörigen FPA-Eintrag durch den Wert 0 überschrieben, da in der Seite kein verfügbarer Freiplatz existiert. Die Freiplatzsuche muß anschließend mit Hilfe des nächstfolgenden FPA-Eintrags fortgesetzt werden.
- Falls im Typindikator der Wert EMPTY verzeichnet ist, kann in der Seite Speicherplatz belegt werden. Der markierte FPA-Eintrag wird danach mit dem korrekten Wert versehen, der auch als Freiplatzlängenangabe in den Seitenkopf eingetragen wird.
- Falls ein anderer Seitentyp vorliegt, wird in Abhängigkeit von der lokalen Freiplatzlängenangabe und vom Umfang des angeforderten Platzes verfahren:
  - Wenn die Speicherplatzanforderung erfüllt werden kann, wird der Platz belegt und der markierte FPA-Eintrag mit dem korrekten Wert versehen.
  - Andernfalls wird in den markierten FPA-Eintrag wiederum der korrekte Wert (aus der lokalen Freiplatzlängenangabe) eingetragen. Die Freiplatzsuche muß dann

jedoch fortgesetzt werden.

Dieses Verfahren benötigt also im letztgenannten Fall mehrere Seitenzugriffe für eine einzige Speicherplatzanforderung. Wie oft dieser Fall auftritt, hängt sowohl von der prozentualen Belegung der Area als auch vom Typ der Seiten ab, die zu den markierten FPA-Einträgen gehören. Wenn z.B. der 1021 Seiten umfassende Teil der Area, dessen FPA-Werte zerstört sind, den Primärbereich einer Hashtabelle enthält, so kann der Versuch zur Speicherplatzanforderung zunächst 1021mal scheitern, bis schließlich wieder verfügbarer Platz vorgefunden wird. Danach befindet sich der zuvor als zerstört markierte Inhalt der FPA-Seite zwar wieder in einem fehlerfreien Zustand, dafür wurde aber auch sehr viel Zeit für die Ausführung einer einzigen Speicherplatzanforderung verbraucht. Diesem Problem kann dadurch begegnet werden, daß bei der Fehlerbehandlung nur jene FPA-EinEinträge markiert werden, die nicht zu FPA-Seiten, DBTT-Seiten oder Primärseiten von Hashtabellen gehören. Die Adressen und die Größen dieser Tabellen sind dem DBVS bekannt, so daß jeweils nachgeschaut werden kann, ob die einem FPA-Eintrag zugeordnete Seite eine solche Tabellenseite ist. Wenn dies der Fall ist, wird der FPA-Eintrag gar nicht erst markiert, sondern gleich mit der korrekten Freiplatzlängenangabe 0 versehen. Ein vergeblicher Seitenzugriff bei der Speicherplatzanforderung kann dann nur noch für Überlaufbuckets in Hashtabellen, für Baumseiten und für Datenseiten, die nicht mehr genügend Freiplatz enthalten, vorkommen. Die Wahrscheinlichkeit dafür, daß eine Speicherplatzanforderung gleich mehrmals scheitert, wird dadurch meist deutlich gesenkt.

Die zuvor beschriebenen Verfahren eignen sich auch zur Fehlerbehandlung bei einer nur teilweise zerstörten FPA-Seite. Wenn beispielsweise nur 10 FPA-Einträge infolge einer Überschreibung im Systempuffer zerstört sind, können die zugehörigen 10 Seiten der Area durchsucht werden, um die lokalen Freiplatzlängenangaben in die FPA zu übernehmen und die zerstörten Einträge dadurch wiederherzustellen. Als Alternative ist es möglich, die betroffenen FPA-Einträge zu markieren und die Wiederherstellung somit auf einen späteren Zeitpunkt zu verschieben.

5.4.2 Fehlerbehandlung für DBTT-Zerstörungen

Im folgenden wird wiederum zunächst davon ausgegangen, daß der Inhalt genau einer Seite zerstört wurde. Unter Verwendung der Annahmen zur Beispiel-Datenbank aus Kap. 5.2.1 ergibt sich, daß eine dort vorhandene DBTT-Seite aus 102 Zeilen mit jeweils 5 Einträgen besteht. Sie enthält damit für ca. 0.1% der Satzausprägungen des betrachteten Satztyps die Verweise zu den Sätzen und set-bezogenen Tabellen in Form physischer DB-Keys. Offensichtlich bringt die Zerstörung einer DBTT-Seite weitaus größere Probleme als die Zerstörung einer FPA-Seite mit sich, obwohl eine FPA-Seite immerhin die Freiplatzbeschreibung für 2% der Seiten der Area enthält. Die Datensätze und set-bezogenen Tabellen, deren Adressen aufgrund einer DBTT-Zerstörung verlorengegangen sind, können nämlich über die gesamte Area verstreut gespeichert sein. (Grundsätzlich wäre es sogar möglich, daß sie über mehrere Areas verteilt sind, aber davon soll im folgenden einmal abgesehen werden.) Ein vollständiger "scan" zur Rekonstruktion einer einzigen DBTT-Seite erfordert somit eine Suche in der gesamten, aus 51200 Seiten bestehenden Area. Wenn der Zugriff auf einen Satz oder eine Tabelle erfolgen soll und hierfür kein gültiger "probable page pointer" benutzt werden kann, dann muß der zugehörige DBTT-Eintrag gelesen werden. Falls der dort verzeichnete Verweis infolge einer DBTT-Zerstörung nicht zur Verfügung steht, gibt es keine Ausweichmöglichkeiten der Art, wie wir sie von FPA-Zerstörungen her kennen.

Im folgenden wird zunächst der Zeitbedarf für einen vollständigen "scan" der Area berechnet. Anschließend werden die Möglichkeiten zur Durchführung eines begrenzten "scan" diskutiert. Wir stellen dann noch einige weitere Ansätze zur Rekonstruktion einer DBTT-Seite vor und gehen schließlich auf die Fortsetzung der DB-Verarbeitung unter Hinnahme fehlerhafter DBTT-Einträge ein.

Ein vollständiger "scan" der Area zur Wiederherstellung einer DBTT-Seite erfordert insgesamt 3200 LIES-Aufrufe mit "chained I/O". Dies führt zu einem Zeitbedarf

$$tRe = 3200 * 75ms$$

$$= 4 \text{ Min.}$$

Bei dieser Rechnung bleibt unberücksichtigt, daß jene Blöcke, denen FPA-Seiten, DBTT-Seiten oder Primärbuckets einer Hashtabelle zugeordnet sind, beim "scan" übergangen werden können, da dort die gesuchten Datensätze und set-bezogenen Tabellen ohnehin nicht enthalten sein können. Eine solche Auswahl der zu lesenden Blöcke ist mit Hilfe der Beschreibungsinformation der Datenbank möglich. Sie ändert jedoch nichts daran, daß ein Großteil der Area durchsucht werden muß. Das DBVS muß in jeder beim "scan" bereitgestellten Seite i nachschauen, ob in ihrer internen Umsetztabelle Satznummern vorkommen, die zur zerstörten DBTT-Seite gehören. Wenn dies der Fall ist, wird die Seitennummer i in die DBTT übernommen. Es ist allerdings fraglich, ob ein Zeitbedarf von 4 Min. für die Rekonstruktion im Rahmen der "online"-Fehlerbehandlung noch akzeptabel ist. Dies hängt nicht zuletzt auch von der Anwendungsumgebung des Datenbanksystems ab.

Die Kosten für den "scan" lassen sich dann deutlich senken, wenn eine Eingrenzung jenes Bereichs in der Area möglich ist, in dem sich die gesuchten Sätze und set-bezogenen Tabellen befinden. Für eine partielle Wiederherstellung einer DBTT-Seite wäre es schon ausreichend, wenn sich nur ein Teil ihrer zerstörten Einträge rekonstruieren ließe. Wir gehen hier von der (durchaus optimistischen) Annahme aus, daß die Zuordnung der Sätze und Tabellen zu den Seiten annähernd in der Reihenfolge der Satznummern (log. DB-Keys) erfolgt, d.h., die zu einem bestimmten Intervall von log. DB-Keys gehörenden Sätze und Tabellen sind einer zusammenhängenden Folge von Seiten (einem Seitenintervall) zugeordnet. Im Fall einer DBTT-Zerstörung sind nun zur Fehlerbehandlung zunächst zwei Fragen zu beantworten:

1. Gibt es Hinweise darauf, daß die obige Annahme im vorliegenden Fall zutrifft?

2. Wo beginnt und wo endet das der DBTT-Seite zugeordnete Seitenintervall (falls die erste Frage mit Ja beantwortet wurde)?

Wir schlagen das folgende Verfahren zur Klärung dieser Fragen vor (vgl. Bild 53):

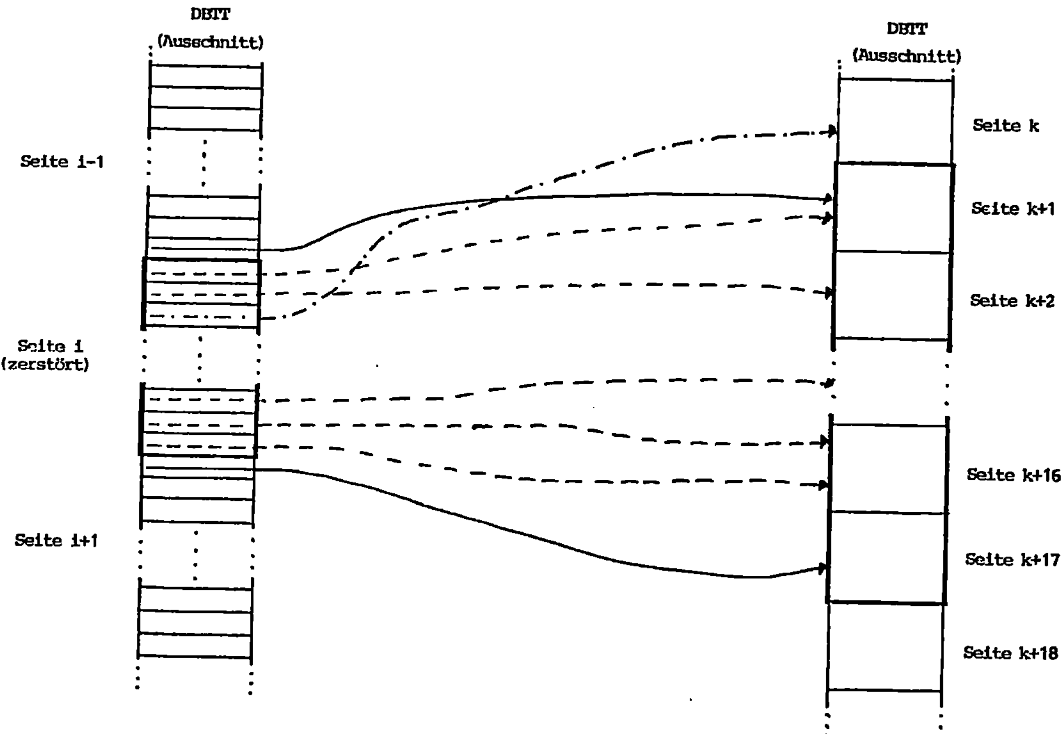

Bild 53: Ein Verfahren zur Eingrenzung des vollständigen "scan" bei zerstörten DBTT-Seiten

Wenn die zerstörte DBTT-Seite die Nummer i besitzt, dann werden der letzte phys. DB-Key eines Satzes in der DBTT-Seite i-1 und der erste phys. DB-Key eines Satzes in der DBTT-Seite i+1 gelesen. Im Beispiel aus Bild 53 verweisen diese beiden phys. DB-Keys auf die Seiten k+1 bzw. k+17 der Area. Falls die beiden Verweise ein nicht zu großes Seitenintervall der Länge n eingrenzen, wird für diese n Seiten ein vollständiger "scan" durchgeführt. Andernfalls wird davon ausgegangen, daß die Annahme über die fortlaufende Zuordnung von Sätzen und Tabellen zu Seiten im vorliegenden Fall nicht zutrifft. In unserem Beispiel gilt offensichtlich n=17. Es ist noch festzulegen, bis zu welchem Wert von n ein vollständiger "scan" des Seitenintervalls erfolgen soll. Wenn man als Obergrenze hierfür die Maximalzahl an Einträgen pro DBTT-Seite wählt (510 laut Kap. 5.2.1), dann wird auch der Fall mit berücksichtigt, daß sich jeder Satz und jede set-bezogene Tabelle in einer eigenen Seite befinden kann.

Es kann natürlich vorkommen, daß die beiden betrachteten phys. DB-Keys in den Seiten i-1 (als LAST(i-1) bezeichnet) und i+1 (FIRST(i+1)) gar kein Seitenintervall bilden, wenn nämlich LAST(i-1)>FIRST(i+1) gilt. Selbst falls LAST(i-1)≤FIRST(i+1) zutrifft und zudem die Differenz FIRST(i+1)-LAST(i-1) die gewählte Obergrenze für den "scan" nicht übersteigt, ist es immer noch möglich, daß sich ein Teil der gesuchten Sätze und Tabellen außerhalb des Intervalls, also in nicht durchsuchten Seiten, befindet. In Bild 53 ist dies für den dritten Eintrag der DBTT-Seite i dargestellt, der einen Verweis zur Seite k enthält. Durchsucht werden aber nur die Seiten k+1 bis k+17.

Zur Kostenberechnung soll von dem zugrunde gelegten "worst case" ausgegangen werden, d.h. von 510 zu durchsuchenden Seiten. Dies hat 32 LIES-Aufrufe mit "chained I/O" zur Folge. Damit ergeben sich die <u>Rekonstruktionskosten</u>

  tRe = 32 * 75ms

    = 2.4 Sek.

Beim Vergleich dieses Werts mit dem zuvor errechneten Zeitbedarf für einen vollständigen "scan" der Area (4 Minuten) muß allerdings berücksichtigt werden, daß die Suche in der gesamten Area die komplette Wiederherstellung einer zerstörten DBTT-Seite gewährleistet, während bei dem auf ein relativ kleines Seitenintervall begrenzten "scan" meist nur ein Teil der DBTT-Einträge rekonstruiert werden kann.

Bei dem auf ein Seitenintervall begrenzten "scan" muß stets damit gerechnet werden, daß für einige Einträge der zerstörten DBTT-Seite keine zugehörigen Sätze und Tabellen in den durchsuchten Seiten gefunden werden können. Dies muß nicht unbedingt daran liegen, daß jene Sätze und Tabellen außerhalb des durchsuchten Seitenintervalls abgespeichert sind. Vielmehr kann es auch sein, daß einige Sätze und Tabellen bereits wieder gelöscht wurden oder Tabellen für leere Set-Ausprägungen niemals angelegt wurden. In diesen Fällen besaßen die zugehörigen DBTT-Einträge vor der Zerstörung den Wert "Null". Nach der Zerstörung einer DBTT-Seite ist aber nicht mehr zu erkennen, in welchen Einträgen der Wert "Null" verzeichnet war und in welchen nicht. Im Anschluß an einen vollständigen "scan" der Area können jene DBTT-Einträge, für die keine zugehörigen Sätze bzw. Tabellen gefunden wurden, mit dem Verweiswert "Null" versehen werden. Nach einem auf ein Seitenintervall begrenzten "scan" müssen diese Einträge hingegen besonders markiert werden. Eine solche <u>Markierung</u> eines Eintrags besagt somit, daß der zugehörige Satz bzw. die zugehörige Tabelle entweder außerhalb des durchsuchten Seitenintervalls gespeichert ist oder aber überhaupt nicht existiert. Das DBVS muß diese Markierung bei der fortgesetzten DB-Verarbeitung berücksichtigen. Wir werden darauf weiter unten noch zurückkommen.

Zunächst soll jedoch noch eine Alternative zu dem zuvor beschriebenen "scan" eines Seitenintervalls der Area diskutiert werden. Dabei kommt es uns wiederum darauf an, den mit dem vollständigen "scan" einer Area verbundenen Aufwand möglichst zu vermeiden. Allerdings ist mit dem im folgenden erörterten Verfahren allenfalls die Rekonstruktion der DBTT-Spalte 1 – also der Verweise zu den Datensätzen – möglich, nicht aber die Wiederherstellung der in den DBTT-Spalten 2ff. enthaltenen Verweise zu den set-bezogenen Tabellen.

Sofern für die Satzausprägungen <u>Sekundärschlüssel-Zugriffspfade</u> existieren, können diese zum Zugriff auf die Datensätze und damit auch zur Rekonstruktion einer zerstörten DBTT-Seite benutzt werden. Wir betrachten hier B*-Bäume und Hashtabellen. Dabei ist zu berücksichtigen, daß die Blattseiten eines Baums bzw. die Buckets einer Hashtabelle lediglich PPPs enthalten, die u.U. inkorrekt sein können. Allerdings ist in den meisten Fällen mit korrekten PPPs zu rechnen /Kü83a/.

Beim <u>B*-Baum</u> erfolgt der Zugriff auf die Sätze über die in den Blattseiten verzeichneten PPPs. Ein B*-Baum unserer Beispiel-Datenbank besitzt 1075 Blattseiten, die im allg. beliebig über die Area verteilt sein können. Die Verwendung von "chained I/O" zum Lesen der Blöcke bei "navigierendem" Zugriff entlang der NEXT-Verweis-Kette ist somit nicht möglich. Zur Minimierung der Zugriffsbewegungszeiten beim Lesen können jedoch zuerst die 12 Seiten der zweituntersten Baumebene durchsucht und die dort vorhandenen DOWN-Verweise zur Blattebene nach Seitennummern sortiert werden. Anschließend erfolgt der Zugriff zur Blattebene über diese sortierten Seitennummern. Bei einer zugrunde gelegten direkten Seitenadressierung ergibt sich eine Sequenz von LIES-Aufrufen in sortierter Blocknummernfolge. Dies reduziert die Zugriffsbewegungszeiten und bietet darüber hinaus auch die Möglichkeit zum partiellen Einsatz von "chained I/O", wenn nämlich einige Blöcke mit aufeinanderfolgenden Blocknummern gelesen werden müssen. Für eine Kostenabschätzung nehmen wir jedoch an, daß das Lesen der Blöcke auf der Blattebene des Baums ohne "chained I/O" geschieht und deshalb 1075 LIES-Aufrufe erfordert.

Aufgrund des nach sortierten Blocknummern erfolgenden Plattenzugriffs kann von der minimalen Zugriffsbewegungszeit und damit von einem Zeitbedarf von 21ms zum Lesen eines Blocks ausgegangen werden (vgl. Kap. 5.2.1 sowie /Reh79/). Die Kosten zum wahlfreien Lesen auf den beiden Indexebenen des Baums werden vernachlässigt. Auf der Blattebene des Baums müssen die PPPs jener Sätze ausgewählt werden, deren log. DB-Keys der zerstörten DBTT-Seite zugeordnet sind. Insgesamt handelt es sich dabei um 102 PPPs, da die DBTT-Seite eine entsprechende Zeilenanzahl aufweist. Auch die PPPs können zur Zugriffszeitoptimierung sortiert werden. Für jeden ausgewählten PPP wird auf die durch ihn adressierte Seite zugegriffen und nachgeschaut, ob der gesuchte Datensatz dort vorhanden ist. Wenn dies der Fall ist, wird der PPP in die

DBTT übernommen. Andernfalls kann dieser DBTT-Eintrag nicht wiederhergestellt werden. Da also zunächst 1075 Blöcke der Blattebene des Baums und anschließend maximal 102 weitere Blöcke zur Validierung der PPP-Angaben jeweils nach sortierten Blocknummern gelesen werden müssen, ergibt sich der <u>Zeitbedarf</u>

$tRe = 1177 * 21ms$

$= 25$ Sek.

In den Kosten sind die Aufwendungen für die Sortierung der 1075 DOWN-Verweise auf Baumebene 1 sowie der 102 ausgewählten PPPs auf Baumebene 0 nicht enthalten, weil davon auszugehen ist, daß dieser Vorgang intern ohne zusätzliche E/A-Operationen abgewickelt werden kann.

Bei Verwendung einer <u>Hashtabelle</u> zum Zugriff auf die Sätze soll wiederum der Einfachheit halber angenommen werden, daß sie keine Überlaufbuckets besitzt. Falls nur eine geringe Zahl an Überlaufbuckets vorliegt, ändern sich die nachstehend errechneten Kosten allerdings kaum. Im Gegensatz zur Blattebene eines B*-Baums kann der Primärbereich einer Hashtabelle mit "chained I/O" durchsucht werden. Für die in Kap. 5.2.1 betrachtete Hashtabelle müssen 1075 Blöcke mit 68 LIES-Aufrufen von der Platte gelesen werden. Nach jedem LIES-Aufruf muß eine Inspektion der internen Umsetztabellen der jeweils 16 bereitgestellten Seiten erfolgen, die schließlich zur Auswahl von 102 PPPs führt. Wie schon bei der Verwendung eines B*-Baums, so werden die PPPs auch hier sortiert und dann erst zum Zugriff zu den die Datensätze enthaltenden Seiten benutzt. Insgesamt errechnen sich somit die <u>Kosten</u>

$tRe = 68 * 75ms + 102 * 21ms$

$= 7.2$ Sek.

Ein Nachteil des vorgestellten Verfahrens liegt stets darin, daß eine vollständige Wiederherstellung der ersten Spalte einer zerstörten DBTT-Seite nur bei Korrektheit sämtlicher betrachteter PPPs möglich ist. Nachdem eine zumindest teilweise Rekonstruktion der Verweise zu den Sätzen in der DBTT-Spalte 1 gelungen ist, stellt sich aber immer noch die Frage, ob und wie auch die Wiederherstellung der DBTT-Spalten 2ff. erfolgen kann. Eine Gelegenheit hierzu bietet sich etwa bei Vorhandensein eines PPP, der vom Owner einer Set-Ausprägung zur zugehörigen set-bezogenen Tabelle führt. Auf die Nutzung eines solchen Zeigers und auf einige weitere Möglichkeiten zur Wiederherstellung von DBTT-Einträgen, die jedoch meist auf sehr spezielle Eigenschaften der Speicherungsstrukturen einer Datenbank zugeschnitten sind, wird in /Kü83a/ eingegangen.

Alle zuvor beschriebenen Verfahren zur Rekonstruktion einer vollständig zerstörten DBTT-Seite sind auch im Fall <u>einzelner zerstörter DBTT-Einträge</u> anwendbar. Allerdings dürfte es etwa bei nur einem einzigen zerstörten DBTT-Eintrag anzuraten sein, die DB-Verarbeitung ohne dessen Wiederherstellung fortzusetzen, um dadurch den mit einem Rekonstruktionsversuch verbundenen Zeitaufwand einzusparen. Falls hingegen gleich <u>mehrere DBTT-Seiten</u> von einer Zerstörung betroffen sind (etwa infolge eines Slotdefekts, der zur Deaktivierung einer ganzen Spur auf der Platte geführt hat), ergeben sich für deren Wiederherstellung mit Hilfe des vollständigen "scan" kaum höhere Kosten, als sie zuvor für die Rekonstruktion einer einzelnen Seite errechnet wurden. Beim Einsatz des auf ein Seitenintervall begrenzten "scan" ist der Zeitbedarf in etwa proportional zur Zahl der zerstörten DBTT-Seiten, da bei mehreren betroffenen Seiten meist auch ein größeres Seitenintervall der Area nach Sätzen und Tabellen durchsucht werden muß. Im Fall der Ausnutzung eines Sekundärschlüssel-Zugriffspfads ist hingegen ein deutlich unterproportionaler Anstieg der Rekonstruktionskosten bei einer zunehmenden Zahl an zerstörten DBTT-Seiten zu verzeichnen. Der Grund hierfür liegt darin, daß der Aufwand für die Suche im Baum oder in der Hashtabelle, der den größten Teil der Wiederherstellungskosten ausmacht, fest und damit unabhängig vom Ausmaß der DBTT-Zerstörung ist. Lediglich die Zahl der Seitenzugriffe zur Validierung der PPPs ist direkt proportional zur Zahl der zerstörten DBTT-Seiten.

Das DBVS sollte auch bei einigen nicht wiederhergestellten und deshalb als defekt markierten DBTT-Einträgen zur <u>Fortsetzung der DB-Verarbeitung</u> in der Lage sein. Falls es einen DBTT-Eintrag zum Zugriff auf einen Satz oder eine Tabelle benutzen will und dabei feststellt, daß er als defekt markiert ist, so bieten sich ihm die folgenden Möglichkeiten weiteren Vorgehens:

- Es kann eine <u>Zurückweisung</u> des Zugriffs erfolgen. In diesem Fall stellt die Markierung eine <u>Eintragssperre</u> dar, wie sie auch die Klassifikation aus Bild 48 zeigt. Man könnte prinzipiell auch noch dahin gehend unterscheiden, ob die Sperre nur zur Zurückweisung der aktuellen DML-Anweisung oder aber gleich zum Rücksetzen der zugehörigen Transaktion führt. In Kap. 5.1 wurde nur der Fall des Rücksetzens der Transaktion erwähnt. Es ist auch fraglich, ob ein Anwendungsprogramm etwas mit einem "return code", der etwa besagt "DML-Anweisung an Inkonsistenz gescheitert - Transaktion kann fortgesetzt werden", anfangen kann. In einem Anwendungsprogramm ist es nämlich völlig unmöglich, alternative Zugriffswege für beliebige Fälle des Auftretens von Inkonsistenzen vorzusehen. Dies wäre auch gar nicht sinnvoll, da ja das DBVS die Anwenderebene von eigenen Fehlerbehandlungsmaßnahmen befreien soll. Ein Verstoß gegen dieses Prinzip würde die Rückkehr zur normalen Dateiverarbeitung bedeuten, wo sich jegliche Fehler unmittelbar auf die Anwendungsprogramme auswirken und deshalb dort behandelt werden müssen.
- Das DBVS könnte versuchen, den Zugriff zum Satz oder zur Tabelle dennoch auszuführen, indem von anderen Zugriffsmöglichkeiten unter Umgehung des als defekt markierten DBTT-Eintrags Gebrauch gemacht wird. Man kann hier auch von einem <u>Überbrückungsversuch</u> sprechen. Die einfachste Vorgehensweise wäre die, daß eine sequentielle Suche in der Area nach dem Satz bzw. der Tabelle erfolgt. Damit sind jedoch sehr hohe Kosten verbunden, und das DBVS könnte statt dessen

auch gleich einen vollständigen "scan" der Area mit dem Ziel der Rekonstruktion sämtlicher zerstörter DBTT-Einträge durchführen. Eine Alternative hierzu liegt darin, daß das DBVS einen Zugriffsversuch zu den verlorengegangenen Daten über den auf ein Seitenintervall begrenzten "scan" oder über Sekundärschlüssel-Zugriffspfade unternimmt, wie es bereits zuvor als Fehlerbehandlungsmaßnahme genannt wurde. Diese Art des Überbrückungsversuchs ist jedoch ebenfalls mit recht hohen Kosten verbunden, wobei insbesondere noch zu berücksichtigen ist, daß

- die erhöhten Zugriffskosten bei jeder Benutzung eines als defekt markierten DBTT-Eintrags anfallen,
- die Komplexität des DBVS durch eine Berücksichtigung verschiedener Zugriffsmöglichkeiten zu den Sätzen und Tabellen wesentlich erhöht wird.

Insgesamt zeigen diese Betrachtungen, daß das DBVS beim Antreffen nicht wiederhergestellter und deshalb als defekt markierter DBTT-Einträge die betroffene Transaktion zurücksetzen sollte. Andere Vorgehensweisen scheiden aus Kosten- oder Komplexitätsgründen aus. Es hängt stets vom Ausmaß einer DBTT-Zerstörung, vom jeweiligen Satztyp und von der Art der Anwendung ab, ob bzw. wie lange die DB-Verarbeitung unter Hinnahme defekter DBTT-Einträge fortgesetzt werden kann. Auf jeden Fall ist aber früher oder später eine Wiederherstellung der Konsistenz im "offline"-Modus erforderlich.

5.5 Probleme bei der Fortsetzung der DB-Verarbeitung mit komplett zerstörten Seiten in Hashtabellen und B*-Bäumen

Falls Seiten, die Datensätze enthalten, von einer Zerstörung betroffen sind, stehen im allg. keine Redundanzen innerhalb der Datenbank zu deren Rekonstruktion zur Verfügung. Diese redundante Information könnte allenfalls den Archivkopien und Log-Dateien entnommen werden, die aber aus den in Kap. 5.1 genannten Gründen keine oder nur geringe Bedeutung für die "online"-Fehlerbehandlung besitzen. Man ist deshalb bei solchen Zerstörungen oftmals auf die Sperrung von Seiten angewiesen, damit die DB-Verarbeitung trotz vorhandener Inkonsistenzen zunächst fortgesetzt werden kann. Auch bei Zugriffspfadstrukturen, so bei Bäumen und Hashtabellen, ist die Sperrung einer als inkonsistent erkannten Seite eine Möglichkeit zur Fehlerbehandlung, wenn Wiederherstellungsmaßnahmen als zu komplex oder zu zeitaufwendig erscheinen. Im folgenden sollen für Hashtabellen mit "separate chaining" und B*-Bäume die mit dem Sperransatz verbundenen Probleme diskutiert und einige Lösungsmöglichkeiten aufgezeigt werden.

Für Hashtabellen mit "separate chaining" liegt das im Zusammenhang mit der Sperrung auftretende Problem darin, daß schon bei einem einzigen gesperrten Primär- oder Überlaufbucket auch sämtliche weiter außen liegenden Buckets derselben Uberlaufkette über den Hashzugriff nicht mehr erreichbar sind. Es genügt sogar schon ein fehlerhafter NEXT-Verweis im Primärbucket, um die zugehörigen Uberlaufbuckets abzukoppeln. Bei den Taylor'schen Listenimplementierungen 2 und 3 (vgl. Bild 10) wird deshalb ein zusätzlicher Verweis vom Listenkopf zum letzten Listenelement mitgeführt, der zusammen mit den PRIOR-Verweisen dafür sorgt, daß auch nach einem Bruch der NEXT-Verweis-Kette der Zugriff zu allen Listenelementen noch möglich ist.

Zuvor wurde schon kurz darauf hingewiesen, daß bei einer Ubertragung der Taylor'schen Vorschläge auf Hashtabellen mit "separate chaining" die Listenköpfe in die Primärbuckets integriert werden können bzw. zur Vermeidung von Leistungseinbußen integriert werden sollten. Dann bleibt allerdings immer noch das Problem bestehen, daß bei der Zerstörung und nachfolgenden Sperrung eines Primärbuckets die zugehörigen Uberlaufbuckets über den Hashzugriff nicht mehr erreicht werden können. Es ist deshalb sinnvoll, einen <u>zusätzlichen Verweis zum Randbucket</u> einer Uberlaufkette nicht im zugehörigen Primärbucket zu speichern, sondern ihn doch separat, d.h. in einem anderen Primärbucket der Hashtabelle, abzulegen. Dadurch gibt es zwei disjunkte Pfade über zwei Kettenanker zu jedem Uberlaufbucket, die von verschiedenen Primärbuckets ausgehen.

Bei direkter Seitenadressierung und den üblichen Abbildungsmechanismen in Betriebssystemen von Blöcken auf Slots werden die Daten benachbarter Seiten meist auch benachbarten Slots auf der Platte zugewiesen. Infolge einer Slotzerstörung kann oftmals eine ganze Spur auf der Platte nicht mehr gelesen werden. Falls die beiden Kettenanker, also der Verweis zum ersten Uberlaufbucket und jener zum Randbucket (den wir im folgenden als <u>LAST-Verweis</u> bezeichnen) in jeweils benachbarten Primärbuckets gespeichert werden, ist die Wahrscheinlichkeit recht groß, daß von einem Slotdefekt beide Kettenanker gleichermaßen betroffen sind und auf die Uberlaufbuckets somit nicht mehr zugegriffen werden kann. In diesem Fall ist der LAST-Verweis also wertlos. Aufgrund dessen sollte man den zweiten Kettenanker weiter vom zugehörigen ersten Kettenanker entfernt ablegen.

Wir schlagen deshalb die folgende Verwendung von LAST-Verweisen vor, wenn die Hashtabelle m Primärbuckets umfaßt: Der LAST-Verweis geht jeweils vom Primärbucket der Hausadresse i ($0 \leq i \leq m-1$) aus und führt zum Randbucket der Hausadresse j = (i + m div 2) mod m. <u>Bild 54</u> zeigt diese Vorgehensweise anhand einer stark vereinfacht dargestellten Hashtabelle mit m=5 Primärbuckets. Durch das Verfahren wird sichergestellt, daß stets eine möglichst große Distanz zwischen dem Verweis zum ersten Uberlaufbucket und dem LAST-Verweis zum letzten Uberlaufbucket einer Kette liegt (ca. m/2 Buckets des Primärbereichs der Hashtabelle). Nur bei sehr kleinen Hashtabellen, die für Datenbanken aber höchst untypisch sind, kann es dennoch passieren, daß infolge einer einzigen defekten Spur beide Kettenanker einer Uberlaufkette zerstört werden.

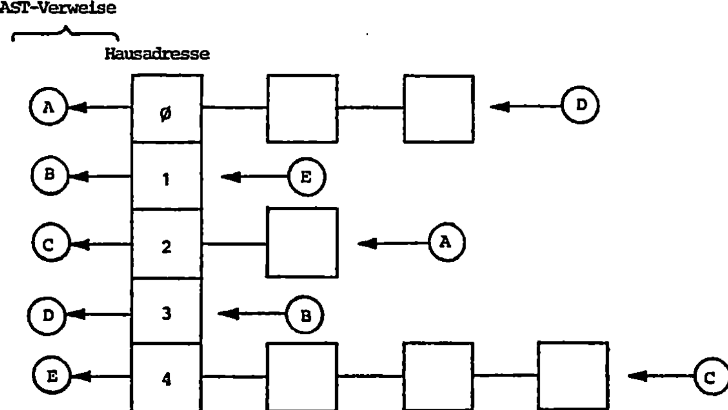

Bild 54: Erweiterung der Hashtabellen um zusätzliche Verweise zu den Randbuckets (vereinfachte Darstellung)

Offensichtlich kann die Benutzung von LAST-Verweisen einen zusätzlichen E/A-Aufwand bei der DB-Verarbeitung verursachen. Bei jeder Allokation eines neuen Überlaufbuckets zur Hausadresse j muß nämlich der LAST-Verweis im Primärbucket i geändert werden. Ebenso ist eine Änderung dieses Verweises erforderlich, wenn das Randbucket der Hausadresse j im Verlauf einer Löschung deallokiert wird. In Kap. 6 wird mit Hilfe von Simulationsreihen genauer untersucht, welche E/A-Kosten aus diesen zusätzlichen Verweisänderungen resultieren.

Es ist anzumerken, daß die LAST-Verweise auch dazu benutzt werden können, um die Eigenschaft der "2-detectability" für die in Kap. 4.4.5 vorgestellten Hashtabellen zu erreichen. Mit Hilfe der dort präsentierten Redundanzen und Prüfverfahren ist bekanntlich nur "quasi-2-detectability" möglich, da ein Kettenbruch der Form NEXT="Null" und GAPN="∞" nicht erkennbar ist. Die Inkonsistenz läßt sich jedoch mit Hilfe des LAST-Verweises erkennen, indem bei Erreichen des Kettenendes zur Hausadresse j geprüft wird, ob auch der im Primärbucket i gespeicherte zugehörige LAST-Verweis auf dieses Bucket zeigt. Wenn dies nicht der Fall ist, liegt möglicherweise ein Kettenbruch in der Überlaufkette vor.

Wenn die DB-Verarbeitung unter Hinnahme einer Seitenzerstörung in einer Überlaufkette fortgesetzt wird, dann lassen sich die weiter innen liegenden Überlaufbuckets der betroffenen Kette auf dem normalen Weg über die NEXT-Verweise erreichen, während auf die weiter außen liegenden Überlaufbuckets über den zugehörigen LAST-Verweis und die PRIOR-Verweise zugegriffen werden kann. Mit Ausnahme der einen zerstörten Seite, stehen somit sämtliche Seiten einer Überlaufkette weiterhin der Verarbeitung zur Verfügung.

Bei B*-Bäumen ergeben sich ebenfalls Probleme, wenn eine zerstörte Seite durch die "online"-Fehlerbehandlung nicht wiederhergestellt wird und daraufhin mit einem Sperrvermerk versehen im Baum zurückbleibt. Es ist dabei zu unterscheiden, ob die Zerstörung die Wurzelseite (Ebene h-1), eine Seite auf den anderen Indexebenen des Baums (Ebenen 1, ..., h-2) oder eine Blattseite (Ebene 0) betrifft.

1. Zerstörung der Baumwurzel (Ebene h-1)

Wir betrachten hier ausschließlich den Fall, daß der Einstieg in den Baum über die Wurzel geschieht, also mit Hilfe der in Kap. 4.5.2 genannten Operationstypen FIND, STORE und ERASE. Bei einer Zerstörung der Baumwurzel sind die weiteren Indexseiten und die Blattseiten von außen nicht mehr erreichbar. Der gesamte Baum ist somit lahmgelegt.

Beim CTB-Baum nach Taylor et al. (vgl. Bild 12) existiert ein zusätzlicher Verweis ("chain pointer") vom sog. Kopf des Baums zur Blattebene, so daß auch bei einer Zerstörung der Baumwurzel ein Zugriff zu den Blättern möglich ist. Darüber hinaus kann über die "thread pointer" von der Blattebene aus zu den Indexseiten zugegriffen werden. Dadurch sind auch bei einer Wurzelzerstörung alle anderen Baumseiten noch zu erreichen.

Wir schlagen für B*-Bäume die Einführung eines dem "chain pointer" zur Blattebene ähnlichen Verweises vor, der ebenfalls den Zugriff zum Baum auch bei Zerstörung der Wurzel garantieren soll. Es handelt sich dabei um einen <u>zusätzlichen Verweis auf den linken Sohn der Wurzel</u>. <u>Bild 55</u> zeigt den schon in Bild 37 dargestellten

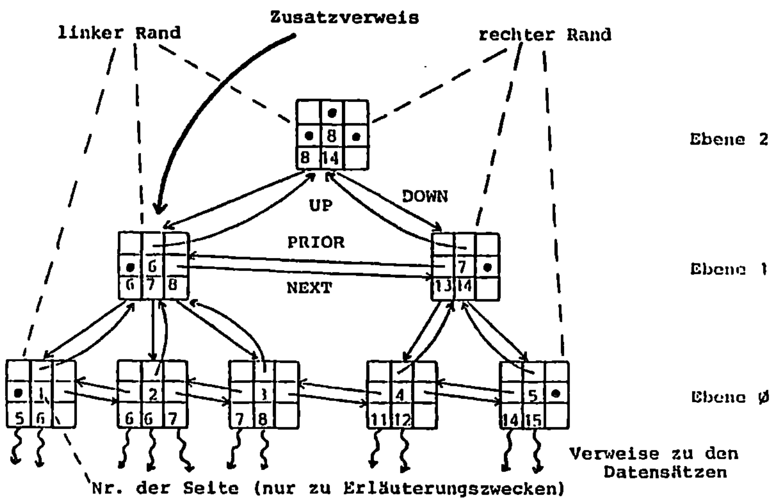

<u>Bild 55</u>: Beispiel für einen B*-Baum der Höhe 3 mit Duplikaten in den Schlüsselwerten

B*-Baum, diesmal jedoch mit dem neuen Verweis auf die zweithöchste Indexebene, der

im vorliegenden Fall auf die Baumseite 6 gerichtet ist. Daß wir den linken Sohn der Wurzel als Zielpunkt des Verweises gewählt haben und nicht etwa (wie beim CTB-Baum) eine Blattseite, hat folgenden Grund: Auf der Blattebene ist eher damit zu rechnen, daß der Verweis aufgrund einer Deallokation der Seite, auf die er gerichtet ist, geändert werden muß. Bei unserem Vorschlag ist die Verweisänderung hingegen nur dann erforderlich, wenn der linke Sohn der Wurzel deallokiert wird oder die Baumhöhe sich ändert. Dies sind beides Ereignisse, die während der Baumverarbeitung nur sehr selten vorkommen, so daß die Wartungskosten für den Zusatzverweis vernachlässigbar gering sind.

Nicht unbedingt zu vernachlässigen ist hingegen der von den Zusatzverweisen insgesamt belegte Speicherplatz. Bei Sekundärschlüssel-Zugriffspfaden für einen Satztyp wird jeweils nur ein B*-Baum angelegt, so daß auch nur Speicherplatz für einen Zusatzverweis benötigt wird. Bei set-bezogenen Tabellen gibt es hingegen einen B*-Baum je Set-Ausprägung (auf den von der DBTT aus verwiesen wird) und damit auch die entsprechende Zahl an Zusatzverweisen. Die Verweise müssen in einer eigenen DBTT-Spalte abgelegt werden, was zu einem beträchtlichen Anwachsen der DBTT führt. Man könnte deshalb die optionale Verwendung von Zusatzverweisen durch eine Klausel der Form "WITH ADDITIONAL LINK" bei der Festlegung des internen DB-Schemas ermöglichen /Kü83a/.

Die Zusatzverweise erlauben zwar den Zugriff zum Baum auch bei einer Zerstörung der Wurzel, zu berücksichtigen ist aber auch der Fall, daß die Seite zerstört wird, die den <u>Verweis auf die Wurzel</u> enthält. Falls sich der Zusatzverweis in derselben Seite befindet wie der Verweis zur Wurzel, kann eine einzige Seitenzerstörung nach wie vor einen ganzen Baum lahmlegen. Es ist deshalb anzuraten, die beiden Anker eines Baums zumindest in verschiedenen Seiten zu speichern.

<u>2. Seitenzerstörung auf einer anderen Indexebene (Ebene 1, ..., h-2)</u>

Bei einer einzelnen Seitenzerstörung kann hier der Zugriff zu den Blättern nur dann scheitern, wenn der Baum zu einer linearen Liste entartet ist. Dieser Fall ist aber derart unwahrscheinlich, daß er nicht weiter betrachtet werden muß. Falls etwa im Baum aus Bild 55 die Seite 6 zerstört ist, kann das DBVS den Umweg über die Seiten 7 und 4 nehmen, um anschließend sequentiell auf die Söhne 3, 2 und 1 der Seite 6 zuzugreifen.

<u>3. Seitenzerstörung auf der Blattebene (Ebene 0)</u>

Das Problem liegt hier darin, daß es sich bei einer Blattseite nicht um redundante Daten innerhalb des Baums handelt, wie es bei Indexseiten der Fall ist. Eine Umgehung der zerstörten Seite unter Benutzung der nächsttieferen Baumebene ist offensichtlich nicht möglich. Eine <u>Sperre für eine defekte Blattseite</u> hat aber im

Vergleich zu Sperren auf den Indexebenen den Vorteil, daß nur eine einzige Baumseite lahmgelegt wird. Bei einer gesperrten Indexseite sind hingegen die zugehörigen Söhne gleich mit betroffen, falls nicht eine Umgehung der Seite bei der Suche erfolgt. Insofern entsprechen die Auswirkungen einer gesperrten Blattseite im Baum jenen eines gesperrten Hashbuckets, falls auf die anderen Buckets der Überlaufkette über den LAST-Verweis zugegriffen werden kann.

Der Abstieg im Baum scheitert immer dann, wenn auf eine gesperrte Blattseite zugegriffen werden muß. Da ein B*-Baum in unserer Beispiel-Datenbank 1075 Blattseiten besitzt, ist die Zugriffswahrscheinlichkeit für eine einzelne dieser Seiten recht gering. Es ist deshalb zu erwarten, daß eine Seitensperre auf der Blattebene eines B*-Baums, die das Rücksetzen von Transaktionen bewirkt, welche auf die gesperrte Seite zugreifen wollen, die DB-Verarbeitung insgesamt nur wenig behindert. Ein anderes Bild ergibt sich jedoch, wenn häufig ein sog. "index scan" auf der Blattebene eines Baums zum Zugriff auf alle Ausprägungen eines Satztyps durchgeführt wird /Hä78/. Ein vollständiger "index scan" im Baum trifft unweigerlich auf die gesperrte Blattseite und scheitert somit, da einige zuvor dort gespeicherte Schlüsselwerte und Adressen von Datensätzen nicht bereitgestellt werden können.

Bislang wurde ein Verfahren zur Fortsetzung der DB-Verarbeitung bei zerstörten Seiten in B*-Bäumen und Hashtabellen noch nicht erwähnt, das für _relationale Datenbanksysteme_ mit sehr geringem Aufwand implementiert werden kann. Bei der Übersetzung einer deskriptiv formulierten DML-Anweisung an der externen DBS-Schnittstelle in "navigierende" Operationen an der satzorientierten Schnittstelle (vgl. Bild 4) wird üblicherweise mit Hilfe des "optimizer" eine Zugriffspfadauswahl durch Berechnung der Kosten bei den verschiedenen Zugriffsmöglichkeiten vorgenommen. Man kann nun den Fall, daß ein Sekundärschlüssel-Zugriffspfad eine Inkonsistenz enthält, so behandeln, als ob dieser Zugriffspfad zwischenzeitlich gelöscht wurde und dem DBVS deshalb nicht mehr zur Verfügung steht. Eine tatsächliche Löschung des Zugriffspfads findet hingegen nicht statt. Dies erfordert beispielsweise bei System R /As81/ die folgenden Aktionen:
- Die Zugriffsmoduln, die von der _scheinbaren Löschung des Zugriffspfads_ betroffen sind, werden als ungültig markiert.
- Wenn ein als ungültig markierter Zugriffsmodul später benutzt werden soll, findet eine automatische Neuübersetzung der zugehörigen DML-Anweisung und damit eine Neuerstellung des Zugriffsmoduls durch das DBVS statt. Der scheinbar gelöschte Zugriffspfad wird bei der Bewertung und Auswahl der Zugriffsmöglichkeiten nicht mehr berücksichtigt.

Der Nachteil bei diesem Verfahren liegt darin, daß sich bei einigen DML-Anweisungen deutlich erhöhte Ausführungszeiten ergeben können, da nur noch weniger geeignete Zugriffsmöglichkeiten zur Auswahl stehen. Als Vorteil ist hingegen zu werten, daß fast keine DBVS-Änderungen erforderlich sind.

5.6 Verfahren zur Fehlerkorrektur in Hashtabellen mit "separate chaining"

Im folgenden sollen zwei Techniken zur Rekonstruktion einer von Inkonsistenzen betroffenen Hashtabelle vorgestellt werden. Im Gegensatz zu den zuvor betrachteten Verfahren, die meist von der vollständigen Zerstörung einer Seite ausgegangen sind, geht es jetzt primär um einzelne fehlerhafte Elemente in ansonsten konsistenten Seiten. Dabei kann es sich um inkorrekte Verweise und Redundanzen handeln. Wir legen den nachstehenden Erörterungen den in Bild 33 gezeigten Seitenaufbau in Hashtabellen zugrunde.

5.6.1 Die GREEDY-Methode

Als GREEDY-Algorithmus wird im Bereich des Operations Research ein Verfahren zur Bestimmung von aufspannenden Bäumen minimaler Länge (sog. Minimalgerüste /Oh77/) in Netzwerken bezeichnet, das im Jahre 1956 von Kruskal /Kr56/ vorgeschlagen wurde. Es beinhaltet im wesentlichen die Durchführung einer "depth-first"-Suche. Das im folgenden beschriebene Verfahren, das mit Problemen aus dem Operations Research nichts zu tun hat, wird deshalb GREEDY-Methode genannt, weil auch dort ein "gieriger" Ansatz die Verarbeitung bestimmt.

Bild 56 soll als Motivation zur Einführung des Verfahrens dienen. Dort ist eine

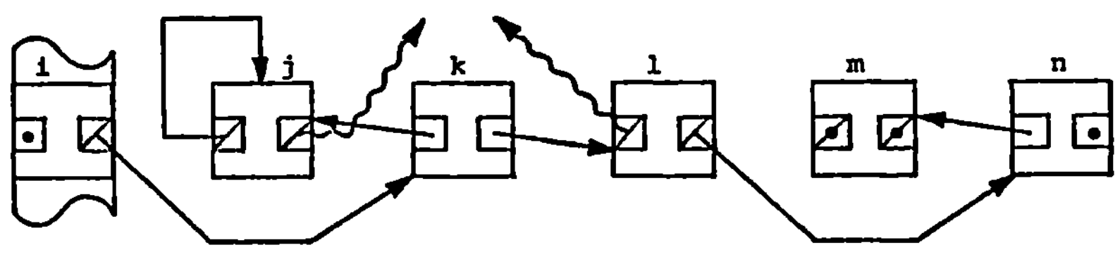

Bild 56: Beispiel zur Motivation der GREEDY-Methode

Überlaufkette einer Hashtabelle dargestellt, die zahlreiche inkorrekte Verweise enthält. Insgesamt besitzen 7 von 12 vorhandenen Verweisen falsche Werte. Dies ist ein in Datenbanken sicherlich unrealistischer Fehlerfall. Anhand dieses "worst case" kann jedoch aufgezeigt werden, wie auch bei mehreren fehlerhaften Verweisen eine Wiederherstellung der Konsistenz möglich ist. Primär kommt es uns darauf an, daß zumindest bei einem einzelnen inkorrekten Verweis eine Rekonstruktion erfolgen kann, sofern jedes Überlaufbucket noch auf irgendeinem Weg vom Primärbucket aus zu erreichen ist. Dies ist im gezeigten Beispiel offensichtlich der Fall.

Es ist naheliegend, die Rekonstruktion des konsistenten Zustands zu versuchen, indem für die von Inkonsistenzen betroffenen, aber noch erreichbaren Buckets die fehlerhaften NEXT- und PRIOR-Verweise korrigiert werden. Für die in Bild 56 dargestellte Überlaufkette ist unmittelbar klar, wie die korrekten Verweiswerte auszusehen haben. Einem Fehlerbehandlungsalgorithmus bietet sich diese Möglichkeit zur Betrachtung einer Überlaufkette jedoch nicht. Es wird deshalb ein in ein Programm umsetzbares Verfahren benötigt. Wenn man einfach ausgehend vom Primärbucket die NEXT-Verweis-Kette bis zu ihrem Ende verfolgt, lassen sich in Bild 56 nur die Buckets i, k, l und n wiederauffinden. Geht man in umgekehrter Richtung vom Randbucket aus über die PRIOR-Verweis-Kette vor, so sind nur die Buckets n und m erreichbar. Das Bucket j wird in beiden Fällen nicht gefunden. Hier wird deshalb ein "gieriges" Verfahren benötigt, das sämtliche vorhandenen Möglichkeiten zum Zugriff auf Buckets über NEXT- und PRIOR-Verweise ausnutzt und dadurch die Kettenbestandteile zusammensucht. Der folgende <u>Algorithmus</u> genügt genau diesen Anforderungen:

```
procedure GREEDY (i: integer);
   begin
      if  Bucket i ist Primärbucket oder  Bucket i ist Überlaufbucket und Teil der
                                                                         Kette
      then
         if Bucket i ist noch nicht in Menge M
         then
            begin
               M := M U i;
               GREEDY (NEXT(i));
               GREEDY (PRIOR(i))
            end
   end   (* GREEDY *);
```

Zu Anfang wird die Menge M als leer initialisiert. Beim ersten Aufruf von GREEDY wird die Nummer des Primärbuckets als Argument mitgegeben. Jede vom Algorithmus erstmals erreichte Seite wird, sofern sie Teil der betrachteten Überlaufkette ist (s.u.), in die Menge M aufgenommen. Anschließend wird ausgehend von dieser Seite versucht, auf andere, ebenfalls zur Kette gehörende Seiten zuzugreifen. Diese Zugriffsversuche erfolgen sowohl über die NEXT- als auch über die PRIOR-Verweis-Kette.

Die Funktion von GREEDY läßt sich am einfachsten anhand des Beispiels aus Bild 56 verdeutlichen. In diesem Fall ergibt sich die folgende Sequenz der GREEDY-Aufrufe:

```
GREEDY(i)
   GREEDY(k)
      GREEDY(l)
         GREEDY(n)
            GREEDY(NEXT(n))        Verweis ist "Null"
            GREEDY(m)
               GREEDY(NEXT(m))        "
               GREEDY(PRIOR(m))       "
         GREEDY(PRIOR(l))        Seite gehört nicht zur Kette
      GREEDY(j)
         GREEDY(NEXT(j))        "
         GREEDY(j)              Bucket j bereits in M vorhanden
   GREEDY(PRIOR(i))        Verweis ist "Null"
```

Diese Aufrufsequenz zeigt, daß die in der Überlaufkette enthaltenen Buckets in der Reihenfolge i, k, l, n, m, j aufgefunden werden. Die Kette besteht aus 6 Buckets, und es finden 13 GREEDY-Aufrufe statt. Allgemein werden bei diesem Algorithmus für e erreichbare Buckets insgesamt 2*e+1 Prozeduraufrufe benötigt. Die Zahl der Prozeduraufrufe läßt sich durch geeignete Abfragen noch etwas reduzieren /Kü84b/. Wir haben derartige Optimierungen jedoch nicht in den vorgestellten GREEDY-Algorithmus aufgenommen, da es uns nur auf die prinzipielle Beschreibung des Verfahrens, nicht aber auf eine möglichst "trickreiche" Implementierung ankommt.

Es soll nun noch kurz auf die Sequenz der GREEDY-Aufrufe für den Fall eingegangen werden, daß bereits eine konsistente Überlaufkette vorliegt. Wir nehmen hierzu an, daß, wie in Bild 56, 6 Buckets mit den Nummern i, j, k, l, m und n existieren, deren Verkettung über NEXT- und PRIOR-Verweise jedoch fehlerfrei sei. Dies ergibt als Aufrufsequenz:

```
GREEDY(i)
  GREEDY(j)
    GREEDY(k)
      GREEDY(l)
        GREEDY(m)
          GREEDY(n)
            GREEDY(NEXT(n))     Verweis ist "Null"
            GREEDY(m)           Bucket m bereits in M vorhanden
          GREEDY(l)                "     l                 "
        GREEDY(k)                   "     k                 "
      GREEDY(j)                     "     j                 "
    GREEDY(i)                       "     i                 "
  GREEDY(PRIOR(i))              Verweis ist "Null"
```

Das Beispiel zeigt, daß der Algorithmus auch dann richtig abläuft und terminiert, wenn sich die untersuchte Kette bereits in einem konsistenten Zustand befindet.

Bisher wurde auf einen wesentlichen Punkt bei der GREEDY-Methode noch nicht eingegangen, nämlich darauf, wie über die Zugehörigkeit einer Seite zur Menge M und damit auch zur betrachteten Überlaufkette entschieden wird. Allgemein muß davon ausgegangen werden, daß ein benutzter NEXT- oder PRIOR-Verweis in beliebiger Weise inkorrekt sein kann und u.U. irgendeine Seite außerhalb der untersuchten Überlaufkette adressiert. Wie soll also darüber entschieden werden, ob eine betrachtete Seite als Element in die Menge M aufgenommen wird oder nicht? Die folgende einfache Vorgehensweise bietet sich hierfür an:

> Eine noch nicht in der Menge M vorhandene Seite wird nur dann dort eingefügt, wenn sie den Typindikator HASH besitzt, die TBLID stimmt und auch die CHNID den korrekten Wert enthält. Außerdem wird das Primärbucket
> der Kette zu M hinzugefügt.

Darüber hinaus muß auch die Prüfung des Seitenidentifikators durch den Pufferverwalter fehlerfrei verlaufen sein. Die CHNSN sowie GAPP und GAPN, die als redundante Daten in Bild 33 verzeichnet sind, werden hingegen bei der Entscheidung über die Hinzufügung der Seite zur Menge M nicht berücksichtigt. Der NEXT/PRIOR-Vergleich spielt dabei ebenfalls keine Rolle. Warum diese Prüfmöglichkeiten außer acht gelassen werden, läßt sich wiederum anhand des Beispiels aus Bild 56 zeigen: Schon beim Zugriff vom Primärbucket i zum Überlaufbucket k über NEXT(i) würden der NEXT/PRIOR-Vergleich und die GAP-Prüfungen scheitern, so daß keines der Überlauf- buckets in M aufgenommen werden könnte. Des weiteren sind Fehlerfälle möglich, wo das Scheitern der CHNSN-Prüfung zur Folge hätte, daß ein eigentlich zur Überlauf- kette zählendes Bucket nicht zu M hinzugefügt wird.

Nach Durchführung des GREEDY-Verfahrens sollte der Inhalt der Menge M einer Filterung unterzogen werden, die jene Elemente aus M entfernt, bei denen lokale Konsistenzprüfungen der in Kap. 4.3 vorgestellten Art Inkonsistenzen entdecken. Im einzelnen kann jeweils überprüft werden, ob

- im Seitenkopf korrekte Werte zum Freiplatzbeginn und zur Freiplatzlänge vorlie- gen,
- die Sortierordnung der Einträge oder Sätze stimmt,
- die in den Einträgen oder Sätzen enthaltenen Schlüsselwerte plausibel sind (zur Prüfung können die im Bucket vorhandenen Schlüsselwerte nochmals der Hashfunk- tion unterworfen werden, um nachzurechnen, ob sie wirklich zur gegebenen Hausadresse gehören),
- die lokalen Verweise in den Seitenindizes korrekt auf die Satzanfänge zeigen, sofern die Hashtabelle Datensätze enthält und nicht nur als Sekundärschlüssel- Zugriffspfad dient.

Nach Abschluß der Filterung werden die in der Menge M übriggebliebenen Buckets wieder zu einer (mehr oder weniger vollständigen) Überlaufkette zusammengesetzt. Die Reihenfolge der Buckets in der Kette ist dabei nicht von Belang. Die Buckets können etwa in der Sequenz aneinandergereiht werden, in der sie vom GREEDY-Algo- rithmus aufgefunden wurden. Bild 57 zeigt die sich für das Beispiel aus Bild 56

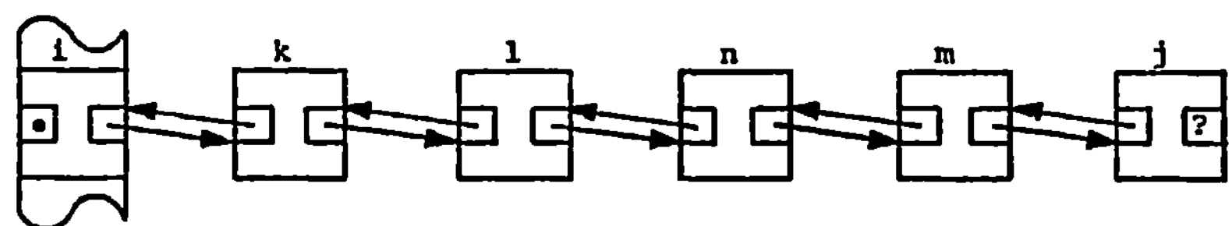

Bild 57: Rekonstruierte Kette für das Beispiel aus Bild 56

ergebende Überlaufkette nach Abschluß der Rekonstruktion, wobei von der Annahme ausgegangen wird, daß die Filterung keine weiteren Inkonsistenzen in den Buckets entdeckt hat. Auf die Bedeutung des Symbols "?" im NEXT-Verweis des Buckets j wird noch im folgenden eingegangen.

Bei der Durchführung des GREEDY-Algorithmus können zwei Arten von Fehlern auftreten: Zum einen kann es passieren, daß Seiten in die Menge M aufgenommen werden, die dort nicht hingehören (Fehlerklasse I), zum anderen ist es aber auch möglich, daß Seiten unberücksichtigt bleiben, die eigentlich Teil der Überlaufkette sind (Fehlerklasse II). Darüber hinaus kann es vorkommen, daß Buckets der betrachteten Überlaufkette nicht in M aufgenommen werden können, da sie auf keinem Weg vom Primärbucket aus zu erreichen sind. Dies ist etwa bei einem Bruch der NEXT-Verweis-Kette (BREAK) in einer ansonsten intakten Überlaufkette der Fall. Hier handelt es sich aber nicht um einen Fehler bei der Ausführung des GREEDY-Algorithmus, da sich diesem von vornherein keine Möglichkeiten zum Zugriff auf abgekoppelte Buckets der Überlaufkette bieten.

Die Wahrscheinlichkeit für einen Fehler der <u>Klasse I</u> ist sehr gering, da hierzu in der über einen inkorrekten Verweis adressierten Seite keine Fehlererkennung bei der Prüfung des Seitentypindikators, der TBLID und der CHNID erfolgen darf.

Fehler der <u>Klasse II</u> sind demgegenüber weitaus wahrscheinlicher. Es reicht nämlich schon ein einziger falscher Wert im Typindikator, in der TBLID oder in der CHNID, damit ein ansonsten fehlerfreies Überlaufbucket bei der Wiederherstellung der Kette nicht berücksichtigt wird.

Der GREEDY-Algorithmus ist generell nicht dazu in der Lage, die <u>Vollständigkeit</u> der rekonstruierten Überlaufkette festzustellen. Wenn ein NEXT-Verweis fehlerhaft ist, kann nämlich nicht ausgeschlossen werden, daß ein weiter außen liegender Teil der Kette verlorengegangen ist. Bei einem inkorrekten PRIOR-Verweis besteht hingegen die Möglichkeit der Abtrennung eines inneren Teils der Kette. Der Algorithmus erkennt in der Kette aus Bild 56 z.B. nicht, daß j das erste Überlaufbucket ist. Die mögliche <u>Unvollständigkeit</u> einer Überlaufkette kann dadurch dokumentiert werden, daß im NEXT-Verweis des sich bei der Rekonstruktion ergebenden Randbuckets ein spezieller Wert eingetragen wird. Er wurde in Bild 57 durch das Symbol "?" dargestellt. Die Markierung "?" im NEXT-Verweis bedeutet, daß der korrekte Wert unbekannt ist, d.h., er kann "Null" sein oder auf ein weiteres Überlaufbucket der Kette führen.

Für die <u>Fortsetzung der DB-Verarbeitung</u> im Anschluß an eine Kettenrekonstruktion muß festgelegt werden, wie das DBVS reagieren soll, wenn es auf den Wert "?" im NEXT-Verweis stößt. Wir betrachten die in Kap. 4.4.2 vorgestellten Operationstypen mit Ausnahme des FINDD, das keinen Zugriff über die NEXT- und PRIOR-Verweise beinhaltet und deshalb von dem markierten NEXT-Verweis nicht betroffen ist:
- STORE: Falls keine Überprüfung auf Duplikate in den Schlüsselwerten erforderlich ist (DUPLICATES ARE ALLOWED), wird der neue Eintrag wie üblich am ersten freien Platz in der Kette abgelegt. Ist kein Freiplatz mehr in den Buckets vorhanden, muß ein neues Überlaufbucket als Randbucket allokiert werden, in dessen NEXT-Verweis wiederum der Wert "?" eingetragen wird. Damit ist sichergestellt, daß die Kette auch nach der Allokation als evtl. unvollständig markiert ist. Falls eine Operation des Typs STORE hingegen eine Überprüfung auf Duplikate in

den Schlüsselwerten erfordert (DUPLICATES ARE NOT ALLOWED), gibt es zwei Möglichkeiten ihres Ablaufs:

- Schon bei der Suche in der Kette wird festgestellt, daß der neu einzufügende Schlüsselwert bereits existiert. In diesem Fall wird die Operationsdurchführung ohnehin abgebrochen. Der Verweiswert "?" am Kettenende spielt dabei keine Rolle.
- Der neu einzufügende Schlüsselwert ist in der Kette noch nicht enthalten. Hier ist jedoch nicht auszuschließen,. daß er in einem evtl. bei der Rekonstruktion verlorengegangenen Überlaufbucket bereits existiert. Die Einfügung darf deshalb nicht durchgeführt werden. Es bleibt nichts anderes übrig, als die auf den Fehler gelaufene Transaktion zurückzusetzen.
- FIND+: Bei der erfolgreichen Suche ergeben sich keine Probleme, da hier der markierte Verweis am Kettenende nicht berührt wird.
- FIND-: Die erfolglose Suche erfordert das Rücksetzen der Transaktion, da sich der gesuchte Schlüsselwert möglicherweise in einem von der Kette abgetrennten Überlaufbucket befindet.
- ERASEC/ERASED: Hier ist nur der Fall interessant, daß das bisherige Randbucket der Kette, das im NEXT-Verweis den Wert "?" enthält, deallokiert wird. Dann muß die Markierung in den NEXT-Verweis des neuen Randbuckets übertragen werden.

Der GREEDY-Algorithmus hat insbesondere den Vorteil, daß er auch bei <u>mehreren zerstörten Verweisen</u> in einer Überlaufkette die noch erreichbaren Buckets wieder zu einer Kette zusammensetzen kann. Dem stehen allerdings auch einige Nachteile gegenüber, die zum Teil bereits erwähnt wurden:

- Schon ein einziger falscher Wert im Seitentypindikator, im Tabellen- oder im Kettenidentifikator eines Buckets hat zur Folge, daß das Bucket bei der Wiederherstellung der Überlaufkette unberücksichtigt bleibt. Außerdem werden dann der NEXT- und der PRIOR-Verweis dieses Buckets nicht für weitere Zugriffe bei der GREEDY-Methode benutzt. Wenn z.B. im ersten Überlaufbucket einer ansonsten konsistenten Kette die CHNID falsch ist, werden alle anderen Überlaufbuckets der Kette bei der Rekonstruktion abgetrennt. Dies ist eine eigentlich zu harte Reaktion in Anbetracht eines nur geringfügigen Fehlers.
- Die wiederhergestellte Überlaufkette wird stets als evtl. unvollständig markiert, indem in den NEXT-Verweis des Randbuckets der Wert "?" eingetragen wird. Dies geschieht auch dann, wenn die Kette komplett rekonstruiert werden konnte.

Der erste Nachteil ließe sich durch eine <u>verfeinerte Auswahlentscheidung</u> beim Aufbau der Menge M beheben. Bislang ist beim GREEDY-Algorithmus die Korrektheit des Seitentypindikators, Tabellenidentifikators und Kettenidentifikators für die Aufnahme einer Seite i in die Menge M allein entscheidend. (Wir bezeichnen diese drei Redundanzen zusammen auch als Identifikator im Taylor'schen Sinne.) Statt dessen kann man aber auch so vorgehen, daß die Seite i in M aufgenommen wird, wenn entweder ihr Identifikator korrekt ist oder der NEXT/PRIOR-Vergleich beim Zugriff zu ihr fehlerfrei verläuft. Dann werden auch Buckets in M aufgenommen, die zwar einen falschen Wert im Identifikator besitzen, jedoch durch eine doppelte Verkettung mit dem schon abgearbeiteten Teil der Überlaufkette verbunden sind. Die Wahrscheinlichkeit dafür, daß eine nicht zur Kette gehörende Seite bei der Fehlerbehandlung versehentlich dort einbezogen wird, wächst durch dieses Auswahlverfahren nicht weiter an, wenn wiederum lokale Konsistenzprüfungen zur Filterung des Inhalts von M eingesetzt werden.

Die Vermeidung des zweiten Nachteils gelingt erst mit Hilfe eines im folgenden Kapitel vorgestellten Verfahrens zur Rekonstruktion von Ketten bei einzelnen Inkonsistenzen.

5.6.2 Wiederherstellung fehlerfreier Überlaufketten bei einzelnen Inkonsistenzen

Für ein Rekonstruktionsverfahren ist es wünschenswert, daß bei "kleinen" Inkonsistenzen der korrekte Zustand einer Überlaufkette vollständig wiederhergestellt werden kann, ohne daß danach irgendwelche Beschränkungen für die Kettenverarbeitung vorliegen. Falls sich bei einem Reparaturversuch herausstellt, daß es sich im vorliegenden Fall nicht mehr um eine "kleine" Inkonsistenz handelt, kann anschließend immer noch der GREEDY-Algorithmus benutzt werden, wobei dann in Kauf genommen wird, daß die rekonstruierte Kette bestimmten Einschränkungen in der Verarbeitung unterliegt. Die Frage lautet nun, welche Fehler als "kleine" Inkonsistenz gelten sollen und welche nicht.

Es ist unmittelbar klar, daß die Eigenschaft der "1-correctability", wie sie die Taylor'schen Listenimplementierungen 2 und 3 bieten (Bild 10), mit der von uns zugrunde gelegten und in Kap. 4.4.5 vorgestellten Hashtabellen-Implementierung nicht erreicht werden kann. Schon ein einzelner fehlerhafter NEXT-Verweis in einem inneren Bucket, der aus der Überlaufkette herausführt oder den Wert "Null" besitzt, hat nämlich zur Folge, daß die weiter außen liegenden Überlaufbuckets der Kette vom Primärbucket aus nicht mehr erreicht werden können.

Um die Betrachtungen nicht allzu umfangreich werden zu lassen, wird im folgenden nur der Fall erörtert, daß die in Bild 34 aufgelisteten Prüfungen beim Zugriff über die NEXT-Verweis-Kette eine Inkonsistenz feststellen.

Bei Fehlern in NEXT-Verweisen, wie sie in der Klassifikation aus Bild 30 enthalten sind, ist hier nur die Klasse IV.1.3 (SKIP) von Bedeutung, da in allen anderen Fällen eine irreparable Abtrennung von Überlaufbuckets vorliegt bzw. vorliegen kann. Bei einer Ausprägung des Fehlertyps SKIP ist dagegen das reguläre Kettenende noch erreichbar, und auf die übersprungenen Buckets kann über die PRIOR-Verweis-Kette zugegriffen werden (sofern diese intakt ist). Es sollen zumindest jene Ketten repariert werden, die einen Fehler des Typs SKIP in einem NEXT-Verweis als einzige Inkonsistenz enthalten.

Bei einem inkorrekten PRIOR-Verweis in einer Überlaufkette soll ebenfalls eine Reparatur erfolgen, und zwar unabhängig davon, um welche Fehlerklasse es sich handelt.

Es sind nun noch inkorrekte Werte in den Redundanzen zu betrachten. Wenn ein falscher Identifikator (bestehend aus dem Seitentypindikator, der TBLID und der CHNID) als einzige Inkonsistenz in einer Kette vorkommt, soll stets eine Reparatur erfolgen. Dasselbe soll für den Fall gelten, daß die CHNSN oder die GAP-Angaben (GAPP/GAPN) eines Buckets inkorrekt sind.

Insgesamt gesehen wird also gefordert, daß eine Rekonstruktion zumindest dann erfolgreich durchführbar ist, wenn genau eine Inkonsistenz aus der nachstehenden Liste in einer Überlaufkette auftritt:
- Fehler des Typs SKIP in einem NEXT-Verweis,
- beliebiger Fehler in einem PRIOR-Verweis,
- Identifikator fehlerhaft,
- CHNSN, GAPP, GAPN inkorrekt.

Dies umreißt nur die Mindestanforderungen an den Fehlerbehandlungsalgorithmus. Oftmals wird die Rekonstruktion aber auch dann noch möglich sein, wenn mehrere Fehler in einer Überlaufkette auftreten.

Auf eine allzu detaillierte, formale Darstellung des Fehlerbehandlungsalgorithmus soll hier verzichtet werden. In /TMB80a/ wird ein Verfahren zur Fehlerbehandlung für die Taylor'sche Listenimplementierung 2 in Pascal-Notation angegeben, das noch einigermaßen kompakt darstellbar ist, da die Listen vergleichsweise wenige Redundanzen enthalten. In Anbetracht der recht umfangreichen Redundanzen und Konsistenzprüfungen, die in Kap. 4.4.5 für Hashtabellen vorgestellt wurden, ließe sich der zugehörige Fehlerbehandlungsalgorithmus nur sehr umständlich in formaler Schreibweise wiedergeben. Wir werden ihn deshalb hier nur in groben Zügen beschreiben. Er umfaßt vier Schritte.

1. Fehlererkennung (von links nach rechts)

Die Richtungsangabe "von links nach rechts" soll bedeuten, daß eine Suche am Primärbucket (links) beginnt und ggf. bis zum Randbucket nach rechts fortschreitet. Schon beim Einstieg in die Kette am Primärbucket wird geprüft, ob
- der Identifikator korrekt ist,
- der PRIOR-Verweis den Wert "Null" besitzt,
- der CHNSN-Wert 0 ist,
- für GAPP der Wert "∞" eingetragen ist.
Falls hierbei ein Fehler erkannt wird, ist stets eine sofortige Korrektur möglich.

Es sollten dann jedoch zusätzlich die schon beim GREEDY-Algorithmus genannten lokalen Konsistenzprüfungen auf der Seite ausgeführt werden. Nur wenn diese keine weiteren Inkonsistenzen entdecken, ist die Fehlerkorrektur wirklich sinnvoll. Andernfalls sollte der Rekonstruktionsversuch abgebrochen werden.

Bei der Suche in der Kette werden die von Kap. 4.4.5 her bekannten Konsistenzprüfungen durchgeführt. Im einzelnen laufen die <u>Prüfungen</u> beim Zugriff von der Seite i über NEXT(i) zur Seite j in der angegebenen Reihenfolge ab:
1. Prüfung des Identifikators der Seite j
2. NEXT/PRIOR-Vergleich
3. Prüfung der aufsteigenden Sortierung in den Kettenfolgenummern (CHNSNs) der Seiten i und j und Ausführung der Differenzenrechnung unter Verwendung von GAPN(i); falls der betrachtete NEXT-Verweis der Seite i "Null" ist, wird statt dessen die Beziehung GAPN(i)="∞" überprüft.

Falls bei der Nutzung des NEXT-Verweises der Seite i entweder nur bei der Prüfung 1 oder nur bei den Prüfungen 2 und 3 ein Fehler erkannt wird, erfolgt anschließend die Fehlereingrenzung. In allen anderen Fehlerfällen wird der Rekonstruktionsversuch abgebrochen. Tritt hingegen kein Fehler auf, wird die Suche entlang der NEXT-Verweis-Kette fortgesetzt.

2. Fehlereingrenzung (Absicherung nach rechts)

Es wird nachgeschaut, ob die Seite j ein Randbucket ist. Dabei können die folgenden Fälle auftreten:
- Falls entweder NEXT(j)="Null" und GAPN(j)≠"∞" oder NEXT(j)≠"Null" und GAPN(j)="∞" gilt, wird der Reparaturversuch abgebrochen.
- Falls die Werte NEXT(j)="Null" und GAPN(j)="∞" vorliegen, wird die Seite j als Randbucket angesehen. Besitzt sie einen fehlerhaften Identifikator, so wird er richtiggestellt und die Fehlerbehandlung damit beendet. Andernfalls folgt Schritt 3.
- Falls NEXT(j)≠"Null" und GAPN(j)≠"∞" gilt, geschieht eine Absicherung nach rechts in folgender Weise: Mit NEXT(j) wird auf den Kettennachfolger der Seite j zugegriffen, wobei die Prüfung des Identifikators stattfindet und der NEXT/PRIOR-Vergleich durchgeführt wird. Tritt dabei ein Fehler auf, erfolgt der Abbruch des Reparaturversuchs. Andernfalls gilt die Absicherung nach rechts als erfolgreich bestanden. Sofern die Seite j einen fehlerhaften Identifikator besitzt, wird er korrigiert und die Fehlerbehandlung damit abgeschlossen. Liegt der Fehler hingegen woanders, folgt Schritt 3.

Der <u>Absicherung nach rechts</u> liegt der folgende Gedanke zugrunde: Wenn schon beim Übergang von der Seite i zur Seite j in Schritt 1 ein Fehler auftrat, dann wird zumindest gefordert, daß die Seite j entweder nach rechts korrekt in die

Überlaufkette eingebunden ist oder aber alle Eigenschaften eines regulären Randbuckets aufweist. Damit soll verhindert werden, daß eine Seite j bei der Rekonstruktion in die Kette einbezogen wird, die dort nicht hingehört.

3. Lokalisierung der Fehlerstelle (Annäherung von rechts)

Falls der NEXT/PRIOR-Vergleich in Schritt 1 keinen Fehler erbracht hat, wird sofort zu Schritt 4 übergegangen. Die Lokalisierung der Fehlerstelle wird für Inkonsistenzen des Typs SKIP in der NEXT-Verweis-Kette benötigt, wenn also das Bucket j nicht der reguläre Kettennachfolger des Buckets i ist. Ein SKIP wird dann vermutet, wenn $CHNSN(i)+GAPN(i)+1<CHNSN(j)$ gilt. Falls bei einem Scheitern des NEXT/PRIOR-Vergleichs hingegen $CHNSN(i)+GAPN(i)+1>CHNSN(j)$ gilt, wird ein irreparabler Fehler des Typs LOOP vermutet und der Reparaturversuch abgebrochen. Im Fall $CHNSN(i)+GAPN(i)+1=CHNSN(j)$ wird zu Schritt 4 übergegangen. Bei einem SKIP wird ausgehend vom Bucket j die PRIOR-Verweis-Kette durchlaufen, wobei jeder Zugriff die üblichen Konsistenzprüfungen beinhaltet. Es handelt sich genau dann um einen korrigierbaren SKIP, wenn die "Navigation" entlang der PRIOR-Verweis-Kette schließlich beim Zugriff zum Bucket i am NEXT/PRIOR-Vergleich scheitert und ansonsten keine Inkonsistenzen erkannt wurden.

4. Durchführung der Fehlerkorrektur

Ein fehlerhafter Identifikator in der Seite j wurde bereits in Schritt 2 korrigiert. Im folgenden sind deshalb nur noch inkorrekte NEXT- oder PRIOR-Verweise sowie Fehler in den CHNSN- und GAP-Angaben zu betrachten. Wir unterscheiden hierbei die folgenden Fälle:
- Reparatur des NEXT-Verweises der Seite i:
  Sie kommt nur im Fall eines SKIP vor. NEXT(i) wird so korrigiert, daß der Verweis anschließend auf den regulären Kettennachfolger zeigt, der in Schritt 3 über die Annäherung von rechts bestimmt wurde.
- Reparatur des PRIOR-Verweises der Seite j:
  Durch die Absicherung nach rechts in Schritt 2 wird mit hoher Wahrscheinlichkeit sichergestellt, daß die Seite j wirklich zur betrachteten Überlaufkette gehört. Der Fehlertyp SKIP wurde schon im vorigen Punkt abgehandelt, so daß ein Scheitern des NEXT/PRIOR-Vergleichs nur noch auf einen falschen Wert in PRIOR(j) zurückzuführen sein kann. Zur Fehlerkorrektur wird deshalb PRIOR(j) die Adresse der Seite i zugewiesen.
- Reparatur von GAPN(i), GAPP(j) und CHNSN(j):
  Bei der Absicherung nach rechts in Schritt 2 wurde bewußt auf die Prüfung der aufsteigenden Sortierung in den Kettenfolgenummern sowie auf die Differenzenrechnung verzichtet. Wäre dies nämlich nicht geschehen, so hätte bereits ein einzelner falscher Wert in CHNSN(j) die Absicherung und damit auch die Reparatur

scheitern lassen. Falls der NEXT/PRIOR-Vergleich in Schritt 1 des Verfahrens fehlerfrei verlief und bei der CHNSN-Prüfung oder Differenzenrechnung eine Inkonsistenz erkannt wurde, muß hier eine Korrektur erfolgen. CHNSN(i) ist als richtig anzusehen, da dort entweder der Wert 0 eingetragen ist (falls i das Primärbucket ist) oder aber die Korrektheit des Werts durch mehrere Prüfschritte aus dem CHNSN-Wert 0 des Primärbuckets abgeleitet wurde. Falls die Seite j ein Randbucket ist, wird CHNSN(j) der Wert CHNSN(i)+1 und GAPN(i) sowie GAPP(j) der Wert 0 zugewiesen. Falls die Seite j hingegen ein inneres Bucket ist, kann die Korrektur von CHNSN(j) dazu führen, daß beim späteren Zugriff über NEXT(j) auf den Kettennachfolger der Seite j wiederum eine Inkonsistenz in der CHNSN-Sortierordnung und bei der Differenzenrechnung erkannt wird. Dies ergibt sich z.B. bei der CHNSN-Folge

..., 6, 7, 7, 8, 9, ...,

wenn also ein Wert doppelt auftritt und die CHNSNs ansonsten lückenlos vergeben sind. Eine lokale Wiederherstellung der Konsistenz durch Korrektur einer einzigen CHNSN ist hier nicht möglich. Man könnte deshalb so verfahren, daß sämtliche nachfolgenden CHNSNs (im Beispiel also die Werte 8, 9, ...) ebenfalls korrigiert werden. Dabei wäre aber nicht auszuschließen, daß im Zuge jener Korrekturbemühungen noch weitere Inkonsistenzen in der Kette gefunden werden, was die Fehlerbehandlung zusätzlich verkomplizieren würde. Es ist deshalb einfacher, zur Reparatur CHNSN(j) stets den Wert CHNSN(i)+1 und GAPN(i) sowie GAPP(j) den Wert 0 zuzuweisen. Dies kann allerdings bewirken, daß eine Inkonsistenz durch die Fehlerbehandlung zunächst nur weiter nach außen verschoben wird. Im Zuge nachfolgender Reparaturmaßnahmen wird aber schließlich auch eine Korrektur der CHNSN im Randbucket stattfinden, wonach sich die Kette wieder in einem durchgehend konsistenten Zustand befindet.

Im folgenden soll das Fehlerbehandlungsverfahren anhand einiger Beispiele erläutert und zugleich bewertet werden. <u>Bild 58</u> zeigt den Ablauf der Reparatur für verschiedene Arten von Inkonsistenzen. In den einzelnen Teilbildern wird jeweils der Identifikator durch die Abkürzung ID symbolisiert. Eine Einzelbetrachtung seiner Komponenten ist nicht nötig, da er auch vom Fehlerbehandlungsalgorithmus stets als atomar angesehen wird.

<u>Teilbild a</u> zeigt eine Überlaufkette, die gleich zwei Inkonsistenzen enthält: ID(2) ist falsch, und PRIOR(4) führt aus der Kette heraus. Der erste Fehler wird in Schritt 1 des Algorithmus beim Zugriff vom Bucket 1 über NEXT(1) zum Bucket 2 erkannt. Da sich in Schritt 2 herausstellt, daß Bucket 2 kein Randbucket ist, erfolgt die Absicherung nach rechts zum Bucket 3, die erfolgreich verläuft. Anschließend wird ID(2) korrigiert und der erste Fehler dadurch behoben.

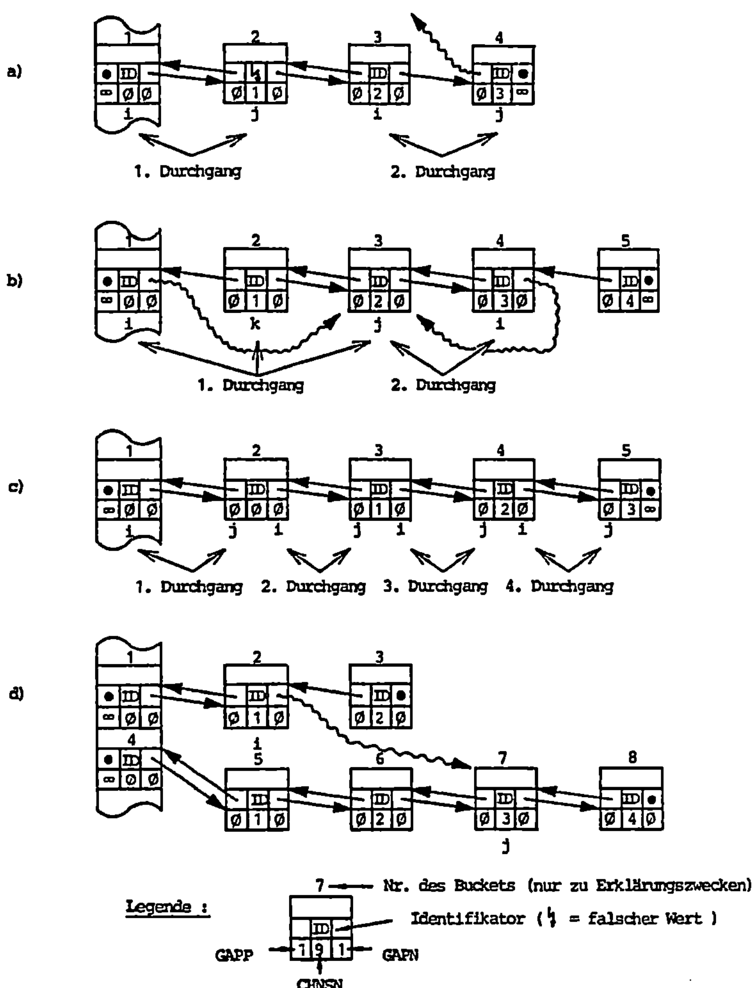

Bild 58: Korrektes Verhalten des Rekonstruktionsverfahrens

Bei einem späteren Zugriff vom Bucket 3 über NEXT(3) zum Bucket 4 wird durch den NEXT/PRIOR-Vergleich in Schritt 1 erneut eine Inkonsistenz erkannt. Hier zeigt sich aber in Schritt 2, daß Bucket 4 ein Randbucket ist, so daß keine Absicherung nach rechts erfolgen kann. In Schritt 3 wird festgestellt, daß es sich bei der vorliegenden Inkonsistenz nicht um einen SKIP handelt. Die Annäherung von rechts an die Fehlerstelle erübrigt sich deshalb. Schließlich wird die Überlaufkette in Schritt 4 wieder in einen konsistenten Zustand überführt, indem PRIOR(4) die Adresse des Buckets 3 zugewiesen wird.

Teilbild b zeigt ebenfalls eine Überlaufkette mit zwei Inkonsistenzen: NEXT(1) ist für einen Fehler des Typs SKIP verantwortlich, und NEXT(4) verursacht den Fehlertyp LOOP. Der SKIP wird beim Zugriff vom Bucket 1 über NEXT(1) zum Bucket 3 in Schritt 1 durch den NEXT/PRIOR-Vergleich und die Differenzenrechnung erkannt.

Die Absicherung nach rechts in Schritt 2 führt zum Bucket 4 und verläuft erfolgreich. Ausgehend vom Bucket 3 geschieht dann in Schritt 3 die Annäherung von rechts an die Fehlerstelle. Sie endet beim Zugriff vom Bucket 2 über PRIOR(2) zum Bucket 1, da hier der NEXT/PRIOR-Vergleich wiederum scheitert. NEXT(1) wird in Schritt 4 korrigiert, so daß anschließend nur noch eine Inkonsistenz in der Kette existiert.

Im Verlauf eines späteren Zugriffs wird diese Inkonsistenz bei der Benutzung von NEXT(4) in Schritt 1 des Algorithmus erkannt. Dabei steht zunächst noch nicht fest, daß es sich um einen irreparablen Fehler des Typs LOOP handelt. Die Absicherung nach rechts in Schritt 2 über Bucket 4 bereitet keine Probleme. Erst in Schritt 3 wird aus CHNSN(4)+GAPN(4)+1>CHNSN(3) der Fehlertyp LOOP abgeleitet und der Reparaturversuch deshalb abgebrochen.

In _Teilbild c_ ist ein Fall inkorrekter Kettenfolgenummern dargestellt, wie er schon zuvor erwähnt wurde. CHNSN(1) und CHNSN(2) besitzen hier denselben Wert. Diese Inkonsistenz wird in Schritt 1 des Algorithmus beim Zugriff vom Bucket 1 über NEXT(1) zum Bucket 2 durch die CHNSN-Prüfung und die Differenzenrechnung erkannt. Die Absicherung nach rechts in Schritt 2, die den Zugriff zum Bucket 3 beinhaltet, verläuft erfolgreich. Eine Annäherung von rechts an die Fehlerstelle in Schritt 3 erübrigt sich, so daß anschließend in Schritt 4 CHNSN(2) zur Korrektur der Wert 1 zugewiesen werden kann. Damit wird die Inkonsistenz aber nur um ein Bucket weiter nach außen verschoben.

Bei einem nachfolgenden Zugriff vom Bucket 2 über NEXT(2) zum Bucket 3 entdeckt die CHNSN-Prüfung in Schritt 1 wiederum einen Fehler, da nunmehr CHNSN(2)=CHNSN(3) gilt. CHNSN(3) wird korrigiert, d.h. um 1 erhöht, wie es schon zuvor für CHNSN(2) geschah, und entspricht danach CHNSN(4). Es sind noch zwei weitere Aktivierungen des Algorithmus erforderlich, bis schließlich CHNSN(5) den Wert 4 enthält und die Inkonsistenz damit endgültig behoben ist.

Teilbild d soll nochmals einen Fehlerfall verdeutlichen, bei dem keine automatische Reparatur möglich ist. Hier liegt zum einen ein Kettenwechsel vor, da der NEXT-Verweis des Buckets 2 in der ersten Überlaufkette zum Bucket 7 in der zweiten Überlaufkette führt. Zum anderen wird angenommen, daß diese beiden Überlaufketten fälschlicherweise dieselben Werte in den Identifikatoren besitzen. In Schritt 1 des Algorithmus wird beim Zugriff vom Bucket 2 in der ersten Überlaufkette über NEXT(2) zum Bucket 7 in der zweiten Überlaufkette die Inkonsistenz durch den NEXT/PRIOR-Vergleich und die Differenzenrechnung erkannt. Die Absicherung nach rechts in Schritt 2 bedeutet einen Zugriff zum Bucket 8. Dieses besitzt denselben (falschen) Wert im Identifikator wie das Bucket 7, so daß hierbei kein Fehler entdeckt wird. Die Differenzenrechnung in Schritt 3 führt zunächst zur Vermutung, daß für NEXT(2) ein Fehler des Typs SKIP vorliegt. Deshalb wird ausgehend vom

Bucket 7 die PRIOR-Verweis-Kette durchlaufen. Die Suche endet schließlich am Beginn der zweiten Überlaufkette, ohne daß die Fehlerstelle bei der Annäherung von rechts lokalisiert werden konnte. Damit steht für den Fehlerbehandlungsalgorithmus fest, daß im vorliegenden Fall in der Kette kein korrigierbarer SKIP, sondern irgendeine andere Art der Inkonsistenz existiert. Dies führt zum sofortigen Abbruch des Rekonstruktionsversuchs.

Die Beispiele aus Bild 58 können den Eindruck erwecken, daß sich der Fehlerbehandlungsalgorithmus stets richtig verhält, daß er also entweder eine Reparatur korrekt zu Ende führt oder aber den Reparaturversuch abbricht, wenn dieser sich in Anbetracht der vorliegenden Inkonsistenz als undurchführbar erweist. **Bild 59**

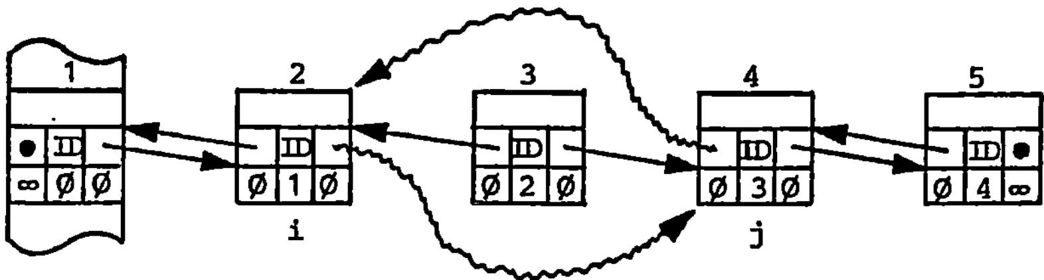

Bild 59: Inkorrektes Verhalten des Rekonstruktionsverfahrens

verdeutlicht jedoch, daß der Algorithmus in bestimmten Fällen auch ein inkorrektes Verhalten zeigen kann. Im Beispiel, das zwei Inkonsistenzen enthält, ist ein symmetrischer SKIP dargestellt: Der NEXT-Verweis im Bucket 2 überspringt Bucket 3 und führt zum Bucket 4; der PRIOR-Verweis im Bucket 4 überspringt ebenfalls Bucket 3 und führt deshalb zum Bucket 2. Beim Zugriff vom Bucket 2 über NEXT(2) zum Bucket 4 wird durch die Differenzenrechnung in Schritt 1 des Algorithmus ein Fehler erkannt. Die nachfolgende Absicherung nach rechts in Schritt 2 unter Zugriff zum Bucket 5 verläuft erfolgreich. Schritt 3 wird nicht durchgeführt, da der NEXT/PRIOR-Vergleich in Schritt 1 fehlerfrei ausging. In Schritt 4 wird schließlich aus dem Ergebnis der vorangegangenen Prüfungen abgeleitet, daß die Verweise korrekte Werte besitzen und nur die CHNSN- oder GAP-Angaben fehlerhaft sind. Tatsächlich ist aber genau das Gegenteil der Fall. Bei der Fehlerkorrektur wird CHNSN(4) der Wert 2 zugewiesen, wonach die Auskopplung des Buckets 3 aus der Kette nicht mehr erkennbar ist. Wenn anschließend nach Einträgen gesucht wird, die sich im Bucket 3 befinden, endet die Suche erfolglos und ohne eine Fehlermeldung, was zweifelsohne unerwünscht ist. Zu Beginn von Kap. 5 wurde aber lediglich gefordert, daß es bei einem einzelnen inkorrekten Element zu keinem solchen Fehlverhalten des Reparaturalgorithmus kommen darf. Ein symmetrischer SKIP resultiert jedoch aus zwei inkorrekten Elementen.

Man kann für diesen Fall unschwer eine Sonderbehandlung in den Reparaturalgorithmus aufnehmen, die dafür sorgt, daß der Rekonstruktionsversuch abgebrochen wird.

Anschließend läßt sich mit Hilfe der GREEDY-Methode eine aus den noch erreichbaren Buckets bestehende, in sich konsistente Überlaufkette wiederherstellen, die jedoch im NEXT-Verweis des Randbuckets als unvollständig markiert ist (Symbol "?" in Bild 57). Dadurch wird zumindest gewährleistet, daß nicht ein erkannter symmetrischer SKIP durch den Fehlerbehandlungsalgorithmus in eine nicht mehr erkennbare Inkonsistenz überführt wird.

5.7 Ein Verfahren zur Fehlerkorrektur in B*-Bäumen

Nachdem in Kap. 5.6.2 ein Algorithmus zur Korrektur "kleiner" Inkonsistenzen in Hashtabellen vorgestellt wurde, wird im folgenden ein entsprechendes Korrekturverfahren für B*-Bäume präsentiert. Wir betrachten also wiederum jene Fehlerfälle, wo eine Seite nicht völlig zerstört ist, sondern lediglich einige inkorrekte Elemente enthält. Hierzu sollen die NEXT-, PRIOR-, UP- und DOWN-Verweise sowie die Redundanzen Seitentypindikator, TBLID und LVLID zählen. Auf die Korrektur von Inkonsistenzen, die bei der Schlüsselwertintervall-Prüfung über die LOWKEY- und HIGHKEY-Werte in Erscheinung treten, wird erst am Ende des Kapitels eingegangen. Die Anforderung an den Korrekturalgorithmus lautet, daß die Wiederherstellung des konsistenten Zustands in der Regel dann möglich sein soll, wenn nur ein einziges inkorrektes Element in einem Baum existiert. Wie schon bei den Hashtabellen, so wird auch bei den B*-Bäumen noch deutlich werden, daß die Fehlerkorrektur oftmals auch bei mehreren inkorrekten Elementen gelingt.

Wir betrachten hier ausschließlich den Fall, daß beim Abstieg im Baum über den in der Seite q enthaltenen Verweis Pi durch die Prüfungen eine Inkonsistenz festgestellt wird. Bild 60 zeigt einen Ausschnitt aus einem konsistenten B*-Baum,

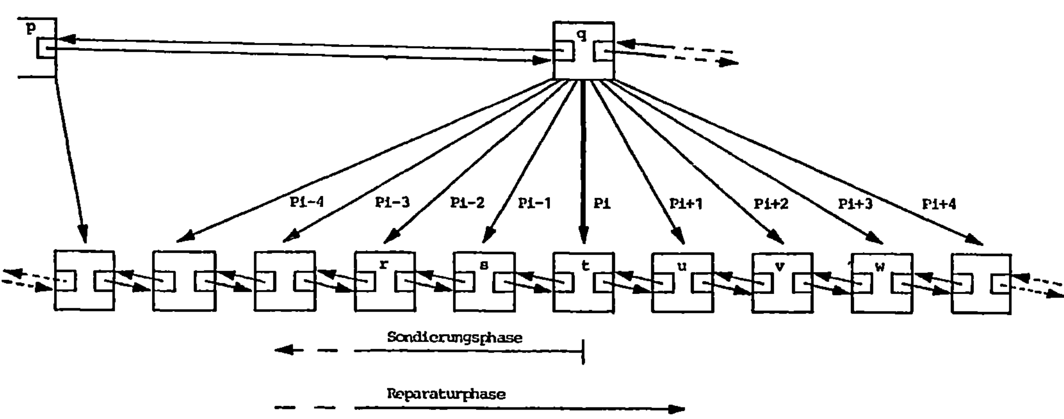

Bild 60: Szenarium zur Fehlerbehandlung in B*-Bäumen

dessen Seitennummern und Verweise für die folgenden Erörterungen benutzt werden sollen. Die UP-Verweise sind der Übersichtlichkeit wegen nicht dargestellt. Wir werden fortan davon ausgehen, daß der Baum zumindest eine Inkonsistenz aufweist, die beim Abstieg von der Seite q über den Verweis Pi erkannt wird. Dabei kann es auch vorkommen, daß der Verweis Pi aus dem Baum heraus oder auf die falsche Baumebene führt. Das Fehlerbehandlungsverfahren, welches beim Scheitern des Zugriffs zum Einsatz kommt, besteht aus einer Sondierungsphase und einer sich daran anschließenden Reparaturphase.

Wir erläutern zunächst die Sondierungsphase genauer, die auch als Fehlereingrenzungsphase bezeichnet werden kann. Mindestens eine der nachstehenden Konsistenzprüfungen ist beim Zugriff über den Verweis Pi gescheitert:
- Prüfung des Seitentypindikators,
- Prüfung der TBLID,
- Prüfung der LVLID,
- DOWN/UP-Vergleich,
- Flankensicherung.

Da bei der Benutzung von Pi ein Fehler auftrat, wird anschließend geprüft, ob auch die Verwendung von Pi-1, die ebenfalls alle genannten Konsistenzprüfungen umfaßt, zu einem Fehler führt. Wenn dies der Fall ist, wird als nächstes ein Zugriffsversuch über Pi-2 unternommen. Diese Sondierung nach links setzt sich so lange fort, bis für einen Verweis der fehlerfreie Zugriff zur nächsttieferen Baumebene gelingt, also sämtliche Konsistenzprüfungen erfolgreich verlaufen. Beim Sondieren ist man nicht an Seitengrenzen gebunden: Falls auch bei der Verwendung des ersten Verweises der Seite q ein Fehler auftritt, wird anschließend der letzte Verweis des linken Nachbarn dieser Seite, also der Seite p in Bild 60, zum Zugriffsversuch benutzt. Wir bezeichnen den Verweis, mit dem der Zugriff schließlich gelingt, stets als Pi-j. Falls es keinen solchen Verweis gibt bzw. ein Sondieren nach links nicht möglich ist, da Pi der erste Verweis in der Seite q ist und sich diese zudem am linken Rand des Baums befindet, wird anschließend eine Sondierung nach rechts versucht (s.u.). Um die Kosten bei einem erfolglosen Reparaturversuch in Grenzen zu halten, ist es sinnvoll, eine Obergrenze für die Zahl der zu durchsuchenden Seiten beim Sondieren festzulegen. So kann der Reparaturversuch etwa abgebrochen werden, wenn auch beim Sondieren im linken Nachbarn der Seite q der Zugriff zur nächsttieferen Baumebene stets scheitert.

An die Sondierungsphase schließt sich die Reparaturphase an. Im Gegensatz zum Sondieren, bei dem auf einer Baumebene von rechts nach links vorgegangen wird, beinhaltet das Reparieren ein Vorrücken von links nach rechts. Dabei ist von vornherein bekannt, daß NEXT(Pi-j↑)=Pi-j+1 gilt. (Pi-j↑ bezeichnet in Pascal-Notation die Seite, die vom Verweis Pi-j adressiert wird.) Andernfalls wäre nämlich die rechtsseitige Flankensicherung beim Zugriff über Pi-j gescheitert. Der Reparaturalgorithmus betrachtet zunächst die Seite Pi-j+1↑ und führt dort die folgenden Prüfungen und nötigenfalls auch Korrekturen durch:

- Es wird geprüft, ob PRIOR(Pi-j+1↑)=Pi-j gilt. Falls dies nicht zutrifft, wird dem PRIOR-Verweis der betrachteten Seite der Wert von Pi-j zugewiesen.
- Es wird nachgeschaut, ob in jener Seite ein inkorrekter Wert im Identifikator (der aus den Komponenten Seitentypindikator, TBLID und LVLID besteht) oder im UP-Verweis existiert. Falls der Identifikator und der UP-Verweis fehlerhaft sind, wird der Reparaturversuch abgebrochen. Andernfalls wird ein eventueller Fehler korrigiert.

Bei diesen Prüfungen muß nicht unbedingt bereits eine Inkonsistenz entdeckt werden. Zwar ist bekannt, daß bei der Benutzung von Pi-j+1 während der Sondierungsphase ein Fehler auftrat, sonst wäre nämlich Pi-j gar nicht erst in die Sondierung einbezogen worden, es kann aber sein, daß der Fehler die rechtsseitige Flankensicherung betraf und die Verweise NEXT(Pi-j+1↑) oder Pi-j+2 inkorrekt sind.

Nach Durchführung obiger Prüfungen und eventueller Korrekturen wird die betrachtete Seite Pi-j+1↑ als von links und von oben korrekt an den Baum angebunden bezeichnet. Diese <u>Anbindung</u> wird durch die UP-/DOWN-Verkettung zum Vater und die NEXT-/PRIOR-Verkettung zum linken Nachbarn hergestellt. Daran anschließend erfolgt ein weiteres Vorrücken zum rechten Nachbarn der Seite Pi-j+1↑, das die folgenden Prüfungen und Korrekturmaßnahmen beinhaltet:

```
if Pi-j+2 = NEXT(Pi-j+1↑)
then (* Fall I: Die Seite Pi-j+2↑ ist über zwei Verweise (DOWN, NEXT) an den
                 Vater bzw. linken Nachbarn angebunden *)
    PRIOR(Pi-j+2↑) wird ggf. korrigiert; außerdem wird entweder der Identifikator
    oder der UP-Verweis richtiggestellt, falls dort ein Fehler existiert (falls
    beide Elemente fehlerhaft sind, wird der Reparaturversuch abgebrochen)
else
    if PRIOR(NEXT(Pi-j+1↑)↑) = Pi-j+1
    then (* Fall II: Der rechte Nachbar der Seite Pi-j+1↑ ist über zwei
                     Verweise (PRIOR, NEXT) mit ihr verbunden *)
        Korrekturen des Identifikators bzw. UP-Verweises erfolgen wie im Fall I
        Pi-j+2 := NEXT(Pi-j+1↑)
    else
        if PRIOR(Pi-j+2↑) = Pi-j+1
        then (* Fall III: Die Seite Pi-j+2↑ ist über zwei Verweise (DOWN,
                          PRIOR) an den Vater bzw. linken Nachbarn angebunden *)
            Korrekturen des Identifikators bzw. UP-Verweises erfolgen ggf. wie in den
            Fällen I und II
            NEXT(Pi-j+1↑) := Pi-j+2
        else (* Fall IV: Der rechte Nachbar der Seite Pi-j+1↑ kann beim Vorrücken
                         nach rechts nicht über zwei Verweise an den Baum
                         angebunden werden *)
            S o n d i e r u n g   n a c h   r e c h t s   (s.u.)
            R e p a r a t u r   n a c h   l i n k s   (s.u.)
```

Zum besseren Verständnis der Abläufe sollen die genannten Fälle I bis IV mit Hilfe von <u>Bild 61</u> veranschaulicht werden. Wir haben hier den Wert j=2 zugrunde gelegt, d.h., beim Vorrücken nach rechts wird als nächstes die Seite t betrachtet, auf die im konsistenten Baum der Verweis Pi zeigt. Für die Fehlerfälle I bis IV ergeben sich die folgenden Szenarien:

I. Der Verweis Pi ist fehlerfrei und zeigt somit auf die Seite t. Außerdem verweist auch NEXT(s) korrekt auf diese Seite. PRIOR(t) besitzt hingegen einen inkorrekten Wert, der entweder "Null" ist oder eine falsche Seiteadressiert. Aufgrund der Werte von Pi und NEXT(s), die beide zur Seite t zeigen, wird diese Seite als der rechte Nachbar der Seite s angesehen. PRIOR(t) wird

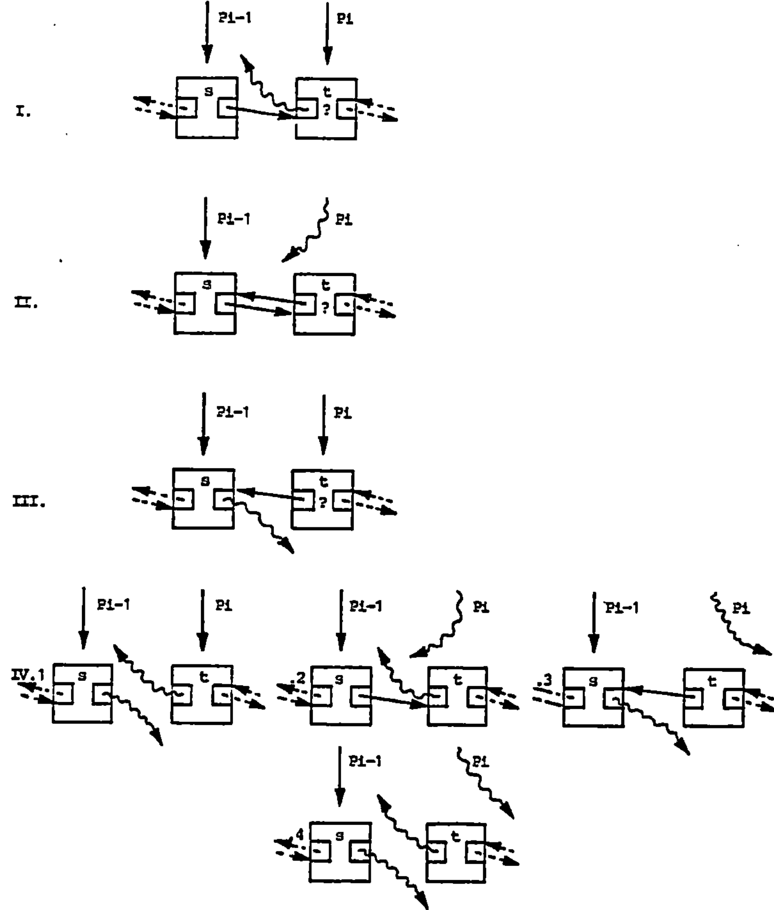

<u>**Bild 61**</u>: Fallunterscheidung bei der Reparatur in B*-Bäumen

deshalb korrigiert. Außerdem ist noch die Korrektur des Identifikators oder UP-Verweises der Seite t möglich.

II. Die Verweise NEXT(s) und PRIOR(t) sind korrekt. Da die Seite t somit über diese beiden Verweise an die Seite s angebunden ist, wird sie als deren rechter Nachbar betrachtet. Der Verweis Pi besitzt einen falschen Wert, da sonst bereits die Abfrage für den Fall I erfolgreich verlaufen wäre. Dieser Verweis wird deshalb korrigiert. Nötigenfalls wird auch noch der Identifikator oder der UP-Verweis der Seite t richtiggestellt.

III. Auch hier geschieht die Anbindung der Seite t an die Seite s über zwei korrekte Verweise, nämlich über Pi und PRIOR(t). Da die Abfrage für den Fall I gescheitert ist, muß NEXT(s) fehlerhaft sein. NEXT(s) wird daraufhin korrigiert. Es folgt ggf. eine Korrektur des Identifikators oder des UP-Verweises der Seite t.

IV. Das Vorrücken nach rechts während der Reparaturphase kann aus verschiedenen

Gründen scheitern: Einerseits können falsche Werte im Identifikator und im UP-Verweis der betrachteten Seite, die zum Abbruch des Reparaturversuchs führen, dafür verantwortlich sein. Andererseits kann es passieren, daß sich diese Seite nicht durch zwei Verweise an den Baum anbinden läßt. Für den letztgenannten Fall sind in Bild 61 alle Möglichkeiten dargestellt, bei denen die Anbindung entweder nur über einen Verweis erfolgen kann (IV.1 bis IV.3) oder vollends scheitert (IV.4). In den Fällen IV.1 und IV.2 steht nicht mit hinreichender Sicherheit fest, ob die Seite t der reguläre rechte Nachbar der Seite s ist. In den Fällen IV.3 und IV.4 kann die Seite t beim Vorrücken nach rechts überhaupt nicht erreicht werden.

Falls der rechte Nachbar der Seite $Pi-j+1\uparrow$ korrekt an den Baum angebunden werden konnte (Fälle I bis III), wird das Vorrücken nach rechts ausgehend von der Seite $Pi-j+2\uparrow$ fortgesetzt, bis sich schließlich auch die Seite u in Bild 60 an die Seiten t und q anbinden läßt. Falls jedoch beim Übergang zur Seite u noch Korrekturen erforderlich sind, wird weiter nach rechts vorgerückt und die Reparaturphase erst dann beendet, wenn der Übergang zu einer Seite ohne Korrekturen möglich ist bzw. eine Obergrenze für die Zahl der zu korrigierenden Seiten erreicht ist. Im letztgenannten Fall wird der Reparaturversuch abgebrochen.

Für den Fall IV wurde ein weiterer Reparaturversuch vorgesehen, der sich aus einer <u>Sondierung nach rechts</u> und einer nachfolgenden <u>Reparatur nach links</u> zusammensetzt. Diese Aktionen sollen dazu dienen, auch in jenen Fehlersituationen, die nicht den Fällen I bis III zuzurechnen sind, u.U. noch eine Reparatur zu ermöglichen. Auf eine ausführliche Darstellung dieser Maßnahmen kann verzichtet werden, da sie spiegelbildlich zu den beiden zuvor beschriebenen Phasen verlaufen. Im folgenden sind deshalb nur einige kurze Erläuterungen hierzu aufgeführt.

Angenommen, die Reparatur nach rechts wurde an einem bestimmten Punkt abgebrochen, da der Fehlerfall IV auftrat. An dieser Stelle wird die Sondierung nach rechts gestartet, wobei wiederum in jedem Schritt die o.g. Konsistenzprüfungen durchgeführt werden. Falls die Prüfungen irgendwann einmal erfolgreich verlaufen, wird anschließend die Reparatur nach links begonnen. Falls die Prüfungen hingegen stets erfolglos enden bzw. eine Obergrenze für die Zahl der zu durchsuchenden Seiten erreicht ist, wird der Reparaturversuch abgebrochen. Eine Seite wird nur dann korrigiert, wenn sie über mindestens zwei Verweise (DOWN, PRIOR; NEXT, PRIOR; DOWN, NEXT) an ihren rechten Nachbarn bzw. ihren Vater angebunden ist und außerdem der UP-Verweis oder der Identifikator fehlerfrei ist. Andernfalls wird der Reparaturversuch abgebrochen. Diese Kriterien entsprechen prinzipiell jenen, die zuvor für die Reparatur nach rechts genannt wurden. Die Reparatur nach links kann schließlich zu zwei möglichen Ergebnissen führen, die über den Erfolg oder Mißerfolg entscheiden:
- Die letzte Seite, die bei der vorangegangenen Reparatur nach rechts noch an den

Baum angebunden werden konnte, kann auch bei der Reparatur nach links angebunden werden. Die Reparatur gilt damit insgesamt als erfolgreich beendet.

- Diese Seite kann bei der Reparatur nach links nicht an den Baum angebunden werden. Der Reparaturversuch ist damit als endgültig gescheitert anzusehen.

Die verschiedenen <u>Reparaturergebnisse</u> können anhand von Bild 61, Fall IV erläutert werden. Dabei nehmen wir zunächst einmal an, daß sich die dargestellten Inkonsistenzen in einem ansonsten fehlerfreien Baum befinden:

- Der Fall IV.1 hat zur Folge, daß die Reparatur nach links an der Seite t abbricht, da die geforderte Anbindung der Seite s über zwei Verweise an ihren Vater bzw. an die Seite t nicht existiert. Der Reparaturversuch ist damit auch insgesamt gescheitert.

- Im Fall IV.2 wird beim Zugriff vom rechten Nachbarn der Seite t zur Seite t selbst zunächst der Verweis Pi korrigiert. Beim anschließenden Zugriff zur Seite s liegt eine Anbindung dieser Seite über die Verweise Pi-1 und NEXT(s) vor, so daß PRIOR(t) korrigiert werden kann. Damit gelang die Anbindung der Seite s an den Baum sowohl bei der Reparatur nach rechts als auch bei der Reparatur nach links, und die Wiederherstellung der Konsistenz wurde insgesamt erfolgreich abgeschlossen.

- Der Fall IV.3 ähnelt hinsichtlich des Reparaturverlaufs dem Fall IV.2. Bei der Reparatur nach links wird auch hier zunächst der Verweis Pi korrigiert. Die Anbindung der Seite s besteht über die Verweise Pi-1 und PRIOR(t). NEXT(s) kann deshalb korrigiert und die gesamte Reparatur erfolgreich beendet werden.

- Beim Fall IV.4 ist derselbe Reparaturverlauf wie beim Fall IV.1 zu beobachten. Beim Vorrücken nach links ist zwar zunächst noch die Korrektur des Verweises Pi möglich, anschließend ergibt sich aber die schon vom Fall IV.1 her bekannte Situation, daß die erforderliche Anbindung der Seite s über zwei Verweise an ihren Vater bzw. an die Seite t nicht existiert. Dies führt wiederum zur erfolglosen Beendigung des gesamten Reparaturversuchs.

Die unter IV.1 und IV.4 in Bild 61 gezeigten Fehlerfälle sind nicht die einzigen Möglichkeiten, wo mehrere inkonsistente Elemente in einem Baum zum Scheitern des Reparaturversuchs führen können. Vielmehr kann dies immer dann passieren, wenn an relativ dicht beieinanderliegenden Stellen im Baum Inkonsistenzen existieren. Was "relativ dicht beieinander" bedeutet, soll für Verweisinkonsistenzen mit Hilfe von <u>Bild 62</u> erläutert werden.

Wir betrachten zunächst <u>Teilbild a</u>. Beim Zugriff über den Verweis Pi wird durch die Konsistenzprüfungen ein Fehler entdeckt. Die sich anschließende Sondierung nach links endet beim Zugriff zur Seite r über den Verweis Pi-2, da dort alle Prüfungen fehlerfrei ablaufen. Die nachfolgende Reparatur nach rechts scheitert beim Übergang von der Seite s zum rechten Nachbarn an der ungenügenden Anbindung der Seite t. Es folgt die Sondierung nach rechts, die beim Zugriff zur Seite w

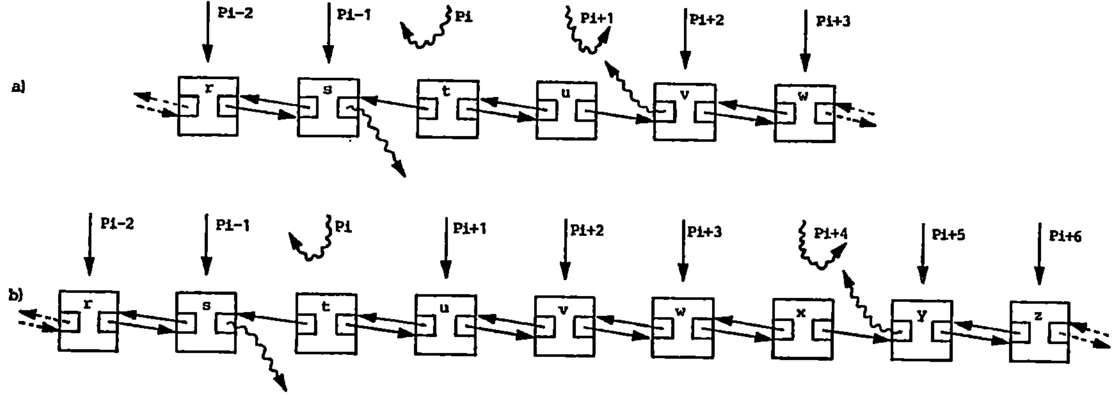

Bild 62: Einige Beispiele zu Problemen bei der Reparatur in B*-Bäumen

Über den Verweis Pi+3 endet. Schließlich muß aber auch die Reparatur nach links beim Übergang von der Seite v zum linken Nachbarn aufgrund der unzureichenden Anbindung der Seite u abgebrochen werden. Der Reparaturversuch ist damit insgesamt gescheitert.

Teilbild b zeigt ein Szenarium, das sich hinsichtlich des Umfangs und der Art der Inkonsistenzen nicht von jenem aus Teilbild a unterscheidet. Man kann sich jedoch leicht überlegen, daß hier eine erfolgreiche Reparatur möglich ist: Falls wiederum von einem gescheiterten Zugriff über den Verweis Pi ausgegangen wird, ergibt sich für die Sondierung nach links und die Reparatur nach rechts genau derselbe Verlauf, der zuvor für Teilbild a erläutert wurde. Die Sondierung nach rechts endet diesmal aber schon beim Zugriff über den Verweis Pi+2 zur Seite v, da hier insbesondere auch die beidseitige Flankensicherung keine Inkonsistenz mehr entdeckt. Bei der Reparatur nach links wird zunächst Pi und dann NEXT(s) korrigiert, womit die beiden Inkonsistenzen im linken Teil der Baumebene behoben sind. Die ebenfalls inkorrekten Verweise Pi+4 und PRIOR(y) haben sich auf den Reparaturverlauf nicht auswirken können, da sie hinreichend weit von den Verweisen Pi und NEXT(s) entfernt liegen. Dabei waren die nebeneinanderliegenden korrekten Verweise Pi+1, Pi+2 und Pi+3 zusammen mit den ebenfalls korrekten Verweisen PRIOR(v) und NEXT(v) ausschlaggebend für den Erfolg der Reparatur, da diese fünf Verweise für die Flankensicherung beim Zugriff zur Seite v benutzt wurden. Zumindest ein solcher konsistenter Bereich auf einer Baumebene wird stets benötigt, damit die Fehlerkorrektur erfolgreich durchgeführt werden kann.

Es soll hier noch kurz auf den Fall eingegangen werden, daß sämtliche DOWN-Verweise in einer Seite inkorrekt sind, der Baum aber ansonsten keine Fehler enthält. Auch unter diesen Umständen ist die Fehlerkorrektur mit Hilfe des Algorithmus möglich. Wir nehmen einmal an, daß die Verweise Pi-4 bis Pi+4 in der Seite q aus Bild 60 falsche Werte besitzen. Beim Zugriff über Pi wird eine Inkonsistenz erkannt und die Sondierung nach links gestartet. Sie endet nach Abarbeitung aller Verweise der Seite q, da erst beim nachfolgenden Zugriff über den letzten Verweis der Seite p keine Inkonsistenz mehr zu erkennen ist. Bei der Reparatur nach rechts bereitet die Anbindung der Seiten keine Probleme, da die NEXT-/PRIOR-Verkettung stets intakt ist. Deshalb wird in jedem Schritt genau ein inkorrekter DOWN-Verweis der Seite q richtiggestellt. Die Reparatur wird fortgesetzt, solange noch Inkonsistenzen in der betrachteten Seite auftreten und korrigiert werden müssen. Erst nachdem schließlich auch dem Verweis Pi+4, also dem letzten DOWN-Verweis der Seite q, der korrekte Wert zugewiesen werden konnte und anschließend der erste Verweis im rechten Nachbarn der Seite q zum Zugriff benutzt wird, ist keine Inkonsistenz mehr zu erkennen. Die Wiederherstellung der Konsistenz ist damit beendet.

In bestimmten Fällen ist zunächst eine <u>Fehlentscheidung</u> bei der Reparatur möglich. Dies kann anhand des Beispiels in <u>Bild 63</u> demonstriert werden. Hier existiert eine

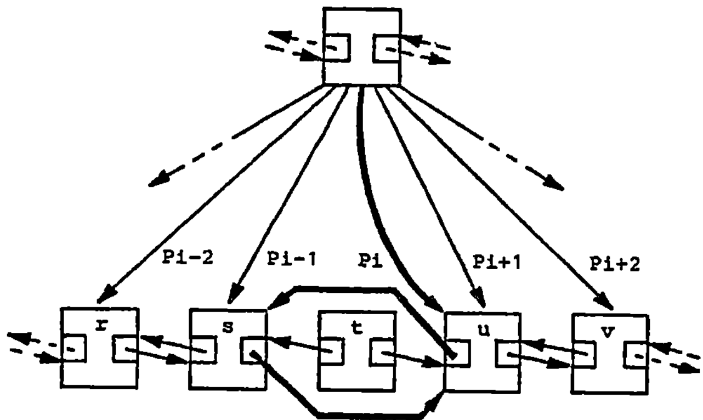

<u>Bild 63</u>: Fehlverhalten des Reparaturalgorithmus

Rechtsablenkung für den benutzten Verweis Pi und außerdem noch ein Fehler des Typs SKIP im Verweis NEXT(s). Die Sondierung nach links endet bereits beim Zugriff über den Verweis Pi-1 zur Seite s. Während der Reparatur nach rechts wird beim Übergang zur Seite u der Fall I des Algorithmus erkannt und daraufhin der Verweis PRIOR(u) so geändert, daß er zurück zur Seite s führt. Im nächsten Schritt wird der Fall II erkannt und der Verweis Pi+1 modifiziert, so daß er anschließend zur Seite v zeigt. Diese Verweismodifikationen setzen sich weiter fort, d.h., in jedem nachfolgenden Schritt wird ein weiterer DOWN-Verweis geändert und dadurch fehlerhaft. Schließlich wird jedoch der rechte Rand des Baums erreicht und dabei festgestellt, daß für den letzten DOWN-Verweis keine Seite mehr existiert, auf die er gerichtet sein kann. Da eine Sondierung nach rechts in diesem Fall nicht mehr möglich ist, wird der Reparaturversuch erfolglos beendet.

<u>Schlüsselwertinkonsistenzen</u> auf den Indexebenen eines B*-Baums wurden bei den bisherigen Erörterungen stets ausgeklammert. Sie führen zum Scheitern der Schlüsselwertintervall-Prüfung beim Abstieg im Baum. Falls eine der in Kap. 4.5.5.2 genannten Konsistenzprüfungen scheitert und die Verweisprüfungen keine Inkonsistenz gemeldet haben, muß geklärt werden, ob sich Fehler in den HIGHKEY-/LOWKEY-Werten des Sohns, in den Schlüsselwerten des Vaters oder sogar in beiden Seiten befinden. Falls hingegen schon bei den Verweisprüfungen eine Inkonsistenz erkannt wurde, kann die Schlüsselwertintervall-Prüfung zunächst zurückgestellt werden. Sie wird dann erst nach erfolgreicher Rekonstruktion der Verweise ausgeführt.

Wenn die Schlüsselwertintervall-Prüfung beim Zugriff von der Seite i über den Verweis Pj zur Seite k scheitert und die Verweise korrekt sind, werden der linke und der rechte Nachbar der Seite k betrachtet. Im Fall j=1, wo es u.U. keinen linken Nachbarn gibt, wird die LOWKEY-Prüfung gar nicht erst durchgeführt. Im Fall j=b-akt in der Seite i und NEXT(k)="Null", also bei Benutzung eines am rechten Rand des Baums gelegenen Verweises, unterbleibt dementsprechend die HIGHKEY-Prüfung. Falls die LOWKEY-Prüfung scheitert, muß also immer ein linker Nachbar zur Seite k existieren, und falls die HIGHKEY-Prüfung scheitert, muß es einen rechten Nachbarn zu dieser Seite geben.

Beim Scheitern der LOWKEY-Prüfung wird zum linken Nachbarn der Seite k zugegriffen und dort der HIGHKEY gelesen. Falls er mit LOWKEY(k) übereinstimmt, wird dieser Wert dem Schlüsselwert Kj-1 in der Seite i zugewiesen. Falls er hingegen mit Kj-1 übereinstimmt, wird der Wert LOWKEY(k) zugewiesen. Sofern keine dieser Übereinstimmungen existiert, wird der Reparaturversuch abgebrochen.

Beim Scheitern der HIGHKEY-Prüfung erfolgt ein Zugriff zum rechten Nachbarn der Seite k, um den dort vorhandenen LOWKEY zu lesen. Sollte er mit HIGHKEY(k) übereinstimmen, wird dieser Wert dem Schlüssel Kj in der Seite i zugewiesen. Bei einer Übereinstimmung zwischen dem gelesenen LOWKEY und dem Schlüssel Kj, wird HIGHKEY(k) auf diesen Wert gesetzt. Andernfalls erfolgt wiederum ein Abbruch des Reparaturversuchs.

Die Fehlerkorrektur gelingt also zumindest dann, wenn entweder die Schlüsselwerte in der Seite i (Kj-1 bzw. Kj) oder LOWKEY(k) bzw. HIGHKEY(k) inkorrekt sind und die gelesenen LOWKEY-/HIGHKEY-Werte in den beiden Nachbarn der Seite k keine Fehler aufweisen. Da jeweils eine Majoritätsentscheidung unter Betrachtung von drei Werten durchgeführt wird, ist allerdings auch nicht völlig auszuschließen, daß zwei der drei benutzten Werte falsch sind und dennoch übereinstimmen, so daß nach Änderung des dritten, zuvor korrekten Werts keine Inkonsistenz mehr zu erkennen ist, obwohl sie nach wie vor existiert. Die Wahrscheinlichkeit für eine solche Fehlentscheidung bei der Reparatur kann dadurch gesenkt werden, daß in den Seiten i und k sowie in den beiden Nachbarn der Seite k zusätzliche Konsistenz-

prüfungen nach Durchführung einer Korrektur vorgenommen werden:
- In der Seite i wird geprüft, ob die Schlüsselwerte Kj-1 und Kj gegen die Sortierordnung in der Seite verstoßen.
- In der Seite k wird untersucht, ob die dort vorhandenen Schlüsselwerte K1 und Kb-akt im Intervall [LOWKEY(k),HIGHKEY(k)] liegen.
- Im rechten Nachbarn der Seite k wird nachgeschaut, ob die Ungleichung LOWKEY≤K1 gilt (falls die HIGHKEY-Prüfung gescheitert ist).
- Im linken Nachbarn der Seite k wird nachgeschaut, ob die Ungleichung HIGHKEY≥Kb-akt gilt (falls die LOWKEY-Prüfung gescheitert ist).

Bei der Bewertung des Reparaturverfahrens ist festzustellen, daß in fast allen Fällen, wo nur ein einziger Verweis im Baum inkorrekt ist, sowie in allen Fällen des Auftretens eines einzigen inkorrekten Schlüsselwerts oder redundanten Datenelements (Identifikator, LOWKEY, HIGHKEY) die Wiederherstellung der Konsistenz erfolgreich verläuft. Man kann somit insgesamt von "quasi-1-correctability" sprechen. Wie die Bilder 61 und 62 zeigen, ist die Fehlerkorrektur aber oftmals auch dann noch möglich, wenn ein Baum mehrere Verweisinkonsistenzen enthält. Dies gilt ebenso für mehrere inkorrekte Schlüsselwerte und Redundanzen innerhalb eines Baums.

<u>6. Simulation von Hashtabellen und B*-Bäumen</u>

Im folgenden wird über Simulationsreihen zur quantitativen Leistungsbewertung von
Hashtabellen und B*-Bäumen berichtet. Dabei wurden fünf verschiedene Implementie-
rungen für Hashtabellen mit "separate chaining" und vier verschiedene B*-Baum-
Implementierungen daraufhin untersucht, welche Kosten ihre Verarbeitung durch das
DBVS verursacht. Die betrachteten Implementierungen unterschieden sich jeweils in
der Art und im Umfang der mitgeführten redundanten Information. Die Simulationser-
gebnisse erlauben eine recht genaue Aussage darüber, zu welchen Kosten "online"-
Fehlererkennungsmaßnahmen in Hashtabellen und B*-Bäumen führen, wenn sowohl die
Nutzung als auch die Wartung der benötigten Redundanzen berücksichtigt werden.

Die Kosten der <u>Fehlererkennungsmaßnahmen</u> besitzen einen wesentlichen Einfluß auf
das Leistungsverhalten des DBVS, da sich Konsistenzprüfungen und Änderungen der
Redundanzen während der DB-Verarbeitung stets leistungsmindernd bemerkbar machen.
Es ist deshalb wichtig, daß man sich eine möglichst genaue Vorstellung darüber
verschafft, welches Ausmaß der <u>Leistungsabfall</u> erreichen kann. Zu diesem Zweck
könnte man zu einem existierenden Datenbanksystem Redundanzen hinzufügen, die
Algorithmen zur Fehlererkennung und Wartung der Redundanzen im DBVS implementieren
und anschließend <u>Leistungsmessungen</u> durchführen. Eine solche Erweiterung des DBVS
wäre aber aufgrund der Komplexität des Systems mit einem sehr hohen Implementierungsaufwand verbunden. Wir haben uns deshalb für den einfacheren Weg der
<u>Simulation</u> entschieden, wobei nur die für uns interessanten DBVS-Komponenten in
Simulationsprogrammen nachgebildet werden mußten.

Zur Kostenbestimmung für die <u>Fehlerbehandlungsmaßnahmen</u> wurden hingegen keine
Simulationen durchgeführt. Dies hat im wesentlichen zwei Gründe:
- Zum einen sind die mit der Fehlerbehandlung verbundenen Kosten weit weniger
  kritisch für die DB-Verarbeitung als die Kosten der Fehlererkennungsmaßnahmen,
  da Inkonsistenzen nur selten vorkommen. Dagegen werden während der DB-Verarbeitung ständig Fehlererkennungsmaßnahmen durchgeführt.
- Zum anderen haben wir bereits in den vorangegangenen Kapiteln, so insbesondere
  in Kap. 5.3 und 5.4, Kostenabschätzungen für Fehlerbehandlungsmaßnahmen präsentiert. Für die in Kap. 5.6 und 5.7 vorgestellten Verfahren sind solche
  Abschätzungen hingegen nicht erforderlich. Hier werden nämlich von den Repara-
  turalgorithmen nur wenige Seiten berührt, so daß sehr geringe Kosten entstehen.

Die nachstehenden Erörterungen gliedern sich wie folgt: In <u>Kap. 6.1</u> werden vier
verschiedene Kostenmaße unterschiedlicher Komplexität und Genauigkeit eingeführt,
mit deren Hilfe später die Bewertung der Hashtabellen- und B*-Baum-Implementie-
rungen vorgenommen wird. <u>Kap. 6.2</u> stellt zunächst die betrachteten Hashtabellen-
Implementierungen vor und geht dann auf die Simulationsreihen und deren Ergebnisse
ein. Dabei wird auch die analytische Herleitung einiger simulativ bestimmter Werte

demonstriert. Kap. 6.3 besitzt dieselbe Struktur wie Kap. 6.2, beschäftigt sich jedoch mit den Untersuchungen zu B*-Baum-Implementierungen. Schließlich wird in Kap. 6.4 noch eine zusammenfassende Bewertung der Simulationsergebnisse vorgenommen.

6.1 Kostenmaße zur Bewertung des Verarbeitungsaufwands für Hashtabellen und B*-Bäume

Wir stellen vier verschiedene Kostenmaße vor, die mit den Abkürzungen C1 bis C4 versehen werden. Dabei wird ·schrittweise von einem sehr einfachen Ansatz (C1) übergegangen zu einer recht genauen Bewertung des Verarbeitungsaufwands im DBVS (C4).

1. Das Kostenmaß C1

Beim Kostenmaß C1 werden die bei einer Operation (Lesen, Einfügen, Löschen) berührten Seiten gezählt. Dies geschieht unabhängig davon, ob eine Seite nur zum Lesen bereitgestellt wird, ob in ihr Änderungen erfolgen oder ob sie als leere Seite angefordert bzw. wieder freigegeben wird. Jeder Seitenzugriff geht also mit dem Wert 1 in die Gesamtkosten ein. Zur Aufstellung einer Kostenformel ist die Unterscheidung zwischen den nachstehenden Kostenbestandteilen hilfreich:
- ALLOC   : Zahl der als leer angeforderten Seiten (Allokationen)
- DEALLOC : Zahl der freigegebenen Seiten (Deallokationen)
- CHNG   : Zahl der veränderten Seiten (hierzu zählen wir die allokierten bzw. deallokierten Seiten nicht)
- READONLY: Zahl der nur gelesenen Seiten (hier werden logische Referenzen gezählt)

Eine Seite kann bei einer Operation immer nur zu einer der Gruppen ALLOC, DEALLOC, CHNG oder READONLY zählen, es liegt also Disjunktheit vor. Damit ergibt sich für C1 die folgende Kostenformel:

    C1 = ALLOC + DEALLOC + CHNG + READONLY

2. Das Kostenmaß C2

Dieses Kostenmaß beinhaltet eine gegenüber C1 verfeinerte Bewertung. Seitenänderungen werden in den Kosten doppelt gewichtet, d.h., CHNG geht mit dem Faktor 2 in die Kostenformel ein. Dadurch soll das Rückschreiben veränderter Blöcke in die Datenbank berücksichtigt werden. Darüber hinaus wird zwischen Hashtabellen und B*-Bäumen mit Seitentypindikatoren einerseits und solchen ohne Seitentypindikatoren andererseits unterschieden:
- Falls Seitentypindikatoren existieren, wird bei jeder Allokation ein Block aus der Datenbank gelesen, um das Vorhandensein des Werts EMPTY im Typindikator zu

überprüfen. Außerdem wird bei jeder Deallokation ein mit dem Wert EMPTY im Typindikator versehener Block in die Datenbank zurückgeschrieben.
- Falls es hingegen keine Seitentypindikatoren gibt, wird davon ausgegangen, daß bei der Allokation einer Seite kein Lesen und bei der Deallokation kein Schreiben eines Blocks erforderlich ist.

Zur Berücksichtigung dieses Unterschieds werden bei Verwendung von Seitentypindikatoren Allokationen und Deallokationen ebenfalls doppelt gewichtet. Die Größen ALLOC und DEALLOC gehen dann mit dem Faktor 2 in die Kostenformel ein. Bei Benutzung von Seitentypindikatoren lautet demnach die Kostenformel für C2:

C2 = 2 * (ALLOC + DEALLOC + CHNG) + READONLY

Ohne Benutzung von Seitentypindikatoren unterscheiden sich die Formeln für C1 und C2 nur in der Gewichtung von CHNG:

C2 = ALLOC + DEALLOC + 2*CHNG + READONLY

3. Das Kostenmaß C3

Bei diesem Kostenmaß wird die Pufferverwaltung des DBVS berücksichtigt, und es werden lediglich physische Seitenreferenzen (E/A-Operationen) gezählt. Für die Aufstellung der Kostenformel benötigen wir zwei weitere Abkürzungen:
- PHYSREADS : Zahl der gelesenen Blöcke (LIES-Aufrufe)
- PHYSWRITES: Zahl der geschriebenen Blöcke (SCHREIBE-Aufrufe)
Es werden immer jene LIES-/SCHREIBE-Aufrufe einer gerade betrachteten Operation zugeordnet, die bei deren Ausführung stattfinden. Die SCHREIBE-Aufrufe können sich dabei auch auf Daten beziehen, die im Verlauf vorangegangener Operationen gelesen und geändert wurden und aufgrund der Pufferverdrängung erst später zurückgeschrieben werden. Die Kostenformel für C3 hat folgendes Aussehen:

C3 = PHYSREADS + PHYSWRITES

Wir gehen stets davon aus, daß der Puffer nach dem LRU-Verfahren verwaltet wird. Bei Verwendung von Seitentypindikatoren bewirkt jede Allokation einen LIES-Aufruf und jede Deallokation einen SCHREIBE-Aufruf. Abgesehen vom Fall der Deallokation, wo ein sofortiges Rückschreiben des leer gewordenen Blocks durchgeführt wird, erfolgen SCHREIBE-Aufrufe nur beim Verdrängen veränderter Seiten aus dem Puffer.

4. Das Kostenmaß C4

Dieses letzte Kostenmaß berücksichtigt auch noch das Schreiben von Log-Daten durch das DBVS. Wir haben uns dabei z.T. an der Log-Strategie des Datenbanksystems UDS orientiert /Reu80/. Die Protokollierung von Änderungen findet bei UDS auf Seitenbasis statt (von FPA- und DBTT-Änderungen abgesehen). Vor einer Seitenänderung wird ein "before image" der Seite in die temporäre Protokolldatei geschrieben. Spätestens bei EOT werden die von einer Transaktion geänderten Seiten aufgrund der Strategie FORCE (vgl. Kap. 2.5.2) in die Datenbank eingebracht.

Gleichzeitig erfolgt auch das Schreiben der zugehörigen "after images" als REDO-Information in die Archiv-Protokolldatei.

Wir nehmen beim Kostenmaß C4 an, daß die von einer Einfüge- oder Löschoperation vorgenommenen Änderungen schon am Ende der Operationsausführung in die Datenbank eingebracht werden, d.h., jede Transaktion enthält nur eine solche Änderungsoperation. Dies erlaubt die Zurechnung der Kosten für das Rückschreiben der geänderten Daten und das Schreiben der REDO-Information zu der die Änderung durchführenden Operation. Außerdem wird vorausgesetzt, daß eine im Zuge einer Operation veränderte Seite nur einmal in die Datenbank eingebracht wird. Es wird also der Fall vernachlässigt, daß eine Seite während einer Operation verändert, dann verdrängt, nochmals im Puffer bereitgestellt und wieder verändert wird, so daß sie spätestens am Ende der Operationsausführung ein zweites Mal in die Datenbank eingebracht werden muß.

Bei Verwendung von Seitentypindikatoren erhalten wir:

C4 = 3 * (ALLOC + DEALLOC + CHNG) + PHYSREADS

Der Faktor 3 ergibt sich daraus, daß "before images" und "after images" anfallen und jeweils nach Abschluß einer Operation die durchgeführten Änderungen in die Datenbank eingebracht werden. "Before images" werden auch bei Allokationen geschrieben, und Deallokationen erfordern dementsprechend auch das Schreiben von "after images".

Ohne Verwendung von Seitentypindikatoren lautet die Kostenformel:

C4 = 2*ALLOC + DEALLOC + 3*CHNG + PHYSREADS

Bei Allokationen findet hier keine Protokollierung von "before images" statt, und bei Deallokationen erfolgt weder das Rückschreiben in die Datenbank noch die Protokollierung von "after images", da der Inhalt dieser Blöcke auf der Platte bedeutungslos ist. Für Seitenänderungen (CHNG) müssen hingegen sowohl "before images" als auch "after images" geschrieben und die Änderungen schließlich in die Datenbank eingebracht werden.

6.2 Untersuchungen zu Hashtabellen mit "separate chaining"

Zunächst werden die von uns betrachteten Hashtabellen-Implementierungen eingeführt und dann einige Überlegungen zu deren Verarbeitungskosten angestellt. Es folgt die Erläuterung der Simulationsreihen sowie die Diskussion der Simulationsergebnisse.

6.2.1 Die betrachteten Implementierungen

Wie schon erwähnt, wurden fünf verschiedene Implementierungen für Hashtabellen mit "separate chaining" durch Simulationsreihen untersucht. In Bild 64 werden sie anhand von Beispielen vorgestellt.

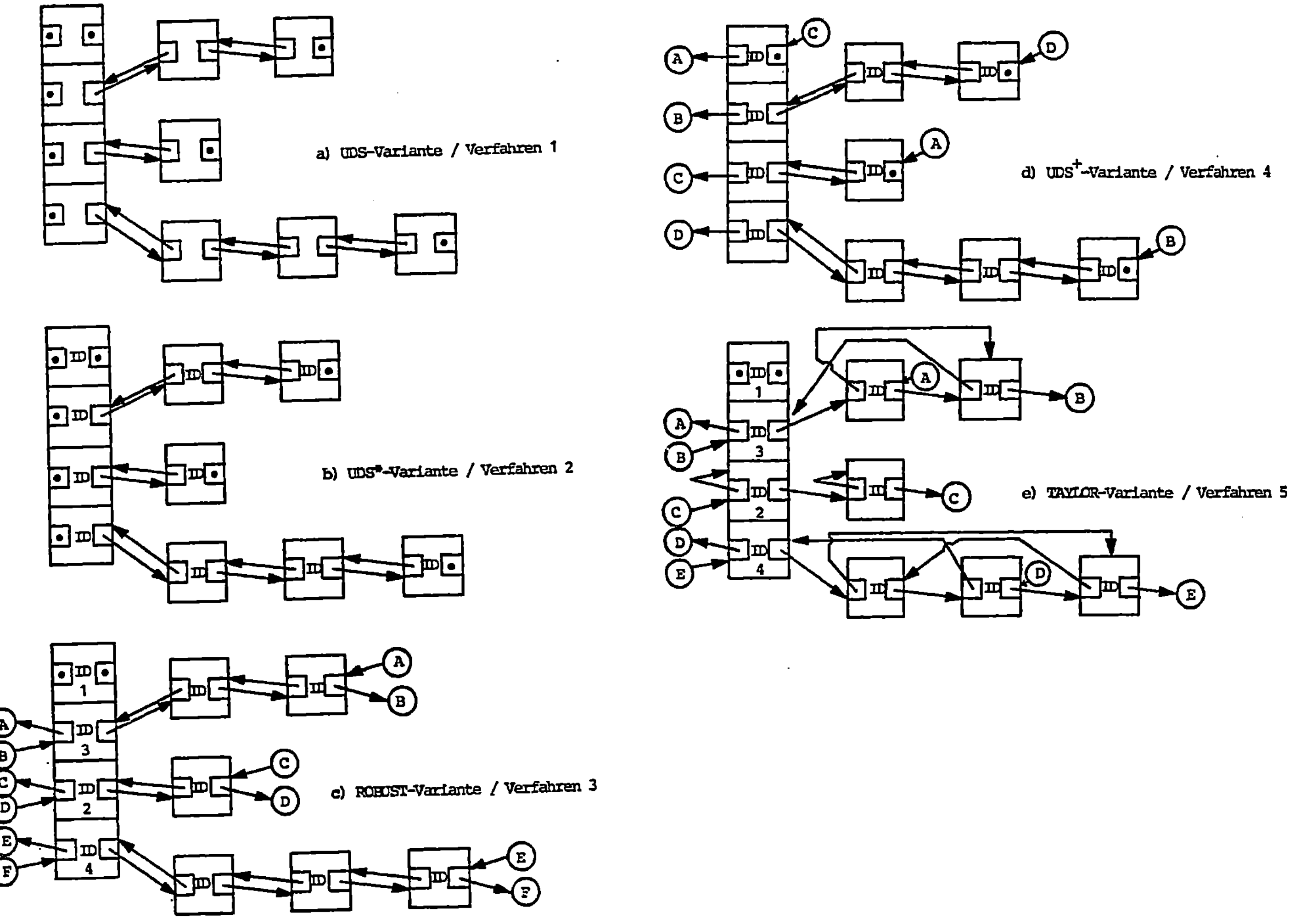

Bild 64: Untersuchte Hashtabellen-Implementierungen

Teilbild a zeigt jene Implementierung, die in Kap. 4.4 als Ausgangspunkt für die Einführung von Redundanzen und Fehlererkennungsmaßnahmen benutzt wurde. Wir nennen sie im folgenden **UDS-Variante** oder Verfahren 1. Es existiert eine doppelte Verkettung über NEXT- und PRIOR-Verweise zwischen den zu einer Hausadresse gehörenden Buckets. Die NEXT-Verweise in den Randbuckets und die PRIOR-Verweise in den Primärbuckets besitzen den Wert "Null". Seitentypindikatoren oder andere Redundanzen werden in den Buckets nicht mitgeführt. Somit entfällt auch das Lesen leerer Blöcke aus der Datenbank sowie das Rückschreiben leer gewordener Blöcke in die Datenbank.

In **Teilbild b** ist die nächste, als **UDS*-Variante** (Verfahren 2) bezeichnete Implementierung dargestellt. Sie entspricht den in Kap. 4.4.5 präsentierten, gegenüber Verfahren 1 um Redundanzen erweiterten Hashtabellen. Hinsichtlich der Kostenmaße C2 bis C4 liegt der Unterschied zwischen der UDS- und der UDS*-Variante darin, daß letztere Seitentypindikatoren aufweist, die zusätzliche Kosten bei Allokationen und Deallokationen verursachen. Das Vorhandensein von Seitentypindikatoren soll durch die Bezeichnung ID in Bild 64 dokumentiert werden.

Bei der **ROBUST-Variante** (Verfahren 3) genannten Implementierung in **Teilbild c** handelt es sich um eine Übertragung der Taylor'schen Listenimplementierung 2 aus Bild 10 auf Hashtabellen. Der Name ROBUST-Variante rührt daher, daß diese Listenimplementierung in /TMB80a, S. 588/ als "the most robust of commonly used list storage structures" bezeichnet wird. Wir haben den in Bild 10 separat dargestellten Listenkopf in das Primärbucket integriert. Als Erweiterung zur UDS- und zur UDS*-Variante, wo die PRIOR-Verweis-Kette am Primärbucket endet und die NEXT-Verweis-Kette am Randbucket, werden bei ROBUST geschlossene Ketten benutzt: Der NEXT-Verweis im Randbucket führt zum Primärbucket zurück, und der PRIOR-Verweis im Primärbucket adressiert wiederum das Randbucket. Außerdem enthalten die Primärbuckets Zähler, die angeben, wie viele Buckets eine Hausadresse jeweils besitzt. Diese Zähler sind ebenfalls in Teilbild c dargestellt.

Die in **Teilbild d** gezeigte **UDS⁺-Variante** (Verfahren 4) stellt eine Erweiterung der UDS*-Variante aus Teilbild b dar. Der Unterschied zwischen den beiden Verfahren liegt darin, daß bei der UDS⁺-Variante zusätzlich LAST-Verweise von den Primärbuckets zu den Randbuckets mitgeführt werden. Dabei wird die in Kap. 5.5 vorgeschlagene Verwendung von LAST-Verweisen zugrunde gelegt, d.h., ein LAST-Verweis führt vom Primärbucket der Hausadresse i $(0 \leq i \leq m-1)$ zum Randbucket der Hausadresse j = (i + m div 2) mod m. Wir haben die LAST-Verweise in Teilbild d anstelle der PRIOR-Verweise, die in den Teilbildern a und b den Wert "Null" besitzen, in die Primärbuckets eingetragen.

Teilbild e zeigt die letzte untersuchte Hashtabellen-Implementierung, die als **TAYLOR-Variante** (Verfahren 5) bezeichnet werden soll. Sie ist durch Übertragung der Taylor'schen Listenimplementierung 3 aus Bild 10 auf Hashtabellen entstanden. Dabei wurde wiederum der Listenkopf zum Primärbucket hinzugefügt. Im Gegensatz zur ROBUST-Variante führt ein PRIOR-Verweis nicht zum Vorgänger in der Kette, sondern zum Vorvorgänger. Wenn eine Kette nur zwei Buckets umfaßt, dann zeigen die PRIOR-Verweise wieder zu ihrem Ausgangspunkt zurück. Falls zu einer Hausadresse überhaupt keine Überlaufbuckets existieren und die Kette somit nur aus dem Primärbucket besteht, ist im NEXT- und im PRIOR-Verweis dieses Buckets der Wert "Null" verzeichnet (wie Bild 64c zu entnehmen ist, gilt dies ebenso für die ROBUST-Variante.)

Nach dieser Vorstellung der Hashtabellen-Implementierungen, soll noch kurz auf deren Fehlererkennungseigenschaften eingegangen werden, die sich durch den Grad der "detectability" bewerten lassen. Die UDS-Variante ist "0-detectable", da schon ein einziger inkorrekter NEXT-Verweis in einem inneren Bucket, falls er den Wert "Null" besitzt, zu einer nicht erkennbaren Inkonsistenz führt. In Kap. 4.4.5 wurde für die UDS*-Variante die Eigenschaft der "quasi-2-detectability" nachgewiesen, da bei genau zwei fehlerhaften Elementen eine Inkonsistenz nur dann nicht zu erkennen ist, wenn die Werte NEXT="Null" und GAPN="0" in einem inneren Bucket einen Bruch der NEXT-Verweis-Kette verursachen. In Kap. 5.5 wurde gezeigt, daß auch diese Inkonsistenz bei zusätzlicher Verwendung von LAST-Verweisen zu erkennen ist. Die UDS⁺-Variante kann deshalb als "2-detectable" bezeichnet werden.

Bei der Bewertung der ROBUST- und der TAYLOR-Variante könnte man zunächst vermuten, daß die Fehlererkennungseigenschaften der Taylor'schen Listenimplementierungen 2 und 3 auch hier zutreffen. Es ist aber zu berücksichtigen, daß bei den Taylor'schen Vorschlägen ein separater Listenkopf existiert, der u.a. einen NEXT- und einen PRIOR-Verweis enthält, während bei der ROBUST- und der TAYLOR-Variante hiervon nur der Zähler übriggeblieben ist. Die Verweise im Listenkopf sind bei den Taylor'schen Verfahren vor allem dann für die Fehlererkennung von Bedeutung, wenn eine Liste durch inkorrekte Modifikationen in eine leere Liste überführt wird, die nur noch aus dem Listenkopf besteht.

Bei der ROBUST-Variante werden zur Abkopplung der Überlaufbuckets drei Änderungen benötigt: Sowohl dem NEXT-Verweis als auch dem PRIOR-Verweis des Primärbuckets muß der Wert "Null" zugewiesen werden, und außerdem muß noch der Zähler auf den Wert 1 gesetzt werden. Da sich die ROBUST-Variante ansonsten nicht von der Taylor'schen Implementierung 2 unterscheidet, besitzt sie ebenfalls die Eigenschaft der "2-detectability".

Bei der TAYLOR-Variante sind die drei genannten Änderungen ebenfalls ausreichend, um sämtliche Überlaufbuckets einer Kette abzukoppeln, ohne daß danach eine Inkonsistenz zu erkennen ist. Bei der Taylor'schen Listenimplementierung 3 werden dagegen drei Verweismodifikationen und die Änderung des Zählers benötigt, um eine nicht mehr erkennbare Inkonsistenz zu erzeugen. Dies führt zur Eigenschaft der "3-detectability". Da es außer der Abkopplung sämtlicher Überlaufbuckets keine weiteren Fälle mehr gibt, wo drei Modifikationen eine nicht erkennbare Inkonsistenz verursachen können, ist die TAYLOR-Variante als "quasi-3-detectable" zu bewerten. "3-detectability" kann mit Hilfe der vorhandenen Verweise und Redundanzen allerdings nicht erreicht werden.

6.2.2 Einige Kostenüberlegungen

Die meisten Kostenbestandteile bei der Verarbeitung von Hashtabellen können nur aufgrund konkreter Annahmen über die Größe des Primärbereichs, die maximale Zahl an Einträgen pro Bucket und die Zahl der in der Hashtabelle insgesamt vorhandenen Einträge bestimmt werden. Im folgenden soll lediglich die <u>Anzahl geänderter Seiten</u> (CHNG) für die verschiedenen Implementierungen berechnet werden, wenn von Einfügungen und Löschungen ausgegangen wird. Solange eine Einfügung nicht zur Allokation eines neuen Überlaufbuckets führt bzw. eine Löschung nicht die Deallokation eines Überlaufbuckets nach sich zieht, besitzt CHNG bei der Operationsausführung stets den Wert 1. Wir werden deshalb nur Allokationen und Deallokationen genauer betrachten.

1. Berechnung von CHNG bei der Allokation

Auch hier wird wieder vorausgesetzt, daß ein neues Überlaufbucket an das bestehende Kettenende angehängt wird und damit gleichzeitig zum Randbucket der Überlaufkette wird. Wir unterscheiden zwischen <u>drei Typen der Allokation</u> eines neuen Überlaufbuckets, die in <u>Bild 65</u>a dargestellt sind:

Typ 1: Das erste Überlaufbucket einer Kette wird allokiert.

Typ 2: Das zweite Überlaufbucket einer Kette wird allokiert.

Typ 3: Das dritte oder ein nachfolgendes Überlaufbucket einer Kette wird allokiert.

Jede Allokation kann genau einem dieser Typen zugeordnet werden. Bild 65a zeigt nur den stark vereinfachten Aufbau einer Hashtabelle, da auf keine bestimmte Implementierung Bezug genommen werden soll. Das Symbol "*" beim Typ 3 soll anzeigen, daß es sich hier auch um die Allokation des vierten oder irgendeines nachfolgenden Überlaufbuckets handeln kann. Warum gerade diese Typenbildung gewählt wurde, wird noch weiter unten deutlich werden.

Bei UDS und UDS* muß während einer Allokation stets der NEXT-Verweis im alten Randbucket der Überlaufkette geändert werden, um das neue Randbucket an die Kette anzubinden. Da keine weiteren Buckets zu ändern sind, besitzt CHNG hier unabhängig vom Typ der Allokation den Wert 1 (siehe Bild 65b). Bei ROBUST werden darüber hinaus der PRIOR-Verweis und der Zähler im Primärbucket geändert. Bei

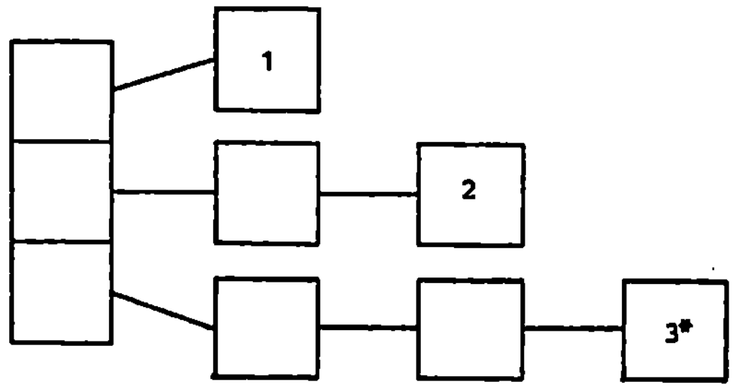

a) Typen

Typ Variante	1	2	3
UDS	1	1	1
UDS*	1	1	1
ROBUST	1	2	2
UDS+	2	2	2
TAYLOR	1	2	3

b) Kosten

Bild 65: Änderungskosten (CHNG) bei der Allokation von Überlaufbuckets

einer Allokation vom Typ 1 führt dies zu keiner Erhöhung von CHNG, da ohnehin der NEXT-Verweis im Primärbucket geändert werden muß. Bei einer Allokation vom Typ 2 oder 3 ergibt sich jedoch für CHNG der Wert 2, da das Randbucket nicht mit dem Primärbucket übereinstimmt und in beiden Buckets Änderungen erfolgen.

UDS+ unterscheidet sich von UDS und UDS* bei einer Allokation dadurch, daß zusätzlich die Änderung eines LAST-Verweises erforderlich ist, damit dieser auch nach der Allokation das zugehörige Randbucket adressiert. Somit besitzt CHNG bei UDS+ generell einen um 1 höheren Wert als bei UDS und UDS*. Dies ergibt bei allen Typen der Allokation für CHNG den Wert 2. Nur die TAYLOR-Variante weist bei den Typen 1, 2 und 3 der Allokation jeweils unterschiedliche Werte für CHNG auf. Sie ist damit auch für die Untergliederung der Allokation in drei Typen verantwortlich. Beim Typ 1 wird nur das Primärbucket geändert. CHNG besitzt deshalb den Wert 1. Beim Typ 2 muß außerdem das erste Überlaufbucket modifiziert werden, so daß sich für CHNG der Wert 2 ergibt. Soweit ist noch kein Unterschied zu ROBUST zu erkennen. Eine Allokation vom Typ 3 führt jedoch bei TAYLOR zum Wert 3 für CHNG, da der NEXT-Verweis im alten Randbucket, der PRIOR-Verweis im ersten Überlaufbucket sowie der PRIOR-Verweis und der Zähler im Primärbucket geändert werden müssen. Im folgenden Kapitel wird genauer untersucht, wie sich die unterschiedlichen CHNG-Werte auf die Verarbeitungskosten auswirken.

2. Berechnung von CHNG bei der Deallokation

Hier wird eine noch feinere Untergliederung in Typen benötigt, als sie zuvor für die Allokation vorgestellt wurde. **Bild 66a** zeigt **sieben Typen der Deallokation**

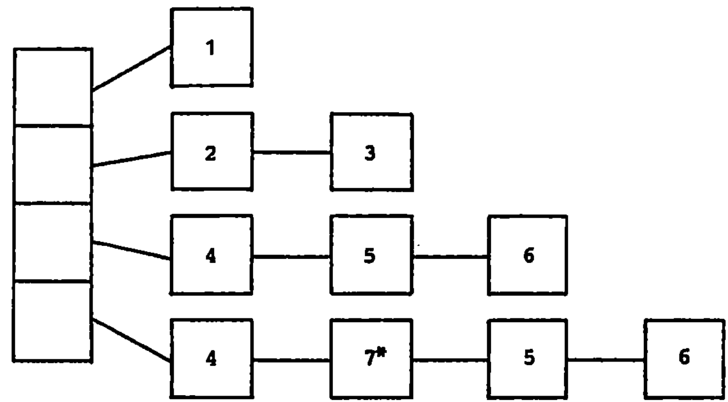

a) Typen

Typ Variante	1	2	3	4	5	6	7
UDS	1	2	1	2	2	1	2
UDS*	1	2	1	2	2	1	2
ROBUST	1	2	2	2	3	2	3
UDS$^+$	2	2	2	2	2	2	2
TAYLOR	1	2	2	3	3	3	4

b) Kosten

Bild 66: Änderungskosten (CHNG) bei der Deallokation von Überlaufbuckets

eines Überlaufbuckets, die im folgenden genauer erläutert werden:

Typ 1: Das erste und gleichzeitig einzige Überlaufbucket einer Kette wird deallokiert.

Typ 2: Es wird ebenfalls das erste Überlaufbucket einer Kette deallokiert, jedoch existiert dort noch ein weiteres Überlaufbucket, nämlich das Randbucket. Wir sagen deshalb auch, daß das deallokierte Bucket die Randdistanz 1 besitzt, da genau ein Überlaufbucket in der Kette folgt. Allgemein gilt, daß ein Bucket eine um 1 größere Randdistanz als sein Kettennachfolger aufweist. Randbuckets wird die Randdistanz 0 zugeordnet.

Typ 3: Das zweite Überlaufbucket einer Kette, das gleichzeitig Randbucket ist, wird deallokiert.

Typ 4: Die Deallokation betrifft das erste Überlaufbucket einer Kette. Das Bucket besitzt eine Randdistanz, die größer als 1 ist.

Typ 5: Es wird ein Bucket mit der Randdistanz 1 deallokiert, jedoch nicht das erste Überlaufbucket einer Kette.

Typ 6: Ein Randbucket wird deallokiert. Es ist weder das erste noch das zweite Überlaufbucket einer Kette.

Typ 7: Das deallokierte Bucket weist eine Randdistanz auf, die größer als 1 ist. Dabei handelt es sich nicht um das erste Überlaufbucket einer Kette.

Jede Deallokation ist wiederum genau einem Typ zuzuordnen. Das Symbol "*" beim Typ 7 deutet an, daß eine lange Kette (mit mehr als vier Überlaufbuckets) mehrere Buckets besitzt, deren Deallokation zum Typ 7 zu zählen ist. Die Wahl von sieben Typen ergab sich auch hier aus den Gegebenheiten der TAYLOR-Variante, während für die anderen Varianten eine gröbere Untergliederung ausgereicht hätte.

Die UDS- und die UDS*-Variante, die in den CHNG-Werten für die Allokation übereinstimmen, weisen im Fall der Deallokation ebenfalls identische Änderungskosten auf (vgl. Bild 66b). Bei der Deallokation eines Randbuckets (Typen 1, 3 und 6) muß nur der NEXT-Verweis im Kettenvorgänger modifiziert werden, was für CHNG den Wert 1 ergibt. In allen anderen Fällen (Typen 2, 4, 5, 7) ist außerdem noch der PRIOR-Verweis im Kettennachfolger zu ändern, so daß CHNG den Wert 2 erhält. Bei ROBUST erfordert jede Deallokation zusätzlich die Änderung des Primärbuckets zur Dekrementierung des Zählers sowie nötigenfalls zur Anpassung des PRIOR-Verweises. Dies führt immer dann zu einem gegenüber UDS und UDS* um 1 erhöhten CHNG-Wert, wenn das zweite oder ein nachfolgendes Überlaufbucket der Kette deallokiert wird (Typen 3, 5, 6, 7).

Die UDS+-Variante verursacht bei der Deallokation eines Randbuckets im Vergleich zur UDS- und UDS*-Variante um 1 erhöhte Änderungskosten (Typen 1, 3, 6), da in diesem Fall der auf das Randbucket gerichtete LAST-Verweis geändert werden muß. Die Deallokation eines inneren Buckets bewirkt dagegen keine LAST-Verweis-Änderung und läßt die für UDS und UDS* gültigen CHNG-Werte unverändert. Für die TAYLOR-Variante ergeben sich dadurch, daß die PRIOR-Verweise jeweils den Vorvorgänger in der Kette adressieren, in einigen Fällen höhere Änderungskosten bei der Deallokation, als sie bei ROBUST zu verzeichnen sind. Wie der Vergleich der CHNG-Werte für ROBUST und TAYLOR in Bild 66b zeigt, betrifft dies Deallokationen der Typen 4, 6 und 7. Im Fall einer Deallokation des Typs 6 muß bei ROBUST der Kettenvorgänger und das Primärbucket geändert werden. Bei TAYLOR ist zusätzlich noch die Änderung des PRIOR-Verweises im ersten Überlaufbucket erforderlich, da dieser auf das deallokierte Randbucket zeigt. Damit erreicht CHNG den Wert 3. Bei einer Deallokation des Typs 4 oder 7 ergeben sich bei TAYLOR ebenfalls erhöhte Änderungskosten gegenüber ROBUST, da nicht nur der Kettennachfolger modifiziert werden muß, sondern auch noch dessen Nachfolger. Insgesamt werden deshalb bei einer Deallokation des Typs 4 drei Buckets und bei einer Deallokation des Typs 7 vier Buckets geändert.

Diese Betrachtungen zur Zahl der geänderten Seiten (CHNG) bei Allokationen und Deallokationen geben schon einen ersten Eindruck von den <u>Verarbeitungskosten</u> für die Hashtabellen-Implementierungen UDS, UDS*, ROBUST, UDS+ und TAYLOR. Allerdings sind noch keine genaueren Rückschlüsse auf die Differenzen zwischen diesen Implementierungen bei den Kostenmaßen C1 bis C4 möglich. So ist zwar den Bildern 65 und 66 zu entnehmen, bei welchen Typen der Allokation bzw. Deallokation es welche Unterschiede in den Änderungskosten gibt. Entscheidend für die Kosten der DB-Verarbeitung ist jedoch, wie oft die verschiedenen Typen bei Einfügungen und Löschungen in Hashtabellen tatsächlich auftreten. Darauf soll erst im folgenden Kapitel mit Hilfe der Simulation eine Antwort gesucht werden. Außerdem sagen die Werte für CHNG noch nichts darüber aus, welche der zusätzlichen Änderungen, die beispielsweise bei der TAYLOR-Variante erforderlich sind, sich auf Seiten beziehen, die auch bei den anderen Varianten zumindest zum Lesen bereitgestellt werden müssen. Der Einfluß der Pufferverwaltung auf PHYSREADS und PHYS-WRITES soll ebenfalls erst durch Simulationsreihen bestimmt werden.

6.2.3 Simulationsreihen und -ergebnisse

Die Verfahren 1 bis 5 aus Bild 64 wurden im Rahmen einer Projektarbeit /Pe84b/ in Simulationsprogrammen implementiert, um die Kosten C1 bis C4 für verschiedene Operationstypen und Datenvolumina genauer zu bestimmen. Die Programme wurden in der Programmiersprache Pascal erstellt. Auf programmtechnische Details wird in /Kü84b/ ausführlich eingegangen. Dies soll hier nicht nochmals wiederholt werden.

Den Simulationen wurden <u>zwei verschieden dimensionierte Hashtabellen</u> zugrunde gelegt. Die erste bestand aus m=1250 Primärbuckets mit maximal b=20 Einträgen pro Bucket. Der Primärbereich bot hier also 25000 Einträgen Platz. Die zweite umfaßte m=188 Primärbuckets mit maximal b=133 Einträgen pro Bucket, so daß der Primärbereich 25004 Einträge aufnehmen konnte. Die erstgenannte Hashtabelle ist typisch für einen Anwendungsfall, bei dem etwa 100 Bytes lange Datensätze in Buckets der Länge 2 KB abgelegt werden. Die zweitgenannte Hashtabelle ist demgegenüber zur Realisierung eines Sekundärschlüssel-Zugriffspfads gebräuchlich, falls jeder Eintrag in den ebenfalls 2 KB fassenden Buckets 15 Bytes lang ist, die sich in einen Schlüsselwert und den Verweis zum zugehörigen Datensatz aufteilen. Der restliche Speicherplatz in den Buckets wird weitgehend vom Seitenkopf und von sonstigen Beschreibungsdaten und Redundanzen belegt.

Für Hashtabellen mit <u>b=20 und m=1250</u> und die in Kap. 6.2.1 vorgestellten, als Verfahren 1 bis 5 bezeichneten Implementierungen werden jeweils drei <u>Simulations-</u>

reihen folgenden Inhalts betrachtet:

- STORE-Sequenz:

  Es werden 100000 Einträge mit über einen Zufallszahlengenerator erzeugten Schlüsselwerten in die zuvor leere Hashtabelle eingefügt. Duplikate in den Schlüsselwerten sind zulässig. Am Ende der Einfügungen liegt ein Ladefaktor ("load factor" /Kn75/) α von 400% vor. Für jede einzelne Einfügung werden die Kosten C1 bis C4 sowie die Kostenbestandteile PHYSREADS, PHYSWRITES, ALLOC, DEALLOC und CHNG bestimmt. Nach jeweils 5000 Einfügungen werden deren Mittelwerte über die letzten 5000 Operationen berechnet und ausgegeben. Außerdem erfolgt nach Beendigung der Einfügungen noch eine Protokollierung der Mittelwerte der Kosten und Kostenbestandteile über sämtliche 100000 Operationen.

- ERASEC-Sequenz:

  Die Hashtabelle wird zunächst mit 100000 Einträgen geladen, wie es auch bei der STORE-Sequenz der Fall ist. Allerdings erfolgt beim Laden noch keine Kostenbestimmung und -protokollierung.

  Nach Abschluß des Ladens werden 100000 Operationen des Typs ERASEC ausgeführt, wobei der jeweils zu löschende Eintrag über eine Zufallszahl ausgewählt wird. (Die genaue Realisierung des Auswahlprozesses, die nicht ganz trivial ist, kann /Kü84b/ entnommen werden.) Durch die Löschungen wird die Hashtabelle wieder vollständig entladen. Nach jeweils 5000 Operationen werden wiederum Mittelwerte der Kosten und Kostenbestandteile protokolliert, und eine weitere Protokollierung findet nach Abschluß der Löschungen statt.

- ERASED-Sequenz:

  Zunächst erfolgt auch hier ein Laden der Hashtabelle mit 100000 Einträgen, um einen Ausgangszustand für die Löschoperationen herzustellen.

  Nach Abschluß des Ladens werden 100000 Operations-Paare FINDD/ERASED ausgeführt, insgesamt also 200000 Operationen. Das FINDD wählt jeweils ein zu löschendes Element aus der Hashtabelle über eine Zufallszahl aus, und das nachfolgende ERASED ist für dessen Löschung verantwortlich. Die beiden Löschsequenzen (ERASEC, ERASED) unterscheiden sich nur dadurch, daß bei der ERASEC-Sequenz das Bucket, welches den zu löschenden Eintrag enthält, über den Hashzugriff entlang der NEXT-Verweis-Kette ermittelt wird, während bei der ERASED-Sequenz ein Direktzugriff zu diesem Bucket erfolgt. Ansonsten wird aber darauf geachtet, daß nach dem i-ten Operations-Paar der ERASED-Sequenz ($1 \leq i \leq 100000$) stets derselbe Zustand der Hashtabelle wie nach der i-ten Operation der ERASEC-Sequenz vorliegt. Dies läßt sich relativ einfach dadurch erreichen, daß bei der ERASEC- und der ERASED-Sequenz dieselben Zufallszahlen zur Auswahl eines zu löschenden Eintrags benutzt werden. In den Zeitpunkten und in der Art der Ergebnisdarstellung entspricht die ERASED-Sequenz den beiden anderen Sequenzen.

Da es die Möglichkeit des Direktzugriffs zu den Buckets über FINDD bei Hashtabellen, die als Sekundärschlüssel-Zugriffspfad dienen und deshalb keine Datensätze enthalten, nicht gibt, wurde für die Wertekombination <u>b=133 und m=188</u> keine ERASED-Sequenz simuliert. Hier blieben somit nur die STORE- und die ERASEC-Sequenz übrig.

Insgesamt ergeben sich 25 Simulationsreihen, wobei der Systempuffer stets eine Kapazität von 50 Seiten aufweist.

Die <u>Tabellen 1 bis 6</u> (siehe Anhang) enthalten einige <u>Statistiken</u> zum Ablauf von Einfügungen und Löschungen für eine Hashtabelle mit b=20 und m=1250. Die Werte sind unabhängig von einer speziellen Hashtabellen-Implementierung, gelten also gleichermaßen für die Verfahren 1 bis 5. Da wir im folgenden keine detaillierte Erörterung der Simulationsergebnisse für b=133 und m=188 durchführen werden, wurde auch auf eine Wiedergabe der zugehörigen Statistiken verzichtet.

In <u>Tabelle 1</u> ist dargestellt, wie viele Allokationen der Typen 1, 2 und 3 bei jeweils 5000 Einfügungen stattfinden. So kommen anfangs erwartungsgemäß nur Allokationen des Typs 1 vor, d.h., das jeweils erste Überlaufbucket einer Kette wird allokiert. Danach liegt der Schwerpunkt auf Allokationen des Typs 2, bis schließlich nur noch Allokationen des Typs 3 zu verzeichnen sind. Die Summenzeile zeigt, daß am Ende jede Hausadresse mindestens zwei Überlaufbuckets besitzt. Noch genauere Angaben hierzu können der <u>Tabelle 2</u> entnommen werden. Sie spiegelt den Zustand der Hashtabelle nach jeweils 5000 Einfügungen wider, wobei die Werte aussagen, wie viele Hausadressen i ($0 \leq i \leq 5$) Überlaufbuckets aufweisen. Nach Abschluß der Einfügungen gibt es z.B. 17 Hausadressen mit fünf Überlaufbuckets, aber keine Hausadresse mit sechs oder mehr Überlaufbuckets. <u>Tabelle 3</u> zeigt, wie schon Tabelle 2, den Zustand der Hashtabelle nach jeweils 5000 Einfügungen. Hier ist jedoch dargestellt, wie viele Überlaufbuckets i ($1 \leq i \leq 20$) Einträge besitzen. Dabei ist klar, daß mit zunehmendem Ladefaktor α auch die Zahl der vollen Überlaufbuckets (mit i=20 Einträgen) anwächst, da die inneren Buckets der Hashtabelle stets vollständig gefüllt sind.

In <u>Tabelle 4</u> sind die Häufigkeiten von Deallokationen der Typen 1 bis 7 für jeweils aus 5000 Operationen (ERASEC) bzw. Operations-Paaren (FINDD/ERASED) bestehende Intervalle verzeichnet. Hierzu sind einige Erläuterungen angebracht: Im Verlauf der ersten 65000 Löschungen finden relativ wenige Deallokationen statt, die zudem ausschließlich zum Typ 6 gehören. Dies liegt daran, daß zunächst jene Buckets leer werden, die von vornherein eine geringe Belegung aufweisen. Dabei handelt es sich vor allem um Randbuckets in Ketten, die drei bis fünf Überlauf-buckets besitzen. Tabelle 2 ist zu entnehmen, daß sich nach Abschluß der Einfügungen 1238 der 1250 existierenden Randbuckets in solchen Ketten befinden. Wie die letzte Zeile aus Tabelle 3 zeigt, verfügen beispielsweise 73 Randbuckets nur über einen Eintrag, 58 Randbuckets über zwei Einträge und 54 Randbuckets über drei Einträge. Dies sind die ersten Kandidaten für Deallokationen im Zuge von

Löschungen, die aufgrund der großen Zahl an Ketten mit drei und mehr Überlaufbuckets alle zum Typ 6 gehören.

Daß es insgesamt nur sehr wenige Deallokationen vom Typ 7 gibt, hat seine Ursache
in dem gewählten Ladefaktor und den daraus resultierenden Kettenlängen. Eine
Deallokation vom Typ 7 ist nämlich nur dann möglich, wenn eine Kette mindestens
vier Überlaufbuckets besitzt. Nach Beendigung der Einfügungen erfüllen laut
Tabelle 2 591 Ketten diese Bedingung, von denen aber 574 genau vier Überlaufbuckets enthalten. Im Verlauf der Löschungen wird in den meisten Fällen zunächst
das Randbucket dieser Ketten deallokiert, da es von vornherein einen geringeren
Füllgrad als die inneren Buckets aufweist. Darauf deutet auch die große Zahl an
Deallokationen des Typs 6 in Tabelle 4 hin. Nach Freigabe des Randbuckets können
in einer zuvor aus vier Überlaufbuckets bestehenden Kette aber keine Deallokationen des Typs 7 mehr auftreten. Diese Betrachtungen zeigen bereits, daß sich die
für die TAYLOR-Variante ermittelten Änderungskosten beim Typ 7 (CHNG=4) aufgrund
der Seltenheit solcher Deallokationen kaum auf die Gesamtkosten auswirken können.
Dagegen ist es eher von Bedeutung, daß für die TAYLOR-Variante auch bei einer
Deallokation des Typs 6 vergleichsweise hohe Änderungskosten entstehen (CHNG=3),
da Deallokationen des Typs 6 sehr häufig vorkommen.

Deallokationen des Typs 7 treten erst dann stärker in Erscheinung, wenn sehr lange
Überlaufketten existieren. Wenn eine Hashtabelle, die einen großen Ladefaktor
aufweist (z.B. α>1000%), durch Löschungen jeweils zufällig ausgewählter Einträge
geleert wird, dann zählen weit mehr als die Hälfte aller Deallokationen zum Typ 7.
Im praktischen Einsatz von Hashtabellen sind solch große Ladefaktoren jedoch kaum
anzutreffen, da die für den Hashzugriff benötigte Zeit mit wachsendem Ladefaktor
in etwa linear ansteigt. Um die Zugriffszeiten in Grenzen zu halten, wird eine
Hashtabelle, deren Ladefaktor einen bestimmten Grenzwert überschreitet, meist
reorganisiert. Bei einer Reorganisation wird die Hashtabelle mit einem größeren
Primärbereich als zuvor neu angelegt, und die Einträge werden aus der alten
Hashtabelle sequentiell gelesen und über die Hashfunktion in die neue Tabelle
eingefügt. Auch der von uns benutzte Ladefaktor α=400% dürfte die üblicherweise in
Hashtabellen von Datenbanken vorkommenden Ladefaktoren übersteigen. Da sich die
untersuchten Hashtabellen-Implementierungen bei sehr kurzen Überlaufketten in
ihren Verarbeitungskosten kaum unterscheiden, können die simulativ ermittelten
Kostendifferenzen als "worst case" dessen angesehen werden, was beim praktischen
Einsatz von Hashtabellen zu erwarten ist.

Die Zahlen der Tabelle 4 zeigen auch, daß die von den Eintragslöschungen
verursachten Deallokationen zum überwiegenden Teil erst während der letzten 15000
Löschoperationen stattfinden. Wie anhand der <u>Tabelle 5</u> zu erkennen ist, nimmt die
Länge der Überlaufketten dabei sehr schnell ab. So sinkt beispielsweise die Zahl
der Ketten mit genau drei Überlaufbuckets von 791 nach 85000 Löschungen auf 680

nach 90000 Löschungen und 336 nach 95000 Löschungen. Die Werte der Tabelle 6 stellen den abnehmenden Belegungsgrad der Überlaufbuckets gegen Ende der Löschungen nochmals deutlich heraus. Nach 95000 Eintragslöschungen besitzen z.B. mehr als 60% der noch existierenden Überlaufbuckets (1556 von 2512) nur noch einen Eintrag.

In den im Anhang enthaltenen Tabellen 7 bis 31 wurden die Ergebnisse der Simulationsreihen zusammengestellt. Eine detaillierte Diskussion sämtlicher Werte ist hier aus Platzgründen nicht möglich. Wir werden deshalb nur die Tabellen 7 bis 11 genauer betrachten und dabei aufzeigen, daß sich zumindest einige der Kostenangaben nicht nur simulativ, sondern auch analytisch herleiten lassen. Im Anschluß daran werden die wesentlichen Ergebnisse aller 25 Simulationsreihen einander gegenübergestellt, um einen Vergleich der Verarbeitungskosten bei den verschiedenen Hashtabellen-Implementierungen zu ermöglichen.

Die Tabellen 7 bis 11 zeigen die Ergebnisse einer STORE-Sequenz für eine Hashtabelle mit m=1250 Primärbuckets und maximal b=20 Einträgen pro Bucket bei den Varianten UDS, UDS*, ROBUST, UDS⁺ und TAYLOR.

Tabelle 7 gibt die Verarbeitungskosten für Verfahren 1 (UDS) wieder. Da eine Einfügung hier stets die Änderung genau eines Buckets erfordert, besitzt CHNG in sämtlichen Tabellenzeilen den Wert 1. (Es sei nochmals daran erinnert, daß ein neu allokiertes Bucket nicht bei CHNG, sondern bei ALLOC gezählt wird.) Die Werte von ALLOC können unmittelbar aus den Zahlen der Tabelle 1 errechnet werden. So gibt die dortige Summenzeile an, daß im Verlauf der 100000 Einfügungen insgesamt 4346 Überlaufbuckets allokiert werden, also im Mittel 0.04346 Allokationen pro Einfügung stattfinden. Der Wert 0.043 ist deshalb auch als Durchschnittswert für ALLOC in Tabelle 7 verzeichnet. Die Differenz zwischen C2 und C1 entspricht genau dem Wert von CHNG, weil geänderte Buckets bei C2 doppelt gewichtet werden. Da bei Verfahren 1 keine Seitentypindikatoren existieren, erfordert eine Allokation kein Lesen aus der Datenbank. ALLOC geht deshalb in die Berechnung von C2 nur mit einfachem Gewicht ein.

PHYSREADS und PHYSWRITES können als Funktion von C1, ALLOC, der Puffergröße und der Zahl der insgesamt existierenden Primär- und Überlaufbuckets berechnet werden. Da sich diese Werte (mit Ausnahme der Puffergröße) im Verlauf der 100000 Einfügungen sehr stark ändern, ist eine direkte Bestimmung der in der letzten Tabellenzeile wiedergegebenen Durchschnittsangaben allerdings nicht möglich. Wir werden deshalb nur für die ersten und die letzten 5000 Einfügungen exemplarisch aufzeigen, wie eine analytische Herleitung von PHYSREADS und PHYSWRITES erfolgen kann.

Zunächst betrachten wir die ersten 5000 Einfügungen. Vor Beginn der STORE-Sequenz besteht die Hashtabelle nur aus den 1250 Primärbuckets. An diesem Aussehen der Hashtabelle ändern auch die ersten 5000 Einfügungen nichts, da hierbei noch keine

Allokationen auftreten. Bei jeder Einfügung ist somit genau ein Bucket bereitzustellen, wobei es sich stets um das Primärbucket einer über die Hashfunktion ausgewählten Hausadresse handelt. Wenn sich 50 Buckets der Hashtabelle im Puffer befinden, dann beträgt die Wahrscheinlichkeit dafür, daß die Bereitstellung eines Buckets kein Lesen von der Datenbank erfordert, $1-50/1250$. Dies setzt eine zufällige Bucketauswahl voraus, wie sie bei der Einfügung von Zufallszahlen (und auch sonst durch die Anwendung der Hashfunktion) gegeben ist. Wir erhalten somit die folgende Abschätzung für PHYSREADS:

$$\text{PHYSREADS} \approx 1 * (1-50/1250)$$
$$= 0.960$$

Dieser Wert stimmt mit dem Simulationsergebnis in Zeile 1 der Tabelle 7 genau überein, obwohl in der obigen Rechnung außer acht gelassen wurde, daß der Puffer anfangs leer ist und deshalb zunächst (fast) jeder BEREITSTELLEN-Aufruf auch eine physische Referenz beinhaltet.

Da bei jeder Operation nur ein Bucket bereitgestellt und anschließend geändert wird, enthält der Puffer während der ersten 5000 Einfügungen ausschließlich geänderte Buckets. Deshalb muß immer dann, wenn sich ein benötigtes Bucket nicht im Puffer befindet, ein geändertes Bucket verdrängt und somit ein Schreiben in die Datenbank durchgeführt werden. Während der Kaltstartphase finden jedoch noch keine Verdrängungen statt, da in dem nur teilweise gefüllten Puffer noch Platz für bereitzustellende Buckets verfügbar ist. Wir nehmen an, daß die Kaltstartphase nach ca. 52 Einfügungen abgeschlossen ist und erhalten somit:

$$\text{PHYSWRITES} \approx 1 * (1-50/1250) * (1-52/5000)$$
$$\approx 0.950$$

Auch hier liegt wieder volle Übereinstimmung mit dem Simulationsergebnis vor.

Im folgenden sollen PHYSREADS und PHYSWRITES auch noch für die <u>letzten 5000 Einfügungen</u> (95001, ..., 100000) berechnet werden. Eine Übertragung der Berechnungen auf die anderen in Tabelle 7 protokollierten Intervalle der STORE-Sequenz ist dann leicht möglich. Das Kostenmaß C1 besitzt für die letzten 5000 Einfügungen den Wert 4.425. Von dieser Zahl der im Durchschnitt berührten Buckets subtrahieren wir zunächst den Wert von ALLOC (0.051), da es für die Berechnung von PHYSREADS nur auf jene Bereitstellungen ankommt, die ein Lesen aus der Datenbank zur Folge haben können. Zur Allokation eines Buckets muß aber bei der UDS-Variante, die keine Seitentypindikatoren mitführt, kein Block aus der Datenbank gelesen werden. Wie Tabelle 1 zu entnehmen ist, werden im Verlauf der 100000 Einfügungen insgesamt 4346 Überlaufbuckets allokiert. 255 Allokationen finden im Zuge der letzten 5000 Einfügungen statt, so daß näherungsweise davon ausgegangen werden kann, daß die Hashtabelle während dieses Intervalls im Mittel ca. $4346-127=4219$ Überlaufbuckets aufweist. Bei Einrechnung der Primärbuckets enthält die Hashtabelle somit während der letzten 5000 Einfügungen durchschnittlich 5469 Buckets. Unter Benutzung dieser

Werte kann PHYSREADS folgendermaßen abgeschätzt werden:

$$PHYSREADS \approx (4.425-0.051) * (1-50/5469)$$
$$\approx 4.334$$

Die Abweichung vom Simulationsergebnis (4.332) aus Tabelle 7 ist offensichtlich sehr gering.

Zur Berechnung von PHYSWRITES muß beachtet werden, daß sowohl Änderungen, die in CHNG berücksichtigt sind, als auch Allokationen, deren Mittelwerte in ALLOC enthalten sind, modifizierte Seiten im Puffer hinterlassen, die im Fall des Verdrängens ein Schreiben in die Datenbank erfordern. Für die letzten 5000 Einfügungen ergibt die Summe aus CHNG und ALLOC den Wert 1.051. Die Abschätzung von PHYSWRITES geschieht nun über den folgenden Ansatz:

$$PHYSWRITES \approx 1.051 * (1-50/5469)$$
$$\approx 1.041$$

Da simulativ der Wert 1.042 ermittelt wurde, ist die Abweichung vom Simulationsergebnis auch hier als sehr gering einzustufen.

Die im linken Teil der Tabelle 7 enthaltenen Werte für C3 und C4 können leicht aus den im rechten Teil aufgelisteten Kostenbestandteilen abgeleitet werden. Geringfügige Differenzen zwischen den so berechneten Werten einerseits und den für C3 und C4 in der Tabelle verzeichneten Angaben andererseits haben ihre Ursache in Auf- oder Abrundungen, die bei der Ergebnisdarstellung mit drei Dezimalstellen stattfanden.

Der _Tabelle 8_ sind die mit Verfahren 2 (_UDS*_) verbundenen Kosten zu entnehmen. Hier ergeben sich durch die Benutzung von Seitentypindikatoren und das dadurch verursachte Lesen leerer Blöcke bei Allokationen gewisse Unterschiede im Vergleich zu UDS. So gilt etwa die Beziehung

$$PHYSREADS(UDS*) = PHYSREADS(UDS) + ALLOC,$$

da bei jeder Allokation ein leerer Block gelesen werden muß. C2 und C3 nehmen bei UDS* gegenüber UDS ebenfalls um den Wert von ALLOC zu. Für C4 gilt sogar

$$C4(UDS*) = C4(UDS) + 2*ALLOC,$$

weil nicht nur ein zusätzlicher Block gelesen, sondern auch noch das zugehörige "before image" geschrieben werden muß.

Die für Verfahren 3 (_ROBUST_) ermittelten Verarbeitungskosten wurden in _Tabelle 9_ zusammengestellt. Wir betrachten hier zunächst die im Vergleich zu UDS und UDS* erhöhten Änderungskosten (CHNG). Sie haben ihre Ursache in der zusätzlichen Modifikation eines Primärbuckets (PRIOR-Verweis, Zähler), die bei jeder Allokation erforderlich ist. Während der ersten 30000 Einfügungen kommen ausschließlich Allokationen des Typs 1 vor (vgl. Tabelle 1), es wird also jeweils das erste Überlaufbucket einer Hausadresse allokiert. Da dies ohnehin die Änderung des Primärbuckets erfordert, ergeben sich keine zusätzlichen Kosten durch die Aktualisierung des PRIOR-Verweises und des Zählers. Während der nachfolgenden Einfügungen treten in zunehmendem Maße Allokationen der Typen 2 und 3 auf. Dies führt dazu, daß jenseits der 45000. Einfügung die Beziehung

$$CHNG(ROBUST) \approx CHNG(UDS*) + ALLOC$$

gilt. Die zusätzlichen Änderungen der Primärbuckets bewirken auch eine Erhöhung von PHYSWRITES gegenüber UDS*, die für die letzten 55000 Einfügungen ebenfalls dem Wert von ALLOC entspricht. Für die Kostenmaße C2 und C3 liegt derselbe Kostenanstieg vor. Bei C4 fällt der Unterschied noch deutlicher aus, da für die geänderten Primärbuckets auch "before images" und "after images" geschrieben werden müssen. Deshalb besitzt jenseits der 45000. Einfügung die folgende Beziehung Gültigkeit:

$$C4(ROBUST) \approx C4(UDS*) + 3*ALLOC$$

Als nächstes sind die für Verfahren 4 ($\underline{UDS^+}$) in $\underline{Tabelle\ 10}$ zusammengestellten Kosten zu analysieren. Hier läßt sich am einfachsten ein Vergleich mit den UDS*-Werten aus Tabelle 8 durchführen, da sich Verfahren 4 von Verfahren 2 nur in der zusätzlichen Verwendung von LAST-Verweisen unterscheidet. Weil bei jeder Allokation ein solcher LAST-Verweis geändert werden muß, ergibt sich während der gesamten STORE-Sequenz:

$$CHNG(UDS^+) = CHNG(UDS*) + ALLOC$$

Dies geht auch aus den Kostenangaben des Bilds 65b hervor.

PHYSREADS und PHYSWRITES sind bei Verfahren 4 etwa um den Wert von ALLOC größer als bei Verfahren 2, da sich ein zur Änderung des LAST-Verweises benötigtes Primärbucket mit hoher Wahrscheinlichkeit nicht im Puffer befindet und es zudem (wie alle anderen Buckets im Puffer auch) nur eine geringe Wiederbenutzungswahrscheinlichkeit besitzt. Die folgenden Beziehungen bestehen zwischen den Kosten bei Verfahren 2 und jenen bei Verfahren 4:

$$C1(UDS^+) = C1(UDS*) + ALLOC$$
$$C2(UDS^+) = C2(UDS*) + 2*ALLOC$$
$$C3(UDS^+) \approx C3(UDS*) + 2*ALLOC$$
$$C4(UDS^+) \approx C4(UDS*) + 4*ALLOC$$

Die relativ große Kostendifferenz bei C4 resultiert daraus, daß die Bereitstellung eines zusätzlich zu ändernden Primärbuckets meist ein Lesen von der Platte erfordert und außerdem Schreiboperationen für ein "before image" und ein "after image" auslöst. Schließlich wird die veränderte Seite wieder aus dem Puffer verdrängt, was zu einer weiteren Schreiboperation führt.

Zum Abschluß der Einzelbetrachtungen zu den Simulationsergebnissen ist noch auf die in $\underline{Tabelle\ 11}$ dargestellten Resultate der $\underline{TAYLOR}$-Variante (Verfahren 5) einzugehen. Wir vergleichen diese Werte mit den entsprechenden Zahlen der ROBUST-Variante (Verfahren 3) aus Tabelle 9. Während der ersten 50000 Einfügungen unterscheiden sich die CHNG-Werte der beiden Verfahren nicht, da ausschließlich Allokationen der Typen 1 und 2 vorkommen. Jenseits der 50000. Einfügung treten jedoch in zunehmendem Maße auch Allokationen des Typs 3 in Erscheinung, die bei Verfahren 5 um 1 höhere Änderungskosten als bei Verfahren 3 verursachen. Da die letzten 25000 Einfügungen fast nur noch Allokationen des Typs 3 enthalten, gilt dort:

CHNG(TAYLOR) $\approx$ CHNG(ROBUST) + ALLOC

PHYSREADS stimmt für die Verfahren 3 und 5 völlig überein, weil das bei Verfahren 5 im Fall einer Allokation des Typs 3 zusätzlich geänderte erste Überlaufbucket auch bei Verfahren 3 zum Lesen bereitgestellt wird. Dagegen bewirken die umfangreicheren Modifikationen bei Verfahren 5 eine Erhöhung von PHYSWRITES gegenüber Verfahren 3, so daß für die letzten 25000 Einfügungen

PHYSWRITES(TAYLOR) $\approx$ PHYSWRITES(ROBUST) + ALLOC

gilt, d.h., fast jede zusätzliche Änderung führt auch zum Rückschreiben eines Blocks in die Datenbank.

Die Differenz für C2 zwischen TAYLOR und ROBUST entspricht dem o.g. Unterschied in den CHNG-Werten. Auch C3 weist bei TAYLOR einen höheren Wert als bei ROBUST auf, da sich die zusätzlichen Schreiboperationen in die Datenbank hier unmittelbar niederschlagen. Der noch deutlichere Kostenanstieg bei C4 folgt wiederum aus dem zusätzlichen Schreiben von "before images" und "after images", das im Zusammenhang mit den Allokationen des Typs 3 durchzuführen ist.

In den <u>Tabellen 32 und 33</u> wurden die ermittelten Kosten C1 bis C4 aus sämtlichen Simulationsreihen einander gegenübergestellt. Die Werte DELTAi-j geben jeweils Auskunft darüber, um wieviel Prozent die Kosten bei Verfahren j über jenen bei Verfahren i liegen. Wir haben diesen Kostenvergleich zum einen für die Verfahren 1 und 2 durchgeführt, um nachzuprüfen, welche Kostensteigerungen die in Kap. 4.4 beschriebenen Fehlererkennungsmaßnahmen mit sich bringen. Zum anderen wurde das jeweils kostspieligste Verfahren dem Verfahren 1 gegenübergestellt. Bei der STORE- und der ERASEC-Sequenz handelt es sich dabei um Verfahren 4, während bei der ERASED-Sequenz Verfahren 5 zu etwas höheren Kosten als Verfahren 4 führt.

Ein Vergleich der DELTA-Werte aus den Tabellen 32 und 33 zeigt sehr deutlich, daß die Kostenunterschiede zwischen den Verfahren stark von der Maximalzahl an Einträgen pro Bucket (b) abhängen. Bei einem kleinen Wert für b kommen häufig Allokationen und Deallokationen vor, so daß in Tabelle 32 für b=20 die Kosten bei Verfahren 5 um bis zu 5.5% über jenen bei Verfahren 1 liegen. In Tabelle 33 beträgt die Kostendifferenz zwischen Verfahren 1 und Verfahren 4 stets weniger als 1%, da für b=133 sowohl Allokationen als auch Deallokationen vergleichsweise selten auftreten.

S T O R E						
	Verfahren					DELTA-
	1	2	3	4	5	1-2	1-4
C1	2.545			2.589	2.545	0%	1.7%
C2	3.545	3.589	3.620	3.675	3.638	1.2%	3.7%
C3	3.485	3.528	3.559	3.614	3.578	1.2%	3.7%
C4	5.548	5.635	5.728	5.808	5.784	1.6%	4.7%

a) STORE-Sequenz

E R A S E C						
	Verfahren					DELTA-
	1	2	3	4	5	1-2	1-4
C1	2.524			2.551	2.529	0%	1.1%
C2	3.539	3.583	3.604	3.638	3.623	1.2%	2.8%
C3	3.505	3.548	3.568	3.603	3.587	1.2%	2.8%
C4	5.585	5.672	5.734	5.782	5.780	1.6%	3.5%

b) ERASEC-Sequenz

E R A S E D						
	Verfahren					DELTA-
	1	2	3	4	5	1-2	1-5
C1	1.059		1.080	1.087	1.094	0%	3.3%
C2	2.075	2.119	2.160	2.174	2.188	2.1%	5.4%
C3	2.054	2.097	2.138	2.152	2.166	2.1%	5.5%
C4	4.140	4.227	4.309	4.337	4.364	2.1%	5.4%

c) ERASED-Sequenz

<u>Tabelle 32</u>: Gegenüberstellung der Simulationsergebnisse für eine Hashtabelle mit b=20, m=1250

Verfahren 2 bringt dadurch höhere Kosten als Verfahren 1 mit sich, daß bei jeder Allokation bzw. Deallokation ein noch leerer Block gelesen bzw. ein wieder leer gewordener Block geschrieben werden muß. Selbst für eine Hashtabelle mit b=20 liegt die Kostendifferenz zwischen den Verfahren 1 und 2 jedoch nur bei 2.1%.

Die Simulationsergebnisse zeigen auch die unterschiedliche Eignung der Kostenmaße C1 bis C4 zur Bewertung des Verarbeitungsaufwands für Hashtabellen in Datenbanken. So kann C1 z.T. überhaupt keinen Kostenunterschied zwischen den Verfahren 1 bis 3 nachweisen, da jeweils dieselben Seiten bei der Operationsausführung berührt werden und Seitenänderungen bei C1 kein besonderes Gewicht besitzen. C2 eignet sich demgegenüber schon deutlich besser zu einem Kostenvergleich, was auf die doppelte Gewichtung geänderter Seiten zurückzuführen ist. C3 ist in etwa genauso geeignet wie C2, was auch zu erwarten war, da die Unterschiede zwischen der Zahl der logischen und der physischen Referenzen sehr gering sind und sie sich zudem auf die Kosten bei allen Verfahren gleichermaßen auswirken. Die Kostenmaße C2 und C3 taugen jedoch nur zum Kostenvergleich, nicht aber zur Bestimmung absoluter

S T O R E						
	Verfahren				DELTA-	
	1	2	3	4	5	1-2	1-4
C1	2.517			2.523	2.517	0%	0.2%
C2	3.517	3.523	3.528	3.536	3.531	0.2%	0.5%
C3	3.111	3.118	3.122	3.130	3.125	0.2%	0.6%
C4	5.256	5.269	5.283	5.295	5.292	0.2%	0.7%

a) STORE-Sequenz

E R A S E C						
	Verfahren				DELTA-	
	1	2	3	4	5	1-2	1-4
C1	2.513			2.517	2.513	0%	0.2%
C2	3.515	3.521	3.525	3.530	3.528	0.2%	0.4%
C3	3.292	3.299	3.302	3.306	3.304	0.2%	0.4%
C4	5.331	5.345	5.354	5.361	5.362	0.3%	0.6%

b) ERASEC-Sequenz

Tabelle 33: Gegenüberstellung der Simulationsergebnisse für eine Hashtabelle mit b=133, m=188

Kostenwerte für die Beurteilung des zu erwartenden Verarbeitungsaufwands in Hashtabellen. C4 ist hierfür weitaus besser geeignet, da es auch das Log-Schreiben berücksichtigt. Die Kostendifferenzen zwischen den verschiedenen Verfahren treten bei C4 meist noch deutlicher als bei C2 und C3 hervor.

Wir wollen hier jedoch noch keine abschließende Beurteilung der Simulationsergebnisse vornehmen, sondern zunächst die B*-Bäume im folgenden Kapitel näher betrachten. Erst danach werden die Ergebnisse für Hashtabellen und B*-Bäume insgesamt bewertet, wobei auch darauf eingegangen wird, inwieweit die durch die Mitführung von Redundanzen verursachten Mehrkosten bei den verschiedenen Verfahren noch als akzeptabel anzusehen sind.

6.3 Untersuchungen zu B*-Bäumen

Es werden zunächst jene B*-Baum-Implementierungen vorgestellt, deren Leistungsverhalten mit Hilfe von Simulationsreihen bewertet wurde. Im Anschluß daran wird auf die Charakteristika der Simulationen und auf die erzielten Ergebnisse eingegangen.

6.3.1 Die betrachteten Implementierungen

Bild 67 zeigt die vier auf dem Wege der Simulation bewerteten B*-Baum-Implementierungen. Den Beispielen wurde die Struktur des schon in Bild 37 dargestellten B*-Baums zugrunde gelegt.

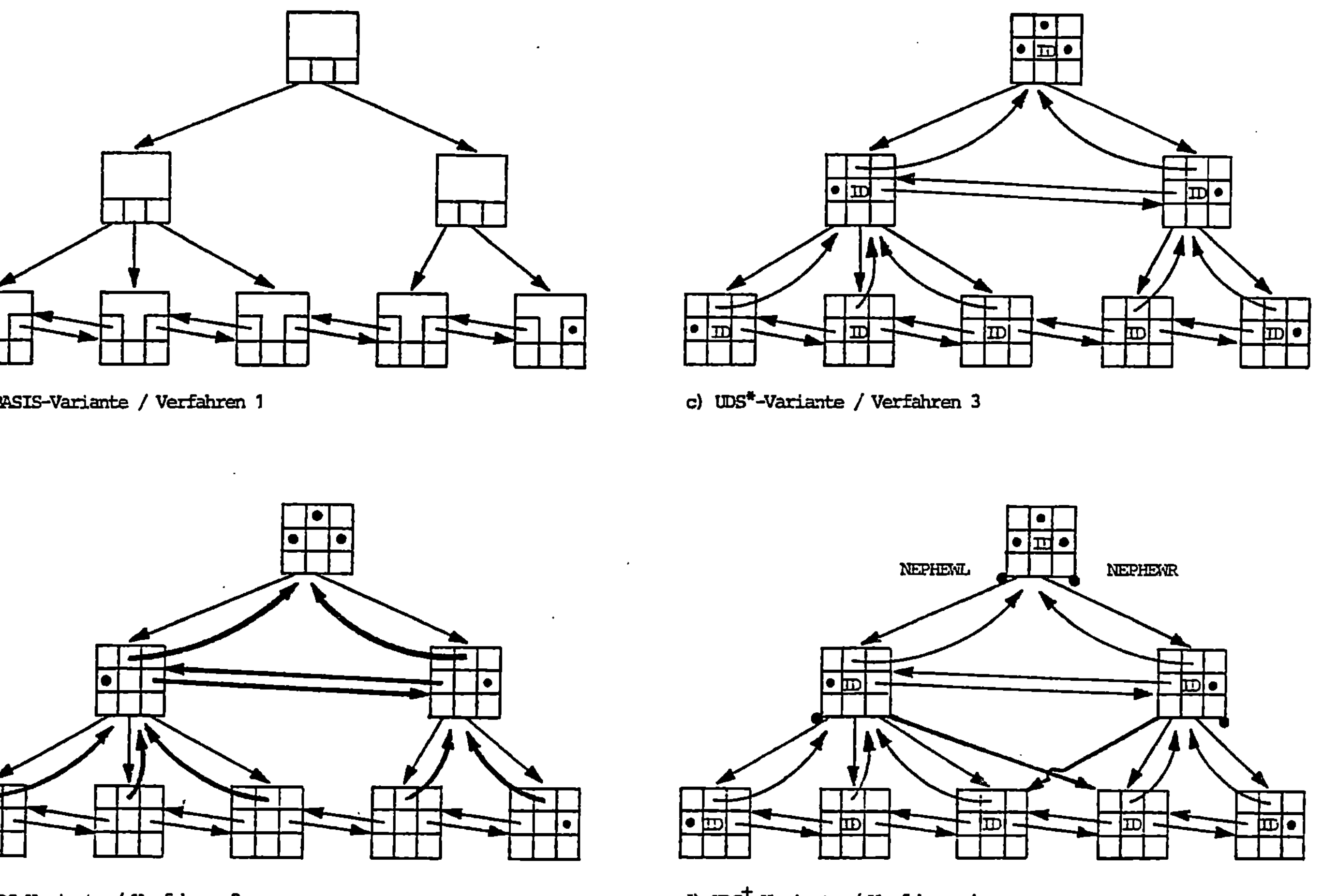

Bild 67: Untersuchte B*-Baum-Implementierungen

Die in <u>Teilbild a</u> gezeigte Implementierung stellt eine Grundvariante des B*-Baums dar, in der neben den DOWN-Verweisen von den Vätern zu ihren Söhnen nur noch eine doppelte Verkettung der Blattseiten über NEXT- und PRIOR-Verweise existiert. Wir werden sie im folgenden auch als <u>BASIS-Variante</u> oder Verfahren 1 bezeichnen. Sie soll zur Bestimmung jener Kosten dienen, die bei B*-Bäumen entstehen, in denen nur in geringem Umfang Redundanzen mitgeführt werden. Wir hätten bei dieser Grundvariante auch noch auf die NEXT-/PRIOR-Verweise auf der Blattebene verzichten können. Eine solche Verkettung wird jedoch sehr häufig in B*-Bäumen mitgeführt, da sich dadurch die sequentielle Verarbeitung von Einträgen und Sätzen in sortierter Schlüsselwertreihenfolge deutlich beschleunigen läßt. Wir sind deshalb bereits in der Grundvariante vom Vorhandensein der NEXT-/PRIOR-Verkettung ausgegangen, obwohl sie redundante Information im Baum darstellt.

Die als <u>UDS-Variante</u> (Verfahren 2) bezeichnete Implementierung aus <u>Teilbild b</u> entspricht den im Datenbanksystem UDS existierenden und als Ausgangspunkt für die Einführung von Fehlererkennungsmaßnahmen in Kap. 4.5 benutzten B*-Bäumen. Zusätzlich zur BASIS-Variante enthält sie die NEXT-/PRIOR-Verkettung auch auf den Indexebenen des Baums sowie UP-Verweise von den Söhnen zurück zu ihren Vätern.

Die <u>UDS*-Variante</u> (Verfahren 3) aus <u>Teilbild c</u> unterscheidet sich von der UDS-Variante primär dadurch, daß Seitentypindikatoren benutzt werden. Sie erfordern bekanntlich das Lesen leerer Blöcke aus der Datenbank und das Rückschreiben leer gewordener Blöcke in die Datenbank. Darüber hinaus können hier auch noch weitere Redundanzen existieren, wie sie in Kap. 4.5.5 vorgeschlagen wurden. Sie üben jedoch keinen zusätzlichen Einfluß auf die Kostenmaße C1 bis C4 aus. Insofern ist die UDS*-Variante als die sich aus der Fehlererkennungsdiskussion des Kapitels 4.5 ergebende B*-Baum-Implementierung anzusehen.

Schließlich soll noch die in <u>Teilbild d</u> dargestellte und <u>UDS⁺-Variante</u> (Verfahren 4) genannte B*-Baum-Implementierung hinsichtlich ihrer Verarbeitungskosten untersucht werden. Hier existieren nicht nur sämtliche Redundanzen der UDS*-Variante, sondern zusätzlich noch zwei NEPHEW-Verweise in jeder Indexseite des Baums, die als <u>NEPHEWL</u> (Verweis zum linken Neffen) und <u>NEPHEWR</u> (Verweis zum rechten Neffen) bezeichnet werden. NEPHEWR(i) entspricht dem in den Vandendorpe'schen B'-Bäumen benutzten NEPHEW-Verweis, zeigt also zum linken Sohn des rechten Nachbarn der Seite i. NEPHEWL(i) zeigt hingegen zum rechten Sohn des linken Nachbarn der Seite i.

Beim Abstieg im Baum von der Seite i über den Verweis Pj zur Seite k ist normalerweise im Fall j=1 keine linksseitige Flankensicherung möglich, und die rechtsseitige Flankensicherung entfällt, falls j=b-akt gilt. Die beiden NEPHEW-Verweise erlauben jedoch auch in diesen Fällen die Durchführung der <u>beidseitigen</u> <u>Flankensicherung</u>. Die hierfür zusätzlich benötigten Konsistenzprüfungen beim

Abstieg im Baum haben folgendes Aussehen:

```
if j = 1
then (* erweiterte linksseitige Flankensicherung *)
  if NEPHEWL(i) ≠ PRIOR(k)
  then INKONSISTENZ
  else (* keine Inkonsistenz erkannt *)
else normale linksseitige Flankensicherung;

if j = b-akt
then (* erweiterte rechtsseitige Flankensicherung *)
  if NEPHEWR(i) ≠ NEXT(k)
  then INKONSISTENZ
  else (* keine Inkonsistenz erkannt *)
else normale rechtsseitige Flankensicherung;
```

Die in Kap. 4.5.5.1 beschriebenen Abfragen zur links- bzw. rechtsseitigen Flankensicherung besitzen also weiterhin Gültigkeit und werden lediglich durch die obigen Prüfungen ergänzt. Die beiden in Bild 44 dargestellten und über die normale Flankensicherung nicht erkennbaren Verweisinkonsistenzen werden durch die erweiterte linksseitige Flankensicherung erkannt.

6.3.2 Simulationsreihen und -ergebnisse

Die Verfahren 1 bis 4 wurden im Rahmen einer studentischen Arbeit /Pe84a/ in Simulationsprogramme umgesetzt, deren Implementierung in Pascal erfolgte. Dabei konnte z.T. auf bereits existierenden Programmen aufgesetzt werden, die für die Bestimmung der Speicherplatzausnutzung in B*-Bäumen mit verallgemeinerter Überlauftechnik geschrieben worden waren /Ha83/.

Es wurde nur das Einfügen von 100000 Einträgen in einen anfangs leeren B*-Baum simuliert, also eine ähnliche STORE-Sequenz, wie sie zuvor bei Hashtabellen Verwendung fand. Auf die Simulation von Löschungen wurde hingegen verzichtet, da hierfür diverse Annahmen über die Vorgehensweise des DBVS erforderlich gewesen wären. So hätte etwa das in Kap. 4.5.2 beschriebene Löschverfahren benutzt werden können, das keine Zusammenlegung oder "underflow"-Behandlung für benachbarte Baumseiten kennt. Es wäre aber auch möglich gewesen, gerade diese Techniken in den Simulationsprogrammen zu implementieren, um ihren Einfluß auf die Verarbeitungskosten der Bäume zu untersuchen. Die Wahl eines bestimmten Löschverfahrens hätte stets wesentliche Auswirkungen auf die Kosten und Kostendifferenzen bei den verschiedenen B*-Baum-Implementierungen gehabt. Da es uns aber nicht auf die Bewertung eines Löschverfahrens ankam, sondern ausschließlich auf die Untersuchung fehlertoleranter Speicherungsstrukturen, wurde keine Implementierung von Löschoperationen in den Simulationsprogrammen durchgeführt.

Die Schlüsselwerte für die in den Baum einzufügenden Einträge wurden mit Hilfe eines Zufallszahlengenerators erzeugt, wobei auch Duplikate in den Schlüsselwerten möglich und zulässig waren. Die Untersuchungen erstreckten sich auf drei B*-Bäume, die sich in der Maximalzahl an Einträgen in einer Blattseite (b) und einer Indexseite (b*) unterschieden. Die folgenden Wertekombinationen für b und b* wurden benutzt:

- b=b*=133: Dieser Fall entspricht einem B*-Baum, durch den ein Sekundärschlüssel-Zugriffspfad realisiert wird, wobei z.B. die Seitenlänge 2 KB betragen kann
  und 15 Bytes lange Schlüssel-Verweis-Paare in den Seiten abgelegt werden. Auch
  auf der Blattebene des Baums sind somit nur Schlüsselwerte sowie Verweise auf
  die zugehörigen Datensätze gespeichert, nicht aber die Datensätze selbst.
- b=20, b*=133: Diesen Werten liegt ein B*-Baum zugrunde, der auf der Blattebene
  Datensätze enthält, die bei einer Seitenlänge von 2 KB ca. 100 Bytes lang sind.
- b=b*=20: Hierfür existiert kaum ein realer Anwendungsfall, da bei der Seitenlänge 2 KB die Schlüsselwerte fast 100 Bytes lang sein müßten, um den Wert b*=20
  entstehen zu lassen. Wir haben b=b*=20 dennoch in die Betrachtungen aufgenommen,
  um die verschiedenen B*-Baum-Implementierungen auch einmal unter sehr ungünstigen Bedingungen (hohe Bäume, häufige Splitoperationen) in ihren Kosten vergleichen zu können.

Da diese Wertekombinationen für alle vier B*-Baum-Implementierungen untersucht
wurden, ergaben sich insgesamt 12 Simulationsreihen. Wie schon bei den Hashtabellen, so faßte der nach dem LRU-Verfahren verwaltete Puffer auch bei den B*-Bäumen
50 Seiten.

In den Tabellen 34 bis 45 (siehe Anhang) sind die Ergebnisse der Simulationsreihen
für B*-Bäume dokumentiert. In der Art der Mittelwertbildung und Ergebnisdarstellung entsprechen diese Tabellen den in Kap. 6.2.3 erörterten Wertezusammen-
stellungen für Hashtabellen. Im folgenden werden wir nur die Tabellen 34 bis 37
(b=b*=20) genauer betrachten und dabei auch einige der simulativ ermittelten Werte
analytisch herleiten. Aufgrund der relativ häufig vorkommenden Splitoperationen
eignet sich die Wertekombination b=b*=20 besonders gut zur Erklärung der Abläufe
bei Einfügungen in einen B*-Baum. Eine Übertragung dieser Berechnungen auf die
anderen Tabellen (b=20, b*=133; b=b*=133) ist aber leicht möglich und wird hier
nur aus Platzgründen nicht durchgeführt.

Die simulativ ermittelten Werte für ALLOC und CHNG aus Tabelle 34 lassen
sich relativ leicht auch analytisch herleiten, wenn einige aus der Literatur
bekannte Ergebnisse zur Speicherplatzausnutzung in B- und B*-Bäumen benutzt
werden. So wurde in /NM78/ und /Ya78/ nachgewiesen, daß sich die Speicherplatzausnutzung auf der Blattebene eines B- oder B*-Baums, der Zufallszahlen enthält, dem
Wert ln 2 annähert, wenn die Zahl der Einträge im Baum (n) gegen unendlich geht.
Genaugenommen gilt dies nur dann, wenn auch die Kapazität einer Baumseite (b) als
unendlich groß angenommen wird. In /Ha83/ wurde jedoch gezeigt, daß sich die
Speicherplatzausnutzung auch schon bei b=20 für großes n einem Wert um 70% nähert.
Dort war darüber hinaus zu beobachten, daß bereits bei ca. 1000 Einträgen im Baum
die Abweichung von dem zu erwartenden Grenzwert der Speicherplatzausnutzung sehr
gering ist (unter 1%). Die Speicherplatzausnutzung von ca. 70% führt im Fall b=20

zu durchschnittlich 14 Einträgen pro Blattseite, was auch bedeutet, daß im Mittel bei jeder 14. Einfügung ein Split auf der Blattebene auftritt.

Auch auf den Indexebenen ist für großes n eine Speicherplatzausnutzung um die 70% zu erwarten. Somit ist im Mittel nach jeweils $14^2=196$ Einfügungen mit einem Split auf der ersten Indexebene und nach jeweils $14^3=2744$ Einfügungen mit einem Split auf der zweiten Indexebene zu rechnen. Splits auf noch höheren Indexebenen können aufgrund ihres seltenen Auftretens bei der Kostenberechnung außer acht gelassen werden.

Jeder Split führt zur Allokation einer neuen Seite, so daß sich für die Zahl der Allokationen die Abschätzung ergibt:

$$\text{ALLOC} \approx 1/14 + 1/14^2 + 1/14^3$$
$$\approx 0.077$$

Die Tabelle 34 enthält für ALLOC in der letzten Zeile den simulativ ermittelten Durchschnittswert 0.077, der also mit dem analytisch hergeleiteten Wert übereinstimmt.

Die Kostenberechnung für CHNG kann auf ähnliche Weise erfolgen, wie hier kurz gezeigt werden soll. Eine normale Einfügung führt zu den Änderungskosten CHNG=1. Bei einem Split auf der Blattebene, also nach jeweils ca. 14 Einfügungen, sind zwei zusätzliche Seitenänderungen erforderlich, wenn von dem sehr seltenen Split der rechten Randseite abgesehen wird. Im Mittel alle 196 Einfügungen wird CHNG durch einen Split auf der ersten Indexebene nochmals um 1 erhöht, und schließlich ist nach jeweils 2744 Einfügungen mit einer weiteren Erhöhung von CHNG um 1 infolge einer Splitoperation auf der zweiten Indexebene zu rechnen. Damit lassen sich die Änderungskosten folgendermaßen abschätzen:

$$\text{CHNG} \approx 1 + 1/14*2 + 1/14^2 + 1/14^3$$
$$\approx 1.148$$

Auch hier besteht eine völlige Übereinstimmung mit dem in der Tabelle 34 angegebenen Simulationsergebnis.

Schließlich soll noch die näherungsweise Berechnung von PHYSWRITES vorgeführt werden. Durch die Allokation neuer Seiten und die Modifikation vorhandener Seiten enthält der Systempuffer geänderte Daten, die im Zuge des Verdrängens aus dem Puffer in die Datenbank eingebracht werden müssen. Es sei hier nochmals daran erinnert, daß die unter PHYSWRITES subsumierten Schreiboperationen ausschließlich auf die normale Verdrängung seitens der Pufferverwaltung zurückzuführen sind. Das Einbringen der Änderungen in die Datenbank nach Abschluß einer Einfügeoperation, das beim Kostenmaß C4 vorausgesetzt wird, findet bei PHYSWRITES also keine Berücksichtigung. Ohne Verwendung eines Puffers müßte nach jeder Allokation oder Änderung einer Seite ein sofortiges Schreiben eines Blocks in die Datenbank erfolgen. Wir gehen zur Abschätzung von PHYSWRITES zunächst einmal von der Annahme aus, daß kein Puffer existiert, und machen deshalb folgenden Ansatz:

PHYSWRITES $\approx$ ALLOC + CHNG

$\quad\quad\quad\quad$ = 1.225

Als Durchschnittswert für PHYSWRITES über 100000 Operationen ist in Tabelle 34 der etwas niedrigere Wert 1.190 verzeichnet. Diese Differenz hat ihren Grund in den durch die Pufferung eingesparten Schreiboperationen, die vor allem die Kaltstartphase betreffen. So findet etwa während der ersten 600 Einfügeoperationen überhaupt keine Verdrängung aus dem Puffer statt, da der dort vorhandene Platz für sämtliche Seiten des noch sehr kleinen Baums ausreicht. Wenn die ersten 5000 Einfügungen aufgrund dieser atypischen Verhältnisse bei der Durchschnittsbildung außer acht gelassen werden, dann ergibt sich für PHYSWRITES der bereinigte Mittelwert 1.212. Die Mittelwerte für ALLOC und CHNG bleiben dagegen auch bei Ausklammerung der ersten 5000 Einfügungen praktisch unverändert. Der Unterschied zwischen PHYSWRITES einerseits und der Summe aus ALLOC und CHNG andererseits beträgt damit nur noch 0.013 oder ca. 1% des Werts von PHYSWRITES. Dies zeigt, daß die Pufferung nur eine geringfügige Reduktion der Zahl der Schreiboperationen bewirkt. Die Zahl der Leseoperationen wird dagegen in unserem Beispiel auch bei einem großen Baum (n=100000) durch die Pufferung in etwa halbiert, wie das Verhältnis zwischen C1 und PHYSREADS erkennen läßt.

Tabelle 35 zeigt die Simulationsergebnisse für die UDS-Variante (Verfahren 2) der B*-Bäume. Auch hier sollen einige Werte analytisch hergeleitet und außerdem den Resultaten der zuvor diskutierten BASIS-Variante gegenübergestellt werden. Da sich die Verfahren in der Zahl der Allokationen nicht unterscheiden, sind zunächst die Änderungskosten genauer zu betrachten. Die Berechnung von CHNG erfolgt nach demselben Verfahren, das schon für die analytische Kostenbestimmung beim Verfahren 1 verwandt wurde.

Bei einer normalen Einfügung (ohne Splitoperation) besitzt CHNG wiederum den Wert 1. Ein Split auf der Blattebene kommt im Mittel nach jeweils 14 Einfügungen vor. CHNG erhöht sich dadurch gegenüber der normalen Einfügung um 2, wenn der Split am rechten Rand des Baums vernachlässigt wird. Soweit ergibt sich noch kein Unterschied zwischen den Verfahren 1 und 2. Dieser tritt erst bei einem Split auf der ersten Indexebene in Erscheinung, also durchschnittlich alle 196 Operationen. Hier sind bei Verfahren 2 die folgenden Änderungen erforderlich:
- Wie schon bei Verfahren 1, so ist auch bei Verfahren 2 der Vater auf der zweiten Indexebene zu ändern.
- Im rechten Nachbarn der vom Split betroffenen Indexseite muß der PRIOR-Verweis geändert werden. Wir sehen auch hier von dem sehr seltenen Split der rechten Randseite ab, wo eine solche PRIOR-Verweis-Änderung entfällt.
- Die UP-Verweise jener Blattseiten, die beim Split der Indexseite einem neuen Vater zugeordnet werden, sind zu modifizieren. Hier muß bei der Berechnung der

zusätzlich entstehenden Änderungskosten berücksichtigt werden, daß bereits beim vorangegangenen Split auf der Blattebene Seiten als geändert gezählt wurden, deren Änderung beim Split auf der Indexebene nicht nochmals aufsummiert werden darf. In den Simulationsprogrammen wird für b=20 angenommen, daß bei der Einfügung eines neuen Eintrags in eine bereits mit 20 Einträgen gefüllte Seite 11 Einträge in dieser Seite verbleiben, während 10 Einträge in der neu allokierten rechten Nachbarseite abgelegt werden.

Bei 20 vorhandenen Einträgen in einer Indexseite existieren auch 20 Einfügepositionen für einen neuen Eintrag, die alle als gleich wahrscheinlich anzusehen sind. Eine Einfügung links des ersten Eintrags ist nicht möglich, da eine neue Blatt- oder Indexseite immer als rechter Nachbar der vom Split betroffenen Seite in den Baum eingekettet wird. Bild 68 zeigt die verschiedenen Einfügepositionen

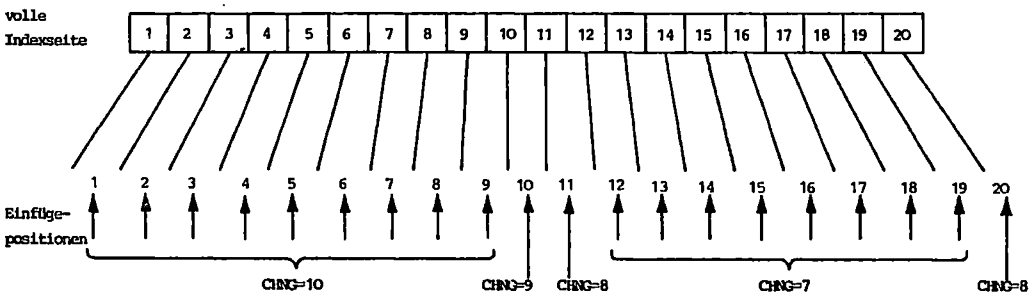

Bild 68: Zusatzkosten für das Ändern der UP-Verweise beim Split in Indexseiten in Abhängigkeit von der Einfügeposition

mit den im folgenden noch zu erläuternden Änderungskosten. Die Zahl der bei einem Split auf der ersten Indexebene zusätzlich zu ändernden Blattseiten hängt von der Einfügeposition des neuen Schlüssel-Verweis-Paars in der Indexseite ab. So müssen an den Einfügepositionen 1 bis 9 aus Bild 68 in 10 Blattseiten, die beim Split auf der Blattebene noch nicht berührt wurden, die UP-Verweise geändert werden. CHNG erhöht sich also um 10. Findet die Einfügung hingegen an den Positionen 12 bis 19 statt, so wurden 3 der 10 von den UP-Verweis-Änderungen betroffenen Blattseiten beim vorangegangenen Split auf der Blattebene ohnehin schon als geändert (CHNG) bzw. neu allokiert (ALLOC) gezählt, und CHNG erhöht sich demnach nur um 7. In Bild 68 sind auch noch die möglichen Zwischenwerte für CHNG (8 und 9) dargestellt. Aus den Angaben der Abbildung läßt sich errechnen, daß CHNG durch die Änderung der UP-Verweise im Mittel um 8.55 zunimmt.

Wir sind bislang nur auf Splits auf der ersten Indexebene eingegangen. Die obigen Ausführungen lassen sich aber ohne weiteres auch auf Splits auf den höheren Indexebenen übertragen, und die berechneten CHNG-Werte besitzen dort unverändert Gültigkeit. Unter Berücksichtigung von Splits auf der Blattebene und den beiden unteren Indexebenen errechnet sich CHNG bei der UDS-Variante folgendermaßen:

$CHNG \approx 1 + 1/14*2 + 1/14^2*10.55 + 1/14^3*10.55$

≈ 1.201

Der Wert 10.55 ergibt sich aus durchschnittlich 8.55 zusätzlichen Seitenänderungen zur Aktualisierung der UP-Verweise, einer Seitenänderung zur Modifikation des PRIOR-Verweises im rechten Nachbarn der vom Split betroffenen Seite sowie der Änderung der zugehörigen Vaterseite. Die Abweichung des berechneten CHNG-Werts vom simulativ bestimmten Wert aus Tabelle 35 (1.199) ist sehr gering, was die Korrektheit der Simulation bestätigt.

Die Änderungskosten pro Einfügung sind bei Verfahren 2 um 0.051 größer als bei Verfahren 1. Dies ist etwa zu 90% auf die Wartung der UP-Verweise und nur zu 10% auf die Aktualisierung der NEXT-/PRIOR-Verweise auf den Indexebenen zurückzuführen. Bei einem größeren "fan out" des Baums, so z.B. bei b*=133, sind die Aktualisierungskosten für die NEXT-/PRIOR-Verweise auf den Indexebenen gegenüber den Wartungskosten für die UP-Verweise völlig zu vernachlässigen.

PHYSWRITES ist bei Verfahren 2 um 0.050 größer als bei Verfahren 1, da die Änderungen der UP-Verweise, die vor allem die Blattebene betreffen, fast immer auch ein zusätzliches Schreiben von veränderten Blöcken in die Datenbank verursachen.

Für PHYSREADS ergibt sich sogar ein Anstieg von 0.054 bei Verfahren 2 gegenüber Verfahren 1, der somit den für CHNG vorhandenen Kostenzuwachs von 0.051 noch geringfügig übersteigt. Hierfür gibt es folgende Erklärung: Bei jedem Split auf der ersten Indexebene müssen zwischen 7 und 10 Blattseiten zusätzlich im Puffer bereitgestellt werden, was auch dazu führt, daß einige zuvor noch im Puffer befindliche Indexseiten verdrängt werden. Nach einem solchen Split existieren deshalb weniger Indexseiten im Puffer als zuvor. Die Wahrscheinlichkeit dafür, daß sich eine bei den nachfolgenden Einfügungen in den Baum benötigte Indexseite bereits im Puffer befindet, ist deshalb niedriger als vor dem Indexsplit. Der Quotient "Zahl der Indexseiten im Puffer / Zahl der Blattseiten im Puffer" nimmt also bei einem Split auf der ersten Indexebene vorübergehend ab und bewirkt damit eine Vergrößerung von PHYSREADS. Im Verlauf der nachfolgenden Einfügungen wächst dieser Quotient zunächst wieder an, und entsprechend nimmt PHYSREADS ab, bis schließlich der nächste Split auf der ersten Indexebene auftritt. Splits auf der zweiten Indexebene wirken sich ähnlich aus, da sie zur Bereitstellung einer größeren Anzahl von Seiten der ersten Indexebene im Puffer führen, was die Verdrängung einiger Seiten höherer Indexebenen bewirkt. Zur Erzielung eines niedrigen Werts für PHYSREADS ist es aber stets wichtig, daß sich möglichst viele Seiten der oberen Indexebenen im Puffer befinden. In dem B*-Baum der Höhe 5, der im Verlauf der letzten 35000 Einfügungen einer Simulationsreihe vorliegt, kommt es dabei vor allem auf die Seiten der zweiten und dritten Indexebene an, da die

Wurzel auf der vierten Indexebene durch das LRU-Verfahren in der Regel im Puffer gehalten werden kann.

Die Unterschiede für C1 bis C4 zwischen den Verfahren 1 und 2 sind leicht aus den Differenzen bei den Kostenbestandteilen zu errechnen. Auf genauere Erläuterungen hierzu kann deshalb verzichtet werden.

Die Tabelle 36 enthält die Simulationsergebnisse für die UDS*-Variante (Verfahren 3), die nur infolge der Verwendung von Seitentypindikatoren etwas höhere Verarbeitungskosten als die UDS-Variante aufweist. In den Werten von CHNG und PHYSWRITES existiert kein Unterschied zwischen Verfahren 3 und Verfahren 2. PHYSREADS ist hingegen bei Verfahren 3 um 0.077 größer als bei Verfahren 2. Diese Differenz entspricht erwartungsgemäß genau dem Wert von ALLOC, da für Verfahren 3 bei jeder Allokation ein leerer Block aus der Datenbank gelesen werden muß. C2 und C3 sind deshalb bei Verfahren 3 ebenfalls um diesen Wert größer als bei Verfahren 2. Für C4 gilt die Beziehung

$$C4(UDS^*) = C4(UDS) + 2*ALLOC,$$

weil bei jeder Allokation nicht nur ein leerer Block aus der Datenbank gelesen, sondern auch noch ein zugehöriges "before image" in die temporäre Protokolldatei geschrieben wird.

In der Tabelle 37 sind die Simulationsergebnisse der UDS+-Variante (Verfahren 4) dargestellt, die zusätzlich zur UDS*-Variante NEPHEW-Verweise in den Indexseiten enthält. Im folgenden werden einige Überlegungen zu den durch die Wartung dieser Verweise verursachten Kosten angestellt, wobei es vor allem auf den zusätzlichen Änderungsaufwand gegenüber der UDS*-Variante ankommt.

Zunächst ist festzustellen, daß die NEPHEWR-Verweise keine zusätzlichen Seitenänderungen und damit auch keine Erhöhung von CHNG gegenüber der UDS*-Variante verursachen. Dies kann anhand von Bild 69 gezeigt werden. Dort ist ein Ausschnitt

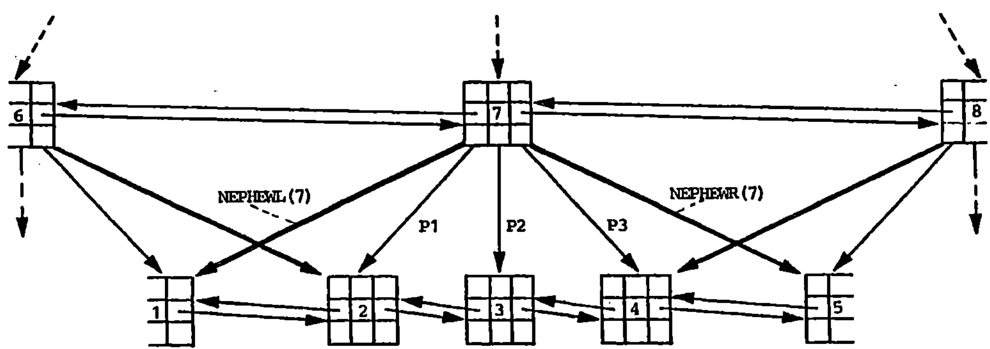

Bild 69: Verwendung zweier NEPHEW-Verweise in den Indexseiten bei der UDS+-Implementierung

aus einem B*-Baum dargestellt, wobei eine Indexseite maximal drei Einträgen Platz bietet. Wir betrachten einen Split der Indexseite 7, der die Allokation der neuen Indexseite 10 als Nachbar der Seite 7 bewirkt. Dies führt danach zu den folgenden Zuweisungen an die NEPHEWR-Verweise:

    NEPHEWR(10) := NEPHEWR(7)

    NEPHEWR(7) := P1(10)

Die Seiten 10 und 7 werden aber beim Split ohnehin als neu allokiert (ALLOC) bzw. geändert (CHNG) gezählt, so daß die Modifikation der NEPHEWR-Verweise keine weitere Erhöhung von CHNG zur Folge hat. Wenn ein Split nur auf der nächsttieferen Baumebene stattfindet (in Bild 69 auf der Blattebene), muß auf der darüberliegenden Ebene kein NEPHEWR-Verweis geändert werden. Falls etwa die Seite 5 in Bild 69 vom Split betroffen ist, kann NEPHEWR(7) unverändert gelassen werden. Die Seite 5 bleibt nämlich auch nach dem Split weiterhin linker Sohn der Seite 8, da eine neu allokierte Seite immer die Position des rechten Nachbarn der vom Split betroffenen Seite einnimmt.

Die Wartung der __NEPHEWL-Verweise__ kann hingegen durchaus zu erhöhten Änderungskosten führen. Dies läßt sich anhand von Bild 69 für einen Split der Seite 1 zeigen: Falls für diese Seite, nicht jedoch für die Vaterseite (6) ein Split stattfindet, muß die Seite 7 zur Änderung von NEPHEWL im Puffer bereitgestellt werden. CHNG erhöht sich dadurch um 1. Falls hingegen der Split der Seite 1 gleichzeitig einen Split der Seite 6 bewirkt, muß die Seite 7 zur Anpassung ihres PRIOR-Verweises ohnehin geändert werden. Eine Erhöhung von CHNG durch die Änderung von NEPHEWL ist in diesem Fall nicht zu verzeichnen. Bei einer Einfügung in den Baum erfolgt generell nur dann eine Erhöhung von CHNG aufgrund einer NEPHEWL-Änderung, wenn alle folgenden Bedingungen erfüllt sind:
- Auf einer Ebene e findet ein Split statt.
- Die vom Split betroffene Seite ist rechte Randseite eines Unterbaums, d.h., auf sie wird über den Zeiger Pb-akt der Vaterseite verwiesen. Sie befindet sich jedoch nicht am rechten Rand des Baums.
- Der Split auf der Ebene e verursacht keinen Split auf der Ebene e+1.

In diesem Fall muß der NEPHEWL-Verweis im rechten Nachbarn des Vaters der vom Split betroffenen Seite geändert werden.

Mit Hilfe der folgenden Überlegungen kann der Anstieg der Änderungskosten (ΔCHNG) bei der UDS⁺-Variante im Vergleich zur UDS*-Variante hergeleitet werden: Bekanntlich tritt ein Split auf der Blattebene im Mittel bei jeder 14. Einfügung auf. Die Wahrscheinlichkeit dafür, daß die vom Split betroffene Seite rechte Randseite eines Unterbaums ist, beträgt 1/14, da ein Vater durchschnittlich 14 Söhne hat. Im Durchschnitt ist also nur bei jeder 196. Einfügung mit dem Split der rechten Randseite eines Unterbaums auf der Blattebene zu rechnen. Jeder 14. Split auf der Blattebene führt im Mittel auch zu einem Split auf der ersten Indexebene. Dabei ist u.U. die Änderung eines NEPHEWL-Verweises auf der zweiten Indexebene erforderlich. Aufgrund ihres seltenen Auftretens können Änderungen von NEPHEWL-Verweisen auf den Ebenen 2ff. jedoch bei der Kostenberechnung vernachlässigt werden. Diese Vereinfachung hat allerdings etwas zu geringe Änderungskosten zur Folge. Wir sorgen hier für eine Kompensation, indem wir bei jedem Split der rechten Randseite eines Unterbaums auf der Blattebene Zusatzaufwendungen für die Änderung eines NEPHEWL-Verweises auf der ersten Indexebene veranschlagen, also auch dann, wenn in der betreffenden Indexseite ohnehin der PRIOR-Verweis geändert werden muß. Es ergibt sich somit für jeweils 196 Einfügungen durch die Änderung eines NEPHEWL-Verweises ein Kostenanstieg von CHNG um 1. Dies bedeutet:

$$\Delta CHNG \approx 1/14^2$$
$$\approx 0.005$$

Aus diesem Wert lassen sich auch Kostensteigerungen desselben Umfangs für PHYSREADS und PHYSWRITES bei der UDS$^+$-Variante im Vergleich zur UDS*-Variante ableiten, da zur Änderung eines NEPHEWL-Verweises meist ein Block aus der Datenbank gelesen und wieder dorthin zurückgeschrieben werden muß. Diese E/A-Operationen resultieren aus der geringen Wiederbenutzungswahrscheinlichkeit für Seiten der ersten Indexebene, die zumindest im fünfstufigen B*-Baum vorliegt. Dadurch befinden sich normalerweise nur wenige Indexseiten dieser Ebene im Puffer.

Wie den Durchschnittswerten der Tabellen 36 und 37 zu entnehmen ist, liegen PHYSREADS, PHYSWRITES und CHNG bei Verfahren 4 um 0.006 über den entsprechenden Ergebnissen des Verfahrens 3. Der Unterschied zu dem analytisch bestimmten Wert 0.005 ist u.U. auf die Rundung bei der Ergebnisdarstellung in den Tabellen zurückzuführen. Die Unterschiede für C1 bis C4 zwischen Verfahren 4 und Verfahren 3 sind derart gering, daß auf deren genauere Diskussion verzichtet werden kann.

Die Überlegungen, die hier für B*-Bäume mit den Parametern b=b*=20 angestellt wurden, lassen sich auch auf die anderen untersuchten B*-Bäume (b=20, b*=133; b=b*=133) übertragen. Allerdings treten dort manche Ereignisse, so insbesondere Splits auf den Indexebenen, im Verlauf von 100000 Einfügungen nur sehr selten auf, so daß sich die Kostenunterschiede zwischen den Verfahren 1 bis 4 weniger gut herausarbeiten und begründen lassen. Wir werden die in den Tabellen 38 bis 45 dokumentierten Werte hier nicht weiter analysieren und uns statt dessen der in Tabelle 46 gezeigten Zusammenstellung der Kosten C1 bis C4 bei den untersuchten B*-Baum-Implementierungen zuwenden.

Wie schon in den Tabellen 32 und 33, so gibt DELTAi-j auch hier den prozentualen Unterschied zwischen den Kosten bei Verfahren i und jenen bei Verfahren j an. Für j>i ist Verfahren j fast immer mit höheren Verarbeitungskosten verbunden als Verfahren i. Es gibt nur eine Abweichung von dieser Regel: Hinsichtlich des Kostenmaßes C1 besteht kein Unterschied zwischen den Verfahren 2 und 3, da bei Verfahren 3 keine zusätzlichen Seiten gegenüber Verfahren 2 berührt werden. In

	Verfahren				DELTA-	
	1	2	3	4	1-2	1-4
C1	4.479	4.530		4.536	1.1%	1.3%
C2	5.627	5.728	5.805	5.817	1.8%	3.4%
C3	3.404	3.508	3.585	3.596	3.1%	5.6%
C4	5.810	6.017	6.171	6.195	3.6%	6.6%

a) b=b*=20

	Verfahren				DELTA-	
	1	2	3	4	1-2	1-4
C1	3.124	3.166		3.167	1.3%	1.4%
C2	4.267	4.351	4.423	4.425	2.0%	3.7%
C3	2.611	2.702	2.774	2.775	3.5%	6.3%
C4	5.026	5.199	5.343	5.347	3.4%	6.4%

b) b=20, b*=133

	Verfahren				DELTA-	
	1	2	3	4	1-2	1-4
C1	2.892	2.898		2.899	0.2%	0.2%
C2	3.913	3.926	3.937	3.937	0.3%	0.6%
C3	1.670	1.684	1.695	1.695	0.8%	1.5%
C4	3.915	3.942	3.964	3.964	0.7%	1.3%

c) b=b*=133

Tabelle 46: Gegenüberstellung der Simulationsergebnisse für die untersuchten B*-Baum-Implementierungen

Tabelle 46c sind auch noch Übereinstimmungen zwischen Verfahren 3 und Verfahren 4 bei den Kostenmaßen C2 bis C4 zu erkennen, die aber nur auf die Beschränkung auf drei Dezimalstellen bei der Ergebnisdarstellung zurückzuführen sind. DELTA1-2 soll vor allem verdeutlichen, welche Mehrkosten durch die Benutzung von UP-Verweisen einerseits und NEXT-/PRIOR-Verweisen auf den Indexebenen andererseits bei der UDS-Variante im Vergleich zur BASIS-Variante verursacht werden. DELTA1-4 soll die Kostenunterschiede zwischen der nur sehr wenige Redundanzen enthaltenden BASIS-Variante und der mit vielen Redundanzen versehenen UDS+-Variante dokumentieren. Statt DELTA1-4 hätte in Tabelle 46 auch DELTA1-3 aufgeführt werden können, da es zwischen den Verfahren 3 und 4 nur minimale Kostenunterschiede gibt.

Einige Beobachtungen, die bei der Betrachtung der Simulationsergebnisse für Hashtabellen in Kap. 6.2.3 gemacht wurden, besitzen auch für die Resultate der B*-Baum-Implementierungen Gültigkeit. So ist u.a. festzustellen, daß sich das Kostenmaß C1 nur sehr schlecht zur vergleichenden Bewertung der Verfahren 1 bis 4 eignet, da es vor allem zwischen dem Verfahren 2 einerseits und den Verfahren 3 und 4 andererseits keine bzw. kaum Unterschiede offenbart.

Bei den Hashtabellen hat sich gezeigt, daß die Kostenmaße C2 und C3 in den prozentualen Differenzen zwischen den verschiedenen Implementierungen in etwa übereinstimmen. Bei den B*-Bäumen ist dies offensichtlich nicht der Fall, da C2 deutlich geringere Differenzen als C3 aufweist. Dies hat folgenden Grund: Bei den Hashtabellen hat der Puffer kaum eine Reduktion der Zahl der E/A-Operationen zur Folge, da sich die jeweils benötigten Buckets mit hoher Wahrscheinlichkeit nicht im Puffer befinden. C2 und C3 weichen deshalb nur geringfügig voneinander ab. Bei den B*-Bäumen befinden sich hingegen die Seiten der oberen beiden Baumebenen meist im Puffer, so daß C3 einen deutlich geringeren Wert als C2 aufweist. Durch zusätzliche Redundanzen in den Bäumen, wie sie bei den Verfahren 2 bis 4 vorkommen, werden C2 und C3 in etwa gleichem Maße erhöht. Da aber C3 von vornherein weitaus niedrigere Werte als C2 besitzt, macht sich ein Kostenanstieg dort prozentual stärker bemerkbar.

Für die Hashtabellen war außerdem festzustellen, daß die Kostenunterschiede zwischen den verschiedenen Implementierungen sehr stark von der Maximalzahl an Einträgen pro Bucket abhängen. Für die B*-Bäume liegt in entsprechender Weise eine Abhängigkeit von der Maximalzahl an Einträgen pro Blattseite (b) vor. Dagegen spielt die Maximalzahl an Einträgen pro Indexseite (b*) kaum eine Rolle, wie der Vergleich der DELTA-Werte in den Tabellen 46a und b zeigt.

Bei einem kleinen Wert für b und b* (b=b*=20) finden relativ häufig Allokationen auf der Blattebene und auf den Indexebenen statt, die recht deutliche Kostenunterschiede zwischen den untersuchten Verfahren offenbaren, wie es der Tabelle 46a zu entnehmen ist. Bei einem unveränderten Wert für b und einem erhöhten Wert für b* (b=20, b*=133 in Tabelle 46b) nimmt die Zahl der Allokationen auf den Indexebenen ab. Dafür ist aber jede einzelne dieser Allokationen bei den Verfahren 2 bis 4 mit hohen Kosten verbunden. Eine Allokation findet immer nur infolge einer Splitoperation statt. Während für b*=20 bei einem Split auf den Indexebenen in ca. 10 Sohnseiten die UP-Verweise geändert werden müssen, sind für b*=133 diese Änderungen in ca. 66 Sohnseiten durchzuführen. Damit ergibt sich die folgende Rechnung:
- Beim Übergang von b*=20 auf b*=133 sinkt die Wahrscheinlichkeit für einen Indexsplit bei einer Einfügung auf ca. 15% des zuvor gültigen Werts. Wenn etwa die erste Indexebene betrachtet wird, so tritt dort bei b=b*=20 im Durchschnitt alle 196 Einfügungen ein Split auf. Bei b=20, b*=133 beträgt der mittlere Abstand zwischen den Splits hingegen etwa 1300 Einfügungen.
- Der Übergang von b*=20 auf b*=133 hat aber gleichzeitig die erwähnte Erhöhung der Zahl der bei einem Indexsplit zu ändernden UP-Verweise zur Folge, nämlich von etwa 10 auf 66. Somit wird die durch die seltener vorkommenden Splits hervorgerufene Kosteneinsparung wieder völlig zunichte gemacht.

Die Änderung der UP-Verweise bei den Indexsplits stellt den wesentlichen Unterschied zwischen dem Verfahren 1 und den Verfahren 2 bis 4 bzgl. der Verarbeitungskosten dar. Da hier also mit dem Übergang von $b^*=20$ auf $b^*=133$ und gleichbleibendem b keine Kostenersparnis verbunden ist, weist die Tabelle 46b größenordnungsmäßig dieselben Kostendifferenzen DELTA1-2 wie die Tabelle 46a auf.

Auch die Werte für DELTA1-4 in Tabelle 46b unterscheiden sich nicht allzusehr von jenen in Tabelle 46a. Zur Erklärung sind zunächst die (in den Tabellen nicht enthaltenen) Kostendifferenzen DELTA2-3 zwischen den Verfahren 2 und 3 zu betrachten. Verfahren 3 unterscheidet sich von Verfahren 2 nur dadurch, daß bei jeder Allokation ein leerer Block aus der Datenbank gelesen werden muß. Die Zahl der Allokationen ist bei $b=20$, $b^*=133$ nicht wesentlich geringer als bei $b=b^*=20$, da die meisten Splitoperationen auf der Blattebene stattfinden. Die Zahl der Allokationen auf der Blattebene wird aber ausschließlich durch den Wert von b bestimmt, b^* hat darauf keinen Einfluß. Es ergeben sich z.B. die folgenden Differenzen zwischen den Verfahren 2 und 3:
- Im Fall $b=b^*=20$ ist C4 bei Verfahren 3 um 0.154 größer als bei Verfahren 2.
- Im Fall $b=20$, $b^*=133$ ist C4 bei Verfahren 3 um 0.144 größer als bei Verfahren 2.

Die um 0.010 geringere Kostendifferenz für $b=20$, $b^*=133$ gegenüber $b=b^*=20$ ist auf die Einsparung von Indexsplits zurückzuführen. Da in Tabelle 46b aufgrund der niedrigeren Bäume ohnehin kleinere Werte als in Tabelle 46a verzeichnet sind, wirkt sich eine um 0.010 geringere Kostendifferenz auf die DELTA-Werte, die Prozentangaben darstellen, nicht weiter aus. Zwischen DELTA2-3 bei $b=b^*=20$ einerseits und $b=20$, $b^*=133$ andererseits existiert deshalb kein deutlicher Unterschied. Da auch DELTA1-2 in beiden Fällen ähnliche Werte aufweist und die Kostendifferenz zwischen den Verfahren 3 und 4 sehr klein sind, ergeben sich für DELTA1-4 zwischen den Tabellen 46a und b nur relativ geringe Unterschiede.

Erst bei $b=b^*=133$ treten wesentlich niedrigere DELTA-Werte auf als bei $b=b^*=20$ und $b=20$, $b^*=133$. Hier wirkt sich der durch $b=133$ gegenüber $b=20$ verursachte Rückgang der Zahl der Allokationen auf der Blattebene aus. Da sich die Verfahren 1 bis 4 in ihren Verarbeitungskosten nur bei der Durchführung von Allokationen unterscheiden, ist es nicht weiter überraschend, daß für $b=133$ nur sehr geringe Kostendifferenzen zwischen den Verfahren bestehen. Während nämlich bei $b=20$ im Mittel nach jeweils 14 Einfügungen ein Split auf der Blattebene stattfindet, ist dies bei $b=133$ nur alle 93 Einfügungen der Fall. Die DELTA-Werte, die in den Tabellen 46a und b bis zu 6.6% erreichen, sind demzufolge in Tabelle 46c nicht größer als 1.5%.

Im folgenden Kapitel werden wir auf die wesentlichen Resultate der B*-Baum-Simulationen im Rahmen einer Gesamtbeurteilung der für Hashtabellen und B*-Bäume erzielten Ergebnisse nochmals kurz eingehen.

6.4 Zusammenfassende Bewertung der Simulationsergebnisse

In den vorangegangenen beiden Kapiteln wurden die Simulationsergebnisse für Hashtabellen- und B*-Baum-Implementierungen detailliert erörtert. Dies geschah insbesondere anhand der Ergebniszusammenstellungen in den Tabellen 32, 33 und 46. Im folgenden soll deshalb nicht nochmals auf die einzelnen Kosten und Kostendifferenzen eingegangen werden. Vielmehr kommt es uns darauf an, die Werte insgesamt zu beurteilen und dabei auch die Frage zu klären, welche Schlußfolgerungen für den Einsatz von Redundanzen in Hashtabellen und B*-Bäumen aus den Simulationsergebnissen gezogen werden können. Wir betrachten dabei nur noch die vom Kostenmaß C4 gelieferten Resultate, da diese die größte Realitätsnähe zur Bewertung der Verarbeitungskosten im DBVS aufweisen.

Was die Fehlererkennung anbelangt, so sind die beiden als UDS* bezeichneten Implementierungen (Verfahren 2 bei den Hashtabellen, Verfahren 3 bei den B*-Bäumen) als die wesentlichsten Vorschläge für fehlertolerante Speicherungsstrukturen in dieser Arbeit anzusehen. Die beiden UDS⁺-Varianten stellen dagegen nur noch jeweils geringfügige Erweiterungen der UDS*-Varianten dar.

Wie die Ergebnisse der Tabelle 32 zeigen, führt die UDS*-Variante bei den Hashtabellen zu Mehrkosten von bis zu 2.1% gegenüber der UDS-Variante, wenn von maximal b=20 Einträgen pro Bucket ausgegangen wird. Falls in ein Bucket hingegen b=133 Einträge hineinpassen, liegen die Mehrkosten bei der UDS*-Variante laut Tabelle 33 unter 1%. Diese insgesamt recht geringen Kostenunterschiede (2.1% bzw. unter 1%) sind darin begründet, daß die bei der UDS*-Variante mitgeführten Redundanzen kaum zusätzliche E/A-Operationen verursachen.

Den Ergebnissen der Tabelle 46 ist zu entnehmen, daß die UDS⁺-Variante der B*-Bäume, die sich in ihren Verarbeitungskosten nur sehr wenig von der UDS*-Variante unterscheidet, bis zu 6.6% höhere Kosten als die BASIS-Variante verursacht. Diese deutliche Kostendifferenz ergibt sich zum einen daraus, daß die bei den Verfahren 3 und 4 in den B*-Bäumen mitgeführten Redundanzen (insbesondere die UP-Verweise) relativ viele zusätzliche E/A-Operationen hervorrufen. Zum anderen hat die vergleichsweise niedrige Speicherplatzausnutzung bei den Bäumen, die ca. 70% beträgt, im Zuge einer STORE-Sequenz mehr Allokationen als bei den Hashtabellen zur Folge, da dort erst dann ein neues Überlaufbucket allokiert wird, wenn das Randbucket einer Überlaufkette voll ist. Dieser Unterschied kann etwa für b=20 bei den Hashtabellen, b=b*=20 bei den B*-Bäumen und 100000 Einfügungen folgendermaßen quantifiziert werden:
- Wie der Tabelle 1 zu entnehmen ist, finden im Verlauf der Einfügungen in die Hashtabelle insgesamt 4346 Allokationen statt.
- Der B*-Baum besitzt nach Durchführung der 100000 Einfügungen knapp 7700 Seiten, was eine entsprechende Zahl von Allokationen bedeutet. Dies sind im Vergleich

zur Hashtabelle 77% mehr Allokationen.

Die Benutzung von Seitentypindikatoren, die bei Allokationen zum Lesen leerer Blöcke sowie zum Schreiben zugehöriger "before images" führt, ist deshalb bei den B*-Bäumen mit höheren Kosten als bei den Hashtabellen verbunden. Dies ist ein weiterer Grund für die deutlichen Kostenunterschiede zwischen dem Verfahren 1 auf der einen Seite und den Verfahren 3 und 4 auf der anderen Seite.

Bei der Bewertung der simulativ ermittelten Kostendifferenzen zwischen den verschiedenen Verfahren muß stets berücksichtigt werden, daß in den Simulations- reihen ausschließlich Änderungsoperationen durchgeführt wurden. Im praktischen Einsatz eines Datenbanksystems kommt es aber äußerst selten vor, daß nur Einfügungen oder Löschungen, nicht aber auch Suchoperationen in Hashtabellen und B*-Bäumen stattfinden. In den meisten Fällen ist vielmehr ein <u>Operations-Mix</u> anzutreffen, d.h., es erfolgen sowohl Suchoperationen als auch Einfügungen und Löschungen. In vielen Anwendungsumgebungen treten sogar überwiegend Suchoperatio- nen auf. Welche Auswirkungen ein solcher Mix insgesamt auf die Verarbei- tungskosten haben kann, soll für einen B*-Baum mit b=20 und b*=133 dargestellt werden (vgl. Tabelle 46): Angenommen, ein Operations-Mix setzt sich zu 80% aus Suchoperationen (FIND) und zu 20% aus Einfügungen (STORE) zusammen, wobei Einfügungen und Suchoperationen in zufälliger Weise aufeinander folgen. Insgesamt werden 500000 Operationen ausgeführt, in deren Verlauf der anfangs leere Baum mit 100000 Einträgen gefüllt wird. Der Durchschnittswert von PHYSREADS in Tabelle 38 gibt an, daß bei Verfahren 1 im Mittel 1.452 Blöcke pro Einfügung gelesen werden. Obwohl dieser Wert auch die Kosten zum Lesen jener Blöcke enthält, die nur zur Änderung des PRIOR-Verweises bei Splitoperationen benötigt werden, kann er zur Abschätzung der bei einer Suchoperation zu lesenden Blöcke für die Verfahren 1 bis 4 benutzt werden. Damit ergeben sich unter Benutzung der C4-Werte aus den Tabellen 38 bis 41 für den beschriebenen Operations-Mix die folgenden Schätzwerte:

- Verfahren 1: $C4 \approx (400000*1.452 + 100000*5.026) / 500000$

≈ 2.17

- Verfahren 2: $C4 \approx (400000*1.452 + 100000*5.199) / 500000$

≈ 2.20

- Verfahren 3: $C4 \approx (400000*1.452 + 100000*5.343) / 500000$

≈ 2.23

- Verfahren 4: $C4 \approx (400000*1.452 + 100000*5.347) / 500000$

≈ 2.23

Der prozentuale Unterschied DELTA1-4 zwischen den B*-Baum-Implementierungen 1 und 4 beträgt bei diesem Mix nur noch 2.8% und nicht mehr 6.4%, wie er für eine reine STORE-Sequenz in Tabelle 46b verzeichnet ist. Ähnliche Reduktionen der Kosten- unterschiede ergeben sich auch bei den Hashtabellen, wenn Operations-Mixes anstelle reiner Änderungsoperationen zugrunde gelegt werden.

Es wäre natürlich auch von vornherein möglich gewesen, in den Simulationsreihen mehrere Operations-Mixes zu verwenden, um auf diesem Wege zu einer größeren Realitätsnähe bei den gelieferten Resultaten zu gelangen. Dies hätte aber vor allem den Nachteil gehabt, daß eine genaue Interpretation der Ergebnisse kaum noch möglich gewesen wäre. Die verschiedenen Effekte bei Allokationen und Deallokationen wären in diesem Fall anhand der gelieferten Zahlen nicht mehr einzeln nachvollziehbar gewesen. Wir haben deshalb in den Simulationsreihen auf die Benutzung von Operations-Mixes verzichtet und dabei in Kauf genommen, daß die in den Tabellen wiedergegebenen Resultate nur als "worst case" eines realen DB-Einsatzes zu verstehen sind.

Die _Simulationsergebnisse_ können folgendermaßen _zusammmengefaßt_ werden: Immer dann, wenn Hashtabellen und B*-Bäume zur Realisierung von _Sekundärschlüssel-Zugriffspfaden_ benutzt werden, liegt der mit der Verwendung der Redundanzen einhergehende _Kostenanstieg_ selbst bei ausschließlicher Durchführung von Änderungsoperationen in der Regel _unter 1%_. Falls hingegen die _Datensätze_ selbst in den Buckets einer Hashtabelle bzw. den Blattseiten eines B*-Baums enthalten sind, kann der Kostenanstieg auch größere Werte annehmen. Bei Benutzung von Operations-Mixes, die sowohl aus Such- als auch aus Änderungsoperationen bestehen, ist jedoch im allg. mit einem _Kostenanstieg unter 5%_ zu rechnen.

<u>7. Zusammenfassung und Ausblick</u>

In dieser Arbeit wurden verschiedene Verfahren zur Fehlererkennung und Fehlerbehandlung in Speicherungsstrukturen von Datenbanksystemen vorgestellt und hinsichtlich ihrer Leistungsfähigkeit und der durch sie verursachten Kosten bewertet.

<u>Ausgangspunkt der Untersuchungen</u> war die Beobachtung, daß durch die üblichen
Logging- und Recovery-Maßnahmen in Datenbanksystemen bestimmte Fehler nicht oder
nur unzureichend berücksichtigt werden. So kann die physische Integrität einer
Datenbank durch Fehler bei der Ein-/Ausgabe, durch Programmfehler im Betriebssystem, im DBVS oder in Dienstprogrammen sowie durch inkorrektes manuelles Ändern in
DB-Blöcken verletzt werden. Solche physischen Inkonsistenzen können sich auf die
Verfügbarkeit der Datenbank auswirken, falls zeitaufwendige Rekonstruktionsmaßnahmen im "offline"-Modus durchzuführen sind, oder sogar zur Übergabe inkorrekter
Daten an die Benutzer führen, falls Inkonsistenzen vom DBVS nicht rechtzeitig
erkannt werden. Das DBVS sollte deshalb während der normalen DB-Verarbeitung
"online"-Fehlererkennungsmaßnahmen durchführen. Mit Hilfe von "online"-Fehlerbe-
handlungsmaßnahmen sollte es zudem bei einem erkannten Fehler entweder die
Konsistenz selbständig, d.h. ohne Zutun des Benutzers bzw. Datenbank-Administrators, wiederherstellen oder aber die DB-Verarbeitung unter Sperrung eines inkonsistenten Bereichs der Datenbank fortsetzen. Für "online"-Fehlererkennungs- und
Fehlerbehandlungsmaßnahmen sind bislang weder in der Literatur noch in existierenden Datenbanksystemen wirklich umfassende, systematisch hergeleitete und gründlich
analysierte Vorschläge zu finden.

Mit Hilfe einer <u>Fehlerklassifikation</u> für physische Inkonsistenzen in Datenbanken
wurde eine Grundlage für die Einbeziehung von Fehlererkennungs- und Fehlerbehandlungsmaßnahmen in das DBVS geschaffen. In dieser Klassifikation, die sich aus
einer Analyse der Fehlermöglichkeiten auf verschiedenen Hardware- und Software-
Ebenen ergab, wurde zwischen den Fehlertypen Plattendefekt, Slotdefekt, Blockdefekt, Blockzuordnungsfehler, Blockinhaltsfehler und Seiteninhaltsfehler unterschieden.

Die Möglichkeiten und Verfahren zur <u>Fehlererkennung</u> wurden zunächst für die
Hardware (speziell für die Plattensteuerung) und für das Datenverwaltungssystem im
Betriebssystem erörtert. Dabei zeigte sich, daß Plattendefekte, Slotdefekte,
Blockdefekte und z.T. auch Blockzuordnungsfehler bereits auf diesen Ebenen erkannt
werden können. Für das DBVS ergibt sich die Gelegenheit zu Konsistenzprüfungen im
Pufferverwalter sowie im Record-Manager und in der Zugriffspfadverwaltung.

Aus Gründen einer sauberen Systemstruktur im DBVS sollten im Pufferverwalter nur
sehr einfache Prüfungen durchgeführt werden. Zu diesem Zweck wurde die Verwendung
von Schutzzonen zwischen den Seiten im Systempuffer sowie die Einbeziehung von
Seitenidentifikatoren und Seitentypindikatoren in die Seitenköpfe vorgeschlagen.

Im Record-Manager und in der Zugriffspfadverwaltung gibt es zum einen lokale Konsistenzprüfungen, wobei immer nur der Inhalt einer einzigen Seite auf Inkonsistenzen hin untersucht wird. Hierfür wurden Verfahren zur Erkennung von Verstößen gegen die Sortierordnung in Listen und Feldern, zur Feststellung inkorrekter Freiplatzangaben sowie zur Entdeckung fehlerhafter lokaler Verweise innerhalb einer Seite eingeführt und teilweise durch Messungen bzw. Simulationen bewertet.

Zum anderen bieten sich dem Record-Manager und der Zugriffspfadverwaltung aber auch Möglichkeiten zu globalen Konsistenzprüfungen, bei denen die Inhalte mehrerer Seiten in eine Prüfung einbezogen werden. In diesem Zusammenhang wurde ausführlich auf Prüftechniken für Hashtabellen mit "separate chaining" und B*-Bäume sowie auf die jeweils benötigten Redundanzen eingegangen, wobei auf spezielle Fehlerklassifikationen Bezug genommen wurde. Die funktionelle Leistungsfähigkeit der vorgeschlagenen Fehlererkennungsmaßnahmen konnte anhand ihrer "detectability" nachgewiesen werden.

An die Erörterungen zur Fehlererkennung schloß sich eine Untersuchung zur Fehlerbehandlung an. Zunächst wurde eine Klassifikation zur "online"-Fehlerbehandlung präsentiert, an der sich die verschiedenen Vorgehensweisen aufzeigen und bewerten ließen. Die Probleme der Fehlerbehandlung bei Slotdefekten, die daraus resultieren, daß kein Schreiben eines Blocks auf einen defekten Slot mehr möglich ist, wurden erörtert. Ein Ansatz zur Problemlösung unter Benutzung von Extent-Tabellen und Invalid-Listen wurde vorgestellt. Eine ausführliche Diskussion bezog sich auf Verfahren zur Fehlerbehandlung bei vollständig zerstörten FPA- und DBTT-Seiten. Die mit den Fehlerbehandlungsmaßnahmen verbundenen Kosten wurden unter Zugrundelegung bestimmter Datenbankgrößen und Zugriffszeiten bestimmt.

Falls bei vollständig zerstörten Seiten in Hashtabellen und B*-Bäumen keine unmittelbare Rekonstruktion erfolgt bzw. erfolgen kann, ergibt sich das Problem, daß u.U. ein ganzer Baum bzw. eine komplette Überlaufkette nicht mehr zugreifbar ist. Zur Sicherstellung des Zugriffs wurde die Verwendung von LAST-Verweisen für Hashtabellen und Verweisen zur zweithöchsten Indexebene für B*-Bäume vorgeschlagen.

Schließlich wurden drei Algorithmen zur Fehlerkorrektur in Hashtabellen und B*-Bäumen vorgestellt: Der GREEDY-Algorithmus hat eine möglichst weitgehende Wiederherstellung einer von Verweisinkonsistenzen betroffenen Überlaufkette in einer Hashtabelle zum Ziel, während die beiden anderen Verfahren auf die vollständige Wiederherstellung einer Überlaufkette bzw. eines B*-Baums abzielen, sofern dort nur kleinere Inkonsistenzen in den Seiten vorliegen.

"Online"-Fehlererkennungsmaßnahmen in Hashtabellen und B*-Bäumen unter Benutzung von Redundanzen wirken sich stets leistungsmindernd auf die DB-Verarbeitung aus.

Dies hängt vor allem mit Änderungen in den redundanten Daten zusammen, die bei Einfügungen und Löschungen in Hashtabellen und B*-Bäumen durchgeführt werden müssen. Mit Hilfe von <u>Simulationen</u> wurde der Versuch einer quantitativen Bewertung der durch die Mitführung von Redundanzen verursachten Leistungseinbußen unternommen. Zur Ermittlung der Verarbeitungskosten in einer Hashtabelle bzw. in einem B*-Baum wurden vier verschiedene Kostenmaße eingeführt, die eine unterschiedliche Genauigkeit und Realitätsnähe aufweisen. Fünf Hashtabellen-Implementierungen und vier B*-Baum-Implementierungen wurden mit Hilfe von Simulationsprogrammen untersucht, wobei auch die DBVS-Funktionen Pufferverwaltung und Logging Berücksichtigung fanden.

Die <u>Simulationsergebnisse</u> ergaben, daß bei Sekundärschlüssel-Zugriffspfaden, die über Hashtabellen und B*-Bäume implementiert werden, die Verarbeitungskosten im DBVS im Fall der Einbeziehung von Redundanzen selbst dann nur um weniger als 1% anwachsen, wenn die DB-Verarbeitung ausschließlich Änderungsoperationen enthält. Falls hingegen Datensätze größerer Länge in den Buckets einer Hashtabelle bzw. in den Blattseiten eines B*-Baums gespeichert werden, können die Redundanzen Mehrkosten bei der DB-Verarbeitung im Bereich von 5% verursachen. Damit ist aber nur bei reinen Änderungsoperationen in einer Hashtabelle bzw. einem B*-Baum zu rechnen. Sofern man von realen Operations-Mixes ausgeht, die auch einen recht hohen Anteil an Suchoperationen beinhalten, sind Mehrkosten deutlich unter 5% zu erwarten.

In /Reu81/, wo auf 456 Seiten eine umfassende Darstellung der "traditionellen" Fehlerbehandlung in Datenbanksystemen geboten wird, heißt es: "Trotz ihres Umfangs behandelt die Arbeit nur einen Teil der Fehlerbehandlung in Datenbanksystemen." In der vorliegenden Arbeit wurde zwar versucht, für einige der in /Reu81/ ausgeklammerten Bereiche Lösungen aufzuzeigen, aber manche Fragen sind auch hier noch offen geblieben. Deshalb soll im Anschluß an die Zusammenfassung der wichtigsten Ergebnisse dieser Arbeit auf einige Problembereiche eingegangen werden, die u.E. einer <u>weiteren Untersuchung</u> bedürfen.

So erscheint eine genauere Bestimmung jener zusätzlichen <u>Pfadlängen</u> im DBVS als wünschenswert, die durch die Nutzung und Wartung von Redundanzen verursacht werden. In Kap. 4 wurde zwar eine Abschätzung für die Zahl der zur Prüfungsdurchführung benötigten Maschineninstruktionen präsentiert, wirklich exakte Werte hierzu sind aber nur durch die Implementierung der Verfahren in einem DBVS zu gewinnen. Mit Hilfe von Pfadlängenmessungen könnte dann eine bessere Antwort auf die Frage gefunden werden, welchen CPU-Zeit-Mehraufwand die Mitführung der Redundanzen zur Folge hat.

Ebenfalls von Interesse wäre eine Untersuchung des <u>Implementierungsaufwands für Fehlerbehandlungsmaßnahmen</u> im DBVS. Die Fehlererkennungsmaßnahmen aus Kap. 4 sind strukturell derart einfach, daß ihre Einbringung in den Programm-Code des DBVS keine allzugroßen Schwierigkeiten bereitet, sofern die entsprechenden Detailkenntnisse über die DBVS-Interna vorliegen. Die in Kap. 5 vorgestellten Fehlerbehandlungsalgorithmen sind hingegen recht komplex, und ihre Einbeziehung in das DBVS dürfte mit einigem Aufwand verbunden sein. Bei sehr umfangreichen Änderungen und Erweiterungen am existierenden DBVS-Code besteht aber durchaus die Gefahr, daß bei der Implementierung von Fehlerbehandlungsmaßnahmen Programmfehler in das DBVS eingebracht werden, die wiederum physische Inkonsistenzen in Datenbanken zur Folge haben können. Eine Bewertung des Realisierungsaufwands für Fehlerbehandlungsmaßnahmen im DBVS könnte im Zuge einer Pilot-Implementierung der Verfahren erfolgen.

Schließlich ist anzumerken, daß in dieser Arbeit für einige Fehlerfälle zwar Erkennungsverfahren, nicht jedoch Behandlungs- und speziell Rekonstruktionsmaßnahmen angegeben wurden. Dies betrifft vor allem jene Inkonsistenzen, die im Pufferverwalter bzw. im Verlauf der lokalen Konsistenzprüfungen im Record-Manager und in der Zugriffspfadverwaltung erkannt werden. So ist z.B. die Frage noch offen geblieben, ob bzw. wie eine Rekonstruktion inkonsistenter Freiplatzangaben in einer DB-Seite erfolgen kann, nachdem mit Hilfe der Freiplatzmarkierungen ein Fehler festgestellt wurde. Mit jenen Problemstellungen könnte sich eine weiterführende Arbeit genauer auseinandersetzen.

Literaturverzeichnis

ADAB   ADABAS Benutzerhandbuch, erhältlich durch: Software AG, Hilpertstraße 20, 6100 Darmstadt

Ag83   Aghili, H. et al.: A Prototype of a Highly Available Database System. Research Report RJ 3755, IBM San Jose Research Laboratory, Computer Science Dept., 1983

Al81   Anderson, T., Lee, P.A.: Fault-Tolerance – Principles and Practice. Prentice/Hall Int., Englewood Cliffs, 1981

An84   Anderson, T.: Can Design Faults be Tolerated? In: Tagungsband der 2. GI/NTG/GMR-Fachtagung "Fehlertolerierende Rechensysteme", Bonn, Springer-Verlag, Informatik-Fachberichte 84, 1984, S. 426-433

ANSI75 ANSI/X3/SPARC Study Group on Data Base Management Systems, Interim Report 75-02-08, in: FDT – Bulletin of ACM SIGMOD, Vol. 7, No. 2, 1975

As81   Astrahan, M.M. et al.: A History and Evaluation of System ·R, in: Communic. of the ACM, Vol. 24, No. 10, 1981, pp. 632-646

Av71   Avižienis, A. et al.: The STAR Computer: An Investigation of the Theory and Practice of Fault-Tolerant Computer Design, in: IEEE Trans. on Computers, Vol. C-20, No. 11, 1971, pp. 1312-1321

Ba73   Bachman, C.W.: The Programmer as Navigator, in: Communic. of the ACM, Vol. 16, No. 11, 1973, pp. 653-658

Bi79   Bičevskis, J. et al.: SMOTL – A System to Construct Samples for Data Processing Debugging, in: IEEE Trans. on Software Engineering, Vol. SE-5, No. 1, 1979, pp. 60-65

BK84   Bechtold, U., Küspert, K.: On the Use of EXTENDIBLE HASHING without Hashing, in: Information Processing Letters, Vol. 19, No. 1, 1984, pp. 21-26

Bl70   Bloom, B.H.: Space/Time Trade-offs in Hash Coding with Allowable Errors, in: Communic. of the ACM, Vol. 13, No. 7, 1970, pp. 422-426

BMC72   Bayer, R., McCreight, E.: Organization and Maintenance of Large Ordered Indexes, in: Acta Informatica, Vol. 1, No. 3, 1972, pp. 173-189

Bo84   Borel, K.: CPS 32, ein neues Computer-Konzept für Fehlertoleranz und Erweiterbarkeit, in: Software-Fehlertoleranz und -Zuverlässigkeit, Springer-Verlag, Informatik-Fachberichte 83, 1984, S. 166-169

BTM80   Black, J.P., Taylor, D.J., Morgan, D.E.: An Introduction to Robust Data Structures, in: Proc. 10th Int. Conf. on Fault-Tolerant Computing, Kyoto, 1980, pp. 110-112

BTM81a Black, J.P., Taylor, D.J., Morgan, D.E.: A Robust B-Tree Implementation, in: Proc. 5th Int. Conf. on Software Engineering, San Diego, 1981, pp. 63-70

BTM81b Black, J.P., Taylor, D.J., Morgan, D.E.: A Compendium of Robust Data Structures, in: Proc. 11th Int. Conf. on Fault-Tolerant Computing, Portland, 1981, pp. 129-131

BTM81c Black, J.P., Taylor, D.J., Morgan, D.E.: A Case Study in Fault-Tolerant Software, in: Software – Practice and Experience, Vol. 11, No. 2, 1981, pp. 145-157

BV84   Ballin, W., Vogel, E.: Ein Transaktionskonzept für ein Betriebssystem mit virtuellem Speicher, in: Tagungsband der 8. GI/NTG-Fachtagung "Architektur und Betrieb von Rechensystemen", Karlsruhe, Springer-Verlag, Informatik-Fachberichte 78, 1984, S. 296-304

CA78   Chen, L., Avižienis, A.: N-Version Programming: A Fault-Tolerance Approach to Reliability of Software Operation, in: Proc. 8th Int. Conf. on Fault-Tolerant Computing, Toulouse, 1978, pp. 3-9

Ca82   Carter, W.C.: The Ubiquitous Parity Bit, in: Proc. 12th Int. Conf. on Fault-Tolerant Computing, Santa Monica, 1982, pp. 289-296

CGK82   UDS-Dokumentation: Leistungsbeschreibung V4.0, Kap. 6: Korrekturoperator. Internes Papier, Computer Gesellschaft Konstanz, Konstanz, 1982

CGY81   Chamberlin, D.D., Gilbert, A.M., Yost, R.A.: A History of System R and SQL / Data System, in: Proc. 7th Int. Conf. on VLDB, Cannes, 1981, pp. 456-464

Ch76   Chamberlin, D.D. et al.: SEQUEL 2: A Unified Approach to Data Definition, Manipulation, and Control, in: IBM Journal of Research and Development, Vol. 20, No. 6, 1976, pp. 560-575

CHB79   Campbell, R.H., Horton, K.H., Belford, G.G.: Simulations of a Fault-Tolerant Deadline Mechanism, in: Proc. 9th Int. Conf. on Fault-Tolerant Computing, Madison/Wisconsin, 1979, pp. 95-101

Co74   Codd, E.F.: Seven Steps to RENDEVOUZ with the Casual User. Research Report RJ133, IBM San Jose Research Laboratory, Computer Science Dept., 1974

CODA73 CODASYL DDL Journal of Development, June 73 Report, erhältlich bei: IFIP Administrative Data Processing Group, 40 Paulus Potterstraat, Amsterdam

CODA78 Report of the CODASYL Data Description Language Committee, in: Information Systems, Vol. 3, No. 4, 1978, pp. 247-320

Cr84   Crus, R.A.: Data Recovery in IBM Database 2, in: IBM Systems Journal, Vol. 23, No. 2, 1984, pp. 178-188

DBTG71 CODASYL Data Base Task Group (DBTG), April 71 Report, erhältlich bei: IFIP Administrative Data Processing Group, 40 Paulus Potterstraat, Amsterdam

DC84   Dal Cin, M.: Software-implementierte Fehlertoleranz, in: Informatik-Spektrum (Das aktuelle Schlagwort), Bd. 7, Nr. 2, 1984, S. 108

Di69   Dijkstra, E.W.: Notes on Structured Programming. Veröffentlichung der Technischen Hochschule Eindhoven, 1969

EDMS74 XEROX Extended Data Management System (EDMS): Reference Manual, 1974

Ef81   Effelsberg, W.: Systempufferverwaltung in Datenbanksystemen. Dissertation, TH Darmstadt, Fachbereich Informatik, 1981

EGLT76 Eswaran, K.P., Gray, J.N., Lorie, R.A., Traiger, I.L.: The Notions of Consistency and Predicate Locks in a Database System, in: Communic. of the ACM, Vol. 19, No. 11, 1976, pp. 624-633

EGM83   Echtle, K., Görke, W., Marhöfer, M.: Zur Begriffsbildung bei der Beschreibung von Fehlertoleranz-Verfahren. Interner Bericht 6/83, Univ. Karlsruhe, Fakultät für Informatik, 1983

Eh83   Ehrenberger, W.: Was ist sichere Software? In: Elektronische Rechenanlagen, Bd. 25, Nr. 1, 1983, S. 27-32

El82   Elhardt, K.: Das Datenbank-Cache. Dissertation, TU München, Institut für Informatik, 1982

En76   Endres, A.: Formale Analyse und Verifikation von Programmen. Dissertation, Univ. Stuttgart, Institut für Informatik, 1976

Fa76   Fagan, M.E.: Design and Code Inspections to Reduce Errors in Program Development, in: IBM Systems Journal, Vol. 15, No. 3, 1976, pp. 182-211

FNPS79 Fagin, R., Nievergelt, J., Pippenger, N., Strong, H.R.: Extendible Hashing - A Fast Method for Dynamic Files, in: ACM Trans. on Database Systems, Vol. 4, No. 3, 1979, pp. 315-344

Ge78   Gerhart, S.L.: Program Validation, in: Lecture Notes, Advanced Course on Computing Systems Reliability, Newcastle upon Tyne, 1978

GG75   Goodenough, J.B., Gerhart, S.L.: Toward a Theory of Test Data Selection, in: IEEE Trans. on Software Engineering, Vol. SE-1, No. 2, 1975, pp. 156-173

Gl80   Glorius, H.: Datensicherungsfunktionen für ein real-time-fähiges Datenbanksystem (realisiert bei DBMS PRISMA). Kurzvortrag auf der 10. GI-Jahrestagung, Saarbrücken, 1980

Gr78   Gray, J.N.: Notes on Database Operating Systems, in: Operating Systems, An Advanced Course, Springer-Verlag, Lecture Notes in Computer Science 60, 1978, pp. 393-481

Gr81a   Gray, J.N. et al.: The Recovery Manager of the System R Database Manager, in: ACM Computing Surveys, Vol. 13, No. 2, 1981, pp. 223-242

Gr81b   Gray, J.N.: The Transaction Concept: Virtues and Limitations, in: Proc. 7th Int. Conf. on VLDB, Cannes, 1981, pp. 144-154

Ha83   Hamm, E.: Simulation von B*-Bäumen mit verallgemeinerter Überlauftechnik. Projektarbeit, Univ. Kaiserslautern, Fachbereich Informatik, 1983

Hä78   Härder, T.: Implementierung von Datenbanksystemen. Carl Hanser Verlag, München Wien, 1978

Hä79   Härder, T.: Die Einbettung eines Datenbanksystems in eine Betriebssystemumgebung, in: Datenbanktechnologie, Tagungsband II/1979 des German Chapter of the ACM, Bad Nauheim, Teubner-Verlag, 1979, S. 9-24

Hä81a   Härder, T.: Skriptum zur Vorlesung "Datenbanksysteme I". Univ. Kaiserslautern, Fachbereich Informatik, 1981

Hä81b   Härder, T.: Transaktionskonzept in Datenbanksystemen, in: Informatik-Spektrum (Das aktuelle Schlagwort), Bd. 4, Nr. 3, 1981, S. 186-188

Hä85   Härder, T., Kinzinger, H., Küspert, K., Meyer-Wegener, K., Peinl, P.: Zuverlässigkeit und Kosten von Sicherungs- und Recovery-Techniken bei integrierten DB/DC-Systemen einschließlich Konsistenzprüfung und Revisionsunterstützung (Projektabschlußbericht). Interner Bericht, Univ. Kaiserslautern, Fachbereich Informatik, 1985 (in Vorbereitung)

Her84   Herrmann, F.: Das fehlertolerante Informationssystem 8832 - Das Fehlertoleranzkonzept, in: Software-Fehlertoleranz und -Zuverlässigkeit, Springer-Verlag, Informatik-Fachberichte 83, 1984, S. 180-188

Hes80   Hesse, W.: Das Projektmodell - Eine Grundlage für die ingenieurmäßige Software-Entwicklung, in: Tagungsband der 10. GI-Jahrestagung, Saarbrücken, Springer-Verlag, Informatik-Fachberichte 33, 1980, S. 107-121

Hof78   Hofer, H.: Datenfernverarbeitung - Eine Einführung (2. Auflage). Springer-Verlag, Berlin Heidelberg New York, 1978

Hor74   Horning, J.J. et al.: A Program Structure for Error Detection and Recovery, in: Lecture Notes in Computer Science 16, Springer-Verlag, 1974, pp. 171-187

HR83   Härder, T., Reuter, A.: Principles of Transaction-Oriented Database Recovery, in: ACM Computing Surveys, Vol. 15, No. 4, 1983, pp. 287-317

IBM75   IBM OS/VS Data Management Services Guide, 1975

IBM78a IMS/VS Version 1: Application Programming Reference Manual, 1978

IBM78b IMS/VS Version 1, Release 1.5, Fast Path Feature: Allgemeiner Überblick, 1978

JW75   Jensen, K., Wirth, N.: Pascal User Manual and Report (2nd ed.). Springer-Verlag, New York Heidelberg Berlin, 1975

KA83   Kelly, J.P., Avižienis, A.: A Specification-Oriented Multi-Version Software Experiment, in: Proc. 13th Int. Conf. on Fault-Tolerant Computing, Milano, 1983, pp. 120-126

Kim82   Kim, W.: Auditor: A Framework for High Availability of DB/DC Systems. Research Report RJ3512, IBM San Jose Research Laboratory, Computer Science Dept., 1982

Kim84   Kim, W.: Highly Available Systems for Database Applications, in: ACM Computing Surveys, Vol. 16, No. 1, 1984, pp. 71-98

Kin83   Kinzinger, H.: Revisionsunterstützung in DB/DC-Systemen. Technischer Bericht, Univ. Kaiserslautern, Fachbereich Informatik, 1983

KM84   Küspert, K., Manzke, T.: PAPS - Ein Programm zur Auswertung von Pfadlängenmessungen in Softwaresystemen, in: Elektronische Rechenanlagen, Bd. 26, Nr. 2, 1984, S. 79-89

Kn75   Knuth, D.E.: The Art of Computer Programming, Vol. 3: Sorting and Searching. Addison-Wesley Publ. Comp., Reading/Mass., 1975

Kö82   Köstler, M.: Verfügbarkeit bei PRISMA im Unterschied zu UDS. Internes Papier, Siemens AG, München, 1982

Kr56   Kruskal, I.B.: On the Shortest Spanning Tree of a Graph and the Travelling Salesman Problem, in: Proc. American Mathematical Society, Vol. 7, No. 1, 1956, pp. 48-50

Kü82   Küspert, K.: Modelle für die Leistungsanalyse von Hashtabellen mit "separate chaining", in: Angewandte Informatik, Bd. 24, Nr. 9, 1982, S. 456-462

Kü83a   Küspert, K.: Möglichkeiten und Verfahren zur schnellen Datenbank-Recovery bei einzelnen zerstörten Datenbankblöcken. Interner Bericht 73/83, Univ. Kaiserslautern, Fachbereich Informatik, 1983. Auszugsweise erschienen in: Tagungsband der 8. GI/NTG-Fachtagung "Architektur und Betrieb von Rechensystemen", Karlsruhe, Springer-Verlag, Informatik-Fachberichte 78, 1984, S. 378-391

Kü83b   Küspert, K.: Vorschläge zur zeiteffizienten "online"-Fehlererkennung in Speicherungsstrukturen von Datenbanksystemen. Interner Bericht 87/83, Univ. Kaiserslautern, Fachbereich Informatik, 1983. Auszugsweise erschienen in:
• Proc. 14th Int. Conf. on Fault-Tolerant Computing, Kissimmee/Florida, 1984, pp. 198-203
• Tagungsband der 2. GI/NTG/GMR-Fachtagung "Fehlertolerierende Rechensysteme", Bonn, Springer-Verlag, Informatik-Fachberichte 84, 1984, S. 89-100

Kü83c   Küspert, K.: Ein Fehlermodell für Speicherungsstrukturen in Datenbanksystemen. Technischer Bericht, Univ. Kaiserslautern, Fachbereich Informatik, 1983

Kü83d   Küspert, K.: Storage Utilization in B*-Trees with a Generalized Overflow Technique, in: Acta Informatica, Vol. 19, No. 1, 1983, pp. 35-55

Kü84a   Küspert, K.: Schnelle Verfahren zur "online"-Fehlererkennung in Speicherungsstrukturen von Datenbanksystemen unter Betrachtung einzelner Seiteninhalte. Interner Bericht 96/83, Univ. Kaiserslautern, Fachbereich Informatik, 1984. Auszugsweise erschienen in: Software-Fehlertoleranz und -Zuverlässigkeit, Springer-Verlag, Informatik-Fachberichte 83, 1984, S. 51-62

Kü84b   Küspert, K.: Überlegungen zur schnellen "online"-Fehlerbehandlung in Speicherungsstrukturen von Datenbanksystemen. Interner Bericht 109/84, Univ. Kaiserslautern, Fachbereich Informatik, 1984. Erscheint auszugsweise in: Tagungsband der 13. Fachtagung "Technische Zuverlässigkeit", Nürnberg, 1985

Kü85a   Küspert, K.: Principles of Error Detection in Storage Structures of Database Systems, to appear in: Proc. RELIABILITY '85, Birmingham, 1985

Kü85b   Küspert, K.: Quantitative Bewertung fehlertoleranter B*-Baum-Implementierungen in Datenbanksystemen durch Simulationsreihen (eingereicht zur Veröffentlichung)

La78   Larson, P.A.: Dynamic Hashing, in: BIT, Vol. 18, No. 2, 1978, pp. 184-201

LH81   Lockemann, P.C., Härder, T.: Datenhaltung in Echtzeitsystemen, in: Fachtagung Prozeßrechner (Einführungstag), München, 1981

Li78   Litwin, W.: Virtual Hashing: A Dynamically Changing Hashing, in: Proc. 4th Int. Conf. on VLDB, Berlin, 1978, pp. 517-523

Lo77   Lorie, R.A.: Physical Integrity in a Large Segmented Database, in: ACM Trans. on Database Systems, Vol. 2, No. 4, 1977, pp. 339-351

LS79   Lampson, B.W., Sturgis, H.E.: Crash Recovery in a Distributed Data Storage System. Research Report, XEROX Palo Alto Research Center, Computer Science Laboratory, 1979

Lu83   Ludewig, J.: ESPRESO - A System for Process Control Software Specification, in: IEEE Trans. on Software Engineering, Vol. SE-9, No. 4, 1983, pp. 427-436

LZ84   Lauber, R., Zhou, S.: Beurteilung von Verfahren zur Tolerierung von Softwarefehlern, in: Software-Fehlertoleranz und -Zuverlässigkeit, Springer-Verlag, Informatik-Fachberichte 83, 1984, S. 281-292

Ma83   Manzke, T.: PAPI - Ein Programmsystem zur Auswertung von Pfadlängenmessungen im BS2000. Projektarbeit, Univ. Kaiserslautern, Fachbereich Informatik, 1983

MC80   Mead, C., Conway, L.: Introduction to VLSI-Systems. Addison-Wesley Publ. Comp., Reading/Mass., 1980

Mi84   Mitschang, B.: Datenbankgestützte Informationssysteme für Non-Standard-Anwendungen - ein Modellierungs- und Entwurfskonzept. Bericht 9/84, Sonderforschungsbereich 124, Univ. Kaiserslautern, Fachbereich Informatik, 1984

ML81   Menascé, D.A., Landes, O.: Dynamic Crash Recovery of Balanced Trees, in: Proc. 7th Int. Conf. on VLDB, Cannes, 1981, pp. 131-137

MMW84   Maehle, E., Moritzen, K., Wirl, K.: Experimente mit n-Version Programmierung auf dem DIRMU Multiprozessorsystem, in: Software-Fehlertoleranz und -Zuverlässigkeit, Springer-Verlag, Informatik-Fachberichte 83, 1984, S. 133-142

MSR77 Melliar-Smith , P.M., Randell, B.: Software Reliability: The Role of Programmed Exception Handling, in: SIGPLAN Notices, Vol. 12, No. 3, 1977, pp. 95-100

Mu81 Mullin, J.K.: Change Area B-Trees: A Technique to Aid Error Recovery, in: The Computer Journal, Vol. 24, No. 4, 1981, pp. 367-373

Nef80 Neff, W.: Zugriffszeitverhalten von B*-Bäumen. Diplomarbeit, TH Darmstadt, Fachbereich Informatik, 1980

Neh80a Nehmer, J.: Skriptum zur Vorlesung "Betriebssysteme", Teil 1: Strukturelle Grundlagen. Univ. Kaiserslautern, Fachbereich Informatik, 1980

Neh80b Nehmer, J.: Skriptum zur Vorlesung "Betriebssysteme", Teil 3: Zuverlässigkeit. Univ. Kaiserslautern, Fachbereich Informatik, 1980

Nix84 Verteilte Datenbanken Nixdorf: Leistungsbeschreibung. Nixdorf Computer AG, Paderborn Berlin, 1984

NM78 Nakamura, T., Mizoguchi, T.: An Analysis of Storage Utilization Factor in Block Split Data Structuring Scheme, in: Proc. 4th Int. Conf. on VLDB, Berlin, 1978, pp. 489-495

Oh77 Ohse, D.: Skriptum zur Vorlesung "Graphen und Netzwerke". TH Darmstadt, Fachbereich Rechts- und Wirtschaftswissenschaften, 1977

Pe84a Petry, G.: Simulation und quantitative Bewertung verschiedener fehlertoleranter B*-Baum-Implementierungen. Projektarbeit, Univ. Kaiserslautern, Fachbereich Informatik, 1984

Pe84b Petry, G.: Simulation und quantitative Bewertung verschiedener fehlertoleranter Hashtabellen-Implementierungen. Arbeitsbericht, Univ. Kaiserslautern, Fachbereich Informatik, 1984

Ra84 Rahm, E.: Quantitative Analyse eines Synchronisationsverfahrens für Mehrrechner-Datenbanksysteme. Diplomarbeit, Univ. Kaiserslautern, Fachbereich Informatik, 1984

Reh79 Rehbein, J.: Kostenmodelle für Modifikationsoperationen in einem Datenbanksystem. Diplomarbeit, TH Darmstadt, Fachbereich Informatik, 1979

Reu80 Reuter, A.: Anmerkungen zum Datensicherungskonzept im UDS BS2000. Technischer Bericht, TH Darmstadt, Fachbereich Informatik, 1980

Reu81 Reuter, A.: Fehlerbehandlung in Datenbanksystemen. Carl Hanser Verlag, München Wien, 1981

Reu83 Reuter, A.: Schnelle Recovery-Algorithmen für Datenbanksysteme, Teil 1: Konzepte und Fallunterscheidungen. Interner Bericht 69/83, Univ. Kaiserslautern, Fachbereich Informatik, 1983

RLT78 Randell, B., Lee, P.A., Treleaven, P.C.: Reliability Issues in Computing System Design, in: ACM Computing Surveys, Vol. 10, No. 2, 1978, pp. 123-165

RR83 Racke, W.F., Rombach, H.D.: Methoden, Sprachen und Werkzeuge zur Software-Spezifikation - Eine Übersicht. Interner Bericht 66/83, Univ. Kaiserslautern, Fachbereich Informatik, 1983

Sch84 Schulz, A.: Das fehlertolerante System TANDEM T16, in: Software-Fehlertoleranz und -Zuverlässigkeit, Springer-Verlag, Informatik-Fachberichte 83, 1984, S. 189-200

SD76 Severance, D.G., Duhne, R.: A Practitioner's Guide to Addressing Algorithms, in: Communic. of the ACM, Vol. 19, No. 6, 1976, pp. 314-326

Se73 Senko, M.E. et al.: Data Structures and Accessing in Database Systems, in: IBM Systems Journal, Vol. 12, No. 1, 1973, pp. 30-93

Sie75 Wartungshandbuch zum Plattenspeichersystem 3465. Siemens AG, München, 1975

Sie80 Betriebssystem BS2000: Einführung, Benutzerhandbuch. Siemens AG, München, 1980

Sie82a UDS-Dokumentation: Methoden und Tools der Diagnose, Plausibilitätsprüfungen. Internes Papier, Siemens AG, München, 1982

Sie82b Siemens System 7.500: Beschreibung und Befehlsliste. Siemens AG, München, 1982

Sie83 Betriebssystem BS2000: Benutzerhandbücher zur Version 7.1. Siemens AG, München, 1983

Sie84a Datenbanksystem UDS: Benutzerhandbücher zur Version 4.0. Siemens AG, München, 1984

Sie84b Transaktionsmonitor UTM: Benutzerhandbücher zur Version 2.2. Siemens AG, München, 1984

Sie84c Konsistenzprüfprogramm UDS-CHECK: Benutzerhandbuch zur Version 2.1. Siemens AG, München, 1984

SL76 Severance, D.G., Lohman, G.M.: Differential Files: Their Application to the Maintenance of Large Databases, in: ACM Trans. on Database Systems, Vol. 1, No. 3, 1976, pp. 256-267

Sö81 Söderlund, L.: Concurrent Database Reorganization – Assessment of a Powerful Technique Through Modeling, in: Proc. 7th Int. Conf. on VLDB, Cannes, 1981, pp. 499-509

Sw78 Swarz, R.S.: Reliability and Maintainability Enhancements for the VAX 11/780, in: Proc. 8th Int. Conf. on Fault-Tolerant Computing, Toulouse, 1978, pp. 24-28

SWKH76 Stonebraker, M., Wong, E., Kreps, P., Held, G.: The Design and Implementation of INGRES, in: ACM Trans. on Database Systems, Vol. 1, No. 3, 1976, pp. 189-222

Tak83 Takeshita, T.: Overview of IMS/VS Fast Path Enhancement, in: Database Engineering – a quarterly bulletin of the IEEE Computer Society, Vol. 6, No. 1, 1983, pp. 33-39

Tay77 Taylor, D.J.: Robust Data Structure Implementations for Software Reliability. Ph.D. Thesis, Univ. of Waterloo, Dept. of Computer Science, 1977

Tay80 Taylor, D.J.: Robust Storage Structures for Data Structures. Research Report CS-80-36, Dept. of Computer Science and Computer Communication Networks Group, 1980

TB82 Taylor, D.J., Black, J.P.,: Principles of Data Structure Error Correction, in: IEEE Trans. on Computers, Vol. C-31, No. 7, 1982, pp. 602-608

Th76 Thomas, D.A.: Integrity Checking Algorithms for CODASYL Databases. M.Sc. Thesis, Carleton University, Faculty of Engineering, Ottawa, 1976

TMB80a Taylor, D.J., Morgan, D.E., Black, J.P.: Redundancy in Data Structures: Improving Software Fault-Tolerance, in: IEEE Trans. on Software Engineering, Vol. SE-6, No. 6, 1980, pp. 585-594

TMB80b Taylor, D.J., Morgan, D.E., Black, J.P.: Redundancy in Data Structures: Some Theoretical Results, in: IEEE Trans. on Software Engineering, Vol. SE-6, No. 6, 1980, pp. 595-602

TPB77 Thomas, D.A., Pagurek, B., Buhr, R.J.: Validation Algorithms for Pointer Values in DBTG Databases, in: ACM Trans. on Database Systems, Vol. 2, No. 4, 1977, pp. 352-369

Tr84 Trauboth, H.: Zuverlässigkeit von DV-Systemen – Eine systemtechnische Aufgabe, in: Tagungsband der 8. GI/NTG-Fachtagung "Architektur und Betrieb von Rechensystemen", Karlsruhe, Springer-Verlag, Informatik-Fachberichte 78, 1984, S. 271-295

Va81 Vandendorpe, J.E.: A Crash Tolerant Data Structure for B-Trees on Secondary Storage. Ph.D. Thesis, Illinois Institute of Technology, Dept. of Computer Science, 1981

Ve78 Verhofstad, J.S.M.: Recovery Techniques for Database Systems, in: ACM Computing Surveys, Vol. 10, No. 2, 1978, pp. 167-195

Vo84 Voges, U.: Der Einsatz von Software-Diversität in Systemen mit hohen Zuverlässigkeitsanforderungen, in: Software-Fehlertoleranz und -Zuverlässigkeit, Springer-Verlag, Informatik-Fachberichte 83, 1984, S. 155-165

vP83 von Puttkamer, E.: Mead-Conway-Methode, in: Informatik-Spektrum (Das aktuelle Schlagwort), Bd. 6, Nr. 3, 1983, S. 169-170

Web81 Weber, Ch.: Ein Verfahren zur schnellen Konsistenzprüfung von Datenbanken, in: Angewandte Informatik, Bd. 23, Nr. 11, 1981, S. 497-501

Wed74 Wedekind, H.: On the Selection of Access Paths in a Database System, in: Database Management (J.W. Klimbie, K.L. Koffeman, eds.), North-Holland Publ. Comp., Amsterdam, 1974, pp. 385-397

Wen78   Wensley, J.H. et al.: SIFT: Design and Analysis of a Fault-Tolerant
        Computer for Aircraft Control, in: Proc. of the IEEE, Vol. 66, No. 10,
        1978, pp. 1240-1255

Wü77   Würges, H.: Reaktion auf unerwünschte Ereignisse in hierarchisch struktu-
        rierten Software-Systemen. Dissertation, TH Darmstadt, Fachbereich Infor-
        matik, 1977

Wy84   Wycisk, A.: Untersuchungen zur Fehlererkennung in den Speicherungsstruktu-
        ren des Datenbanksystems UDS. Diplomarbeit, Univ. Kaiserslautern, Fachbe-
        reich Informatik, 1984

Ya78   Yao, A.C.: On Random 2-3 Trees, in: Acta Informatica, Vol. 9, No.
        2, 1978, pp. 159-170

YKI83   Yoshihava, K., Koga, Y., Ishihava, T.: A Robust Data Structure Scheme with
        Checking Loops, in: Proc. 13th Int. Conf. on Fault-Tolerant Computing,
        Milano, 1983, pp. 241-248

Ze78   Zelkowitz, M.V.: Perspectives on Software Engineering, in: ACM Computing
        Surveys, Vol. 10, No. 2, 1978, pp. 197-216

<u>Abbildungsverzeichnis</u>

Seite

Bild 1: Das Prinzip der "triple modular redundancy" 13

Bild 2: Das Prinzip der "recovery blocks" 21

Bild 3: Das Prinzip des "n-version programming" 22

Bild 4: Schichtenmodell des DBS-Entwurfs 25

Bild 5: Zur Verwendung von Archivkopien und Archiv-Protokolldateien 33

Bild 6: Klassifikation zur Erkennung von Inkonsistenzen in Datenbanken 36

Bild 7: Beispiel für einen Kurzzyklus innerhalb einer Set-Ausprägung 39

Bild 8: Einspeicherung in einen B-Baum mit dem Standard-Einfügealgorithmus . 50

Bild 9: Ablauf der Einfügung in einen B'-Baum 52

Bild 10: Listenimplementierungen nach Taylor et al. 56

Bild 11: Kosten für die Einfügung von Elementen bei den Taylor'schen Listen-
         implementierungen 0 bis 3 59

Bild 12: Beispiel für einen CTB-Baum 61

Bild 13: Zum Prinzip des "Robust Contiguous List Storage" (RCLS) 63

Bild 14: Fehlerklassifikation für Verletzungen der physischen Integrität
         einer Datenbank 74

Bild 15: Schutzzonen im Systempuffer des DBVS 79

Bild 16: Anlässe zur Prüfung der Unversehrtheit von Schutzzonen 80

Bild 17: Varianten zur Freiplatzbeschreibung in Datenbankseiten 87

Bild 18: Zum Problem fehlerhafter Schlüsselwerte in sortierten Eintragsfolgen 89

Bild 19: Beispiel für sortierte Schlüsselwerte im Knoten eines B*-Baums 91

Bild 20: Beispiele zur positiven und negativen Verfälschung von Schlüsselwer-
         ten 93

Bild 21: Veranschaulichung zum Freiplatzverwaltungsproblem 99

Bild 22: Meßergebnisse Siemens 7.531 103

Bild 23: Meßergebnisse Siemens 7.561 104

Bild 24: Meßergebnisse Siemens 7.760 106

Bild 25: Beispiel zur fehlenden Unabhängigkeit der redundanten Information .. 108

Bild 26: RSN-Vergabe in Datenbankseiten 110

Bild 27: Ein Basismodell für den Seitenaufbau in Hashtabellen mit "separate
         chaining" 114

Bild 28: Beispiel und Darstellungsmodus für eine Hashtabelle mit "separate
         chaining" 115

Bild 29: Operationsprimitive für die Kettenverarbeitung in Hashtabellen mit
         "separate chaining" 118

Bild 30: Klassifikation der Fehler in Verweisen von Hashtabellen 118

Bild 31: Beispielausprägungen zu den Fehlerklassen aus Bild 30 120

Bild 32: Beispiel zur Differenzenrechnung in den Kettenfolgenummern 126

Bild 33: Modell für den Seitenaufbau in Hashtabellen mit "separate chaining"
         unter Berücksichtigung von Fehlererkennungsaspekten 128

Bild 34: Reihenfolge der Konsistenzprüfungen beim erweiterten Seitenformat
         nach Bild 33 129

Seite

Bild 35: Fehlerklassen zum Typ der 1-Verweis-Fehler und die zu ihrer Erkennung dienenden Redundanzen und Verfahren 130

Bild 36: Ein Basismodell für den Seitenaufbau in B*-Bäumen 132

Bild 37: Beispiel für einen B*-Baum der Höhe 3 mit Duplikaten in den Schlüsselwerten 133

Bild 38: Operationsprimitive für die Kettenverarbeitung in B*-Bäumen 137

Bild 39: Klassifikation der Fehler in Verweisen von B*-Bäumen 138

Bild 40: Beispielausprägungen zu den Fehlerklassen aus Bild 39 140

Bild 41: Fehlermöglichkeiten für Schlüsselwerte auf höheren Baumebenen (betroffen sei der Schlüsselwert K2 in der Seite 4) 167 141

Bild 42: Beispiel zur Technik der Flankensicherung 146

Bild 43: Zum Begriff der Flankensicherung 148

Bild 44: Mit Hilfe der Flankensicherung nicht erkennbare Inkonsistenzen 149

Bild 45: Ein erweitertes Modell für den Seitenaufbau in B*-Bäumen 152

Bild 46: Reihenfolge der Konsistenzprüfungen beim erweiterten Seitenformat nach Bild 45 153

Bild 47: Fehlerklassen zum Typ der 1-Verweis-Fehler und ihre Erkennung 154

Bild 48: Klassifikation zur "online"-Fehlerbehandlung 160

Bild 49: Beispiel zur DBTT-Belegung 164

Bild 50: Lesen und Schreiben zusammenhängender Bereiche mit "chained I/O" bei Vorliegen eines Slotdefekts 168

Bild 51: Binäre Suche nach dem Beginn eines Slotdefekts 169

Bild 52: Verwendung von Extent-Tabellen zur Fehlerbehandlung bei Slotdefekten 173

Bild 53: Ein Verfahren zur Eingrenzung des vollständigen "scan" bei zerstörten DBTT-Seiten 181

Bild 54: Erweiterung der Hashtabellen um zusätzliche Verweise zu den Randbuckets (vereinfachte Darstellung) 188

Bild 55: Beispiel für einen B*-Baum der Höhe 3 mit Duplikaten in den Schlüsselwerten 189

Bild 56: Beispiel zur Motivation der GREEDY-Methode 192

Bild 57: Rekonstruierte Kette für das Beispiel aus Bild 56 195

Bild 58: Korrektes Verhalten des Rekonstruktionsverfahrens 203

Bild 59: Inkorrektes Verhalten des Rekonstruktionsverfahrens 205

Bild 60: Szenarium zur Fehlerbehandlung in B*-Bäumen 206

Bild 61: Fallunterscheidung bei der Reparatur in B*-Bäumen 209

Bild 62: Einige Beispiele zu Problemen bei der Reparatur in B*-Bäumen 212

Bild 63: Fehlverhalten des Reparaturalgorithmus 213

Bild 64: Untersuchte Hashtabellen-Implementierungen 220

Bild 65: Änderungskosten (CHNG) bei der Allokation von Überlaufbuckets 224

Bild 66: Änderungskosten (CHNG) bei der Deallokation von Überlaufbuckets 225

Bild 67: Untersuchte B*-Baum-Implementierungen 238

Bild 68: Zusatzkosten für das Ändern der UP-Verweise beim Split in Indexseiten in Abhängigkeit von der Einfügeposition 244

Bild 69: Verwendung zweier NEPHEW-Verweise in den Indexseiten bei der UDS+-Implementierung 246

Tabellenverzeichnis

          Seite

Tabelle 1: Häufigkeiten der verschiedenen Typen der Allokation 273

Tabelle 2: Häufigkeiten verschiedener Kettenlängen bei der Allokation 273

Tabelle 3: Belegungshäufigkeiten für Uberlaufbuckets bei der Allokation 274

Tabelle 4: Häufigkeiten der verschiedenen Typen der Deallokation 274

Tabelle 5: Häufigkeiten verschiedener Kettenlängen bei der Deallokation 275

Tabelle 6: Belegungshäufigkeiten für Uberlaufbuckets bei der Deallokation .. 275

Tabelle 7: Simulationsergebnisse für Hashtabellen, b=20, Last=STORE, Verfahren 1 276

Tabelle 8: Simulationsergebnisse für Hashtabellen, b=20, Last=STORE, Verfahren 2 276

Tabelle 9: Simulationsergebnisse für Hashtabellen, b=20, Last=STORE, Verfahren 3 277

Tabelle 10: Simulationsergebnisse für Hashtabellen, b=20, Last=STORE, Verfahren 4 277

Tabelle 11: Simulationsergebnisse für Hashtabellen, b=20, Last=STORE, Verfahren 5 278

Tabelle 12: Simulationsergebnisse für Hashtabellen, b=20, Last=ERASEC, Verfahren 1 278

Tabelle 13: Simulationsergebnisse für Hashtabellen, b=20, Last=ERASEC, Verfahren 2 279

Tabelle 14: Simulationsergebnisse für Hashtabellen, b=20, Last=ERASEC, Verfahren 3 279

Tabelle 15: Simulationsergebnisse für Hashtabellen, b=20, Last=ERASEC, Verfahren 4 280

Tabelle 16: Simulationsergebnisse für Hashtabellen, b=20, Last=ERASEC, Verfahren 5 280

Tabelle 17: Simulationsergebnisse für Hashtabellen, b=20, Last=ERASED, Verfahren 1 281

Tabelle 18: Simulationsergebnisse für Hashtabellen, b=20, Last=ERASED, Verfahren 2 281

Tabelle 19: Simulationsergebnisse für Hashtabellen, b=20, Last=ERASED, Verfahren 3 282

Tabelle 20: Simulationsergebnisse für Hashtabellen, b=20, Last=ERASED, Verfahren 4 282

Tabelle 21: Simulationsergebnisse für Hashtabellen, b=20, Last=ERASED, Verfahren 5 283

Tabelle 22: Simulationsergebnisse für Hashtabellen, b=133, Last=STORE, Verfahren 1 283

Tabelle 23: Simulationsergebnisse für Hashtabellen, b=133, Last=STORE, Verfahren 2 284

Tabelle 24: Simulationsergebnisse für Hashtabellen, b=133, Last=STORE, Verfahren 3 284

Tabelle 25: Simulationsergebnisse für Hashtabellen, b=133, Last=STORE, Verfahren 4 285

Tabelle 26: Simulationsergebnisse für Hashtabellen, b=133, Last=STORE, Verfahren 5 285

Tabelle 27: Simulationsergebnisse für Hashtabellen, b=133, Last=ERASEC, Verfahren 1 286

Seite

Tabelle 28: Simulationsergebnisse für Hashtabellen, b=133, Last=ERASEC, Verfahren 2 286

Tabelle 29: Simulationsergebnisse für Hashtabellen, b=133, Last=ERASEC, Verfahren 3 287

Tabelle 30: Simulationsergebnisse für Hashtabellen, b=133, Last=ERASEC, Verfahren 4 287

Tabelle 31: Simulationsergebnisse für Hashtabellen, b=133, Last=ERASEC, Verfahren 5 288

Tabelle 32: Gegenüberstellung der Simulationsergebnisse für eine Hashtabelle mit b=20, m=1250 236

Tabelle 33: Gegenüberstellung der Simulationsergebnisse für eine Hashtabelle mit b=133, m=188 237

Tabelle 34: Simulationsergebnisse für B*-Bäume, b=b*=20, Verfahren 1 289

Tabelle 35: Simulationsergebnisse für B*-Bäume, b=b*=20, Verfahren 2 289

Tabelle 36: Simulationsergebnisse für B*-Bäume, b=b*=20, Verfahren 3 290

Tabelle 37: Simulationsergebnisse für B*-Bäume, b=b*=20, Verfahren 4 290

Tabelle 38: Simulationsergebnisse für B*-Bäume, b=20, b*=133, Verfahren 1 ... 291

Tabelle 39: Simulationsergebnisse für B*-Bäume, b=20, b*=133, Verfahren 2 ... 291

Tabelle 40: Simulationsergebnisse für B*-Bäume, b=20, b*=133, Verfahren 3 ... 292

Tabelle 41: Simulationsergebnisse für B*-Bäume, b=20, b*=133, Verfahren 4 ... 292

Tabelle 42: Simulationsergebnisse für B*-Bäume, b=b*=133, Verfahren 1 293

Tabelle 43: Simulationsergebnisse für B*-Bäume, b=b*=133, Verfahren 2 293

Tabelle 44: Simulationsergebnisse für B*-Bäume, b=b*=133, Verfahren 3 294

Tabelle 45: Simulationsergebnisse für B*-Bäume, b=b*=133, Verfahren 4 294

Tabelle 46: Gegenüberstellung der Simulationsergebnisse für die untersuchten B*-Baum-Implementierungen 249

<u>Abkürzungsverzeichnis</u>

AFIM   After Image

AK   Archivkopie

ALLOC   Anzahl neu allokierter Seiten

α   Ladefaktor einer Hashtabelle

AP   Archiv-Protokolldatei

b   Maximalzahl an Einträgen je Bucket in einer Hashtabelle bzw. je Blattknoten in einem Baum

b-akt   Anzahl Einträge in einem Baumknoten zu einem Beobachtungszeitpunkt

b*   Maximalzahl an Einträgen je Indexknoten in einem Baum

B'-Baum   B-Baum-Variante nach Vandendorpe

BFIM   Before Image

CHNG   Anzahl geänderter Seiten

CHNID   Chain Identifier

CHNSN   Chain Sequence Number

Ci   Kostenmaß i (i=1, ..., 4)

CLC   Compare Logical Characters

CLCL   Compare Logical Characters Long

CLCLF   Compare Logical Characters Long with Filler

CODASYL   Conference on Data Systems Languages

CTB-Tree   Chained and Threaded B-Tree

DB   Datenbank

DBA   Datenbank-Administrator

DBS   Datenbanksystem

DBTG   Database Task Group

DBTT   Database Key Translation Table

DBVS   Datenbank-Verwaltungssystem

DEALLOC   Anzahl deallokierter Seiten

DELTAi-j   prozentualer Kostenunterschied zwischen Verfahren i und Verfahren j

DIAM   Data Independent Accessing Model

DML   Data Manipulation Language

DVS   Datenverwaltungssystem

E/A   Ein-/Ausgabe

EOT   End of Transaction

ERASEC   Erase Chain

ERASED   Erase Direct

FINDD   Find Direct

FIND-EQ   Find Equal

FIND-LE   Find Less or Equal

FIND+   Find Successful

FIND-	Find Unsuccessful
FPA	Free Place Administration Table
FPB	Freiplatzbeginn
FPL	Freiplatzlänge
GAPN	Gap to Next
GAPP	Gap to Prior
ID	Identifier
I0	Function Level Inspection
I1	Design Complete Inspection
I2	Code Inspection
I/O	Input/Output
IT1	Test Plan Inspection
IT2	Test Case Inspection
KB	Kilobytes
Ki	Key i
l	Maximalzahl an Einträgen im Robust Contiguous List Storage
LRU	Least Recently Used
LVLID	Level Identifier
m	Anzahl Primärbuckets in einer Hashtabelle
MB	Megabytes
ms	Millisekunden
MVC	Move Characters
MVCL	Move Characters Long
MVCLF	Move Characters Long with Filler
n	Anzahl Einträge in einem Baum oder in einer Hashtabelle
NEPHEWL	Verweis zum linken Neffen eines Baumknotens
NEPHEWR	Verweis zum rechten Neffen eines Baumknotens
NMR	N-Modular Redundancy
NVP	N-Version Programming
PHYSREADS	Anzahl Leseoperationen
PHYSWRITES	Anzahl Schreiboperationen
Pi	Pointer i
Pi↑	über Pi adressierte Seite
PP	Page Pointer
PPP	Probable Page Pointer
R0-Recovery	Rücksetzen einer Transaktion auf einen Binnensicherungspunkt
R1-Recovery	Selective UNDO, In-Transaction Backout
R2-Recovery	Partial REDO
R3-Recovery	Complete UNDO
R4-Recovery	Complete REDO, Media Recovery
R5-Recovery	"offline"-Wiederherstellung der physischen Integrität

R6-Recovery	Kompensation semantisch inkorrekter Änderungen in einer Datenbank
RCLS	Robust Contiguous List Storage
READONLY	Anzahl nur gelesener Seiten
RSN	Record Sequence Number
S	System
Si	Subsystem i
SVC	Supervisor Call
Swi	Schlüsselwertintervall
TBLID	Table Identifier
tDB	Zeitbedarf für einen DB-Zugriff
TID	Tuple Identifier
TMR	Triple Modular Redundancy
tRe	Zeitbedarf für die Rekonstruktion
tUm	Zeitbedarf für die Umlagerung
UDS*, UDS+	gegenüber UDS erweiterte Hashtabellen- bzw. B*-Baum-Implementierungen
V	Voter
Vi	Version i
VTOC	Volume Table of Contents
Ws.	Wahrscheinlichkeit

n	Typ 1	Typ 2	Typ 3
5000	0	0	0
10000	0	0	0
15000	20	0	0
20000	142	0	0
25000	388	0	0
30000	394	0	0
35000	203	23	0
40000	82	77	0
45000	20	183	0
50000	0	312	0
55000	1	282	14
60000	0	201	40
65000	0	107	99
70000	0	45	189
75000	0	17	266
80000	0	2	251
85000	0	1	235
90000	0	0	236
95000	0	0	261
100000	0	0	255
Summe	1250	1250	1846

Tabelle 1: Häufigkeiten der verschiedenen Typen der Allokation

n	Anzahl Hausadressen mit ... Überlaufbuckets					
	0	1	2	3	4	5
5000	1250	0	0	0	0	0
10000	1250	0	0	0	0	0
15000	1230	20	0	0	0	0
20000	1088	162	0	0	0	0
25000	700	550	0	0	0	0
30000	306	944	0	0	0	0
35000	103	1124	23	0	0	0
40000	21	1129	100	0	0	0
45000	1	966	283	0	0	0
50000	1	654	595	0	0	0
55000	0	373	863	14	0	0
60000	0	172	1024	54	0	0
65000	0	65	1033	151	1	0
70000	0	20	893	332	5	0
75000	0	3	651	584	12	0
80000	0	1	422	795	32	0
85000	0	0	236	934	80	0
90000	0	0	111	949	189	1
95000	0	0	45	828	368	9
100000	0	0	12	647	574	17

Tabelle 2: Häufigkeiten verschiedener Kettenlängen bei der Allokation

n	Anzahl Überlaufbuckets mit ... Einträgen																			
	1	2	3	4	5	6	7	8	9	10	11	12	13	14	15	16	17	18	19	20
5000	0	0	0	0	0	0	0	0	0	0	0	0	0	0	0	0	0	0	0	0
10000	0	0	0	0	0	0	0	0	0	0	0	0	0	0	0	0	0	0	0	0
15000	8	9	0	1	2	0	0	0	0	0	0	0	0	0	0	0	0	0	0	0
20000	47	42	27	14	9	4	8	8	3	0	0	0	0	0	0	0	0	0	0	0
25000	91	96	87	75	67	44	26	18	12	13	13	3	5	0	0	0	0	0	0	0
30000	92	93	107	95	106	80	77	57	65	51	30	24	21	20	6	8	7	3	1	1
35000	48	60	70	67	83	104	91	93	88	76	72	70	57	34	42	33	20	19	13	30
40000	39	46	44	48	34	63	71	77	84	76	102	92	69	80	78	58	57	47	39	125
45000	65	47	46	44	45	41	45	52	57	66	60	75	80	66	88	86	78	73	64	354
50000	85	78	99	57	61	43	41	47	54	46	44	47	63	68	69	56	60	80	68	678
55000	79	75	75	89	65	78	78	61	60	57	43	50	48	46	57	49	58	61	51	961
60000	59	60	68	69	78	74	55	85	85	60	70	55	64	68	46	62	56	45	41	1182
65000	50	63	54	53	57	63	65	61	66	66	77	87	65	62	66	75	62	63	52	1381
70000	61	69	58	50	53	65	56	56	54	64	59	58	75	65	58	71	69	73	77	1631
75000	76	75	63	77	62	46	60	51	73	56	58	63	58	61	66	43	61	57	77	1922
80000	52	67	72	58	71	78	75	59	64	64	51	54	70	63	54	61	61	60	54	2170
85000	45	58	62	57	68	64	71	66	79	78	54	64	62	70	51	63	69	56	57	2400
90000	66	54	49	61	56	44	73	71	60	53	75	69	81	62	67	58	57	71	72	2631
95000	68	67	67	67	60	59	46	52	54	73	61	67	62	62	58	62	72	67	60	2907
100000	73	58	54	64	74	57	74	62	72	50	55	62	44	64	66	64	56	66	72	3159

Tabelle 3: Belegungshäufigkeiten für Überlaufbuckets bei der Allokation

n	Typ 1	Typ 2	Typ 3	Typ 4	Typ 5	Typ 6	Typ 7
5000	0	0	0	0	0	7	0
10000	0	0	0	0	0	2	0
15000	0	0	0	0	0	6	0
20000	0	0	0	0	0	7	0
25000	0	0	0	0	0	6	0
30000	0	0	0	0	0	3	0
35000	0	0	0	0	0	3	0
40000	0	0	0	0	0	11	0
45000	0	0	0	0	0	7	0
50000	0	0	0	0	0	10	0
55000	0	0	0	0	0	18	0
60000	0	0	0	0	0	11	0
65000	0	0	0	0	0	31	0
70000	0	0	0	0	2	28	0
75000	0	0	1	1	3	42	1
80000	0	0	1	7	10	66	2
85000	0	3	1	33	40	81	12
90000	2	29	28	90	79	154	26
95000	61	140	147	166	180	234	42
100000	1187	437	463	125	·148	145	7
Summe	1250	609	641	422	462	872	90

Tabelle 4: Häufigkeiten der verschiedenen Typen der Deallokation

n	Anzahl Hausadressen mit ... Überlaufbuckets					
	0	1	2	3	4	5
5000	0	0	12	652	571	15
10000	0	0	13	652	570	15
15000	0	0	14	656	565	15
20000	0	0	15	660	561	14
25000	0	0	16	663	558	13
30000	0	0	16	665	557	12
35000	0	0	17	666	555	12
40000	0	0	18	675	545	12
45000	0	0	19	680	539	12
50000	0	0	21	685	533	11
55000	0	0	21	702	517	10
60000	0	0	23	709	508	10
65000	0	0	27	732	481	10
70000	0	0	32	752	456	10
75000	0	1	45	770	425	9
80000	0	2	74	792	376	6
85000	0	6	153	791	295	5
90000	2	61	325	680	179	3
95000	63	287	520	336	43	1
100000	1250	0	0	0	0	0

Tabelle 5: Häufigkeiten verschiedener Kettenlängen bei der Deallokation

n	Anzahl Überlaufbuckets mit ... Einträgen																			
	1	2	3	4	5	6	7	8	9	10	11	12	13	14	15	16	17	18	19	20
5000	71	61	59	69	69	70	77	67	66	51	55	65	60	72	73	103	256	641	1207	1147
10000	76	60	69	71	72	69	86	66	65	59	68	70	72	93	179	374	625	893	852	418
15000	77	61	79	66	87	78	85	71	63	60	71	98	119	234	388	622	776	702	459	135
20000	73	70	86	74	85	88	84	71	75	69	107	139	267	433	587	686	625	467	198	40
25000	76	74	89	79	107	94	73	81	83	114	153	270	432	623	641	570	440	237	72	10
30000	88	83	89	87	115	88	85	94	126	192	261	437	624	591	546	436	233	113	25	2
35000	101	86	102	92	119	96	109	121	168	330	429	586	650	502	421	244	114	38	4	0
40000	105	98	105	115	121	109	146	162	322	467	562	638	556	389	241	108	44	13	0	0
45000	111	113	116	128	140	138	207	335	443	566	622	559	418	230	110	41	14	3	0	0
50000	118	140	122	139	170	230	321	468	573	635	531	423	235	116	43	14	6	0	0	0
55000	134	143	150	175	244	360	464	597	614	562	402	242	119	44	12	3	1	0	0	0
60000	154	185	195	253	373	484	635	616	531	398	229	131	53	14	2	2	0	0	0	0
65000	167	230	249	377	537	688	656	521	397	216	116	50	16	3	0	1	0	0	0	0
70000	205	313	374	575	728	704	530	386	230	99	38	9	3	0	0	0	0	0	0	0
75000	297	463	581	759	775	561	371	209	85	32	12	1	0	0	0	0	0	0	0	0
80000	458	713	795	842	597	375	176	79	18	4	3	0	0	0	0	0	0	0	0	0
85000	747	1032	903	639	333	160	63	12	1	0	0	0	0	0	0	0	0	0	0	0
90000	1225	1132	659	324	103	31	7	1	0	0	0	0	0	0	0	0	0	0	0	0
95000	1556	706	195	43	11	1	0	0	0	0	0	0	0	0	0	0	0	0	0	0
100000	0	0	0	0	0	0	0	0	0	0	0	0	0	0	0	0	0	0	0	0

Tabelle 6: Belegungshäufigkeiten für Überlaufbuckets bei der Deallokation

Verfahren 1	b = 20	Last = STORE		Primärbereich = 1250		Puffer = 50		
	Kostenmaße				PHYS-	PHYS-			
n	C1	C2	C3	C4	READS	WRITES	ALLOC	DEALLOC	CHNG
5000	1.000	2.000	1.911	3.960	0.960	0.950	0.000	0.000	1.000
10000	1.000	2.000	1.928	3.964	0.964	0.964	0.000	0.000	1.000
15000	1.008	2.008	1.928	3.972	0.964	0.964	0.004	0.000	1.000
20000	1.089	2.089	2.008	4.075	1.018	0.990	0.028	0.000	1.000
25000	1.353	2.353	2.286	4.391	1.235	1.050	0.078	0.000	1.000
30000	1.686	2.686	2.621	4.723	1.565	1.056	0.079	0.000	1.000
35000	1.907	2.907	2.851	4.915	1.825	1.027	0.045	0.000	1.000
40000	2.038	3.038	2.975	5.028	1.964	1.011	0.032	0.000	1.000
45000	2.175	3.175	3.110	5.171	2.090	1.020	0.041	0.000	1.000
50000	2.386	3.386	3.328	5.407	2.282	1.045	0.062	0.000	1.000
55000	2.641	3.641	3.594	5.667	2.548	1.046	0.059	0.000	1.000
60000	2.856	3.856	3.793	5.857	2.761	1.033	0.048	0.000	1.000
65000	3.028	4.028	3.973	6.028	2.946	1.027	0.041	0.000	1.000
70000	3.199	4.199	4.157	6.213	3.120	1.037	0.047	0.000	1.000
75000	3.416	4.416	4.363	6.432	3.319	1.044	0.057	0.000	1.000
80000	3.640	4.640	4.586	6.648	3.547	1.039	0.051	0.000	1.000
85000	3.826	4.826	4.773	6.831	3.736	1.037	0.047	0.000	1.000
90000	4.013	5.013	4.970	7.026	3.931	1.039	0.047	0.000	1.000
95000	4.213	5.213	5.164	7.226	4.121	1.043	0.052	0.000	1.000
100000	4.425	5.425	5.375	7.434	4.332	1.042	0.051	0.000	1.000
Durchschnitt	2.545	3.545	3.485	5.548	2.461	1.023	0.043	0.000	1.000

Tabelle 7: Simulationsergebnisse für Hashtabellen, b=20, Last=STORE, Verfahren 1

Verfahren 2	b = 20	Last = STORE		Primärbereich = 1250		Puffer = 50		
	Kostenmaße				PHYS-	PHYS-			
n	C1	C2	C3	C4	READS	WRITES	ALLOC	DEALLOC	CHNG
5000	1.000	2.000	1.911	3.960	0.960	0.950	0.000	0.000	1.000
10000	1.000	2.000	1.928	3.964	0.964	0.964	0.000	0.000	1.000
15000	1.008	2.012	1.932	3.980	0.968	0.964	0.004	0.000	1.000
20000	1.089	2.117	2.037	4.132	1.046	0.990	0.028	0.000	1.000
25000	1.353	2.431	2.363	4.546	1.313	1.050	0.078	0.000	1.000
30000	1.686	2.765	2.700	4.881	1.644	1.056	0.079	0.000	1.000
35000	1.907	2.952	2.897	5.006	1.870	1.027	0.045	0.000	1.000
40000	2.038	3.070	3.007	5.091	1.996	1.011	0.032	0.000	1.000
45000	2.175	3.216	3.151	5.252	2.131	1.020	0.041	0.000	1.000
50000	2.386	3.448	3.390	5.532	2.345	1.045	0.062	0.000	1.000
55000	2.641	3.701	3.654	5.786	2.607	1.046	0.059	0.000	1.000
60000	2.856	3.904	3.841	5.953	2.809	1.033	0.048	0.000	1.000
65000	3.028	4.070	4.014	6.111	2.987	1.027	0.041	0.000	1.000
70000	3.199	4.246	4.204	6.307	3.167	1.037	0.047	0.000	1.000
75000	3.416	4.473	4.419	6.545	3.375	1.044	0.057	0.000	1.000
80000	3.640	4.691	4.637	6.750	3.598	1.039	0.051	0.000	1.000
85000	3.826	4.873	4.820	6.925	3.783	1.037	0.047	0.000	1.000
90000	4.013	5.061	5.017	7.120	3.979	1.039	0.047	0.000	1.000
95000	4.213	5.266	5.216	7.330	4.173	1.043	0.052	0.000	1.000
100000	4.425	5.476	5.426	7.536	4.383	1.042	0.051	0.000	1.000
Durchschnitt	2.545	3.589	3.528	5.635	2.505	1.023	0.043	0.000	1.000

Tabelle 8: Simulationsergebnisse für Hashtabellen, b=20, Last=STORE, Verfahren 2

Verfahren 3	b = 20		Last = STORE	Primärbereich = 1250		Puffer = 50		

	Kostenmaße				PHYS-READS	PHYS-WRITES	ALLOC	DEALLOC	CHNG
n	C1	C2	C3	C4					
5000	1.000	2.000	1.911	3.960	0.960	0.950	0.000	0.000	1.000
10000	1.000	2.000	1.928	3.964	0.964	0.964	0.000	0.000	1.000
15000	1.008	2.012	1.932	3.980	0.968	0.964	0.004	0.000	1.000
20000	1.089	2.117	2.037	4.132	1.046	0.990	0.028	0.000	1.000
25000	1.353	2.431	2.363	4.546	1.313	1.050	0.078	0.000	1.000
30000	1.686	2.765	2.700	4.881	1.644	1.056	0.079	0.000	1.000
35000	1.907	2.957	2.901	5.019	1.870	1.031	0.045	0.000	1.005
40000	2.038	3.085	3.022	5.138	1.996	1.026	0.032	0.000	1.015
45000	2.175	3.253	3.187	5.362	2.131	1.057	0.041	0.000	1.037
50000	2.386	3.511	3.453	5.719	2.345	1.109	0.062	0.000	1.062
55000	2.641	3.760	3.713	5.963	2.607	1.105	0.059	0.000	1.059
60000	2.856	3.953	3.890	6.098	2.809	1.081	0.048	0.000	1.048
65000	3.028	4.111	4.055	6.234	2.987	1.068	0.041	0.000	1.041
70000	3.199	4.293	4.251	6.447	3.167	1.084	0.047	0.000	1.047
75000	3.416	4.530	4.475	6.715	3.375	1.100	0.057	0.000	1.057
80000	3.640	4.742	4.688	6.901	3.598	1.090	0.051	0.000	1.051
85000	3.826	4.920	4.869	7.067	3.783	1.084	0.047	0.000	1.047
90000	4.013	5.108	5.064	7.262	3.979	1.086	0.047	0.000	1.047
95000	4.213	5.318	5.268	7.487	4.173	1.095	0.052	0.000	1.052
100000	4.425	5.527	5.477	7.689	4.383	1.093	0.051	0.000	1.051
Durch-schnitt	2.545	3.620	3.559	5.728	2.505	1.054	0.043	0.000	1.031

Tabelle 9: Simulationsergebnisse für Hashtabellen, b=20, Last=STORE, Verfahren 3

Verfahren 4	b = 20		Last = STORE	Primärbereich = 1250		Puffer = 50		

	Kostenmaße				PHYS-READS	PHYS-WRITES	ALLOC	DEALLOC	CHNG
n	C1	C2	C3	C4					
5000	1.000	2.000	1.911	3.960	0.960	0.950	0.000	0.000	1.000
10000	1.000	2.000	1.928	3.964	0.964	0.964	0.000	0.000	1.000
15000	1.012	2.020	1.939	3.995	0.971	0.968	0.004	0.000	1.004
20000	1.117	2.174	2.094	4.245	1.075	1.019	0.028	0.000	1.028
25000	1.431	2.586	2.517	4.855	1.390	1.128	0.078	0.000	1.078
30000	1.765	2.922	2.854	5.193	1.721	1.133	0.079	0.000	1.079
35000	1.952	3.042	2.987	5.185	1.914	1.072	0.045	0.000	1.045
40000	2.070	3.133	3.069	5.217	2.027	1.043	0.032	0.000	1.032
45000	2.216	3.297	3.232	5.414	2.171	1.061	0.041	0.000	1.041
50000	2.448	3.573	3.513	5.780	2.405	1.108	0.062	0.000	1.062
55000	2.701	3.819	3.771	6.022	2.665	1.106	0.059	0.000	1.059
60000	2.904	4.001	3.939	6.147	2.857	1.081	0.048	0.000	1.048
65000	3.070	4.152	4.097	6.275	3.028	1.069	0.041	0.000	1.041
70000	3.246	4.340	4.297	6.494	3.213	1.084	0.047	0.000	1.047
75000	3.473	4.585	4.531	6.770	3.430	1.100	0.057	0.000	1.057
80000	3.691	4.792	4.737	6.951	3.647	1.090	0.051	0.000	1.051
85000	3.873	4.968	4.914	7.113	3.830	1.084	0.047	0.000	1.047
90000	4.061	5.155	5.113	7.310	4.027	1.086	0.047	0.000	1.047
95000	4.266	5.370	5.319	7.538	4.224	1.095	0.052	0.000	1.052
100000	4.476	5.578	5.528	7.740	4.434	1.093	0.051	0.000	1.051
Durch-schnitt	2.589	3.675	3.614	5.808	2.548	1.067	0.043	0.000	1.043

Tabelle 10: Simulationsergebnisse für Hashtabellen, b=20, Last=STORE, Verfahren 4

Verfahren 5	b = 20	Last = STORE	Primärbereich = 1250	Puffer = 50

| | Kostenmaße | | | | PHYS-READS | PHYS-WRITES | ALLOC | DEALLOC | CHNG |
n	C1	C2	C3	C4					
5000	1.000	2.000	1.911	3.960	0.960	0.950	0.000	0.000	1.000
10000	1.000	2.000	1.928	3.964	0.964	0.964	0.000	0.000	1.000
15000	1.008	2.012	1.932	3.980	0.968	0.964	0.004	0.000	1.000
20000	1.089	2.117	2.037	4.132	1.046	0.990	0.028	0.000	1.000
25000	1.353	2.431	2.363	4.546	1.313	1.050	0.078	0.000	1.000
30000	1.686	2.765	2.700	4.881	1.644	1.056	0.079	0.000	1.000
35000	1.907	2.957	2.901	5.019	1.870	1.031	0.045	0.000	1.005
40000	2.038	3.085	3.022	5.138	1.996	1.026	0.032	0.000	1.015
45000	2.175	3.253	3.187	5.362	2.131	1.057	0.041	0.000	1.037
50000	2.386	3.511	3.453	5.719	2.345	1.109	0.062	0.000	1.062
55000	2.641	3.763	3.715	5.972	2.607	1.108	0.059	0.000	1.062
60000	2.856	3.961	3.898	6.122	2.809	1.089	0.048	0.000	1.056
65000	3.028	4.131	4.075	6.294	2.987	1.088	0.041	0.000	1.061
70000	3.199	4.331	4.289	6.561	3.167	1.122	0.047	0.000	1.085
75000	3.416	4.583	4.528	6.875	3.375	1.153	0.057	0.000	1.110
80000	3.640	4.792	4.738	7.052	3.598	1.140	0.051	0.000	1.101
85000	3.826	4.967	4.915	7.208	3.783	1.132	0.047	0.000	1.094
90000	4.013	5.155	5.111	7.403	3.979	1.133	0.047	0.000	1.094
95000	4.213	5.370	5.320	7.643	4.173	1.147	0.052	0.000	1.104
100000	4.425	5.578	5.528	7.842	4.383	1.145	0.051	0.000	1.102
Durchschnitt	2.545	3.638	3.578	5.784	2.505	1.073	0.043	0.000	1.049

Tabelle 11: Simulationsergebnisse für Hashtabellen, b=20, Last=STORE, Verfahren 5

Verfahren 1	b = 20	Last = ERASEC	Primärbereich = 1250	Puffer = 50

| | Kostenmaße | | | | PHYS-READS | PHYS-WRITES | ALLOC | DEALLOC | CHNG |
n	C1	C2	C3	C4					
5000	2.521	3.521	3.488	5.494	2.493	0.995	0.000	0.001	1.000
10000	2.546	3.546	3.513	5.516	2.516	0.997	0.000	0.000	1.000
15000	2.553	3.553	3.517	5.523	2.521	0.996	0.000	0.001	1.000
20000	2.538	3.538	3.505	5.511	2.510	0.996	0.000	0.001	1.000
25000	2.535	3.535	3.502	5.506	2.505	0.996	0.000	0.001	1.000
30000	2.539	3.539	3.506	5.510	2.509	0.997	0.000	0.001	1.000
35000	2.536	3.536	3.506	5.511	2.510	0.996	0.000	0.001	1.000
40000	2.566	3.566	3.539	5.544	2.542	0.998	0.000	0.002	1.000
45000	2.566	3.566	3.530	5.535	2.534	0.996	0.000	0.001	1.000
50000	2.534	3.534	3.508	5.514	2.512	0.996	0.000	0.002	1.000
55000	2.539	3.539	3.504	5.511	2.508	0.996	0.000	0.004	1.000
60000	2.572	3.572	3.533	5.540	2.538	0.995	0.000	0.002	1.000
65000	2.530	3.530	3.491	5.504	2.497	0.994	0.000	0.006	1.000
70000	2.553	3.553	3.523	5.532	2.525	0.998	0.000	0.006	1.000
75000	2.565	3.566	3.536	5.550	2.537	0.999	0.000	0.010	1.001
80000	2.541	3.545	3.511	5.540	2.512	0.999	0.000	0.017	1.004
85000	2.532	3.550	3.514	5.589	2.502	1.012	0.000	0.034	1.018
90000	2.529	3.574	3.536	5.714	2.498	1.039	0.000	0.082	1.045
95000	2.474	3.580	3.546	5.957	2.446	1.100	0.000	0.194	1.106
100000	2.204	3.348	3.285	6.098	2.165	1.120	0.000	0.502	1.143
Durchschnitt	2.524	3.539	3.505	5.585	2.494	1.011	0.000	0.043	1.016

Tabelle 12: Simulationsergebnisse für Hashtabellen, b=20, Last=ERASEC, Verfahren 1

Verfahren 2	b = 20	Last = ERASEC		Primärbereich = 1250		Puffer = 50		
	Kostenmaße				PHYS-READS	PHYS-WRITES	ALLOC	DEALLOC CHNG
n	C1	C2	C3	C4	PHYS-READS	PHYS-WRITES	ALLOC	DEALLOC CHNG
5000	2.521	3.522	3.489	5.497	2.493	0.996	0.000	0.001 1.000
10000	2.546	3.547	3.514	5.517	2.516	0.998	0.000	0.000 1.000
15000	2.553	3.554	3.518	5.525	2.521	0.997	0.000	0.001 1.000
20000	2.538	3.539	3.507	5.514	2.510	0.997	0.000	0.001 1.000
25000	2.535	3.536	3.503	5.509	2.505	0.998	0.000	0.001 1.000
30000	2.539	3.540	3.507	5.511	2.509	0.997	0.000	0.001 1.000
35000	2.536	3.536	3.507	5.512	2.510	0.997	0.000	0.001 1.000
40000	2.566	3.568	3.542	5.548	2.542	1.000	0.000	0.002 1.000
45000	2.566	3.567	3.531	5.538	2.534	0.998	0.000	0.001 1.000
50000	2.534	3.536	3.510	5.518	2.512	0.998	0.000	0.002 1.000
55000	2.539	3.543	3.508	5.519	2.508	1.000	0.000	0.004 1.000
60000	2.572	3.575	3.535	5.544	2.538	0.997	0.000	0.002 1.000
65000	2.530	3.536	3.498	5.516	2.497	1.000	0.000	0.006 1.000
70000	2.553	3.559	3.529	5.544	2.525	1.004	0.000	0.006 1.000
75000	2.565	3.576	3.545	5.569	2.537	1.008	0.000	0.010 1.001
80000	2.541	3.562	3.528	5.575	2.512	1.017	0.000	0.017 1.004
85000	2.532	3.584	3.548	5.657	2.502	1.046	0.000	0.034 1.018
90000	2.529	3.655	3.618	5.877	2.498	1.120	0.000	0.082 1.045
95000	2.474	3.774	3.740	6.345	2.446	1.294	0.000	0.194 1.106
100000	2.204	3.850	3.787	7.102	2.165	1.622	0.000	0.502 1.143
Durch-schnitt	2.524	3.583	3.548	5.672	2.494	1.054	0.000	0.043 1.016

__Tabelle 13__: Simulationsergebnisse für Hashtabellen, b=20, Last=ERASEC, Verfahren 2

Verfahren 3	b = 20	Last = ERASEC		Primärbereich = 1250		Puffer = 50		
	Kostenmaße				PHYS-READS	PHYS-WRITES	ALLOC	DEALLOC CHNG
n	C1	C2	C3	C4	PHYS-READS	PHYS-WRITES	ALLOC	DEALLOC CHNG
5000	2.521	3.524	3.490	5.501	2.493	0.998	0.000	0.001 1.001
10000	2.546	3.547	3.514	5.518	2.516	0.998	0.000	0.000 1.000
15000	2.553	3.555	3.520	5.529	2.521	0.998	0.000	0.001 1.001
20000	2.538	3.541	3.508	5.518	2.510	0.998	0.000	0.001 1.001
25000	2.535	3.537	3.504	5.512	2.505	0.999	0.000	0.001 1.001
30000	2.539	3.540	3.507	5.513	2.509	0.998	0.000	0.001 1.001
35000	2.536	3.537	3.508	5.514	2.510	0.997	0.000	0.001 1.001
40000	2.566	3.571	3.544	5.555	2.542	1.002	0.000	0.002 1.002
45000	2.566	3.568	3.533	5.542	2.534	0.999	0.000	0.001 1.001
50000	2.534	3.538	3.512	5.524	2.512	1.000	0.000	0.002 1.002
55000	2.539	3.547	3.511	5.529	2.508	1.004	0.000	0.004 1.004
60000	2.572	3.577	3.537	5.551	2.538	1.000	0.000	0.002 1.002
65000	2.530	3.542	3.504	5.535	2.497	1.006	0.000	0.006 1.006
70000	2.553	3.565	3.535	5.562	2.525	1.010	0.000	0.006 1.006
75000	2.565	3.585	3.555	5.597	2.537	1.018	0.000	0.010 1.010
80000	2.541	3.578	3.544	5.622	2.512	1.032	0.000	0.017 1.020
85000	2.532	3.611	3.574	5.737	2.502	1.072	0.000	0.034 1.044
90000	2.529	3.713	3.675	6.049	2.498	1.177	0.000	0.082 1.102
95000	2.474	3.894	3.859	6.707	2.446	1.413	0.000	0.194 1.226
100000	2.204	4.003	3.935	7.560	2.165	1.770	0.000	0.502 1.296
Durch-schnitt	2.524	3.604	3.568	5.734	2.494	1.074	0.000	0.043 1.036

__Tabelle 14__: Simulationsergebnisse für Hashtabellen, b=20, Last=ERASEC, Verfahren 3

Verfahren 4   b = 20   Last = ERASEC   Primärbereich = 1250   Puffer = 50

n	Kostenmaße				PHYS-READS	PHYS-WRITES	ALLOC	DEALLOC	CHNG
	C1	C2	C3	C4					
5000	2.522	3.525	3.491	5.502	2.494	0.998	0.000	0.001	1.001
10000	2.547	3.547	3.514	5.519	2.516	0.998	0.000	0.000	1.000
15000	2.554	3.556	3.521	5.530	2.523	0.998	0.000	0.001	1.001
20000	2.539	3.542	3.510	5.520	2.511	0.998	0.000	0.001	1.001
25000	2.536	3.538	3.505	5.514	2.506	0.999	0.000	0.001	1.001
30000	2.540	3.541	3.508	5.513	2.510	0.998	0.000	0.001	1.001
35000	2.536	3.537	3.508	5.514	2.511	0.997	0.000	0.001	1.001
40000	2.568	3.573	3.546	5.557	2.544	1.002	0.000	0.002	1.002
45000	2.567	3.570	3.534	5.543	2.535	0.999	0.000	0.001	1.001
50000	2.536	3.540	3.514	5.526	2.514	1.000	0.000	0.002	1.002
55000	2.543	3.550	3.515	5.533	2.511	1.004	0.000	0.004	1.004
60000	2.575	3.579	3.540	5.553	2.540	1.000	0.000	0.002	1.002
65000	2.536	3.549	3.510	5.541	2.504	1.006	0.000	0.006	1.006
70000	2.559	3.571	3.540	5.567	2.531	1.009	0.000	0.006	1.006
75000	2.574	3.593	3.563	5.603	2.546	1.017	0.000	0.010	1.010
80000	2.554	3.589	3.555	5.628	2.525	1.030	0.000	0.017	1.017
85000	2.549	3.617	3.580	5.722	2.518	1.062	0.000	0.034	1.034
90000	2.566	3.729	3.690	6.023	2.534	1.157	0.000	0.082	1.082
95000	2.563	3.951	3.918	6.700	2.536	1.382	0.000	0.194	1.194
100000	2.563	4.568	4.497	8.534	2.520	1.977	0.000	0.502	1.502
Durch-schnitt	2.551	3.638	3.603	5.782	2.521	1.082	0.000	0.043	1.043

Tabelle 15: Simulationsergebnisse für Hashtabellen, b=20, Last=ERASEC, Verfahren 4

Verfahren 5   b = 20   Last = ERASEC   Primärbereich = 1250   Puffer = 50

n	Kostenmaße				PHYS-READS	PHYS-WRITES	ALLOC	DEALLOC	CHNG
	C1	C2	C3	C4					
5000	2.521	3.525	3.492	5.505	2.493	0.999	0.000	0.001	1.003
10000	2.546	3.547	3.514	5.519	2.516	0.999	0.000	0.000	1.001
15000	2.553	3.556	3.521	5.532	2.521	0.999	0.000	0.001	1.002
20000	2.538	3.542	3.510	5.522	2.510	1.000	0.000	0.001	1.003
25000	2.535	3.538	3.505	5.516	2.505	1.000	0.000	0.001	1.002
30000	2.539	3.541	3.508	5.515	2.509	0.999	0.000	0.001	1.001
35000	2.536	3.537	3.508	5.516	2.510	0.998	0.000	0.001	1.001
40000	2.566	3.573	3.546	5.562	2.542	1.004	0.000	0.002	1.004
45000	2.566	3.570	3.534	5.546	2.534	1.000	0.000	0.001	1.003
50000	2.534	3.540	3.514	5.530	2.512	1.002	0.000	0.002	1.004
55000	2.539	3.550	3.515	5.540	2.508	1.007	0.000	0.004	1.007
60000	2.572	3.579	3.539	5.557	2.538	1.002	0.000	0.002	1.004
65000	2.530	3.549	3.510	5.553	2.497	1.013	0.000	0.006	1.012
70000	2.553	3.571	3.540	5.579	2.525	1.015	0.000	0.006	1.012
75000	2.566	3.594	3.564	5.624	2.538	1.026	0.000	0.010	1.019
80000	2.543	3.594	3.561	5.669	2.514	1.047	0.000	0.017	1.035
85000	2.541	3.645	3.608	5.822	2.511	1.097	0.000	0.034	1.070
90000	2.552	3.790	3.752	6.234	2.521	1.231	0.000	0.082	1.156
95000	2.516	4.024	3.988	7.014	2.488	1.500	0.000	0.194	1.315
100000	2.231	4.084	4.018	7.753	2.192	1.826	0.000	0.502	1.351
Durch-schnitt	2.529	3.623	3.587	5.780	2.499	1.088	0.000	0.043	1.050

Tabelle 16: Simulationsergebnisse für Hashtabellen, b=20, Last=ERASEC, Verfahren 5

Verfahren 1	b = 20	Last = ERASED	Primärbereich = 1250	Puffer = 50

n	C1	C2	C3	C4	PHYS-READS	PHYS-WRITES	ALLOC	DEALLOC	CHNG
5000	1.001	2.001	1.978	3.995	0.994	0.984	0.000	0.001	1.000
10000	1.000	2.000	1.984	3.992	0.992	0.992	0.000	0.000	1.000
15000	1.001	2.001	1.985	3.994	0.993	0.992	0.000	0.001	1.000
20000	1.001	2.001	1.979	3.991	0.990	0.989	0.000	0.001	1.000
25000	1.001	2.001	1.982	3.993	0.992	0.990	0.000	0.001	1.000
30000	1.001	2.001	1.986	3.994	0.993	0.993	0.000	0.001	1.000
35000	1.001	2.001	1.985	3.993	0.993	0.992	0.000	0.001	1.000
40000	1.002	2.002	1.984	3.995	0.993	0.991	0.000	0.002	1.000
45000	1.001	2.001	1.985	3.994	0.993	0.992	0.000	0.001	1.000
50000	1.002	2.002	1.987	3.997	0.995	0.993	0.000	0.002	1.000
55000	1.004	2.004	1.986	3.998	0.995	0.991	0.000	0.004	1.000
60000	1.002	2.002	1.979	3.993	0.991	0.988	0.000	0.002	1.000
65000	1.006	2.006	1.984	4.001	0.995	0.989	0.000	0.006	1.000
70000	1.006	2.007	1.991	4.006	0.998	0.992	0.000	0.006	1.000
75000	1.011	2.012	1.996	4.015	1.003	0.993	0.000	0.010	1.001
80000	1.021	2.025	2.003	4.039	1.010	0.993	0.000	0.017	1.004
85000	1.052	2.069	2.050	4.129	1.042	1.008	0.000	0.034	1.018
90000	1.126	2.171	2.143	4.328	1.112	1.031	0.000	0.082	1.045
95000	1.300	2.405	2.377	4.796	1.286	1.092	0.000	0.194	1.106
100000	1.646	2.789	2.734	5.551	1.618	1.116	0.000	0.502	1.143
Durch-schnitt	1.059	2.075	2.054	4.140	1.049	1.005	0.000	0.043	1.016

Tabelle 17: Simulationsergebnisse für Hashtabellen, b=20, Last=ERASED, Verfahren 1

Verfahren 2	b = 20	Last = ERASED	Primärbereich = 1250	Puffer = 50

n	C1	C2	C3	C4	PHYS-READS	PHYS-WRITES	ALLOC	DEALLOC	CHNG
5000	1.001	2.003	1.979	3.998	0.994	0.986	0.000	0.001	1.000
10000	1.000	2.001	1.984	3.993	0.992	0.992	0.000	0.000	1.000
15000	1.001	2.002	1.986	3.997	0.993	0.993	0.000	0.001	1.000
20000	1.001	2.003	1.980	3.994	0.990	0.990	0.000	0.001	1.000
25000	1.001	2.002	1.983	3.995	0.992	0.992	0.000	0.001	1.000
30000	1.001	2.001	1.986	3.995	0.993	0.993	0.000	0.001	1.000
35000	1.001	2.001	1.985	3.994	0.993	0.993	0.000	0.001	1.000
40000	1.002	2.004	1.986	4.000	0.993	0.993	0.000	0.002	1.000
45000	1.001	2.003	1.986	3.997	0.993	0.993	0.000	0.001	1.000
50000	1.002	2.004	1.989	4.001	0.995	0.995	0.000	0.002	1.000
55000	1.004	2.007	1.989	4.005	0.995	0.995	0.000	0.004	1.000
60000	1.002	2.004	1.981	3.997	0.991	0.991	0.000	0.002	1.000
65000	1.006	2.012	1.990	4.014	0.995	0.995	0.000	0.006	1.000
70000	1.006	2.013	1.997	4.018	0.998	0.998	0.000	0.006	1.000
75000	1.011	2.021	2.005	4.034	1.003	1.003	0.000	0.010	1.001
80000	1.021	2.042	2.020	4.073	1.010	1.010	0.000	0.017	1.004
85000	1.052	2.103	2.084	4.197	1.042	1.042	0.000	0.034	1.018
90000	1.126	2.253	2.224	4.491	1.112	1.112	0.000	0.082	1.045
95000	1.300	2.599	2.571	5.184	1.286	1.286	0.000	0.194	1.106
100000	1.646	3.292	3.236	6.556	1.618	1.618	0.000	0.502	1.143
Durch-schnitt	1.059	2.119	2.097	4.227	1.049	1.048	0.000	0.043	1.016

Tabelle 18: Simulationsergebnisse für Hashtabellen, b=20, Last=ERASED, Verfahren 2

Verfahren 3 b = 20 Last = ERASED					Primärbereich = 1250 Puffer = 50				
	Kostenmaße				PHYS- READS	PHYS- WRITES	ALLOC	DEALLOC	CHNG
n	C1	C2	C3	C4					
5000	1.003	2.006	1.982	4.003	0.995	0.987	0.000	0.001	1.001
10000	1.001	2.002	1.985	3.995	0.993	0.993	0.000	0.000	1.000
15000	1.002	2.005	1.988	4.001	0.994	0.994	0.000	0.001	1.001
20000	1.003	2.006	1.983	4.000	0.991	0.991	0.000	0.001	1.001
25000	1.002	2.005	1.986	4.000	0.993	0.993	0.000	0.001	1.001
30000	1.001	2.002	1.988	3.997	0.994	0.994	0.000	0.001	1.001
35000	1.001	2.002	1.986	3.997	0.993	0.993	0.000	0.001	1.001
40000	1.004	2.009	1.990	4.008	0.995	0.995	0.000	0.002	1.002
45000	1.003	2.006	1.989	4.003	0.994	0.994	0.000	0.001	1.001
50000	1.004	2.008	1.994	4.009	0.997	0.997	0.000	0.002	1.002
55000	1.007	2.014	1.996	4.020	0.998	0.998	0.000	0.004	1.004
60000	1.004	2.009	1.986	4.006	0.993	0.993	0.000	0.002	1.002
65000	1.012	2.025	2.002	4.038	1.001	1.001	0.000	0.006	1.006
70000	1.012	2.025	2.009	4.042	1.004	1.004	0.000	0.006	1.006
75000	1.020	2.040	2.024	4.072	1.012	1.012	0.000	0.010	1.010
80000	1.037	2.074	2.053	4.137	1.026	1.026	0.000	0.017	1.020
85000	1.078	2.157	2.136	4.303	1.068	1.068	0.000	0.034	1.044
90000	1.184	2.368	2.337	4.720	1.169	1.169	0.000	0.082	1.102
95000	1.420	2.840	2.812	5.667	1.406	1.406	0.000	0.194	1.226
100000	1.798	3.597	3.535	7.163	1.767	1.767	0.000	0.502	1.296
Durch- schnitt	1.080	2.160	2.138	4.309	1.069	1.069	0.000	0.043	1.036

Tabelle 19: Simulationsergebnisse für Hashtabellen, b=20, Last=ERASED, Verfahren 3

Verfahren 4 b = 20 Last = ERASED					Primärbereich = 1250 Puffer = 50				
	Kostenmaße				PHYS- READS	PHYS- WRITES	ALLOC	DEALLOC	CHNG
n	C1	C2	C3	C4					
5000	1.003	2.006	1.982	4.003	0.995	0.987	0.000	0.001	1.001
10000	1.001	2.002	1.985	3.995	0.993	0.993	0.000	0.000	1.000
15000	1.002	2.005	1.988	4.001	0.994	0.994	0.000	0.001	1.001
20000	1.003	2.006	1.983	4.000	0.991	0.991	0.000	0.001	1.001
25000	1.002	2.005	1.986	4.000	0.993	0.993	0.000	0.001	1.001
30000	1.001	2.002	1.987	3.997	0.994	0.994	0.000	0.001	1.001
35000	1.001	2.002	1.986	3.997	0.993	0.993	0.000	0.001	1.001
40000	1.004	2.009	1.990	4.008	0.995	0.995	0.000	0.002	1.002
45000	1.003	2.006	1.989	4.003	0.994	0.994	0.000	0.001	1.001
50000	1.004	2.008	1.994	4.009	0.997	0.997	0.000	0.002	1.002
55000	1.007	2.014	1.996	4.020	0.998	0.998	0.000	0.004	1.004
60000	1.004	2.009	1.986	4.006	0.993	0.993	0.000	0.002	1.002
65000	1.012	2.025	2.002	4.038	1.001	1.001	0.000	0.006	1.006
70000	1.012	2.024	2.008	4.040	1.004	1.004	0.000	0.006	1.006
75000	1.019	2.038	2.022	4.069	1.011	1.011	0.000	0.010	1.010
80000	1.034	2.069	2.046	4.126	1.023	1.023	0.000	0.017	1.017
85000	1.068	2.136	2.116	4.262	1.058	1.058	0.000	0.034	1.034
90000	1.163	2.326	2.297	4.638	1.149	1.149	0.000	0.082	1.082
95000	1.388	2.776	2.748	5.538	1.374	1.374	0.000	0.194	1.194
100000	2.005	4.010	3.947	7.988	1.973	1.973	0.000	0.502	1.502
Durch- schnitt	1.087	2.174	2.152	4.337	1.076	1.076	0.000	0.043	1.043

Tabelle 20: Simulationsergebnisse für Hashtabellen, b=20, Last=ERASED, Verfahren 4

Verfahren 5   b =   20   Last = ERASED   Primärbereich = 1250   Puffer = 50

| n | Kostenmaße | | | | PHYS-READS | PHYS-WRITES | ALLOC | DEALLOC | CHNG |
	C1	C2	C3	C4					
5000	1.004	2.008	1.985	4.009	0.996	0.989	0.000	0.001	1.003
10000	1.001	2.002	1.986	3.997	0.993	0.993	0.000	0.000	1.001
15000	1.004	2.007	1.991	4.006	0.995	0.995	0.000	0.001	1.002
20000	1.004	2.008	1.985	4.005	0.993	0.993	0.000	0.001	1.003
25000	1.004	2.007	1.988	4.005	0.994	0.994	0.000	0.001	1.002
30000	1.002	2.004	1.989	4.000	0.994	0.994	0.000	0.001	1.001
35000	1.002	2.004	1.988	3.999	0.994	0.994	0.000	0.001	1.001
40000	1.007	2.013	1.995	4.017	0.997	0.997	0.000	0.002	1.004
45000	1.004	2.008	1.991	4.008	0.996	0.996	0.000	0.001	1.003
50000	1.006	2.012	1.998	4.017	0.999	0.999	0.000	0.002	1.004
55000	1.011	2.022	2.004	4.034	1.002	1.002	0.000	0.004	1.007
60000	1.007	2.013	1.990	4.015	0.995	0.995	0.000	0.002	1.004
65000	1.019	2.037	2.015	4.063	1.007	1.007	0.000	0.006	1.012
70000	1.018	2.036	2.020	4.064	1.010	1.010	0.000	0.006	1.012
75000	1.029	2.058	2.041	4.107	1.020	1.020	0.000	0.010	1.019
80000	1.052	2.104	2.084	4.197	1.042	1.042	0.000	0.017	1.035
85000	1.104	2.207	2.188	4.405	1.094	1.094	0.000	0.034	1.070
90000	1.238	2.476	2.444	4.936	1.222	1.222	0.000	0.082	1.156
95000	1.509	3.017	2.988	6.020	1.494	1.494	0.000	0.194	1.315
100000	1.854	3.708	3.644	7.384	1.822	1.822	0.000	0.502	1.351
Durch-schnitt	1.094	2.188	2.166	4.364	1.083	1.083	0.000	0.043	1.050

Tabelle 21: Simulationsergebnisse für Hashtabellen, b=20, Last=ERASED, Verfahren 5

Verfahren 1   b = 133   Last = STORE   Primärbereich = 188   Puffer = 50

| n | Kostenmaße | | | | PHYS-READS | PHYS-WRITES | ALLOC | DEALLOC | CHNG |
	C1	C2	C3	C4					
5000	1.000	2.000	1.441	3.725	0.725	0.715	0.000	0.000	1.000
10000	1.000	2.000	1.482	3.741	0.741	0.741	0.000	0.000	1.000
15000	1.000	2.000	1.466	3.733	0.733	0.733	0.000	0.000	1.000
20000	1.000	2.000	1.468	3.734	0.734	0.734	0.000	0.000	1.000
25000	1.160	2.160	1.625	3.891	0.853	0.772	0.019	0.000	1.000
30000	1.841	2.841	2.439	4.599	1.563	0.876	0.018	0.000	1.000
35000	1.997	2.997	2.595	4.730	1.729	0.866	0.001	0.000	1.000
40000	2.000	3.000	2.584	4.723	1.723	0.861	0.000	0.000	1.000
45000	2.012	3.012	2.590	4.731	1.729	0.861	0.001	0.000	1.000
50000	2.219	3.219	2.820	4.961	1.928	0.892	0.016	0.000	1.000
55000	2.779	3.779	3.418	5.531	2.496	0.922	0.018	0.000	1.000
60000	2.988	3.988	3.624	5.717	2.713	0.911	0.002	0.000	1.000
65000	3.000	4.000	3.674	5.755	2.755	0.918	0.000	0.000	1.000
70000	3.031	4.031	3.682	5.771	2.766	0.916	0.003	0.000	1.000
75000	3.267	4.267	3.926	6.022	2.991	0.935	0.015	0.000	1.000
80000	3.724	4.724	4.380	6.469	3.436	0.944	0.016	0.000	1.000
85000	3.978	4.978	4.643	6.713	3.708	0.936	0.003	0.000	1.000
90000	4.001	5.001	4.679	6.744	3.742	0.936	0.001	0.000	1.000
95000	4.048	5.048	4.704	6.775	3.769	0.935	0.003	0.000	1.000
100000	4.286	5.286	4.979	7.053	4.023	0.957	0.015	0.000	1.000
Durch-schnitt	2.517	3.517	3.111	5.256	2.243	0.868	0.007	0.000	1.000

Tabelle 22: Simulationsergebnisse für Hashtabellen, b=133, Last=STORE, Verfahren 1

Verfahren 2	b = 133		Last = STORE		Primärbereich = 188		Puffer = 50	
	Kostenmaße				PHYS-READS	PHYS-WRITES	ALLOC	DEALLOC CHNG
n	C1	C2	C3	C4	PHYS-READS	PHYS-WRITES	ALLOC	DEALLOC CHNG
5000	1.000	2.000	1.441	3.725	0.725	0.715	0.000	0.000 1.000
10000	1.000	2.000	1.482	3.741	0.741	0.741	0.000	0.000 1.000
15000	1.000	2.000	1.466	3.733	0.733	0.733	0.000	0.000 1.000
20000	1.000	2.000	1.468	3.734	0.734	0.734	0.000	0.000 1.000
25000	1.160	2.179	1.644	3.929	0.872	0.772	0.019	0.000 1.000
30000	1.841	2.859	2.457	4.635	1.581	0.876	0.018	0.000 1.000
35000	1.997	2.998	2.596	4.731	1.729	0.866	0.001	0.000 1.000
40000	2.000	3.000	2.584	4.723	1.723	0.861	0.000	0.000 1.000
45000	2.012	3.014	2.591	4.734	1.730	0.861	0.001	0.000 1.000
50000	2.219	3.236	2.837	4.994	1.944	0.892	0.016	0.000 1.000
55000	2.779	3.796	3.436	5.566	2.513	0.922	0.018	0.000 1.000
60000	2.988	3.990	3.626	5.722	2.715	0.911	0.002	0.000 1.000
65000	3.000	4.000	3.674	5.755	2.755	0.918	0.000	0.000 1.000
70000	3.031	4.034	3.685	5.777	2.769	0.916	0.003	0.000 1.000
75000	3.267	4.282	3.942	6.053	3.007	0.935	0.015	0.000 1.000
80000	3.724	4.740	4.397	6.502	3.453	0.944	0.016	0.000 1.000
85000	3.978	4.981	4.646	6.719	3.711	0.936	0.003	0.000 1.000
90000	4.001	5.002	4.679	6.746	3.743	0.936	0.001	0.000 1.000
95000	4.048	5.052	4.707	6.782	3.772	0.935	0.003	0.000 1.000
100000	4.286	5.301	4.995	7.083	4.038	0.957	0.015	0.000 1.000
Durch-schnitt	2.517	3.523	3.118	5.269	2.249	0.868	0.007	0.000 1.000

Tabelle 23: Simulationsergebnisse für Hashtabellen, b=133, Last=STORE, Verfahren 2

Verfahren 3	b = 133		Last = STORE		Primärbereich = 188		Puffer = 50	
	Kostenmaße				PHYS-READS	PHYS-WRITES	ALLOC	DEALLOC CHNG
n	C1	C2	C3	C4	PHYS-READS	PHYS-WRITES	ALLOC	DEALLOC CHNG
5000	1.000	2.000	1.441	3.725	0.725	0.715	0.000	0.000 1.000
10000	1.000	2.000	1.482	3.741	0.741	0.741	0.000	0.000 1.000
15000	1.000	2.000	1.466	3.733	0.733	0.733	0.000	0.000 1.000
20000	1.000	2.000	1.468	3.734	0.734	0.734	0.000	0.000 1.000
25000	1.160	2.179	1.644	3.929	0.872	0.772	0.019	0.000 1.000
30000	1.841	2.859	2.457	4.635	1.581	0.876	0.018	0.000 1.000
35000	1.997	2.998	2.596	4.731	1.729	0.866	0.001	0.000 1.000
40000	2.000	3.000	2.584	4.723	1.723	0.861	0.000	0.000 1.000
45000	2.012	3.015	2.592	4.738	1.730	0.862	0.001	0.000 1.001
50000	2.219	3.252	2.853	5.043	1.944	0.909	0.016	0.000 1.016
55000	2.779	3.814	3.453	5.619	2.513	0.940	0.018	0.000 1.018
60000	2.988	3.992	3.629	5.728	2.715	0.913	0.002	0.000 1.002
65000	3.000	4.000	3.674	5.755	2.755	0.918	0.000	0.000 1.000
70000	3.031	4.037	3.688	5.785	2.769	0.919	0.003	0.000 1.003
75000	3.267	4.298	3.957	6.099	3.007	0.950	0.015	0.000 1.015
80000	3.724	4.757	4.413	6.551	3.453	0.961	0.016	0.000 1.016
85000	3.978	4.984	4.649	6.727	3.711	0.938	0.003	0.000 1.003
90000	4.001	5.003	4.680	6.748	3.743	0.937	0.001	0.000 1.001
95000	4.048	5.055	4.710	6.791	3.772	0.938	0.003	0.000 1.003
100000	4.286	5.316	5.009	7.129	4.038	0.971	0.015	0.000 1.015
Durch-schnitt	2.517	3.528	3.122	5.283	2.249	0.873	0.007	0.000 1.005

Tabelle 24: Simulationsergebnisse für Hashtabellen, b=133, Last=STORE, Verfahren 3

Verfahren 4	b = 133		Last = STORE		Primärbereich = 188			Puffer = 50	
	Kostenmaße				PHYS-READS	PHYS-WRITES	ALLOC	DEALLOC	CHNG
n	C1	C2	C3	C4					
5000	1.000	2.000	1.441	3.725	0.725	0.715	0.000	0.000	1.000
10000	1.000	2.000	1.482	3.741	0.741	0.741	0.000	0.000	1.000
15000	1.000	2.000	1.466	3.733	0.733	0.733	0.000	0.000	1.000
20000	1.000	2.000	1.468	3.734	0.734	0.734	0.000	0.000	1.000
25000	1.179	2.217	1.682	4.005	0.891	0.790	0.019	0.000	1.019
30000	1.859	2.895	2.488	4.703	1.595	0.893	0.018	0.000	1.018
35000	1.998	2.999	2.597	4.733	1.730	0.867	0.001	0.000	1.001
40000	2.000	3.000	2.584	4.723	1.723	0.861	0.000	0.000	1.000
45000	2.014	3.017	2.593	4.739	1.731	0.862	0.001	0.000	1.001
50000	2.236	3.269	2.870	5.059	1.960	0.910	0.016	0.000	1.016
55000	2.796	3.832	3.470	5.635	2.530	0.940	0.018	0.000	1.018
60000	2.990	3.994	3.631	5.730	2.717	0.913	0.002	0.000	1.002
65000	3.000	4.000	3.674	5.755	2.755	0.918	0.000	0.000	1.000
70000	3.034	4.039	3.690	5.788	2.771	0.919	0.003	0.000	1.003
75000	3.282	4.313	3.971	6.113	3.021	0.950	0.015	0.000	1.015
80000	3.740	4.773	4.428	6.565	3.467	0.961	0.016	0.000	1.016
85000	3.981	4.987	4.652	6.730	3.713	0.938	0.003	0.000	1.003
90000	4.002	5.003	4.681	6.749	3.744	0.937	0.001	0.000	1.001
95000	4.052	5.058	4.714	6.795	3.776	0.938	0.003	0.000	1.003
100000	4.301	5.331	5.023	7.143	4.052	0.971	0.015	0.000	1.015
Durch-schnitt	2.523	3.536	3.130	5.295	2.255	0.875	0.007	0.000	1.007

Tabelle 25: Simulationsergebnisse für Hashtabellen, b=133, Last=STORE, Verfahren 4

Verfahren 5	b = 133		Last = STORE		Primärbereich = 188			Puffer = 50	
	Kostenmaße				PHYS-READS	PHYS-WRITES	ALLOC	DEALLOC	CHNG
n	C1	C2	C3	C4					
5000	1.000	2.000	1.441	3.725	0.725	0.715	0.000	0.000	1.000
10000	1.000	2.000	1.482	3.741	0.741	0.741	0.000	0.000	1.000
15000	1.000	2.000	1.466	3.733	0.733	0.733	0.000	0.000	1.000
20000	1.000	2.000	1.468	3.734	0.734	0.734	0.000	0.000	1.000
25000	1.160	2.179	1.644	3.929	0.872	0.772	0.019	0.000	1.000
30000	1.841	2.859	2.457	4.635	1.581	0.876	0.018	0.000	1.000
35000	1.997	2.998	2.596	4.731	1.729	0.866	0.001	0.000	1.000
40000	2.000	3.000	2.584	4.723	1.723	0.861	0.000	0.000	1.000
45000	2.012	3.015	2.592	4.738	1.730	0.862	0.001	0.000	1.001
50000	2.219	3.252	2.853	5.043	1.944	0.909	0.016	0.000	1.016
55000	2.779	3.814	3.453	5.619	2.513	0.940	0.018	0.000	1.018
60000	2.988	3.992	3.629	5.728	2.715	0.913	0.002	0.000	1.002
65000	3.000	4.000	3.674	5.755	2.755	0.918	0.000	0.000	1.000
70000	3.031	4.039	3.691	5.794	2.769	0.922	0.003	0.000	1.006
75000	3.267	4.313	3.972	6.145	3.007	0.965	0.015	0.000	1.031
80000	3.724	4.773	4.430	6.600	3.453	0.977	0.016	0.000	1.033
85000	3.978	4.987	4.652	6.736	3.711	0.941	0.003	0.000	1.006
90000	4.001	5.003	4.681	6.750	3.743	0.938	0.001	0.000	1.002
95000	4.048	5.058	4.713	6.801	3.772	0.941	0.003	0.000	1.006
100000	4.286	5.331	5.024	7.175	4.038	0.986	0.015	0.000	1.030
Durch-schnitt	2.517	3.531	3.125	5.292	2.249	0.876	0.007	0.000	1.008

Tabelle 26: Simulationsergebnisse für Hashtabellen, b=133, Last=STORE, Verfahren 5

Verfahren 1   b = 133   Last = ERASEC   Primärbereich = 188   Puffer = 50

| n | Kostenmaße | | | | PHYS-READS | PHYS-WRITES | ALLOC | DEALLOC | CHNG |
	C1	C2	C3	C4					
5000	2.497	3.497	3.272	5.300	2.300	0.972	0.000	0.000	1.000
10000	2.534	3.534	3.312	5.340	2.340	0.972	0.000	0.000	1.000
15000	2.527	3.527	3.298	5.326	2.326	0.972	0.000	0.000	1.000
20000	2.512	3.512	3.294	5.323	2.322	0.972	0.000	0.000	1.000
25000	2.550	3.550	3.346	5.369	2.369	0.977	0.000	0.000	1.000
30000	2.521	3.521	3.312	5.337	2.337	0.975	0.000	0.000	1.000
35000	2.543	3.543	3.324	5.350	2.350	0.974	0.000	0.000	1.000
40000	2.535	3.535	3.320	5.345	2.344	0.976	0.000	0.000	1.000
45000	2.501	3.501	3.260	5.288	2.288	0.972	0.000	0.000	1.000
50000	2.529	3.529	3.312	5.338	2.337	0.974	0.000	0.000	1.000
55000	2.506	3.506	3.280	5.308	2.308	0.971	0.000	0.000	1.000
60000	2.504	3.504	3.307	5.331	2.331	0.976	0.000	0.000	1.000
65000	2.511	3.511	3.285	5.315	2.315	0.970	0.000	0.000	1.000
70000	2.475	3.475	3.247	5.276	2.276	0.971	0.000	0.001	1.000
75000	2.521	3.521	3.298	5.328	2.328	0.971	0.000	0.000	1.000
80000	2.501	3.501	3.281	5.308	2.307	0.974	0.000	0.000	1.000
85000	2.533	3.533	3.310	5.335	2.334	0.976	0.000	0.001	1.000
90000	2.507	3.507	3.278	5.308	2.307	0.971	0.000	0.001	1.000
95000	2.505	3.505	3.281	5.313	2.308	0.973	0.000	0.004	1.000
100000	2.438	3.482	3.224	5.488	2.235	0.989	0.000	0.122	1.044
Durch-schnitt	2.513	3.515	3.292	5.331	2.318	0.974	0.000	0.007	1.002

Tabelle 27: Simulationsergebnisse für Hashtabellen, b=133, Last=ERASEC, Verfahren 1

Verfahren 2   b = 133   Last = ERASEC   Primärbereich = 188   Puffer = 50

| n | Kostenmaße | | | | PHYS-READS | PHYS-WRITES | ALLOC | DEALLOC | CHNG |
	C1	C2	C3	C4					
5000	2.497	3.497	3.272	5.300	2.300	0.972	0.000	0.000	1.000
10000	2.534	3.534	3.312	5.340	2.340	0.972	0.000	0.000	1.000
15000	2.527	3.527	3.298	5.326	2.326	0.972	0.000	0.000	1.000
20000	2.512	3.512	3.295	5.323	2.322	0.972	0.000	0.000	1.000
25000	2.550	3.550	3.346	5.369	2.369	0.977	0.000	0.000	1.000
30000	2.521	3.521	3.312	5.337	2.337	0.975	0.000	0.000	1.000
35000	2.543	3.543	3.324	5.350	2.350	0.974	0.000	0.000	1.000
40000	2.535	3.536	3.320	5.345	2.344	0.976	0.000	0.000	1.000
45000	2.501	3.501	3.260	5.288	2.288	0.972	0.000	0.000	1.000
50000	2.529	3.530	3.312	5.339	2.337	0.975	0.000	0.000	1.000
55000	2.506	3.506	3.280	5.309	2.308	0.972	0.000	0.000	1.000
60000	2.504	3.505	3.307	5.332	2.331	0.976	0.000	0.000	1.000
65000	2.511	3.512	3.285	5.316	2.315	0.970	0.000	0.000	1.000
70000	2.475	3.476	3.248	5.278	2.276	0.972	0.000	0.001	1.000
75000	2.521	3.522	3.299	5.329	2.328	0.971	0.000	0.000	1.000
80000	2.501	3.502	3.282	5.309	2.307	0.974	0.000	0.000	1.000
85000	2.533	3.534	3.311	5.337	2.334	0.977	0.000	0.001	1.000
90000	2.507	3.508	3.279	5.311	2.307	0.973	0.000	0.001	1.000
95000	2.505	3.509	3.285	5.321	2.308	0.977	0.000	0.004	1.000
100000	2.438	3.604	3.345	5.732	2.235	1.111	0.000	0.122	1.044
Durch-schnitt	2.513	3.521	3.299	5.345	2.318	0.980	0.000	0.007	1.002

Tabelle 28: Simulationsergebnisse für Hashtabellen, b=133, Last=ERASEC, Verfahren 2

Verfahren 3	b = 133	Last = ERASEC		Primärbereich = 188		Puffer = 50		
	Kostenmaße				PHYS- READS	PHYS- WRITES		
n	C1	C2	C3	C4			ALLOC	DEALLOC	CHNG
5000	2.497	3.497	3.273	5.301	2.300	0.973	0.000	0.000	1.000
10000	2.534	3.534	3.312	5.340	2.340	0.972	0.000	0.000	1.000
15000	2.527	3.527	3.298	5.326	2.326	0.972	0.000	0.000	1.000
20000	2.512	3.513	3.295	5.324	2.322	0.972	0.000	0.000	1.000
25000	2.550	3.551	3.346	5.370	2.369	0.977	0.000	0.000	1.000
30000	2.521	3.521	3.312	5.337	2.337	0.975	0.000	0.000	1.000
35000	2.543	3.543	3.324	5.350	2.350	0.974	0.000	0.000	1.000
40000	2.535	3.536	3.321	5.347	2.344	0.977	0.000	0.000	1.000
45000	2.501	3.501	3.260	5.288	2.288	0.972	0.000	0.000	1.000
50000	2.529	3.530	3.312	5.340	2.337	0.975	0.000	0.000	1.000
55000	2.506	3.507	3.280	5.309	2.308	0.972	0.000	0.000	1.000
60000	2.504	3.505	3.308	5.332	2.331	0.976	0.000	0.000	1.000
65000	2.511	3.512	3.285	5.317	2.315	0.971	0.000	0.000	1.000
70000	2.475	3.476	3.248	5.279	2.276	0.972	0.000	0.001	1.001
75000	2.521	3.522	3.299	5.330	2.328	0.971	0.000	0.000	1.000
80000	2.501	3.502	3.282	5.310	2.307	0.975	0.000	0.000	1.000
85000	2.533	3.535	3.312	5.339	2.334	0.977	0.000	0.001	1.001
90000	2.507	3.510	3.230	5.315	2.307	0.974	0.000	0.001	1.001
95000	2.505	3.513	3.289	5.333	2.308	0.981	0.000	0.004	1.004
100000	2.438	3.659	3.394	5.896	2.235	1.160	0.000	0.122	1.099
Durch- schnitt	2.513	3.525	3.302	5.354	2.318	0.983	0.000	0.007	1.005

Tabelle 29: Simulationsergebnisse für Hashtabellen, b=133, Last=ERASEC, Verfahren 3

Verfahren 4	b = 133	Last = ERASEC		Primärbereich = 188		Puffer = 50		
	Kostenmaße				PHYS- READS	PHYS- WRITES		
n	C1	C2	C3	C4			ALLOC	DEALLOC	CHNG
5000	2.497	3.498	3.273	5.301	2.300	0.973	0.000	0.000	1.000
10000	2.534	3.534	3.312	5.340	2.340	0.972	0.000	0.000	1.000
15000	2.527	3.527	3.298	5.326	2.326	0.972	0.000	0.000	1.000
20000	2.512	3.513	3.295	5.324	2.323	0.972	0.000	0.000	1.000
25000	2.550	3.551	3.346	5.370	2.369	0.977	0.000	0.000	1.000
30000	2.521	3.521	3.312	5.337	2.337	0.975	0.000	0.000	1.000
35000	2.543	3.543	3.324	5.350	2.350	0.974	0.000	0.000	1.000
40000	2.536	3.536	3.322	5.347	2.345	0.977	0.000	0.000	1.000
45000	2.501	3.501	3.260	5.288	2.288	0.972	0.000	0.000	1.000
50000	2.530	3.530	3.313	5.340	2.338	0.975	0.000	0.000	1.000
55000	2.506	3.507	3.280	5.310	2.308	0.972	0.000	0.000	1.000
60000	2.505	3.505	3.308	5.333	2.331	0.976	0.000	0.000	1.000
65000	2.512	3.512	3.286	5.318	2.315	0.971	0.000	0.000	1.000
70000	2.476	3.477	3.249	5.280	2.276	0.973	0.000	0.001	1.001
75000	2.522	3.523	3.300	5.331	2.328	0.971	0.000	0.000	1.000
80000	2.502	3.503	3.283	5.310	2.308	0.975	0.000	0.000	1.000
85000	2.534	3.535	3.313	5.340	2.335	0.977	0.000	0.001	1.001
90000	2.508	3.511	3.282	5.316	2.308	0.974	0.000	0.001	1.001
95000	2.509	3.517	3.292	5.337	2.312	0.980	0.000	0.004	1.004
100000	2.516	3.760	3.477	6.030	2.299	1.178	0.000	0.122	1.122
Durch- schnitt	2.517	3.530	3.306	5.361	2.322	0.984	0.000	0.007	1.007

Tabelle 30: Simulationsergebnisse für Hashtabellen, b=133, Last=ERASEC, Verfahren 4

| Verfahren 5   b = 133   Last = ERASEC | Primärbereich =   188   Puffer = 50 | | | | | | | | |

n	Kostenmaße				PHYS-READS	PHYS-WRITES	ALLOC	DEALLOC	CHNG
	C1	C2	C3	C4					
5000	2.497	3.498	3.274	5.302	2.300	0.974	0.000	0.000	1.000
10000	2.534	3.534	3.312	5.340	2.340	0.972	0.000	0.000	1.000
15000	2.527	3.527	3.298	5.326	2.326	0.972	0.000	0.000	1.000
20000	2.512	3.513	3.295	5.324	2.322	0.973	0.000	0.000	1.000
25000	2.550	3.551	3.346	5.371	2.369	0.978	0.000	0.000	1.000
30000	2.521	3.521	3.312	5.337	2.337	0.975	0.000	0.000	1.000
35000	2.543	3.543	3.324	5.350	2.350	0.974	0.000	0.000	1.000
40000	2.535	3.536	3.321	5.348	2.344	0.977	0.000	0.000	1.001
45000	2.501	3.501	3.260	5.288	2.288	0.972	0.000	0.000	1.000
50000	2.529	3.530	3.313	5.341	2.337	0.975	0.000	0.000	1.001
55000	2.506	3.507	3.280	5.310	2.308	0.972	0.000	0.000	1.000
60000	2.504	3.505	3.308	5.333	2.331	0.977	0.000	0.000	1.000
65000	2.511	3.512	3.286	5.318	2.315	0.971	0.000	0.000	1.001
70000	2.475	3.477	3.249	5.281	2.276	0.973	0.000	0.001	1.001
75000	2.521	3.523	3.300	5.331	2.328	0.972	0.000	0.000	1.001
80000	2.501	3.503	3.282	5.311	2.307	0.975	0.000	0.000	1.001
85000	2.533	3.536	3.313	5.342	2.334	0.978	0.000	0.001	1.002
90000	2.507	3.511	3.282	5.319	2.307	0.975	0.000	0.001	1.003
95000	2.505	3.518	3.293	5.346	2.308	0.985	0.000	0.004	1.008
100000	2.453	3.708	3.441	6.013	2.249	1.191	0.000	0.122	1.133
Durch-schnitt	2.513	3.528	3.304	5.362	2.319	0.986	0.000	0.007	1.008

Tabelle 31: Simulationsergebnisse für Hashtabellen, b=133, Last=ERASEC, Verfahren 5

Verfahren 1	b = 20		b* = 20		Puffer = 50		

| | Kostenmaße | | | | PHYS-READS | PHYS-WRITES | ALLOC | CHNG |
n	C1	C2	C3	C4				
5000	3.267	4.410	1.564	4.363	0.784	0.781	0.076	1.143
10000	4.152	5.303	2.666	5.119	1.507	1.159	0.079	1.152
15000	4.145	5.290	2.891	5.293	1.709	1.182	0.074	1.145
20000	4.148	5.297	3.073	5.474	1.873	1.200	0.078	1.148
25000	4.148	5.295	3.179	5.567	1.972	1.206	0.076	1.148
30000	4.139	5.279	3.192	5.558	1.996	1.196	0.072	1.139
35000	4.157	5.314	3.327	5.736	2.101	1.226	0.082	1.157
40000	4.157	5.314	3.496	5.903	2.268	1.228	0.082	1.157
45000	4.139	5.278	3.498	5.854	2.295	1.203	0.071	1.139
50000	4.146	5.291	3.528	5.900	2.313	1.215	0.075	1.146
55000	4.150	5.300	3.574	5.958	2.354	1.220	0.077	1.150
60000	4.151	5.301	3.601	5.987	2.379	1.222	0.078	1.151
65000	4.637	5.777	3.643	6.002	2.434	1.209	0.074	1.140
70000	5.146	6.292	3.711	6.085	2.494	1.217	0.076	1.146
75000	5.139	6.278	3.766	6.121	2.560	1.207	0.072	1.139
80000	5.166	6.331	3.873	6.296	2.626	1.247	0.087	1.166
85000	5.149	6.298	3.862	6.239	2.639	1.223	0.077	1.149
90000	5.158	6.316	3.890	6.292	2.653	1.237	0.082	1.158
95000	5.140	6.281	3.862	6.217	2.653	1.210	0.072	1.140
100000	5.144	6.288	3.879	6.243	2.664	1.215	0.074	1.144
Durch-schnitt	4.479	5.627	3.404	5.810	2.214	1.190	0.077	1.148

__Tabelle 34__: Simulationsergebnisse für B*-Bäume, b=b*=20, Verfahren 1

Verfahren 2	b = 20		b* = 20		Puffer = 50		

| | Kostenmaße | | | | PHYS-READS | PHYS-WRITES | ALLOC | CHNG |
n	C1	C2	C3	C4				
5000	3.316	4.507	1.637	4.548	0.821	0.816	0.076	1.191
10000	4.208	5.416	2.779	5.349	1.567	1.212	0.079	1.208
15000	4.177	5.355	2.957	5.425	1.744	1.213	0.074	1.177
20000	4.229	5.458	3.234	5.799	1.957	1.278	0.078	1.229
25000	4.184	5.368	3.254	5.715	2.012	1.242	0.076	1.184
30000	4.180	5.359	3.278	5.724	2.041	1.236	0.072	1.180
35000	4.227	5.454	3.472	6.022	2.177	1.295	0.082	1.227
40000	4.221	5.441	3.629	6.164	2.338	1.291	0.082	1.221
45000	4.178	5.356	3.583	6.018	2.341	1.242	0.071	1.178
50000	4.196	5.392	3.634	6.107	2.368	1.265	0.075	1.196
55000	4.183	5.367	3.644	6.096	2.392	1.252	0.077	1.183
60000	4.202	5.403	3.708	6.195	2.434	1.274	0.078	1.202
65000	4.696	5.896	3.768	6.247	2.499	1.269	0.074	1.200
70000	5.209	6.418	3.840	6.341	2.562	1.279	0.076	1.209
75000	5.194	6.387	3.882	6.346	2.621	1.261	0.072	1.194
80000	5.240	6.479	4.027	6.598	2.706	1.321	0.087	1.240
85000	5.189	6.378	3.945	6.403	2.682	1.263	0.077	1.189
90000	5.216	6.431	4.008	6.525	2.714	1.294	0.082	1.216
95000	5.171	6.342	3.927	6.343	2.687	1.240	0.072	1.171
100000	5.178	6.356	3.951	6.384	2.702	1.249	0.074	1.178
Durch-schnitt	4.530	5.728	3.508	6.017	2.268	1.240	0.077	1.199

__Tabelle 35__: Simulationsergebnisse für B*-Bäume, b=b*=20, Verfahren 2

Verfahren 3	b = 20	b* = 20	Puffer = 50				
	Kostenmaße				PHYS-READS	PHYS-WRITES	ALLOC	CHNG
n	C1	C2	C3	C4	PHYS-READS	PHYS-WRITES	ALLOC	CHNG
5000	3.316	4.583	1.713	4.700	0.897	0.816	0.076	1.191
10000	4.208	5.495	2.858	5.507	1.646	1.212	0.079	1.208
15000	4.177	5.429	3.031	5.573	1.818	1.213	0.074	1.177
20000	4.229	5.536	3.313	5.956	2.035	1.278	0.078	1.229
25000	4.184	5.443	3.330	5.867	2.088	1.242	0.076	1.184
30000	4.180	5.431	3.349	5.867	2.113	1.236	0.072	1.180
35000	4.227	5.536	3.554	6.186	2.259	1.295	0.082	1.227
40000	4.221	5.523	3.711	6.327	2.420	1.291	0.082	1.221
45000	4.178	5.428	3.654	6.161	2.412	1.242	0.071	1.178
50000	4.196	5.467	3.709	6.257	2.444	1.265	0.075	1.196
55000	4.183	5.444	3.721	6.250	2.469	1.252	0.077	1.183
60000	4.202	5.481	3.786	6.351	2.512	1.274	0.078	1.202
65000	4.696	5.970	3.842	6.394	2.573	1.269	0.074	1.200
70000	5.209	6.494	3.917	6.494	2.638	1.279	0.076	1.209
75000	5.194	6.460	3.955	6.491	2.693	1.261	0.072	1.194
80000	5.240	6.566	4.113	6.771	2.792	1.321	0.087	1.240
85000	5.189	6.455	4.022	6.556	2.759	1.263	0.077	1.189
90000	5.216	6.513	4.090	6.690	2.796	1.294	0.082	1.216
95000	5.171	6.414	3.998	6.487	2.758	1.240	0.072	1.171
100000	5.178	6.430	4.025	6.532	2.776	1.249	0.074	1.178
Durch-schnitt	4.530	5.805	3.585	6.171	2.345	1.240	0.077	1.199

__Tabelle 36__: Simulationsergebnisse für B*-Bäume, b=b*=20, Verfahren 3

Verfahren 4	b = 20	b* = 20	Puffer = 50				
	Kostenmaße				PHYS-READS	PHYS-WRITES	ALLOC	CHNG
n	C1	C2	C3	C4	PHYS-READS	PHYS-WRITES	ALLOC	CHNG
5000	3.320	4.592	1.715	4.714	0.898	0.817	0.076	1.196
10000	4.214	5.507	2.865	5.526	1.647	1.218	0.079	1.214
15000	4.184	5.442	3.039	5.594	1.820	1.219	0.074	1.184
20000	4.235	5.549	3.327	5.983	2.042	1.285	0.078	1.235
25000	4.190	5.455	3.340	5.888	2.092	1.248	0.076	1.190
30000	4.186	5.443	3.360	5.890	2.118	1.242	0.072	1.186
35000	4.232	5.547	3.565	6.208	2.264	1.301	0.082	1.232
40000	4.226	5.534	3.721	6.349	2.425	1.296	0.082	1.226
45000	4.185	5.441	3.668	6.187	2.419	1.249	0.071	1.185
50000	4.204	5.483	3.725	6.289	2.452	1.273	0.075	1.204
55000	4.191	5.458	3.735	6.278	2.476	1.259	0.077	1.191
60000	4.206	5.490	3.796	6.370	2.517	1.278	0.078	1.206
65000	4.702	5.981	3.853	6.416	2.579	1.274	0.074	1.205
70000	5.214	6.504	3.928	6.514	2.644	1.284	0.076	1.214
75000	5.200	6.472	3.966	6.515	2.699	1.267	0.072	1.200
80000	5.249	6.585	4.132	6.808	2.802	1.330	0.087	1.249
85000	5.194	6.465	4.033	6.578	2.765	1.268	0.077	1.194
90000	5.222	6.526	4.103	6.715	2.803	1.300	0.082	1.222
95000	5.178	6.428	4.013	6.516	2.766	1.247	0.072	1.178
100000	5.185	6.443	4.038	6.558	2.783	1.256	0.074	1.185
Durch-schnitt	4.536	5.817	3.596	6.195	2.351	1.246	0.077	1.205

__Tabelle 37__: Simulationsergebnisse für B*-Bäume, b=b*=20, Verfahren 4

	Verfahren 1		b = 20	b* = 133		Puffer = 50	
	Kostenmaße				PHYS-READS	PHYS-WRITES	ALLOC	CHNG
n	C1	C2	C3	C4	PHYS-READS	PHYS-WRITES	ALLOC	CHNG
5000	2.755	3.893	1.316	4.184	0.628	0.689	0.071	1.138
10000	3.147	4.293	2.035	4.568	0.981	1.054	0.074	1.147
15000	3.143	4.286	2.136	4.605	1.033	1.103	0.072	1.143
20000	3.141	4.282	2.314	4.725	1.160	1.153	0.071	1.141
25000	3.144	4.288	2.349	4.757	1.182	1.167	0.072	1.144
30000	3.136	4.273	2.379	4.762	1.215	1.164	0.069	1.136
35000	3.151	4.303	2.642	5.049	1.441	1.201	0.077	1.151
40000	3.150	4.301	2.687	5.083	1.482	1.205	0.075	1.150
45000	3.135	4.270	2.669	5.024	1.485	1.184	0.067	1.135
50000	3.140	4.281	2.689	5.056	1.494	1.195	0.070	1.140
55000	3.148	4.296	2.714	5.101	1.507	1.206	0.075	1.148
60000	3.147	4.293	2.777	5.157	1.569	1.208	0.074	1.147
65000	3.137	4.275	2.859	5.217	1.664	1.195	0.070	1.137
70000	3.140	4.280	2.940	5.302	1.740	1.200	0.071	1.140
75000	3.133	4.266	2.931	5.269	1.738	1.192	0.066	1.133
80000	3.158	4.316	2.984	5.390	1.758	1.226	0.079	1.158
85000	3.145	4.290	2.959	5.328	1.749	1.211	0.072	1.145
90000	3.152	4.304	2.968	5.354	1.746	1.222	0.076	1.152
95000	3.137	4.274	2.933	5.283	1.734	1.199	0.069	1.137
100000	3.141	4.281	2.945	5.304	1.741	1.204	0.070	1.141
Durch-schnitt	3.124	4.267	2.611	5.026	1.452	1.159	0.072	1.143

Tabelle 38: Simulationsergebnisse für B*-Bäume, b=20, b*=133, Verfahren 1

	Verfahren 2		b = 20	b* = 133		Puffer = 50	
	Kostenmaße				PHYS-READS	PHYS-WRITES	ALLOC	CHNG
n	C1	C2	C3	C4	PHYS-READS	PHYS-WRITES	ALLOC	CHNG
5000	2.795	3.973	1.394	4.344	0.667	0.727	0.071	1.178
10000	3.200	4.399	2.147	4.784	1.038	1.110	0.074	1.200
15000	3.208	4.415	2.281	4.875	1.108	1.173	0.072	1.208
20000	3.180	4.360	2.400	4.888	1.206	1.194	0.071	1.180
25000	3.144	4.288	2.350	4.758	1.183	1.168	0.072	1.144
30000	3.216	4.432	2.550	5.091	1.305	1.245	0.069	1.216
35000	3.282	4.564	2.923	5.589	1.589	1.334	0.077	1.282
40000	3.150	4.301	2.688	5.084	1.483	1.205	0.075	1.150
45000	3.135	4.270	2.669	5.024	1.485	1.184	0.067	1.135
50000	3.140	4.281	2.690	5.056	1.495	1.195	0.070	1.140
55000	3.226	4.453	2.882	5.424	1.596	1.286	0.075	1.226
60000	3.238	4.476	2.973	5.533	1.671	1.302	0.074	1.238
65000	3.336	4.673	3.280	6.032	1.883	1.397	0.070	1.336
70000	3.193	4.387	3.053	5.520	1.799	1.254	0.071	1.193
75000	3.133	4.266	2.931	5.270	1.738	1.192	0.066	1.133
80000	3.158	4.316	2.985	5.391	1.759	1.226	0.079	1.158
85000	3.145	4.290	2.960	5.328	1.749	1.211	0.072	1.145
90000	3.152	4.304	2.969	5.354	1.746	1.222	0.076	1.152
95000	3.137	4.274	2.933	5.283	1.734	1.199	0.069	1.137
100000	3.154	4.308	2.974	5.359	1.756	1.218	0.070	1.154
Durch-schnitt	3.166	4.351	2.702	5.199	1.499	1.202	0.072	1.185

Tabelle 39: Simulationsergebnisse für B*-Bäume, b=20, b*=133, Verfahren 2

Verfahren 3	b = 20		b* = 133		Puffer = 50			
	Kostenmaße				PHYS-READS	PHYS-WRITES	ALLOC	CHNG
n	C1	C2	C3	C4				
5000	2.795	4.045	1.465	4.487	0.738	0.727	0.071	1.178
10000	3.200	4.473	2.221	4.932	1.111	1.110	0.074	1.200
15000	3.208	4.487	2.353	5.019	1.180	1.173	0.072	1.208
20000	3.180	4.431	2.471	5.029	1.277	1.194	0.071	1.180
25000	3.144	4.360	2.422	4.902	1.255	1.168	0.072	1.144
30000	3.216	4.501	2.619	5.228	1.374	1.245	0.069	1.216
35000	3.282	4.641	3.000	5.742	1.666	1.334	0.077	1.282
40000	3.150	4.376	2.763	5.235	1.558	1.205	0.075	1.150
45000	3.135	4.337	2.736	5.159	1.552	1.184	0.067	1.135
50000	3.140	4.351	2.760	5.197	1.565	1.195	0.070	1.140
55000	3.226	4.527	2.957	5.574	1.671	1.286	0.075	1.226
60000	3.238	4.550	3.047	5.681	1.745	1.302	0.074	1.238
65000	3.336	4.743	3.350	6.173	1.953	1.397	0.070	1.336
70000	3.193	4.457	3.124	5.662	1.870	1.254	0.071	1.193
75000	3.133	4.332	2.997	5.402	1.805	1.192	0.066	1.133
80000	3.158	4.395	3.064	5.549	1.838	1.226	0.079	1.158
85000	3.145	4.362	3.033	5.473	1.822	1.211	0.072	1.145
90000	3.152	4.380	3.045	5.506	1.822	1.222	0.076	1.152
95000	3.137	4.343	3.001	5.420	1.803	1.199	0.069	1.137
100000	3.154	4.379	3.044	5.500	1.826	1.218	0.070	1.154
Durch-schnitt	3.166	4.423	2.774	5.343	1.571	1.202	0.072	1.185

Tabelle 40: Simulationsergebnisse für B*-Bäume, b=20, b*=133, Verfahren 3

Verfahren 4	b = 20		b* = 133		Puffer = 50			
	Kostenmaße				PHYS-READS	PHYS-WRITES	ALLOC	CHNG
n	C1	C2	C3	C4				
5000	2.796	4.046	1.465	4.488	0.738	0.727	0.071	1.179
10000	3.201	4.475	2.221	4.935	1.111	1.110	0.074	1.201
15000	3.208	4.488	2.353	5.021	1.180	1.173	0.072	1.208
20000	3.181	4.433	2.472	5.033	1.277	1.195	0.071	1.181
25000	3.145	4.362	2.423	4.905	1.255	1.168	0.072	1.145
30000	3.217	4.502	2.619	5.230	1.374	1.245	0.069	1.217
35000	3.283	4.643	3.001	5.746	1.666	1.335	0.077	1.283
40000	3.151	4.378	2.764	5.237	1.558	1.206	0.075	1.151
45000	3.135	4.338	2.737	5.161	1.552	1.185	0.067	1.135
50000	3.142	4.353	2.762	5.201	1.565	1.196	0.070	1.142
55000	3.227	4.529	2.958	5.577	1.671	1.287	0.075	1.227
60000	3.239	4.552	3.048	5.684	1.745	1.303	0.074	1.239
65000	3.337	4.744	3.351	6.174	1.953	1.398	0.070	1.337
70000	3.195	4.460	3.126	5.667	1.871	1.256	0.071	1.195
75000	3.133	4.333	2.998	5.405	1.805	1.193	0.066	1.133
80000	3.159	4.397	3.066	5.552	1.838	1.227	0.079	1.159
85000	3.146	4.364	3.034	5.476	1.822	1.212	0.072	1.146
90000	3.153	4.383	3.047	5.512	1.823	1.224	0.076	1.153
95000	3.138	4.345	3.003	5.424	1.803	1.200	0.069	1.138
100000	3.156	4.382	3.047	5.506	1.827	1.219	0.070	1.156
Durch-schnitt	3.167	4.425	2.775	5.347	1.572	1.203	0.072	1.186

Tabelle 41: Simulationsergebnisse für B*-Bäume, b=20, b*=133, Verfahren 4

		Kostenmaße			PHYS-READS	PHYS-WRITES	ALLOC	CHNG
			Verfahren 1	b = 133	b* = 133	Puffer = 50		
n	C1	C2	C3	C4	PHYS-READS	PHYS-WRITES	ALLOC	CHNG
5000	1.994	3.015	0.023	3.094	0.011	0.012	0.011	1.020
10000	2.024	3.048	0.738	3.458	0.363	0.375	0.012	1.024
15000	2.457	3.475	1.280	3.709	0.635	0.645	0.010	1.018
20000	3.024	4.049	1.518	3.850	0.753	0.765	0.012	1.024
25000	3.016	4.031	1.618	3.868	0.805	0.813	0.008	1.016
30000	3.022	4.044	1.701	3.934	0.845	0.856	0.011	1.022
35000	3.028	4.055	1.764	3.985	0.875	0.889	0.014	1.028
40000	3.022	4.045	1.808	3.988	0.898	0.910	0.011	1.022
45000	3.018	4.035	1.825	3.979	0.908	0.917	0.009	1.018
50000	3.016	4.031	1.831	3.974	0.912	0.919	0.008	1.016
55000	3.025	4.050	1.889	4.040	0.938	0.950	0.013	1.025
60000	3.021	4.043	1.896	4.029	0.943	0.953	0.011	1.021
65000	3.027	4.054	1.925	4.065	0.956	0.969	0.014	1.027
70000	3.027	4.054	1.932	4.069	0.960	0.972	0.014	1.027
75000	3.020	4.039	1.929	4.038	0.960	0.969	0.010	1.020
80000	3.018	4.037	1.932	4.036	0.962	0.970	0.009	1.018
85000	3.022	4.043	1.954	4.058	0.972	0.982	0.011	1.022
90000	3.020	4.040	1.937	4.045	0.965	0.972	0.010	1.020
95000	3.018	4.036	1.953	4.044	0.972	0.980	0.009	1.018
100000	3.017	4.034	1.955	4.045	0.976	0.979	0.009	1.017
Durch-schnitt	2.892	3.913	1.670	3.915	0.830	0.840	0.011	1.021

Tabelle 42: Simulationsergebnisse für B*-Bäume, b=b*=133, Verfahren 1

		Kostenmaße			PHYS-READS	PHYS-WRITES	ALLOC	CHNG
			Verfahren 2	b = 133	b* = 133	Puffer = 50		
n	C1	C2	C3	C4	PHYS-READS	PHYS-WRITES	ALLOC	CHNG
5000	1.994	3.015	0.023	3.095	0.011	0.012	0.011	1.020
10000	2.024	3.048	0.738	3.458	0.363	0.375	0.012	1.024
15000	2.470	3.502	1.298	3.758	0.644	0.654	0.010	1.032
20000	3.024	4.049	1.518	3.850	0.753	0.765	0.012	1.024
25000	3.016	4.031	1.618	3.867	0.805	0.813	0.008	1.016
30000	3.048	4.096	1.753	4.038	0.871	0.882	0.011	1.048
35000	3.028	4.055	1.765	3.986	0.875	0.889	0.014	1.028
40000	3.022	4.045	1.808	3.988	0.898	0.909	0.011	1.022
45000	3.018	4.035	1.825	3.979	0.908	0.917	0.009	1.018
50000	3.016	4.031	1.831	3.974	0.912	0.919	0.008	1.016
55000	3.079	4.158	2.002	4.259	0.996	1.006	0.013	1.079
60000	3.021	4.043	1.896	4.029	0.943	0.953	0.011	1.021
65000	3.027	4.054	1.926	4.065	0.956	0.969	0.014	1.027
70000	3.027	4.054	1.932	4.069	0.960	0.972	0.014	1.027
75000	3.020	4.039	1.929	4.038	0.960	0.969	0.010	1.020
80000	3.018	4.037	1.932	4.036	0.962	0.970	0.009	1.018
85000	3.022	4.043	1.954	4.058	0.972	0.982	0.011	1.022
90000	3.020	4.040	1.937	4.045	0.965	0.972	0.010	1.020
95000	3.018	4.036	1.953	4.044	0.972	0.980	0.009	1.018
100000	3.057	4.114	2.042	4.210	1.021	1.021	0.009	1.057
Durch-schnitt	2.898	3.926	1.684	3.942	0.837	0.846	0.011	1.028

Tabelle 43: Simulationsergebnisse für B*-Bäume, b=b*=133, Verfahren 2

Verfahren 3 b = 133 b* = 133 Puffer = 50								
n	Kostenmaße				PHYS-READS	PHYS-WRITES	ALLOC	CHNG
	C1	C2	C3	C4				
5000	1.994	3.026	0.034	3.118	0.022	0.012	0.011	1.020
10000	2.024	3.060	0.750	3.482	0.375	0.375	0.012	1.024
15000	2.470	3.512	1.308	3.778	0.654	0.654	0.010	1.032
20000	3.024	4.061	1.530	3.875	0.765	0.765	0.012	1.024
25000	3.016	4.039	1.626	3.883	0.813	0.813	0.008	1.016
30000	3.048	4.107	1.764	4.060	0.882	0.882	0.011	1.048
35000	3.028	4.069	1.778	4.013	0.889	0.889	0.014	1.028
40000	3.022	4.056	1.819	4.010	0.909	0.909	0.011	1.022
45000	3.018	4.044	1.834	3.996	0.917	0.917	0.009	1.018
50000	3.016	4.039	1.839	3.990	0.919	0.919	0.008	1.016
55000	3.079	4.171	2.015	4.285	1.009	1.006	0.013	1.079
60000	3.021	4.054	1.907	4.051	0.954	0.953	0.011	1.021
65000	3.027	4.068	1.939	4.092	0.970	0.969	0.014	1.027
70000	3.027	4.068	1.946	4.096	0.973	0.972	0.014	1.027
75000	3.020	4.049	1.939	4.058	0.970	0.969	0.010	1.020
80000	3.018	4.046	1.941	4.054	0.971	0.970	0.009	1.018
85000	3.022	4.054	1.964	4.080	0.983	0.982	0.011	1.022
90000	3.020	4.050	1.947	4.065	0.975	0.972	0.010	1.020
95000	3.018	4.045	1.962	4.062	0.981	0.980	0.009	1.018
100000	3.057	4.123	2.051	4.228	1.030	1.021	0.009	1.057
Durch-schnitt	2.898	3.937	1.695	3.964	0.848	0.846	0.011	1.028

<u>Tabelle 44</u>: Simulationsergebnisse für B*-Bäume, b=b*=133, Verfahren 3

Verfahren 4 b = 133 b* = 133 Puffer = 50								
n	Kostenmaße				PHYS-READS	PHYS-WRITES	ALLOC	CHNG
	C1	C2	C3	C4				
5000	1.994	3.026	0.034	3.118	0.022	0.012	0.011	1.020
10000	2.024	3.060	0.750	3.482	0.375	0.375	0.012	1.024
15000	2.471	3.512	1.308	3.778	0.654	0.654	0.010	1.032
20000	3.024	4.061	1.530	3.875	0.765	0.765	0.012	1.024
25000	3.016	4.039	1.626	3.883	0.813	0.813	0.008	1.016
30000	3.048	4.107	1.764	4.060	0.882	0.882	0.011	1.048
35000	3.028	4.070	1.778	4.015	0.889	0.889	0.014	1.028
40000	3.022	4.056	1.819	4.010	0.909	0.909	0.011	1.022
45000	3.018	4.044	1.834	3.997	0.917	0.917	0.009	1.018
50000	3.016	4.039	1.839	3.990	0.919	0.919	0.008	1.016
55000	3.079	4.172	2.015	4.287	1.009	1.006	0.013	1.079
60000	3.022	4.054	1.907	4.051	0.954	0.953	0.011	1.022
65000	3.027	4.068	1.939	4.093	0.970	0.969	0.014	1.027
70000	3.027	4.068	1.946	4.096	0.973	0.972	0.014	1.027
75000	3.020	4.049	1.939	4.058	0.970	0.969	0.010	1.020
80000	3.019	4.046	1.941	4.055	0.971	0.970	0.009	1.019
85000	3.022	4.054	1.964	4.080	0.983	0.982	0.011	1.022
90000	3.020	4.050	1.947	4.065	0.975	0.972	0.010	1.020
95000	3.018	4.045	1.962	4.062	0.981	0.980	0.009	1.018
100000	3.057	4.124	2.051	4.229	1.030	1.021	0.009	1.057
Durch-schnitt	2.899	3.937	1.695	3.964	0.848	0.847	0.011	1.028

<u>Tabelle 45</u>: Simulationsergebnisse für B*-Bäume, b=b*=133, Verfahren 4